铁山港年鉴

TIESHANGANG NIANJIAN

2021

北海市铁山港区地方志编纂委员会　编

方志出版社
Publishing House of Local Records

图书在版编目（CIP）数据

铁山港年鉴. 2021 / 北海市铁山港区地方志编纂委员会编. -- 北京 : 方志出版社, 2021.11

ISBN 978-7-5144-4945-7

Ⅰ. ①铁… Ⅱ. ①北… Ⅲ. ①区（城市）—北海市—2021—年鉴 Ⅳ. ①Z526.74

中国版本图书馆 CIP 数据核字(2021)第 258224 号

铁山港年鉴（2021）

编　　者：北海市铁山港区地方志编纂委员会
责任编辑：冯　松

出 版 者：方志出版社
地址　北京市朝阳区潘家园东里 9 号（国家方志馆 4 层）
邮编　100021
网址　http://www.zgfzcb.cn
发　　行：方志出版社图书经销中心
电话（010）67110500
经　　销：各地新华书店
装帧设计：南宁市佳彩广告设计有限公司
印　　刷：深圳市精一瑞兰印刷有限公司

开　　本：889 × 1270　1/16
印　　张：23.25
字　　数：595 千字
版　　次：2021 年 11 月第 1 版　2021 年 11 月第 1 次印刷
印　　数：001 ～ 600 册

ISBN 978-7-5144-4945-7　定价：260.00 元

北海市铁山港区地方志编纂委员会

《铁山港年鉴》编辑部

《铁山港年鉴(2021)》编写组

（排名按文稿刊出先后为序）

中国共产党北海市铁山港区委员会办公室

伍旭红　吴志全　王功海　庞进凤　黄海鸥　陈远天　蔡德裕　符启健　杜家兴

北海市铁山港区人民代表大会常务委员会办公室

黄小健　王才儒　严锡强　李　静　刘汉明　杨中敏　杜家琪　叶尚云

北海市铁山港区人民政府办公室

欧小兵　廖民中　林春年　朱剑华　杨家梅　李盼盼

中国人民政治协商会议北海市铁山港区委员会办公室

彭岳军　管务光　陈旭昌　陈德萍　邓明仪　黄晓科　骆家权　张　鹏

北海市铁山港区发展和改革局

陆国忠　冯耀斌　李　洋　谢子扬　刘雪儿　罗　成　王肖凤

北海市铁山港区财政局

张祖钊　宁振辉　李芳宇

北海市铁山港区民政局

李源军　李建秀　唐文媛

中国共产党北海市铁山港区委党史研究室

北海市铁山港区地方志编纂委员会办公室

周　芳　马瑞银　苏周娟

北海市铁山港区农业农村和水利局

黄家琳　张正勇　刘大庆　郑韵桦　蓝新禄　梁统模　巫媛婷　郑日维　黄少东　罗春娟　黄丽勤　庞书任　韩　梅

北海市铁山港区统计局

梁旺有　李学武　李冰梅　李文键

北海市铁山港区民族宗教侨务局

陈家宁　卢　娜

北海市铁山港区投资促进中心

叶培高　蔡美燕　林月凤

北海市铁山港区精神文明建设委员会办公室

傅小萍　花光霞

北海市铁山港生态环境局

吴子乐　陈晓慧

北海市铁山港区自然资源局

石　敏　钟仕良　陆镇武　石耀平　欧永忠

北海市铁山港区海洋局

韩有才　叶瑞山　程戈夫　农　忠

北海市铁山港区科技商务和工业信息化局

黄元贵　庞富霜　周　燕　龙小雄　龙燕萍　郑宪安

中国共产党北海市铁山港区委员会全面深化改革委员会办公室

伍旭红　王功海　庞进凤

中国共产党北海市铁山港区委员会组织部

张建栋　吴丽华　陈　锋　陈宏宇　苏桓绩　钟东强　马　娴　岳琳茵

中国共产党北海市铁山港区委员会宣传部

欧作合　唐国辉　彭　鹏　劳文静

中国共产党北海市铁山港区委员会统一战线工作部

刘将远　谢余红　劳浦强　陈家宁　冯　巍　卢　娜　黄慧英

中国共产党北海市铁山港区委员会老干部局

张建栋　吴丽华　陈　锋　陈宏宇　苏桓绩　钟东强　马　娴　岳琳茵

中国共产党北海市铁山港区直属机关工作委员会

黄家忠　李世凤　谢文丽

中国共产党北海市铁山港区委员会机构编制委员会办公室

范先铭　李启方

中国共产党北海市铁山港区委员会北海市铁山港区人民政府督查绩效考评办公室

劳成兴　卢虹杏

中国共产党北海市铁山港区委员会北海市铁山港区人民政府信访局

陈远成　裴雪月

中国共产党北海市委党校铁山港区分校

陈文初　张建栋　陈　锋　傅小萍　马　娴

北海市铁山港区机关后勤服务中心

林　洪　刘奕波　卢栋宏　劳振才　杨之逸

北海市铁山港区政务服务中心

郑珍庭　韦宏斌

北海市铁山港区人民政府土地房屋征收中心

叶大柱　谢元芹　罗　媛　林海华　裴星星

北海市铁山港区退役军人事务局

甘绍强　廖元景　田　春　关国英

北海市铁山港区应急管理局

李祥光　梁　超

北海市铁山港区消防救援大队

冯　浩　杨海超　石　丽

北海市铁山港区人力资源和社会保障局

钟　伟　陆柏桦　赖崇海　王　琼

北海市铁山港区综合行政执法局

杨　杏　吴春峰　林纯萍　覃庄惠　林荣凤

中国共产党北海市铁山港区纪律检查委员会

北海市铁山港区监察委员会

叶　艳　徐水宗　黄　洪　赖满棠　陈　冰　庞迪文

中国共产党北海市铁山港区委员会巡察工作领导小组办公室

郑春贺　李恩晓　李镜秋

北海市铁山港区总工会

梁毅峰　吴海峰　黄　敏

中国共产主义青年团北海市铁山港区委员会
聂文龙　班玉玲　李　璇
北海市铁山港区妇女联合会
陈丽艳　莫瑗瑜　黄启莉
北海市铁山港区科学技术协会
蔡凤华　陈翠华
北海市铁山港区残疾人联合会
庞　明　吴伟霞
北海市铁山港区社会科学界联合会
欧作合　唐国辉　彭　鹏　劳文静
北海市铁山港区工商业联合会
邓明仪　谢余红　陈俊良　李丽菁
中国共产党北海市铁山港区委员会政法委员会
庞富国　李焕辉　林胜峰　彭　云
邓彩凤
北海市公安局铁山港分局
陈　锋　罗光磊　欧婷婷
北海市铁山港区人民检察院
于　海　张　靖　赖小梅
北海市铁山港区人民法院
孟繁刚　杜华发　廖仁英　劳显亮
北海市铁山港区司法局
吴礼有　欧　萍
中国人民解放军广西北海市铁山港区人民武装部
薛建伦　段　航
北海市铁山港区人民防空和海防工作办公室
肖慧敏　符元菊　覃　灏　袁全燕
罗子程　彭华清　陈克放　陈德欣
中粮屯河北海糖业有限公司
龙小雄
广西北部湾新材料有限公司
周湛汉　李　婷　邓美娟　黄　磊
张祷祺　谢小玲　邹卫军　陆春幼
斯道拉恩索(广西)浆纸有限公司
吕丹丹
广西电网有限责任公司北海供电局铁山港供电分局
梁泽均
广西投资集团北海发电有限公司
麦勇军　何光耀　陈艺夫

神华国华广投(北海)发电有限责任公司
杨　帆
北海市铁山港(临海)工业区管理委员会
吴华强　陈云气　李承敏
北海市铁山港区扶贫开发和水库移民工作局
黄业栋　朱　凯
北海市铁山港区交通运输局
陈家瑶　卓家程　黄琳琳　麦　黎
黄海芬　邓　符
北部湾港股份有限公司北海港分公司铁山港作业区
付秋明
中国邮政集团有限公司北海市分公司
陈宗胜　陈　健　王晶晶　顾裕金
北海市铁山港区住房和城乡建设局
肖慧敏　符元菊　覃　灏　袁全燕
罗子程　彭华清　陈克放　陈德欣
北海市铁山港区粮食局
陆国忠　冯耀斌　李　洋　谢子扬
刘雪儿　罗　成　王肖凤
广西壮族自治区北海市城区烟草专卖局铁山港专卖所
欧发就　陈　阳　周　云　韩宇海
郑海媚　庞　源　陈春强　符志轩
中国电信股份有限公司北海铁山港区分公司
陈江庆　欧　芳
中国移动通信集团广西有限公司北海市铁山港分公司
褚俊明　吴晓媛　杨　娟
中国联合网络通信有限公司铁山港区分公司
刘　斌　黄　坤　黄　静
北海市铁山港区政府采购中心
刘小文　刘小梅
国家税务总局北海市铁山港区税务局
廖　鹏　凌　霄　任永昶
中国农业银行股份有限公司北海铁山港支行
花仁杰　冯　丰　程　雯
中国银行股份有限公司北海市铁山港支行
刘　轩

中国建设银行股份有限公司北海铁山港支行
许　彪
北海市区农村信用合作联社南康信用社
陈　荣　张泰庆
北海市区农村信用合作联社营盘信用社
蓝志兴　廖崇智
北海市铁山港区物价局
陆国忠　冯耀斌　李　洋　谢子扬
刘雪儿　罗　成　王肖凤
北海市铁山港区审计局
莫深伟　蔡冬春
北海市铁山港区市场监督管理局
张庆媛　阮智富　唐海鹏　李其祐
李昌泉　杨钧淇　卢艺元
中华人民共和国北海铁山港海事处
善国乘　罗裕雯
中华人民共和国北海出入境边防检查站执勤一队
赵云龙　廖　鹏
北海市铁山港区教育局
陈翔宇　黄建河　赖铭珠　曾世坤
庞国昕　郑月照　刘安富　傅　俊
郑春伟
北海市铁山港区文体广电旅游局
陈传栋　陈钦武　黄昌能　刘存艳
欧发增　谭萍萍　苏　旭
北海市铁山港区档案馆
陈宏宇　钟　燕　陈红霞　陈丽萍
北海市铁山港区卫生健康局
钟羚玮　卢小莲　李　锋　黄瑞兰
杜有坤　陈胜丽　吴智勇　石日花
刘　奇
中国共产党北海市铁山港区委员会台湾工作办公室
北海市铁山港区人民政府台湾事务办公室
谢余红　黄慧英
北海市铁山港区医疗保障局
叶晓文　朱剑华　黄　虎　陈柏薇
北海市铁山港区南康镇人民政府
吴少锋　肖林坤
北海市铁山港区营盘镇人民政府
国先涛　石子升　曹丹丽
北海市铁山港区兴港镇人民政府
张宗泉　陈锡宽　林文卓

编辑说明

一、《铁山港年鉴》是北海市铁山港区人民政府组织、北海市铁山港区地方志编纂委员会承编的年度资料性文献。《铁山港年鉴》编纂始终坚持以马克思列宁主义、毛泽东思想、邓小平理论、“三个代表”重要思想、科学发展观、习近平新时代中国特色社会主义思想为指导，坚持辩证唯物主义和历史唯物主义的立场、观点和方法，存真求实，为党政机关、企事业单位和社会各界了解和研究铁山港区提供较全面的信息资料。

二、本年鉴记述时限为2020年1月1日至12月31日，全面、系统、客观地记载铁山港区自然、政治、经济、文化、社会、生态等方面情况。彩页照片、特载、附录内容不受年度时间限制。

三、本年鉴采用分类编辑法，设类目、分目和条目3个层次，以条目为主要载体，部分条目下设子目。全书不同层次的标题，通过字体、字号和版式设计加以区别，条目标题统一用黑体字加【 】表示，便于读者查阅。全书设32个类目，依次是：特载、大事记、北海市铁山港区总述、中国共产党北海市铁山港区委员会、北海市铁山港区人民代表大会、北海市铁山港区人民政府、中国人民政治协商会议北海市铁山港区委员会、纪检监察、群众团体、法治、军事、工业、农业农村·水利、渔业、交通运输·邮政、城乡规划建设和管理、环境保护、商务·旅游·电信通信、财政·税务、银行、经济综合管理、口岸管理、科学技术、教育、文化、体育、医药卫生·计划生育、侨务·台湾事务、社会事务、乡镇、先进人物、统计资料。

四、本年鉴所载资料均由铁山港区各机关、企事业单位提供，经《铁山港年鉴》编辑部编辑、整理后再反馈原单位核对，经铁山港区政府审定而成。某些专业性数据由主管部门提供。

五、本年鉴计量单位使用国家法定规定，其中长度单位用“米”“千米”，重量单位用“克”“千克”“吨”；在记述运输事项时，按照现行行业惯例使用“吨公里”“人公里”；在记述体育赛事时，个人重量级按照现行行业惯例使用“公斤级”；在记述农业事项时，土地面积单位保留“亩”，1亩≈666.67平方米，随文不再括注同比例平方米数。

六、本年鉴中部分数据合计数或相对数由于四舍五入的原因而存在误差，均未做机械调整。

七、本年鉴配备书后检索系统。索引采用内容分析法编制，款目按汉语拼音（同音字按声调）排列，索引范围详及条目、图片和表格等。

目　录

特　载

大 事 记

北海市铁山港区总述

中国共产党北海市铁山港区委员会

北海市铁山港区人民代表大会

北海市铁山港区人民政府

中国人民政治协商会议北海市铁山港区委员会

纪检监察

群众团体

法　　治

军　　事

工　业

农业农村·水利

渔　业

交通运输·邮政

城乡规划建设和管理

环境保护

商务·旅游·电信通信

财政·税务

银 行

经济综合管理

口岸管理

科学技术

教　育

文　化

体　育

医药卫生·计划生育

侨务·台湾事务

社会事务

乡 镇

先进人物

统计资料

附　　录

索　　引

铁山港区地图

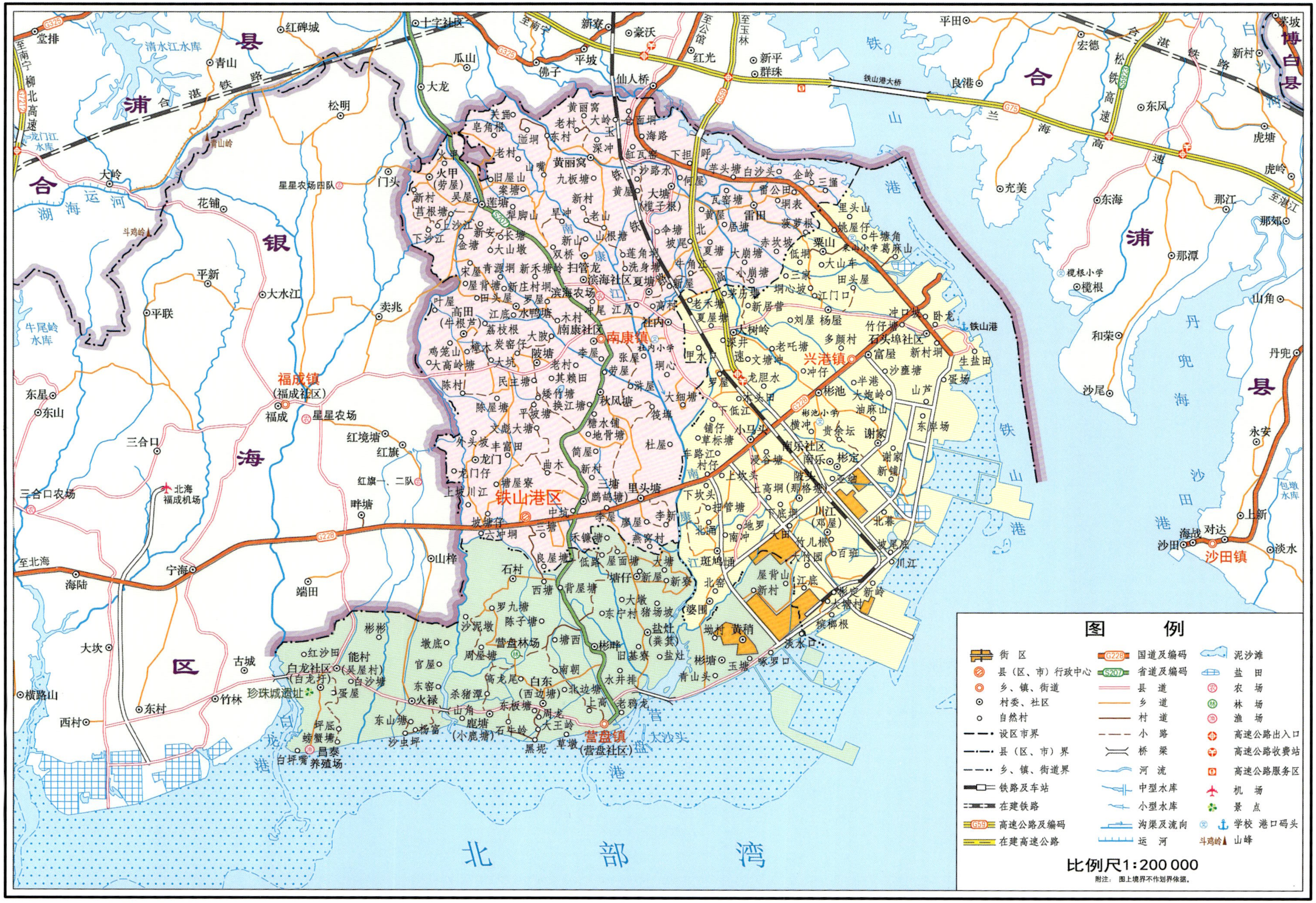

广西壮族自治区地图院编制　　审图号：桂S（2021）05-001号　　2021年

1

2

1 2020 年 1 月 21 日，2020 年铁山港区新型冠状病毒感染的肺炎防控工作部署会在区政务服务综合楼五楼会议室召开　邓符　摄
2 2020 年 1 月 28 日，铁山港区区长龙起云（右一）到铁山港（临海）工业区检查疫情防控工作　邓符　摄
3 2020 年 1 月 28 日，铁山港区委常委、区委宣传部部长、副区长林昌斌（右三）到玉铁高速南康出口检查疫情防控工作　邓符　摄
4 2020 年 2 月 11 日，营盘镇青年志愿者在市场发放疫情防控宣传单　营盘镇政府　供

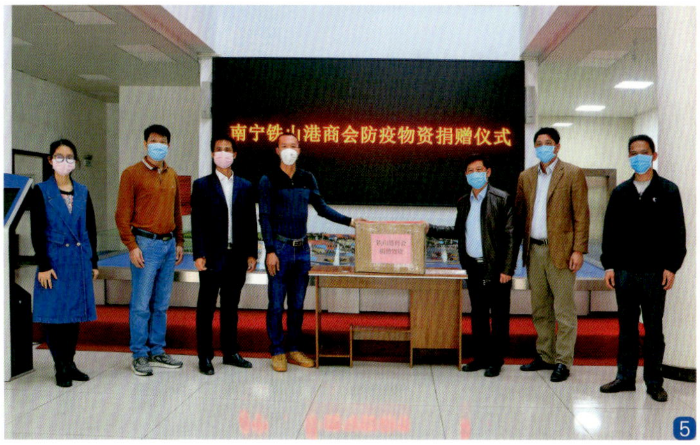

5 2020 年 2 月 12 日，南宁铁山港商会防疫物资捐赠仪式在铁山港区政务服务综合楼一楼大厅举行 邓符 摄

6 2020 年 1 月 22 日，2020 年兴港镇新型冠状病毒感染的肺炎防控工作部署会在镇人大会议室召开 兴港镇政府 供

7 2020 年 2 月 24 日，疫情防控期间，北海茂叶生态园向铁山港区人民医院捐赠水果 邓符 摄

1 2020 年 12 月 1 日，北海市委书记王乃学（正面中）到铁山港区调研重点项目推进情况，在区政务服务综合楼二楼会议室主持召开北海市铁山港区重点项目建设座谈会 劳文静 摄

2 2020 年 10 月 12 日，广西北部湾新奥燃气发展有限公司天然气利用项目建设现场 铁山港（临海）工业区管委会 供

3 2020 年 10 月 12 日，广西科清环境服务有限公司北部湾资源再生环保服务中心（一期）项目施工现场 铁山港（临海）工业区管委会 供

4 2020 年 10 月 12 日，广西义强达投资有限公司铁山港临港新材料产业园（启动区）标准厂房及配套设施项目（一期）全景　铁山港（临海）工业区管委会　供

5 2020 年 11 月 28 日，北海鱼峰环保科技有限公司北海铁山港固废循环利用环保综合体一期工程建设现场　铁山港（临海）工业区管委会　供

6 2020 年 12 月 31 日，神华国华广投（北海）发电有限责任公司北海电厂新建工程项目施工现场　铁山港（临海）工业区管委会　供

7 2020 年 12 月 31 日，中石化北海炼化有限责任公司炼油结构化调整项目全景　铁山港（临海）工业区管委会　供

1 2020 年 1 月 2 日，铁山港区白龙珍珠城获评国家 AAA 级旅游景区新闻发布会在区政府四楼会议室召开　邓符　摄

2 2020 年 3 月 7 日，铁山港区珠源珍珠养殖有限公司技术人员在插核　邓符　摄

3 2020 年 4 月 15 日，北海市现代农业创业孵化基地建设推进会在南康镇陂塘村召开　邓符　摄

4 2020 年 6 月 16 日，北海铁山港固废循环利用环保综合体项目（一期）工程投产仪式在广西鱼峰集团有限公司举行　邓符　摄

5 2020 年 9 月 15 日，2020 年铁山港区产业项目落地建设大会战百日攻坚行动动员会在区政务服务综合楼二楼会议室召开　劳文静　摄

6 2020 年 11 月 5 日，广西斯道拉恩索林业有限公司运作负责人奥利贝加（Olli-pekka Ahonen）（右五），在铁山港区政府三楼会议室向铁山港区委政法委、铁山港公安分局、铁山港区司法局赠送锦旗　邓符　摄

7 2020 年 12 月 16 日，铁山港区重点项目、重点片区征地搬迁工作推进会在政务服务综合楼二楼会议室召开　邓符　摄

❶ 2020 年 9 月 16 日，铁山港区区长龙起云（正面中）到南康镇督查背街小巷建设情况　劳文静　摄

❷ 2020 年 9 月 16 日，北海市创建全国文明城市铁山港区迎国检工作部署会在区政务服务综合楼五楼会议室召开　劳文静　摄

❸ 2020 年 5 月 6 日，2020 年北海市创建全国文明城市、国家卫生城市铁山港区冲刺动员会在政务服务综合楼五楼会议室召开　邓符　摄

❹ 2020 年 12 月，铁山港区城镇污水治理推进工作会议在区政务服务综合楼二楼会议室召开　劳文静　摄

5 2020 年 1 月 10 日，铁山港区依法拆除营盘镇白龙村民违建的四合院建筑　　邓符　摄

6 2020 年 9 月 29 日，铁山港区委书记余兴国（前排左）到南康镇督查创建全国文明城市工作　　劳文静　摄

7 2020 年 6 月 4 日，2020 年北海市铁山港区“文明城市，你我共建”全民创城大行动在南康镇政府启动　　劳文静　摄

8 2020 年 7 月 24 日，铁山港区委宣传部联合团区委在南康镇开展“文明创城　青年在行动”志愿服务活动　　劳文静　摄

❶ 2020 年 1 月 21 日，铁山港区区长龙起云（前排左二）到南康镇家家谊超市检查食品安全 邓符 摄

❷ 2020 年 8 月 19 日，铁山港区委常委、宣传部部长汪国高（右一）到铁山港区人民医院开展医师节慰问 劳文静 摄

❸ 2020 年 5 月 15 日，北海市“众志成城战疫情，科学补碘保健康”现场宣传义诊活动在铁山港区南康镇朝阳广场举办 劳文静 摄

❹ 2020 年 7 月 13 日，由国家体育总局主办，自治区体育局协办，铁山港区文体广电旅游局、铁山港（临海）工业区管委会工会、铁山港区总工会承办的“全民健身 健康中国”2020 年全国县域社会足球赛广西赛区比赛暨广西足球争霸赛北海市铁山港区足球赛，在南康镇第一小学举行开幕式 邓符 摄

8

9

5 2020 年 4 月 8 日，北海市政协副主席杨志远（前排左二）到铁山港区南康第一中学检查开学情况　邓符　摄

6 2020 年 8 月 7 日，铁山港区 2020 年“壮美广西·智慧广电”工程建设推进暨培训会在区政务服务综合楼五楼会议室召开　劳文静　摄

7 2020 年 8 月 14 日，2020 年北海市道德模范率先垂范进基层宣讲活动（铁山港区孝老爱亲感恩教育讲座）在兴港镇粟山村举行。图为北海市道德模范赖永康到场演讲　劳文静　摄

8 2002 年 5 月 22 日，由北海市委宣传部主办、铁山港区委宣传部承办的 2020 年北海市铁山港区全民阅读暨“绿书签”系列宣传活动在营盘镇塘仔小学启动　劳文静　摄

9 2020 年 8 月 25 日，弘扬好家风 七夕共传承 2020 年北海市铁山港区“我们的节日·七夕”主题活动在南康镇举行　劳文静　摄

1 2020 年 9 月 10 日，铁山港区区长龙起云（右排右二）到营盘镇中心小学慰问教师代表 劳文静 摄

2 2020 年 8 月 27 日，“感悟红色精神 传承红色传奇”主题党日活动在营盘镇彬畔村举办 劳文静 摄

3 2020 年 8 月 28 日，北海市铁山港区（临海）工业区人民医院揭牌仪式举行 劳文静 摄

4 2020 年 8 月 28 日，铁山港区 2020 年“扫黄打非”专题文艺晚会在营盘镇塘仔村委文化广场举办 劳文静 摄

5 2020 年 8 月 31 日，北海市铁山港区实验学校揭牌仪式举行 劳文静 摄

6 2020 年 12 月 3 日，铁山港区委书记余兴国（前排左二）到营盘镇盐灶村委—塘仔村委人大代表联络站，开展“推动爱国卫生运动，强化疫情防控，倡导文明健康”主题活动 劳文静 摄

7 2020 年 9 月 28 日，北海市铁山港区 2020 年“情满中秋 喜迎国庆”联欢文艺晚会在南康镇文化广场举行　劳文静　摄

8 2020 年 10 月 15 日，铁山港区第七次全国人口普查工作推进会在区政务服务综合楼二楼会议室召开　劳文静　摄

9 2020 年 10 月 23 日，浓浓敬老情 关爱暖人心“我们的节日・重阳”主题实践活动在铁山港区南康镇滨海社区举行　劳文静　摄

10 2020 年 11 月 26 日，铁山港区第四季度安全生产工作会议及铁山港区第四季度消防工作联席会暨冬春火灾防控工作部署会在区政务服务综合楼五楼会议室召开　劳文静　摄

11 2020 年 12 月 1 日，铁山港区在南康镇中举办“携手防疫防艾，共担健康责任”暨 2020 年世界艾滋病日宣传活动　劳文静　摄

12 2020 年 12 月 25 日，2020 年铁山港区“决胜脱贫攻坚 携手奋进小康”演讲比赛（决赛）在区政务服务综合楼五楼会议室举行　劳文静　摄

1

2

3

1 2020 年 4 月 14 日，北海市委书记、市人大常委会主任王乃学（左三），在区委书记余兴国（三排右一）陪同下，到铁山港区南康镇黄丽窝村调研脱贫攻坚工作　　南康镇政府　供

2 2020 年 5 月 28 日，北海市市长蔡锦军（左三）在铁山港区区长龙起云（左四）陪同下，到南康镇黄丽窝村调研脱贫攻坚工作　　区政府办　供

3 2020 年 3 月 11 日，铁山港区新时代文明实践系列活动——学雷锋志愿活动走进黄丽窝村帮助贫困户　　邓符　摄

4 2020 年 6 月 29 日，铁山港区委书记余兴国（右二）到营盘镇鹿塘村慰问困难党员　　邓符　摄

4

5

6

7

8

5 2020 年 9 月 18 日，2020 年铁山港区“同心助学”捐赠仪式在区政务服务综合楼五楼会议室举行。17 名爱心企业家为 21 名贫困大学新生发放每人 3000 元的助学金　劳文静　摄

6 2020 年 10 月 16 日，铁山港区 2020 年脱贫攻坚冲刺大会在南珠会堂召开　劳文静　摄

7 2020 年 11 月 11 日，区人民医院到营盘镇火禄村开展“党建引领 + 健康扶贫”（上门评残服务）主题党日活动　劳文静　摄

8 2020 年 12 月 21 日，南康镇在铁山港区政府召开决战决胜脱贫攻坚工作新闻发布会　南康镇政府　供

1 2020年12月24日，铁山港区委书记余兴国率队到南康镇秋风塘村委简屋村调研乡村振兴工作 劳文静 摄
2 2020年1月16日，铁山港区委书记余兴国（右排左一）到南康镇陂塘村幸福院开展新春慰问活动 邓符 摄
3 2020年6月29日，铁山港区“不忘初心、牢记使命”主题教育成果提升暨解决老百姓“三事”（操心事、烦心事、揪心事）行动推进会在区政务服务综合楼五楼会议室召开 邓符 摄
4 2020年1月15日，营盘镇石村休闲山庄一角 邓符 摄
5 2020年4月29日，营盘镇塘仔村新貌一角 邓符 摄

特　　载

开启新征程　谱写新篇章　为建设广西第一工业强区奋勇前行

——中共北海市铁山港区第五届委员会第六次全体会议报告

中共北海市铁山港区委书记　余兴国

2021 年 1 月 29 日

这次区委全会的主要任务是，高举习近平新时代中国特色社会主义思想伟大旗帜，坚决贯彻落实党的十九届五中全会和习近平总书记视察广西及北海重要讲话精神，全面落实中央、自治区经济工作会议以及自治区党委十一届九次全会、市委十一届十一次全会决策部署，回顾总结区委五届五次全会以来的工作，部署今年工作，审议通过《中共北海市铁山港区委员会关于制定国民经济和社会发展第十四个五年规划和二〇三五年远景目标的建议》，动员全区上下坚定信心、锐意进取、乘势而上，为建设广西第一工业强区而努力奋斗。

现在，我代表区委常委会向全会做报告，请予审议。

一、区委五届五次全会以来的工作

2020 年，面对突如其来的新冠肺炎疫情、严峻复杂的内外形势和艰巨繁重的改革发展任务，区委常委会坚持以习近平新时代中国特色社会主义思想为指导，在自治区党委、市委的坚强领导下，团结带领全区党员干部群众，始终锚定目标任务，沉着应对风险挑战，统筹推进疫情防控和经济社会发展，认真落实“四三二一”重点工作思路，扎实做好“六稳”工作、落实“六保”任务，推动“十三五”圆满收官，经济社会发展态势持续回稳向好。全年地区生产总值比上年下降 6.2%，明显好于预期；规模以上工业总产值增长 7%；固定资产投资增长 117.17%，增速全市第一、自治区第三；全区财政收入 32.45 亿元；税收收入 82.36 亿元，占全市税收的 52.45%；农村居民人均可支配收入增长 8.6%；城镇居民人均可支配收入增长 4.3%。

一年来，我们主要抓了以下几方面工作：

（一）发力抓招商、推项目，工业集群蓬勃发展

坚持“强龙头、补链条、聚集群”，精心谋划打造石油化工、临港新材料、硅科技、林纸四大千亿级和海洋装备、港航物流、加工贸易、表面处理四大百亿级产业集群。推行疫情期间线上“不见面招商”，保持对重大项目不间断对接。推动招商引资“三个转变”，全年签约项目 24 个，项目投资总

额 4182 亿元。全区重点推进产业项目 54 个，其中“双百双新”项目 19 个。“双百双新”项目推进工作位列广西第一。在征地搬迁工作一线建立临时党支部，推行“一二三四五”工作法，完成征地清场 673.73 公顷。信义玻璃一期项目 6 条生产线全部建成投产，凯洋生物、鱼峰水泥、川化钾肥等项目点火试产。中石化扩能改造项目、太阳纸业项目顺利推进。进港铁路专用线建成通车，打通海铁联运“最后一公里”。铁山港区航道三期、港务公司片区污水管网工程完成建设。铁山港临港新材料产业园、北部湾表面处理中心产业园正式开园投运，临港大工业集群发展态势良好。

（二）致力强弱项、补短板，绝对贫困全面消除

打好“四大战役”，“两不愁三保障”问题全面解决。义务教育巩固率达到 93.24%。实现建档立卡贫困人口医保、定点医疗机构“一站式”直接结算功能全覆盖。完成戴屋等 23 条自然村饮水提升工程建设。开展贫困人口住危房专项整治，实现贫困户住房安全有保障目标。深入实施产业扶贫，打造“临港工业就业”“万亩海洋产业”“特色果蔬创业”三个平台，促进贫困劳动力稳定就业。全区“5+2”特色产业覆盖率达 97.62%，贫困村“3+1”特色产业平均覆盖率超 90%。持续巩固边缘户和脱贫监测户。年内完成 97 户 329 人减贫任务，以超过国家现行脱贫标准 25% 实现贫困户全部脱贫，深度贫困村黄丽窝村顺利脱贫摘帽，脱贫攻坚取得决定性胜利。

（三）聚力扬优势、育特色，乡村振兴有力提升

大力培育特色农业产业，创建蔬菜产业等 8 个示范园区，累计创建示范园区 45 个。铁山港区金鲳鱼获广西特色农产品优势区认定。北海市乃志海洋科技有限公司所属养殖场获国家级水产健康养殖示范场称号。“万亩深海养殖基地”和营盘对虾产业核心示范区建设扎实推进。完成南珠珍珠贝插核 1257 万贝。全区村级集体经济收入突破 500 万元。实施农村“三改”和“三清三拆”，乡村风貌和人居环境持续改善。南康镇秋风塘村荣获“全国文明村”称号。乡村旅游发展提速，完成 3 个乡土特色示范村建设。珠乡旅游休闲山庄被评定为二星级农家乐。糖水铺、江灰、木头田等 3 个自治区级设施完善型村庄和九曲、周龙等一批市级设施完善型村庄完成建设。

（四）全力夯基础、促提升，产城融合扎实推进

深入实施南珠新城建设大会战，推进“七个一”工程建设。区实验学校、工业区人民医院建成投入使用。向海大道、福成至南康段公路改造工程建成通车。66.67 公顷临港产业园搬迁回建区场地平整基本完成。区行政中心住宅小区开工建设，行政中心片区路网工程、污水处理厂、文体中心、疾控中心、中医院等项目有序推进。南康镇荣获“国家卫生乡镇”命名。完成 13 条背街小巷改造工程。兴港镇、南康镇上榜中国西部百强镇，分别位列第 10 位和第 38 位。

（五）大力促改革、激活力，营商环境优质高效

持续深化“放管服”改革，审批流程更优化。推行“三三三”改革，全区 177 项行政许可事项提速率达 78%。全面推进数字政务一体化平台建设，网上可办率达 100%。深入推进“最多跑一次”改革，践行“三个零”服务理念，建立服务项目“五个一”工作机制，优化服务效能。落实减费降税政策。支持民营企业改革发展，和源石化、新鑫能源分别上榜“2020 广西民营企业 100 强”和“2020 广西民营企业制造业 100 强”；渤海农业除入列以上两个榜单外，还进入“2020 广西民营企业纳税 10 强”，连登三榜。全区在优化营商环境综合排名中获广西县（市）区第三，被评为广西民营经济示范区。

（六）极力守红线、抓整改，生态改善富有成效

坚决打好蓝天、碧水、净土三大污染防治攻坚战。空气优良率达 99.4%，环境空气质量全市第一。有效落实河长制，南康江排筏河段综合治理项目扎实推进。滨江生活小区、港务片区、信义玻璃片区污水管网项目建成投用。海域水质环境功能区达标率100%。推进工业区环境整治和扬尘治理,实施绿化种植、建筑垃圾清运围墙建设等项目8个。完成兴港镇南乐社区垃圾分类示范点建设,城镇生活垃圾无害化收运处理率达100%。推进中央环保督察“回头看”及固体废物环境问题专项督察反馈问题整改,完成冶炼废渣全面处置消纳,并通过自治区核查验收。高岭土、沙石等矿产资源“不敢盗”态势进一步巩固。

(七)倾力解民忧、惠民生,群众福祉持续增进

全年民生支出10.08亿元,占一般公共预算支出的84.04%。44所义务教育学校“20条底线”达标需求建设项目交付使用。铁山港区列入紧密型医共体国家试点县区。区人民医院、区妇幼保健院PCR实验室建成投用。区中医院、区疾控中心、区人民医院发热门诊及公共卫生服务楼、妇幼保健院异地搬迁等项目有序推进。新建村级公共服务中心6个,实现全区公共文化服务体系全覆盖。文体事业繁荣发展,推出《最美逆行者》《同舟共济,战“疫”必胜》等抗疫文艺作品,极大提振抗疫士气。《大棚撑起脱贫伞》荣获自治区“决胜小康　奋斗有我”基层群众文艺会演舞蹈类三等奖。实施“智慧广电”工程,完成7个行政村联网任务。推进“基层党建+农村警务+N”,社会综合治理效率不断提高。毫不放松抓好新冠肺炎疫情防控工作,采取“片区+部门+医疗+公安”模式,严格重点区域、重点人员管控,有力保持“零疫情”的良好局面。推进安全生产专项整治三年行动。加强食品药品监管,实现全年食品药品安全“零事故”。扫黑除恶成效大幅上升。铁山港区被评为全国信访工作“三无”县区。

(八)强力固根本、转作风,党的建设纵深发展

推进“两学一做”和“不忘初心、牢记使命”主题教育常态化制度化。年内召开12次区委常委会会议、4次理论中心组学习会专题学习。开展解决老百姓“操心事烦心事揪心事”行动,建设“解忧仓库”和社区“解忧超市”,推动“三事通解”。坚持对标对表、集思广益,科学谋划发展蓝图,提出“十四五”规划建议。实现区镇村三级“联述联评联考”全覆盖。深入开展“书记点题谈”活动。设立275个自然村党支部,实现379个自然村全覆盖。排查整顿软弱涣散(后进)村党组织5个,20个村级党组织获自治区评星定级。创新设立“人才编制池”,落实关心关爱干部人才系列措施,引进人才数比上年增长300%。在疫情防控、招商引资、征地搬迁等一线选树担当作为干部94人。全面落实意识形态工作责任制,健全监督意识形态督查制度和互联网舆情处置机制。深化政治巡察,实现本届区委巡察全覆盖。运用监督执纪“四种形态”处理党员干部201人次。加强廉政文化教育阵地建设,铁山港区清帆廉政文化园建成开园。持之以恒正风肃纪,一体推进不敢腐、不能腐、不想腐,形式主义、官僚主义问题有效遏制。发挥村级纪检监督员队伍和基层廉洁监督员作用,全面从严治党向基层延伸拓展。

一年来,区委充分发挥总揽全局、协调各方的作用,领导核心作用进一步增强。全力支持和保证人大、政府、政协和监察委、法院、检察院依法履职、开展工作。党的民族、宗教、侨务、老干部工作不断强化,工青妇、工商联等群团组织的桥梁纽带作用持续增强,党管武装全面落实,爱国统一战线巩固提升。区法院荣获北海市首批“创建模范机关示范单位”称号。区妇联采取“妇联+法官+心理咨询师”多元化调解模式获广西妇女儿童维权项目成果评比三等奖。全区上下实干进取、团结奋进的良好氛围进一步提升。

在总结成绩的同时,我们也清醒地认识到工作中还存在不少问题和不足。比如,综合实力仍然偏弱,产业结构有待优化;产城融合步伐不快,“有区无城”的固有局面仍未打破;民生建设欠账较多,社会治理、防灾减灾等领域还存在不少短板弱项;个别干部进取意识不强,工作作风有待提升，全面从严治党仍需常抓不懈，等等。对于这些问题，我们要高度重视，切实加以解决。

二、开启新征程谱写新篇章，为建设广西第一工业强区奋勇前行

2021 年是中国共产党成立 100 周年，是实施“十四五”规划、开启全面建设社会主义现代化国家新征程的第一年。如何在新起点上抢抓先机，实现更大突破，是我们要考虑的首要问题。区委立足实际、着眼长远，提出了建设广西第一工业强区的宏伟目标。从产业总量上，力争“十四五”期间全区工业总产值实现翻番，突破 2000 亿元；从运行质量上，积极培育高质量发展的工业产业生态，力争在工业经济总量、支撑体系建设、集约集聚水平、能源消耗控制等方面走在广西前列。提出建设广西第一工业强区目标，主要基于以下考虑：

第一，建设广西第一工业强区，是我们落实习近平总书记“打造好向海经济”重要指示精神的使命担当。习近平总书记在视察铁山港公用码头时，做出了“打造好向海经济”重要指示。作为广西北部湾经济区五大功能组团之一，全区承担着北海经济发展“主战场”、北海工业发展“顶梁柱”的重任。要想扛起这份政治担当，必须毫不动摇地把工业发展摆在经济高质量发展的首位，推动临港大工业集群不断发展壮大。

第二，建设广西第一工业强区，是我们持续强化工业支撑地位的必由之路。近几年来，通过全区上下不懈努力，全区经济社会发展特别是工业发展，取得了令人瞩目的成就。但也要看到，我们的发展速度质量和所拥有的资源和区位优势还不相匹配，与沿海发达地区相比，仍有较大差距；在园区基础和港口建设上，与广西其他临港工业区相比远远落后。我们要想在下一阶段补足短板、再创辉煌，就必须把工业强区的大旗树起来。

第三，建设广西第一工业强区，是我们打造新一轮区域竞争优势的迫切需要。区域竞争是综合实力的竞争，归根到底是产业生态、人才科技的竞争。如果工业不强、增长乏力，良好的产业生态就形不成，资金、科技、人才、信息等要素资源就难以有效汇聚，我们在区域合作与竞争中的地位就会大大削弱。当前，全区城镇化水平较低，生产生活配套不足，仍处于“有区无城”的尴尬局面，难以满足高质量发展的需要，必须要以工业大发展促进产业能级和城区品质双提升，进而提升核心竞争力。

第四，建设广西第一工业强区，我们有信心有基础有底气。近年来，我们做了很多打基础、攒后劲、利长远的工作，发展框架不断拉开，四大千亿级临港产业集群初现雏形，为下一阶段高质量发展奠定了坚实基础。在此过程中，广大干部理想信念更加坚定、本领不断增强、干事创业热情更加高涨，为建设广西第一工业强区提供了坚强保障。

对做好今年的工作，自治区党委十一届九次全会和市委十一届十一次全会都提出了明确要求。我们要坚持以习近平新时代中国特色社会主义思想为指导，全面贯彻中共十九大和十九届二中、三中、四中、五中全会精神，认真落实自治区党委、市委决策部署，扎实做好“六稳”“六保”，以“起步就要提速，开局就要争先”的精神风貌，咬定青山不放松，脚踏实地加油干，力争实现“十四五”良好开局，以优异发展答卷迎接建党 100 周年。

2021 年的主要预期目标是：地区生产总值增长 18%，财政收入增长 35% 以上，规模以上工业总产值增长 20% 以上，固定资产投资增长 20% 以上，城镇居民人均可支配收入增长 7%，农村居民人均可支配收入增长 8%。

围绕以上目标要求，我们要突出抓好以下几方面工作：

（一）服务重大项目建设，推动向海经济发展实现新跨越

围绕“强龙头、补链条、聚集群”的产业发展理念，全面做好优质重大项目的谋划布局、储备管

理、服务建设工作，推动铁山港区实现高质量发展。

打造临港产业“大集群”。坚持以高质量的大项目为抓手，促进四大千亿产业和四大百亿产业集群化、园区化发展，加快拉开临港产业发展格局。石化产业方面，以打造炼油化工一体化临港绿色石油化工产业基地为目标，加快推进中石化扩能改造、川桂绿色化工产业园、瑞和生物柴油等项目建设，构建完善以原油加工为源头，烯烃、芳烃为下游，精细化工和终端化工应用产品为延伸的生态链条。临港新材料产业方面，以打造国内一流新材料产业基地为目标，支持北部湾新材料扩大生产、转型升级，加快推动亚王储能、鼎龙钛白粉等龙头项目落地建设。硅科技产业方面，以培育全产业链玻璃产业园为目标，加快推动信义玻璃、金山化工玻璃生产配套暨传统盐化工艺升级改造项目建设，积极引进玻璃制造等基础原料及其下游衍生品项目，进一步丰富多种类玻璃制造业。林纸产业方面，以打造全球规模最大的林浆纸一体化产业园为目标，加快推进太阳纸业、玖龙纸业等一批在建项目建成投产，支持斯道拉恩索林纸项目加快发展。积极延伸上下游产业链，形成制浆造纸及配套深加工相结合的产业集群。

培育产业发展“新动能”。以招商引资“三个转变”为抓手，推动招商项目实现由量向质的转变。围绕重点产业链和龙头骨干企业开展精准招商，力争引进建链、强链、补链、延链优质项目10个以上。不断完善招商引资项目评估机制，对投资强度、税收贡献、集约用地和生态环保做出约束性规定，凡不符合产业布局、达不到约束性规定要求的，不予入园。大力发展生产性服务业，增强现代金融、信息服务和电子商务竞争力，不断丰富产业结构，积蓄发展动能。

跑出项目落地“加速度”。严格落实“五个一”服务项目机制、“一张表”责任制和一跟到底、挂图作战制，贯彻全程帮办服务承诺制、全程帮办一次性告知制，谋划开辟“双百双新”等重大项目审批快车道，推动项目早日建成投产。坚持挂图作战、倒排工期，强力推进征地搬迁，力争全年实现征地清场再超万亩目标，保障现有重大项目尽早开工建设。加强工业用地储备，盘活存量工业用地资源，力促新引进产业项目落地提速。

按下园区建设“快进键”。优化园区布局规划，着力解决现有规划对产业发展支撑不足的问题。加快推进石化产业园的规划调整，争取将铁山港石化产业园列入茂湛石化产业基地范围，共同打造“茂湛北”国家级石化产业基地。加快完善港口功能建设，推动铁山港30万吨航道及码头项目、北暮作业区南7—南10泊位工程提速建设，完善铁山港联检设施、危险品泊位建设。实施工业区基础设施补短板PPP项目，稳步推进园区道路、市政管网、供电线路、工业管廊等基础设施建设，完善工业区疏运体系，不断提升工业区陆海联运和对外互联互通水平。

（二）巩固提升脱贫成果，推动乡村振兴开创新局面

坚持农业农村优先发展，深入实施乡村振兴战略，努力实现农业更强、农村更美、农民更幸福。

持续巩固脱贫成果。严格按照脱贫“四个不摘”要求，建立防范返贫、新生贫困和解决相对贫困的长效机制。加大对因病、因残致贫、脱贫不稳定户和边缘易致贫户等特殊人群的监测力度，建立健全精准防贫工作机制，巩固扶贫成效。推进巩固脱贫攻坚成效与乡村振兴有效衔接。

加快建设美丽乡村。大力推进交通、水利、饮水等基础设施建设，加快补齐农村基础设施和公共服务短板。深入推进农业农村污染治理攻坚。有序开展村庄全域整治及高速公路、向海大道沿线风貌带建设，不断改善农村人居环境。坚持以全域旅游理念促进乡村风貌提升，努力打造白龙珍珠城、青山头、大王岭、茂业生态园等一批精品旅游项目。持续推进设施完善型村庄及精品示范型村庄的项目建设，推进营盘镇塘仔村创建乡村振兴示范村。

稳步提升农业质效。加强现代农业产业发展规划，积极推动农业产业化发展，尽快让农业成为新的优势产业强势产业。持续推进现代农业示范区建设，力争新建一批示范园区。加快推进山东寿光33.33公顷现代果蔬扶贫产业园项目建设。深化台企农渔业项目合作。推进现代渔港经济区、营盘特色渔业小镇建设，做大做强深水网箱养殖和南珠养殖产业。以专业合作社为龙头，大力发展努比亚山羊、肉牛养殖等特色产业。

全面深化农村改革。扎实推进农村集体产权制度改革，加快推进农村产权改革档案整理和村民合作社换证工作。做好农村集体产权制度改革后半篇文章，推动资源变资产、资金变股金、农民变股东，助力集体资产保值增值、农民持续受益。探索建立农村产权规范流转和交易机制，激活农村各类要素资源。

（三）统筹优化城乡发展，推动产城融合迈出新步伐

坚持高位部署、科学谋划，全力推进南珠新城建设，持续完善城镇功能，加快形成产港城融合发展良好局面。

推进南珠新城建设。以“七个一”工程建设为抓手，深入推进南珠新城建设大会战。紧抓行政中心片区设施PPP项目，稳步推进一批市政基础设施建设，补齐综合配套和服务功能不足的短板。推进珠城海港城、玖龙纸业生活区等房地产项目建设，增强产业发展承载力。依托营盘镇建设中心渔港及中国－东盟海产品深加工环保产业园，以点铺面，以产业带动新城建设。

打造特色小镇样板。谋划构建“新城＋特色小镇”的城镇空间结构，加快推进特色小镇建设步伐。继续实施背街小巷畅通提升行动。依托南康老街、南滨影城和南滨广场等文化资源，积极争取财政资金支持，打造南康镇特色餐饮文化休闲娱乐中心。积极引入优质企业参与建设，多方筹措建设资金，加快推进南康历史文化街区等项目建设。

（四）打造一流营商环境，深化改革注入发展新动力

以更多举措、更大力度，朝着打造全国一流营商环境的目标不断前进，为持续扩大全区经济实力增添强劲动力。

深化重点领域改革。继续加大改革力度，持续深化“放管服”改革和“一网通办”“一事通办”改革。强化窗口服务监督，发挥营商环境义务监督员作用，完善营商环境“红黑榜”制度。依托项目帮办中心，全方位为企业提供“一站式”“保姆式”服务。扎实开展解决企业困难“直通车”活动，更大力度帮助企业纾难解困。加快民营经济发展，建设好广西民营经济示范区。

强化创新驱动引领。坚持实施创新驱动发展战略，努力引进一批高新技术项目，促进经济转型升级。建立健全企业研发引导奖励机制，持续加大税费减免、财政补助、金融帮扶和奖励支持力度。以“双百双新”项目建设为龙头，支持企业、高校、科研院所合作搭建产学研平台，不断提升区域科技创新能力。

持续扩大对外开放。创新开放通道和体系，完善开放合作平台建设。主动服务和融入“一带一路”、西部陆海新通道、东盟经济圈建设。加快融入粤港澳大湾区，积极推进海南自由贸易港互动，主动落实南钦北防一体化发展举措，推动交通、经济、旅游、人才等方面的融合发展。利用港口资源优势，大力发展港口航运物流产业，不断提升开放水平和层次。

（五）坚持践行生态优先，推动绿色发展呈现新态势

坚定践行“绿水青山就是金山银山”理念，努力实现天更蓝、水更清、山更绿、人与自然更和谐，不断擦亮高质量发展的生态底色。

打好升级版的三大污染防治攻坚战。加强大气污染防治，推进工业废气、建筑扬尘、公路撒漏、禁烧秸秆等综合整治，坚决打赢蓝天保卫战。全面落实河长制，加强南康江流域、青山头等近岸海域综合治理，深入推进水质治理能力提升。加强海洋生态保护，持续推进南珠湾海洋生态建设。实施土壤污染风险管控与修复治理工程，依托固废循环利用环保综合体项目投产优势，进一步提高危险废物和固体废物处置能力，把净土防御战推向深入。

建立健全生态环境保护长效机制。加强工业园区空气质量、水流质量、土壤质量及生物、噪声等各类环境要素监测。加大园区环保设施建设力度，积极实施能效提升、节水治污、循环利用等专项技术改造，推动节能减排降碳。持续巩固提升中央环保督察和国家海洋专项督查反馈问题整改成果。加强环境监管执法，严厉打击非法开采海砂、河砂、高岭土等矿产资源行为，形成长效管护机制，保障生态环境安全。

（六）矢志增进民生福祉，推动人民生活达到新水平

持续增加基本民生投入，做好普惠性、基础性、兜底性民生建设，让民生事业温暖人心。

多举措便民惠民。坚持教育优先发展理念，加快推进义务教育一体化改革和学前教育规范化发展。进一步完善区实验学校设施建设，推进一批公办幼儿园建设。加大监管指导力度，保障民办教育健康发展。加快推进卫生健康系统基础项目建设，推动工业区人民医院全面启用，稳步推进区中医院、区疾控中心、区妇幼保健院新院区、区人民医院异地搬迁等项目建设，加强乡村卫生服务一体化，提高基层医疗服务水平。深入实施文化惠民工程，完善公共文化服务体系建设。

织牢兜底保障网。全面实施全民参保计划，扎实推进社保体系建设。完善养老服务体系及残疾人社会救助体系，大力提升城乡居民社会养老保险覆盖面，稳步推进被征地农民养老保险工作。深化医疗领域改革，构建医疗联合服务体系，加强公共卫生和重大疾病防治。加强退役军人服务保障工作。落实农民工工资保证金制度，构建和谐劳动关系。

推进共建共治共享。聚焦区域治理关键环节，健全完善社会治安防控体系。坚持和发展新时代“枫桥经验”，全面推行“基层党建 + 农村警务 +N”，提升农村基层综合治理效能。加大信访事件化解力度。持续提高扫黑除恶法治化、规范化、专业化水平，巩固深化专项斗争成果，强化社会治理成效，推进平安港区建设。严格落实党委国家安全责任制，加大危机预警和管控力度，强化安全生产、食品药品监管，营造和谐稳定大局。

三、从严从实全面加强党的建设，为“十四五”开好局、起好步提供坚强保证

实现宏伟愿景目标，必须坚持和加强党的全面领导，充分调动一切积极因素，形成磅礴前行的生动局面。

（一）突出政治引领，提升基层党建工作实效

认真落实新时代党的建设总要求，抓好党的建设重点任务，不断提高党的建设质量。严肃党内政治生活，引导广大党员干部在政治立场、政治方向、政治原则、政治道路上同以习近平同志为核心的党中央保持高度一致。坚定执行党的政治路线，不断提高政治判断力、政治领悟力、政治执行力。全区各级党组织和广大党员干部要善于从政治上分析和解决问题，自觉在大局下谋划、部署、推动工作，不断把党的政治优势、组织优势转化为治理效能，确保中央、自治区党委和市委决策部署落地落实。深入开展解决老百姓“三事”行动，推行“三事通解”，不断巩固拓展“不忘初心、牢记使命”主题教育成果。加强基层党建创新，探索打造南康镇扫管龙村“红色引领 + 党建示范 + 集体经济”综合性示范点。

（二）建强干部队伍，激发干事创业昂扬斗志

集中精力推进村（社区）“两委”换届选举，抓好区镇领导班子换届，选优配强各级领导班子。坚持科学选人用人导向，注重从招商引资、征地搬迁、项目建设、维护稳定“四个一线”发现培养锻

炼干部。积极拓宽引才留人渠道，努力补齐各领域“高精专缺”人才短板。加大干部培训教育力度，助力克服“本领恐慌”，增强防风险意识和能力，不断提升履职能力水平。加大关爱激励措施落实力度，进一步激励干部担当作为。坚持正面典型激励和反面警示教育相结合，积极选树“担当作为干部”，加大对“昏庸懒散拖”干部的处理力度，让担当善为者有舞台、挑大梁，让畏难懈怠者让位子、受警醒。健全完善容错纠错机制。科学统筹规范督查检查考核工作，持续为基层松绑减负。

（三）强化意识形态，筑牢同心同行思想根基

严格落实意识形态工作责任制，牢牢掌握意识形态工作领导权。坚定不移用习近平新时代中国特色社会主义思想武装头脑，构建党员干部读书学习长效机制，提升党员干部党性修养。完善网上舆论引导机制，推进网上评论阵地和壮大网络评论员队伍建设。建立健全突发事件和重大敏感舆情的监测、研判、处置机制，更好地引导群众、服务群众。用好用活“学习强国”、官方“两微”和“百姓宣讲团”等平台渠道，加大对全区向海经济、新城建设、乡村振兴等重点工作宣传力度。抓好建党100周年主题宣传，营造团结和谐的舆论环境。推动精神文明建设，扎实开展文明村、文明单位、文明户创建工作，深入挖掘培育道德模范、优秀基层干部、身边好人等典型，弘扬正能量新风尚。深入推进区、镇两级及文明单位“道德讲堂”建设。开展群众性精神文明创建活动，让群众共享文明实践带来的美好成果。

（四）严明纪律规矩，巩固提升良好政治生态

纵深推进党风廉政建设和反腐败工作，聚焦重点领域和关键环节，加强制度建设，强化刚性执行，确保权力在阳光下运行。完善党员领导干部监督机制，破解对“一把手”监督和同级监督难题。科学运用监督执纪“四种形态”，强化日常监督、长期监督。深化监察体制改革，推动监察职能向乡镇延伸。持之以恒正风肃纪，紧盯关键少数、关键岗位的典型违规问题，力戒形式主义、官僚主义，严防“四风”和其他不正之风反弹回潮。保持反腐高压态势，坚持标本兼治，一体推进“三不”理念。深化以案促改，加强党纪国法和廉洁自律、廉政警示教育。坚持深挖彻查涉黑涉恶腐败和“保护伞”问题，营造海晏河清的政治生态。

同志们，九万里风鹏正举，新征程未来可期。面对漫漫征途，唯有不懈奋斗，才能阔步向前。让我们更加紧密地团结在以习近平同志为核心的党中央周围，在自治区党委和市委的坚强领导下，以志在必得的信心、只争朝夕的劲头、克难攻坚的意志，为建设广西第一工业强区奋勇前行！

北海市铁山港区人大常委会工作报告

——在北海市铁山港区第五届人民代表大会第六次会议上

北海市铁山港区人大常委会主任　黄小健

2021 年 5 月 13 日

2020 年主要工作

2020 年是全面建成小康社会和“十三五”规划收官之年,在区委的坚强领导和市人大常委会的精心指导下,区人大常委会坚持以习近平新时代中国特色社会主义思想为指导,全面落实党的十九大和十九届二中、三中、四中、五中全会精神和习近平法治思想,持续深入学习贯彻习近平总书记关于坚持和完善人民代表大会制度的重要思想和对地方人大及其常委会工作重要指示精神,紧扣疫情防控、“六稳”“六保”,打赢三大攻坚战,围绕区委“四三二一”工作思路,主动作为,依法履职。全面完成区五届人大五次会议决定的各项任务。

一、旗帜鲜明讲政治,把牢正确政治方向

常委会始终坚持党对人大工作的全面领导,牢牢把握正确履职方向,依法行使人大职责。

坚持思想政治建设为统领,始终把深入学习贯彻习近平新时代中国特色社会主义思想作为首要政治任务,坚持学深悟透、准确把握党的创新理论成果,为做好新时代人大工作提供理论指引、注入精神动力。

结合“两学一做”学习教育常态化制度化和“不忘初心、牢记使命”主题教育成果巩固工作,通过集中学习、专题培训、自学等方式,组织区人大代表和人大机关党员干部深入学习习近平新时代中国特色社会主义重要思想、习近平总书记关于坚持和完善人民代表大会制度的重要思想和习总书记对地方人大及其常委会工作重要指示精神,重点学习了习近平法治思想,通过运用党的创新理论武装头脑,推动干部自觉把党的创新理论融入指导实践、推动工作上去,确保人大工作正确政治方向。

常委会认真贯彻落实中央、自治区党委、市委和区委的决策部署。在区委的领导下,按照自治区、市委和区委人大工作会议精神统筹谋划和推动工作,坚持人大工作与区委中心工作同部署、同推进、同落实,认真执行重大事项向区委请示报告制度。

二、依法履职尽责,着力提升监督实效

常委会紧扣疫情防控、“六稳”“六保”和打赢三大攻坚战、区委“四三二一”工作思路,坚持问题导向、效果导向创新监督机制,找准工作切入点,切实推动人大监督出实效。全年召开人民代表大会 1 次、常委会议 7 次,主任会议 17 次,开展视察、调研、执法检查、跟踪督办共 18 次,听取专项工作报告、履职工作汇报、部门工作汇报共 23 次。

加强财经监督,促进经济发展。创新监督机制,建成了人大财政预算联网监督系统,建立了《区人大预算联网监督系统管理工作制度》,进一步推动预算执行监督透明化。听取和审议全区 2019

年计划、预算执行情况、财政决算、预算执行审计结果、2020年上半年计划、预算执行情况等报告，围绕落实主要指标、重点任务等提出意见建议21条；听取了区政府2019年审计发现问题整改情况汇报，推动存在问题深入整改；首次听取和审议区政府关于全区国有资产管理情况综合报告和行政事业性国有资产管理情况专项报告，推进国有资产管理监督深化拓展、提质增效，及时依法审查批准区预算调整议案，确保疫情防控、脱贫攻坚、“六稳”“六保”工作的财力保障。

加强民生领域监督，提升群众幸福感。围绕区委中心工作，先后对全区教育控辍保学工作情况、乡村文化建设情况、乡村振兴工作进展和整改落实情况等民生热点工作进行调研督办；组织驻区市人大代表和区人大代表对铁山港区果蔬示范基地、太阳纸业、川化、区实验学校等项目进行集中视察；听取区政府关于水资源的利用和农村饮用水安全、南康镇特色小镇建设工作、教师队伍建设工作等专项报告。对在调研督办、视察、听取报告等工作中发现的问题，及时提出建议并助推区政府有关部门抓好落实，解决了一批与人民群众生产生活息息相关的民生问题，群众获得感和幸福感持续提升。

加强司法领域监督，推进法治建设。坚持以习近平法治思想为指导，以促进社会公平正义为重点，强化法律法规检查监督。通过听取“一府两院”半年工作报告和区政府关于法治政府建设等工作情况报告，推动法治政府建设；组织扫黑除恶专项工作落实督查，听取区人民政府关于扫黑除恶工作情况报告，扎实推进扫黑除恶专项斗争工作；结合疫情防控工作要求，依法开展对《中华人民共和国野生动物保护法》《中华人民共和国动物防疫法》《广西壮族自治区动物防疫条例》执法检查，推动全面科学有序防控、提高疫情防控法治化水平；扎实开展公益诉讼工作实施情况检查，推动检察机关履行好维护国家和社会公共利益的法定职责；切实做好群众来信来访工作，全年共处理群众来信7件，接待来访群众11人次，转交相关部门办理信访件7件，办结率达100%，充分维护了人民群众合法权益。

加强环保领域监督，守护碧水蓝天。区人大常委会贯彻落实习近平生态文明思想，推动打好“大气、水、土壤”三大污染防治攻坚战，深入开展关于环境状况和环保工作情况的专项调研，开展落实河长制情况调研，实地察看南康江、营盘镇火禄江等落实河长制的情况，了解河长制实施情况和存在的困难及问题，推动全区河流纳入河长制管理；针对农村饮用水安全和环境保护问题，听取了区政府关于水资源的利用和保护情况及农村饮用水安全汇报，以及区政府关于2019年环境状况和环境保护工作情况的报告，促使区政府及有关部门进一步强化责任意识，加快解决保护环境问题。

三、依法行使决定和任免权

2020年，常委会坚持抓大事、议大事、量大事原则，聚焦民生改善、社会稳定、经济发展，依法行使重大事项决定权和人事任免权，确保区委人事安排和人民意志依法实现，确保在认真听取和审议各项报告的基础上，做出《关于批准2020年铁山港区财政预算调整方案的决议》等12项决议。坚持党管干部和人大依法任免相统一的原则，严格执行任前法律考试、任前表态发言、审议票决、宪法宣誓等程序任免国家机关工作人员，严格按照法律程序补选市、区两级人大代表工作。进一步强化对国家机关工作人员的任后监督机制，制定《区政府工作部门向区人大常委会报告工作制度》，定期听取常委会任命的区政府工作部门主要负责人的履职汇报并对其履职情况进行满意度测评。年内共任免干部22人，依法补选市、区人大代表4人。

四、标准建设履职平台，推动代表履职出实效

加强履职平台建设，打响人大工作品牌。2020年通过多渠道筹集资金37.65万元，严格按照“十

有”建设标准，对全区1个自治区示范点、5个市级示范点、8个区级人大代表履职平台示范点进行重点打造，通过以点带面、整体推进的方式推动全区人大代表履职活动中心和人大代表联络站提档升级，为人大代表进站开展活动打下了坚实的基础。创新管理办法推行“双百双星”管理和激励制度，授予“铁山港（临海）工业区人大代表联络站”等11个代表联络站为星级联络站。对在履职活动中表现突出的石方雪等20名人大代表授予“代表履职之星”称号。极大地激发了人大代表联络站工作的积极性和人大代表进站履职的自觉性、主动性，收到较好的效果。

创新代表建议办理工作，提升效率保证质量。坚持常委会领导成员带头督办、代表建议意见办理“回头看”、召开常委会听取代表建议办理情况报告等工作机制的基础上，进一步完善意见建议办理机制，通过全程跟踪督办建议办理工作，首次创新与政协协同督办代表建议和委员提案做法，结合开展接待日、“双联”和进站活动，强化代表建议意见办理质量，有效解决了教育、医疗、公共卫生、环境保护等一批事关民生、社会发展的问题。代表建议办理工作取得新成效，全年转交“一府一委两院”办理人大代表建议数73件，办理完结代表建议数73件，代表建议办理完结率为100%，办理满意率为100%。

五、强化教育管理，不断提升自身建设

认真抓好学习教育，夯实思想政治基础。常委会坚持以习近平新时代中国特色社会主义思想为指导，深入学习贯彻习近平总书记关于坚持和完善人民代表大会制度的重要思想和十九届三中、四中、五中全会精神，牢固树立“四个意识”，增强“四个自信”，坚决做到“两个维护”。根据区委统一部署，结合人大工作实际，重点学习习近平总书记视察广西讲话精神，开展了十九届五中全会精神专题学习会，完成党组理论学习中心组全年学习任务，开展两期“书记点题谈”，在强化理论学习的同时，切实将学习成效转化为新形势下加快推进铁山港区高质量发展的强大动力。

落实主体责任，严明纪律规矩。常委会党组认真贯彻《党委（党组）全面从严治党主体责任规定》，认真抓好机关党建工作，高质量完成抓基层党建工作任务，2020年区人大机关党支部标准化建设被评为“好”档次。严格落实“一岗双责”要求，定期召开党风廉政建设专题会议听取机关党风廉政建设情况汇报，党组成员带头上好廉政党课。持之以恒开展形式主义、官僚主义整治工作，坚持每月组织一次典型案例学习或警示教育活动，通过以反面典型为鉴，引导党员剖析问题根源、经受党性洗礼。筑牢拒腐防变思想防线。坚持谈话提醒制度，及时了解干部思想动向，时刻把纪律规矩挺在前面，营造风清气正的人大机关氛围。

加强人大新闻宣传，传播人大好声音。常委会紧紧围绕区委中心工作，以贯彻落实习近平总书记关于坚持和完善人民代表大会制度重要思想和对地方人大及其常委会工作的重要指示精神情况为宣传重点，及时将区人大及其常委会贯彻落实新时代人大工作的决策部署情况，以及人大代表履职的先进事迹通过报刊、人大官方网站、微信公众号、微博等宣传平台讲好人大故事，传递人大好声音。2020年，区人大机关撰写并被刊登在各级新闻媒体（官方网站）的新闻稿件、工作信息66篇，投稿量和刊登量位一县三区前列，区人大常委会连续两年在自治区人大宣传工作经验交流会上做经验交流。反映全区各级人大代表抗疫先进事迹的《北海市铁山港区各级人大代表担当作为积极投身疫情防控阻击战》一文被全国人大微信公众号、北海日报等媒体采纳并刊登。

各位代表，过去一年常委会工作成绩的取得，是在习近平新时代中国特色社会主义思想指导下，区委坚强领导的结果，是区人大代表、常委会组成人员和常委会机关工作人员共同努力的结果，是区人民政府、区监察委员会、区人民法院、区人民检察院及有关部门积极支持的结果。在此，

我谨代表区人大常委会表示崇高的敬意和衷心的感谢！

在总结过去一年工作的同时，我们也清醒地认识到常委会工作还存在一些差距和不足，如人大监督工作实效还需要进一步提高；代表作用发挥还需要进一步加强；常委会机关参谋助手作用还需要进一步发挥等等。我们将高度重视这些问题，虚心听取各位代表和各部门意见建议，在今后的工作中采取有力的措施，切实加以改进。

2021 年主要任务

各位代表，今年是我国现代化建设进程中具有特殊重要性的一年，我国正处于"两个一百年"奋斗目标的历史转折点。常委会将坚持以习近平新时代中国特色社会主义思想为指导，全面贯彻党的十九大和十九届二中、三中、四中、五中全会精神，把深入学习贯彻习近平总书记关于坚持和完善人民代表大会制度的重要思想摆在首位，进一步落实中央、自治区党委、市委和区委关于加强新时代人大工作的新要求，围绕区委决策部署，坚持党的领导、人民当家做主、依法治国有机结合，创新监督、代表各项工作，以优异成绩迎接建党 100 周年。

一、坚持把思想政治建设作为首要任务

始终把思想政治建设作为首要任务，持续深入学习贯彻习近平新时代中国特色社会主义思想、法治思想和习近平总书记关于坚持和完善人民代表大会制度的重要思想，扎实开展党史学习教育活动，及时抓好中央、自治区党委、市委和区委重要会议精神的学习，坚持增强"四个意识"、坚定"四个自信"、做到"两个维护"，不断提升"三力"，紧紧围绕区委中心工作统筹谋划人大工作，认真执行重大事项、重要工作、重要会议、重要活动向区委报告制度。切实把中央和自治区党委、市委和区委决策部署落实到人大履职的全过程、各领域。

二、着力增强监督实效

以问题为导向，坚持正确监督、有效监督，认真贯彻落实党的十九届五中全会精神，聚焦"十四五"规划目标任务，围绕推动区委重大决策部署的贯彻落实和人民群众普遍关注的重大问题的解决，改进监督工作方式，创新监督工作机制，把监督与支持有机结合，进一步增强监督的针对性和实效性，促进"一府一委两院"工作，着力推动解决群众的操心事、揪心事、烦心事。

三、着力推动专题调研成果转化

聚焦全区经济社会发展中的重点、难点问题和社会普遍关注的热点问题，针对法治政府建设、乡村振兴、巩固脱贫攻坚成果、生态环境保护、常态化疫情防控等工作深入开展专题调研，听取和审议国有资产管理情况报告、代表建议办理情况等专项工作报告，拓展专题调研广度深度，推动调研成果转化应用，推动区委重大决策部署落到实处，推动全区中心工作和解决民生热点问题，为铁山港经济社会发展治理水平现代化贡献人大力量。

四、充分发挥代表主体作用

坚持以人民至上的发展思想，发挥代表主体作用，持续加强和改进"混合编组、多级联动、履职为民"工作，不断提高代表进站活动实效。继续做好代表接待周和"双联"工作，加强常委会组成人员与代表及代表与选民的联系，加强对区辖三镇人大工作的指导，密切工作协同，形成工作合力。抓好基层人大代表工作，组织好代表参加常委会、专门委员会组织的调研、视察、检查等活动。坚持常委会领导牵头督办、专(工)委对口督办、选联工委协调督办的议案办理制度，加强与代表的联系和沟通，提高建议办理质量，切实解决群众关注的热点难点问题。学习借鉴兄弟县区人大的

优秀工作经验，推动基层人大充分发挥职能作用，打造铁山港人大工作品牌。

五、持续强化人大意识形态和新闻宣传工作

强化意识形态工作，通过建机制、强宣传、重整治等一系列举措助力意识形态工作常态长效。加强人大宣传力度，发现和挖掘人大工作中的亮点，聚焦社会发展和稳定工作，通过不断创新宣传方式，扩大宣传范围，大力宣传铁山港区人大代表在监督、活动、自身建设等方面的工作进展和成效，讲好人大故事，充分展示代表新风采，传播人大好声音。把握好宣传舆论导向，宣传贯彻习近平总书记关于坚持和完善人民代表大会制度的重要思想，使这一根本政治制度更加深入人心。

六、持续加强人大机关作风建设

加强政治理论学习，深入学习贯彻习近平新时代中国特色社会主义思想，自觉用习近平关于坚持和完善人民代表大会制度重要思想指导推进人大工作；贯彻新时代党的建设总要求，全面加强机关党建工作，充分发挥常委会党组领导核心作用、机关党组织战斗堡垒作用、党员先锋模范作用，坚持党对人大工作的统一领导，把政治建设摆在自身建设的首位，不断加强思想、组织、作风、纪律建设，把制度建设贯穿始终，不断加强人大机关领导干部的廉政教育和作风管理。加强常委会组成人员、机关干部以及人大代表的培训，提高履职水平，进一步增强适应新时代、实现新目标、落实新部署的能力，不断提高政治理论水平。

七、积极做好人大换届选举工作

根据自治区党委、市委和区委部署，依法依规开展区人大换届选举各项工作。深入学习换届选举有关法律法规、政策文件，准确把握自治区党委、市委和区委文件精神。认真做好换届选举各个环节、各个阶段的工作。制定工作方案，加强工作培训，规范选举程序，严肃选举纪律，及时研究解决选举工作中的重大问题，推动换届选举依法有序进行。认真做好区人大换届选举各项筹备工作，深入指导乡镇人大主席团做好换届选举，确保全区换届选举工作顺利完成。

各位代表，新开局呼唤新担当，新征程更需新典范。让我们更加紧密团结在以习近平同志为核心的党中央周围，在区委的坚强领导下，不忘初心，开拓进取，依法履职，扎实工作，不断推动人大工作与时俱进，为建设广西第一工业强区作出新的更大的贡献！

政府工作报告

——在北海市铁山港区第五届人民代表大会第六次会议上

北海市铁山港区代区长　莫华福

2021 年 5 月 13 日

一、2020 年和“十三五”时期工作回顾

2020 年是“十三五”规划收官之年，是极不平凡的一年。受新冠肺炎疫情、国际贸易摩擦和中石化北海炼化停产检修等多种因素影响，我区经济社会发展遭受冲击，一些经济指标难以完成年初预期的目标，全区地区生产总值下降 6.2%，财政收入下降 34.3%，税收下降 38.7%，社会消费品零售总额下降 15.1%。

2020 年也是我们顶住压力、砥砺前行的一年。面对多重困难和挑战，全区上下坚持以习近平新时代中国特色社会主义思想为指导，深入学习贯彻党的十九大及十九届二中、三中、四中、五中全会精神，及习近平总书记视察广西及北海时的重要讲话精神，认真贯彻落实自治区和北海市各项决策部署，按照区委五届五次全会的工作部署以及“四三二一”工作思路，咬定发展不放松，团结拼搏、奋勇争先，扎实做好“六稳”工作，全面落实“六保”任务，全力以赴做好疫情防控工作，经济持续回稳向好，社会大局和谐稳定。全区地区生产总值持续回升、势头明显；规上工业总产值增长 7%；财政收入 32.45 亿元；辖区税收收入 82.36 亿元；固定资产投资增长 117.2%，增速迅猛，位居全市第一、广西第三。过去一年，我们牵牢重大项目“牛鼻子”，招商引资、项目建设等工作取得前所未有的显著成效。一大批重大工业项目落地建设，工地塔吊林立，建设场面热火朝天，项目推进跑出北海“加速度”，为向海经济发展积蓄强大动能。今天建设的项目，就是明天的产业，未来发展的支撑。随着一批“双百”项目陆续建成投产，再过几年，将从根本上解决目前全区产业结构单一、支撑能力不足的问题，再也不会因个别支柱企业经营波动而影响全区经济发展大局。这是全区高质量发展的信心和底气，也是实现新一轮赶超跨越的希望所在。

一年来的工作和成效主要有以下六个方面：

（一）周密部署打赢疫情防控阻击战，全面安全有序复工复产

面对突发疫情，我们坚决执行中央、自治区和北海市决策部署，把人民生命安全和身体健康放在首位，快速启动、适时调整防控策略，针对性落实防控措施。实行“大数据 + 网格化”管理，采取“片区 + 部门 + 医疗 + 公安”模式，利用 2475 个网格和公安大数据技术，做到了“见人、见码、见体温、见地址”。对工业区 70 家企业进行点对点、一对一防控督导，形成横到边、纵到底的全方位防控网格局；区领导班子成员深入企业组织开展疫情防控，严防疫情输入，帮助企业解决实际困难，确保企业安全，快速推动企业复工复产，为全市经济企稳向好贡献了铁山港力量。落实“五个到位”，安全有序组织全区中小学及幼儿园复教复学。这次疫情防控大考，全体医务人员、公安干警、干部职工、村（社区）干部、人大代表、政协委员投身防控一线，开展疫情排查、值班值守，广大人民群众积极参与、自觉配合，取得零扩散、零感染、零死亡“三零”显著成效。

（二）多措并举培育壮大临港工业，向海经济高质量提速发展

招商引资首破四千亿元。面对新冠疫情的不利影响，招商引资工作主动求变，以靶向招商、产业链招商、以商招商为重点，围绕四大主导产业大力推进“三企入桂”各项工作，做到了线上线下共同发力，面对面屏对屏无缝对接，确保招商不断、签约不断。全年累计签约项目24个，合同投资额4182亿元，是前4年总和的2.3倍，到位资金114.9亿元，取得历史最佳成绩。特别是川桂绿色产业园、玖龙纸业、东方希望光伏组件等一批超百亿级、大体量项目落户铁山港区，为产业结构优化调整、加快全区经济发展，积蓄了源源不断的动能。

产业项目建设高歌猛进。开展产业项目落地建设大会战百日攻坚行动，精细化服务项目建设。推动信义玻璃、凯洋生物、鱼峰水泥、川化硫酸钾等一批重点项目建成投产，太阳纸业、中石化北海炼化结构调整等14个项目加快建设，亚王储能材料、海盛达重油改质、精典化工脲醛树脂等26个项目积极开展前期工作。全年重点推进产业项目54个，总投资5466亿元。其中，“双百”项目17个，项目数量、总投资、年度投资额均位列广西第一。完成征地清场673.73公顷、搬迁935户，是历年来全区征地搬迁队伍取得的最好成绩，为重大产业项目快速落地提供强力用地保障。一大批重大项目陆续建成投产，四大千亿元产业持续发展壮大，临港大工业加快集聚发展。

园区基础设施加快建设。全年完成基础设施投资19.7亿元，增长13.2%。1号—4号泊位进港铁路专用线建成通车，打通海铁联运的“最后一公里”。中石化铁路专用线建成使用，铁山港至石头埠铁路支线、神华国华广投北海能源基地铁路专用线等项目加快前期工作。3号—4号泊位完成对外开放预验收，7号—8号泊位开工建设，9号—10号泊位前期加快推进。航道三期II标段工程、铁山港万吨级锚地一期工程、公共执法码头等完成建设。九号路、十三号路、纬五路等路网建成使用。临港新材料、北部湾表面处理中心等产业园正式开园运营。水电气等配套设施进一步完善。

（三）久久为功抓实农业农村工作，城乡统筹发展稳步推进

农业保持稳产增收。扛稳粮食生产安全责任，种植农作物2.13万公顷，其中粮食作物5600公顷，产量2.4万吨、增长5.34%。新增大棚果蔬种植面积100公顷，产量3750吨。投入1500万元，推进万亩高标准农田建设。创建现代特色农业示范园区43个，基本覆盖全区行政村。营盘中心渔港核心工程开工建设。海水网箱养殖面积超过35万平方米，水产品总产量19.3万吨。金鲳鱼养殖规模位居广西第一，获评广西特色农产品优势区。南珠振兴成果初显，珍珠插核1257万贝，采珠632千克。全年实现农林牧渔业总产值48.35亿元。

乡村建设有新面貌。筹措1400多万元，实施乡村风貌提升工程，建设2条精品示范村、22条设施完善型村庄、120条基本整治型村庄。南康镇秋风塘村获评“全国文明村”。建成南乐社区垃圾分类示范点，生活垃圾无害化收运处理率100%。投入260多万元，实施23条自然村饮水提升工程。

新城建设扎实推进。南珠新城行政中心片区加快建设，区实验学校、工业区人民医院建成投入使用。行政中心片区路网工程、污水处理厂、文体中心等基础设施PPP项目已纳入财政部PPP项目库，将于今年动工。南康至福成路面改造、白龙珍珠城二级公路改建均已建成通车。投资7100万元，完成南康镇雨污分流管道项目。实施背街小巷提升畅通行动，争取上级资金3100多万元，改（扩）建13条背街小巷，街道面貌焕然一新。南康镇获评“国家卫生乡镇”。兴港、南康两镇上榜中国西部百强镇，分别位列第10位和第38位。

（四）凝心聚力不断闯关夺隘，“三大攻坚战”取得显著成效

脱贫攻坚任务如期完成。聚焦“两不愁三保障”薄弱环节和未脱贫人口，全面查漏补缺，持续固强补弱，彻底整改各类巡视检查反馈问题。义务教育控辍保学成效显著，实现“双清零”。强化医疗兜底保障，“198”政策惠及全部贫困人口。多渠道筹措资金1500多万元，稳固提升贫困户住房。采取“龙头企业＋合作社＋贫困户”模式，带动1385户贫困户发展特色产业。在自治区消费扶贫数据库线上推送53种扶贫产品，销售金额600多万元。年内完成97户329人的减贫任务，超过国家脱贫标准实现贫困户全部脱贫，深度贫困村黄丽窝村顺利脱贫摘帽。

生态环境质量保持优良。扎实推进生态环境保护建设，持续打好蓝天、碧水、净土三大保卫战。加大秸秆焚烧巡查检查力度，严厉查处违法露天焚烧秸秆行为，全力整治道路扬尘，全区空气优良率为99.4%。整治铁山港湾海域非法养殖，清理网箱392组、蚝排439组。海域水质环境功能区达标率100%。大力治理南康江流域生态环境，清理一批沿线畜禽养殖点，监测断面水质均值达到Ⅲ类标准。督促企业落实环保主体责任，严格监管企业对产生废水、废气、废渣的处理。建成使用滨江生活小区、港务片区、信义玻璃片区污水管网。城镇污水处理负荷率达到70%以上。集中力量开展涉镉等重金属重点行业企业排查整治行动，加强工业固体废物堆存场所的监管力度，全面完成冶炼废渣处置消纳并通过自治区核查验收。关停拆除淘汰落后砖厂6家。深入推进“利剑护砂”专项行动，严厉打击非法矿产品存储加工行为，共查获海砂4.8万立方米，整改拆除非法矿产品加工厂15家、关闭关停5家。

重点领域风险防范有力有效。加大财政资金统筹力度，积极争取再融资债券2160万元，增强政府债务还本付息的能力，全年按时拨付政府债券还本付息资金3036万元，妥善化解存量政府性债务。改进完善南康镇中地震应急避难场。落实农民工工资保证金制度，筑牢预防和解决拖欠农民工工资问题防线，帮助321人追回被拖欠工资376万元。

（五）提升政务服务效能便民利企，优化营商环境再创佳绩

“放管服”改革取得明显成效，政务服务更加便捷。全区177项行政许可事项平均法定时间从25天压缩至5.5天，提速率达78%。推行政务服务“全城通办”，市内政务服务事项可就近申请办理。推行“智慧办税”，配置开办发票、商事登记等自助一体设备。创新“互联网＋政府采购”模式，实现企业参与政府采购“零跑腿”。组建大帮办中心，对项目落地建设各环节全程跟踪帮办，一跟到底直至项目竣工投产。大力扶持企业发展，减免企业所得税2.99亿元、增值税4600多万元。深入开展“走企连心解困”“走企护商除乱”“走企问政督效”三大行动，助推民营企业发展壮大。和源石化上榜“2020广西民营企业100强”，新鑫能源进入“2020广西民营企业制造业100强”，渤海农业除入列以上两个榜单外，还荣登“2020广西民营企业纳税10强”榜。中石化北海炼化获第五届自治区主席质量奖。铁山港区获评广西民营经济示范区。

（六）持之以恒补短板惠民生增福祉，民生事业交出暖心成绩单

社会保障持续增强。财政民生支出达10.08亿元，占全区一般公共预算支出的84%。城镇居民和农村居民人均可支配收入分别增长4.3%和8.6%；城市最低生活保障标准从每人每月690元提高到850元，农村最低生活保障标准从每人每年5000元提高到6000元。城乡居民医疗保险政府补助金额从每人每年520元提高到550元。基本养老保险入库参保率86.45%，全市第一。筹集稳就业资金1090多万元，扎实推进援企稳岗稳就业，实现城乡新增就业1929人。

教育事业加快发展。投入5570多万元，完善农村义务教育学校设施。全区第一所高品质实验学校建成投用，区第七幼儿园竣工验收，区第九幼儿园、第十幼儿园等4所幼儿园及营盘中心校校舍维修等3个乡村振兴项目加快推进。44所义务教育学校“20条底线”达标需求建设项目全部完成。实施“学区制”办学，全区55所中小学（含教学点）资源共享、优势互补，形成了稳定共建机制。普及高中教育顺利通过自治区评估验收，中、高考取得近年来最好成绩。强化师资队伍建设，新招聘126名教师。资助贫困户学生1566人,全面落实控辍保学“双线四包”责任,实现“双清零”目标。打赢义务教育保障战役,区教育局获评全国脱贫攻坚先进集体。

医疗服务能力逐步提高。投资5400多万元的工业区人民医院已建成,区人民医院、区妇幼保健院核酸检测PCR实验室建成投用。紧密型县域医共体信息平台、区中医院、区疾控中心、区人民医院新院区和区妇幼保健院异地搬迁等项目加快推进。实施“强基层、补短板、提能力”基层医疗卫生机构能力建设行动,完成39个村卫生所提升项目,村卫生所覆盖率达100%。推动紧密型县域医共体建设,实施乡村医生“乡聘村用”。持续推进公立医院薪酬制度改革,健全完善用人激励机制,提高医生收入和保障水平,破解基层引人留人难的问题。

文体科技事业稳步发展。成功承办“2020年暖冬遇见北海—春节大家乐”全国乡村春晚。《大棚撑起脱贫伞》荣获自治区“决胜小康　奋斗有我”文艺精品舞蹈基层文艺会演舞蹈类三等奖,《丹心撑起幸福伞》荣获广西计生协“激励新作为·建功新时代”文艺会演一等奖。新建村级公共服务中心6个,全区公共文化服务覆盖率达100%。推进“壮美广西·智慧广电”工程建设,新增入户登记5100户。完成8项重大科技成果转化。

社会治理进一步加强。创新推行“党建+警务+企业(项目)+N”的社会治理体系,组织开展以扫黑除恶专项斗争为龙头的“亮剑2020·六打”专项行动,持续打击“黄赌毒食药环”违法犯罪。查处黄赌毒等治安案件254起、治安拘留253人,刑事拘留622人、逮捕162人。受理各类民商事案件634件,审结611件,结案率96.37%。信访总量下降32.65%、集体访下降23.08%,获评全国信访工作“三无”县区。群众安全感满意度持续提升,在广西111个县区中排第32名,比上年提升8个名次;政法队伍满意度排第5名,比上年提升29个名次;扫黑除恶专项斗争成效排第8名,比上年提升18个名次。高压打击超限超载、运输撒漏等违法行为。完成辖区第七次全国人口普查。退役军人事务扎实推进,安全生产、交通、校园、市场监管等重点领域安全隐患排查治理能力进一步提升。全年无重特大安全生产事故发生。

一年来,我们坚持党的全面领导,持续加强政府自身建设。巩固拓展“不忘初心、牢记使命”主题教育成果,不断提高政府行政效能和服务水平。坚持“三重一大”事项集体研究,切实做到科学民主决策。从严从实抓好各类巡视巡察督查反馈突出问题整改落实,有效整治一批不正之风和腐败问题,党风政风进一步改善提升。自觉接受区人大依法监督和区政协民主监督,认真听取和采纳民主党派、工商联、无党派人士、各人民团体的意见建议,积极办理建议提案工作,全年办理人大代表建议106件、政协委员提案84件,办结率和满意率均为100%。

一年来,国防动员、人民防空、海防、侨务、档案、地方志、优抚安置、妇女儿童、残联、民族、宗教等工作均取得新进展,在经济社会发展中发挥了重要作用。

回顾一年来的工作,我们深切感受到,这些成绩的取得,是习近平新时代中国特色社会主义思想正确引领的结果,是上级党委、政府和区委坚强领导的结果,是区人大、区政协监督支持和广大干部群众同心协力奋斗的结果,凝聚着全区上下的心血和汗水,汇聚了社会各界的智慧和力量。在此,我代表区人民政府,向广大干部群众、人民代表、政协委员、离退休老同志、驻区单位、人民解放军、武警官兵、公安干警、各人民团体和社会各界朋友表示衷心的感谢,并致以崇高的敬意!

在肯定成绩的同时,我们也清醒地认识到,全区经济社会发展还存在一些困难和问题:综合实力仍然偏弱,三次产业结构不优;受能耗“双控”约束,一些“双百”项目落地受到影响;产城融合步伐不快,民生保障和社会治理短板弱项不少;个别干部干事创业精气神不足,慢作为、不作为现象仍然存在,等等。面对这些问题,我们将采取更加有力的措施加快解决,以更高效的服务、更务实的成绩回应人民群众的期待。

“十三五”时期，是全区发展历史上具有重大意义的五年。习近平总书记亲临铁山港公用码头考察，做出“打造好向海经济，写好新世纪海上丝绸之路新篇章”的重要指示，为全区发展明确了新的时代方位，赋予了新的历史使命，为全区高质量发展指明了方向、提供了遵循。我们全力把习近平总书记重要指示精神落实到工作全过程，以发展向海经济为统领，破解发展难题，厚植发展新优势，培育发展新动能，全区实现了快速发展，产业支撑显著增强、基础设施加快建设、人民生活水平明显提高，全面建成小康社会取得决定性胜利，较好完成了“十三五”规划确定的目标任务。

五年来，我区奋力拼搏聚力发展，经济综合实力迈上新台阶。全区经济总量呈现稳步增长态势，整体实力位居北海市乃至广西前列。“十三五”期间地区生产总值 1574.66 亿元，是“十二五”时期的 2.07 倍；财政收入 200.59 亿元，是“十二五”时期的 1.94 倍；工业总产值年均增长 8.7%；固定资产投资年均增长 35.66%。产业结构转型升级步伐明显加快，现代产业体系日趋完善，已成为北海经济发展的“主战场”。

五年来，全区加快推进项目建设，临港工业实现快速发展。“十三五”期间，共新签约项目 167 个，投资总额近 6000 亿元，其中“双百双新”重大项目 19 个，招商引资成效名列广西县区前列。征地清场 553.6 公顷、搬迁 5848 户，为项目顺利落户建成提供用地保障。绿色化工、临港新材料、高端玻璃及光伏材料、高端造纸四大千亿元产业初具规模，支柱产业实现由单一向多产业快速集聚发展，逐步构建向海经济发展新格局。2020 年规模以上工业总产值是 2015 年的 1.5 倍，工业总产值近三年一直稳居自治区前列。工业区获批自治区级经济技术开发区，进入国家重点支持的省级开发区序列。

五年来，全区进一步深化改革开放，发展环境明显提升。扎实推进经济、农业农村、社会治理和政府职能等重点领域改革，不断激发创新活力、提升工作成效。持续深化开放合作，五年间外贸进出口总额累计达 342.85 亿元，是“十二五”时期的 2.21 倍。1 号—4 号泊位进港铁路专用线建成通车，开启了海铁联运新时代。组建大帮办中心，为企业提供“一站式”“保姆式”服务，实现各环节无缝对接，创造了北海项目建设“加速度”，优质的投资环境得到投资商纷纷认可。

五年来，全区践行“两山”理念，生态环境质量保持优良。全面贯彻落实习近平生态文明思想，打好蓝天、碧水、净土保卫战，区域生态环境质量保持优良，空气优良率稳定在 96% 以上。污水治理工作扎实推进，南康、营盘城镇生活污水处理厂建成运营；工业区污水处理厂完成提升改造，污水管网累计建成 102 千米。完成全区污染源普查，直排入海排污口和雨污合流排放口得到整治。中央环保督察及“回头看”反馈问题整改全部完成。鱼峰固废综合利用、科清危废综合利用等一批资源再生项目建成运营，工业生产产生的废弃物资源再利用率得到提升。深入推进农村环境综合整治，完成 8 个市级生态村创建工作。

五年来，全区发展成果较好惠及百姓，人民生活持续改善。投入民生资金 42.44 亿元，占公共财政预算支出 80% 以上。城镇居民人均可支配收入 37317 元、年均增长 6.71%，农村居民人均可支配收入 17581 元、年均增长 9.7%。投入资金 3.96 亿元，实施为民办实事项目 395 个。投入资金 2.19 亿元，建设村屯硬化道路 330 多千米、惠及 127 个自然村。深入实施人饮工程，解决 5 万多人饮水难问题。脱贫攻坚取得全面胜利，全区贫困人口 2182 户 8971 人全部脱贫、4 个贫困村全部摘帽。学校标准化和教育信息化建设加快推进，率先在全市通过义务教育基本均衡国家督导评估验收。建成高品质的区实验学校和 3 所幼儿园，在建 4 所幼儿园。村卫生所、村医配备率和贫困户家庭医生签约率均为100%。城镇登记失业率连续5年控制在目标任务4%以内。

二、“十四五”时期主要目标任务

根据区委建议，区人民政府认真研究并广泛征求意见、汇集各方智慧，编制了《铁山港区国民经济和社会发展第十四个五年规划和二〇三五年远景目标纲要（草案）》（以下简称《纲要》）。

《纲要》提出了“十四五”时期全区经济社会发展的主要预期目标：地区生产总值年均增长15%，财政收入年均增长13%，固定资产投资年均增长20%，规模以上工业增加值年均增长20%，城乡居民人均可支配收入增长和经济发展同步。

《纲要》部署了“十四五”时期经济社会发展的主要任务：强龙头补链条聚集群，加快构建高质量的工业体系；聚焦经济增长新动能，加快发展铁山港特色服务业；全面实施乡村振兴战略，加快农业农村现代化；落实“三大定位”新使命，打造国内国际双循环重要节点；优化国土空间布局，建设港产城融合的铁山港；繁荣发展文化事业和文化产业，建设文化旅游强区；夯实绿色发展道路，建设生态花园港区；全面深化改革，构建促进经济高质量发展体制机制；努力改善民生，健全现代化公共服务体系；统筹发展和安全，建设更高水平的平安铁山港。《纲要》阐述了发挥党的领导核心作用、强化规划分工落实、加强政策项目配套和完善监督考核机制等内容。

习近平总书记今年再次亲临广西视察时的重要讲话和重要指示精神，为我区“十四五”乃至今后一个时期奋力开启全面建设社会主义现代化新征程指明了前进方向、提供了根本遵循、注入了强大动力。“十四五”时期，全区经济社会发展要重点把握好以下五个方面：

一是充分发挥区域优势，全面深化开放合作。发展是全区当前最紧迫的任务，必须在开放合作中加快发展。要立足全区独特的区位优势，加快建成连接中国与东盟时间最短、服务最好、效益最优的陆海新通道。推进“南向、北联、东融、西合”全方位开放发展，发挥西南地区对外贸易大通道出海口功能，全面对接粤港澳大湾区建设，深化与东盟国家、RCEP国家和“一带一路”沿线地区合作，把独特区位优势转化为开放发展优势，助推产业与资源在全区交汇融合，打造区域开放合作的支点城区。

二是坚定工业强区战略，大力发展临港工业。深入实施工业强区战略，打好优势产业和营商环境牌，加强海陆产业链供应链对接整合，构建具有铁山港特色的现代向海产业体系。进一步做大做强绿色化工、临港新材料、高端玻璃及光伏材料、高端造纸等千亿元产业，打造具有全国影响力的产业集群。高水平高质量开展招商引资，围绕主导产业积极谋划推进“三企入桂”，逐步将“产业树”发展为“产业林”，推动临港大工业扩大规模、提质增效。

三是统筹城乡融合发展，加快农业农村现代化建设。城市建设滞后已成为当前全区高质量发展的一大制约因素。要围绕南珠新城建设，同步加快镇村建设步伐，着力推进城乡公共服务供给统一化、城乡基础设施配置一体化、健全农民收入增长长效机制，缩小城乡发展和居民生活水平差距。全面实施乡村振兴战略，促进“三农”高质量发展，乡村风貌发生根本性改观，以新型城镇化引领城乡融合发展，农业农村现代化建设迈出坚实步伐。

四是坚持以人民为中心，全力发展民生保障事业。把保障和改善民生放在最优先的战略位置，加大投入、强化保障，引领全区人民向更加美好的生活稳步前进。加快健全多层次社会保障体系，确保民生保障持续扩面增量。构建优质教育资源供给体系，加快学前教育普及普惠发展，推动义务教育优质均衡发展和城乡一体化，推进普通高中教育特色化发展。发展高水平医疗卫生事业，深入实施健康铁山港行动，加快完善公共卫生体系，推动公共卫生服务与医疗服务高效协同。补齐民生短板，推进基本公共服务均等化，让全区人民共享更多发展成果。

五是坚持生态优先理念，坚定不移走绿色发展之路。绿水青山就是金山银山。必须深入贯彻落实习近平生态文明思想，始终不渝高举生态立区大旗，按照高质量发展要求，强化生态环境保护建设，调整优化产业结构，坚持在保护中发展、在发展中保护，努力走出一条生态优先、绿色发展路子，不断提升人民群众对生态环境的满意度和获得感。

三、2021 年工作安排

2021 年是全面开启现代化建设新征程的起步之年，是奋战“十四五”的开局之年，也是中国共产党建党 100 周年，做好各项工作意义重大。我们要胸怀“两个大局”，准确识变、科学应变、主动求变，深刻认识贯彻新发展理念、构建新发展格局对推动高质量发展的原则要求，准确把握全区在服务和融入新发展格局中的比较优势，以敢冲善拼的勇气和韧劲，奋力赶超、加速崛起，走出一条符合全区高质量发展之路，确保“十四五”经济社会发展实现良好开局。

2021 年政府工作的总体要求是：以习近平新时代中国特色社会主义思想为指导，深入贯彻党的十九大和十九届二中、三中、四中、五中全会精神，全面落实中共中央总书记习近平考察广西重要讲话精神，贯彻落实自治区和北海市的决策部署，按照区委五届六次全会工作部署，坚持稳中求进工作总基调，坚持新发展理念，立足新发展阶段，融入新发展格局，落实高质量发展要求，巩固拓展疫情防控和经济社会发展成果，扎实做好“六稳”工作、全面落实“六保”任务，做到“起步就要提速，开局就要争先”，大力发展向海经济，全力推动工业振兴，做大做强临港工业，打造北海发展新高地、建设广西第一工业强区，以优异成绩庆祝建党 100 周年。

2021 年经济社会发展的主要预期目标是：地区生产总值增长 18% 左右，财政收入增长 35% 以上，固定资产投资增长 20% 以上，规模以上工业增加值增长 20% 以上，城镇居民、农村居民人均可支配收入分别增长 7% 和 8% 以上，完成自治区、北海市下达的节能减排降碳目标。

今年要重点抓好以下七个方面工作：

（一）加快打造千亿元产业集群，做活做足向海经济发展新篇章

进一步充分发挥“海”的优势、释放“海”的潜力，扎实推进工业振兴三年行动和补链强链延链专项行动，持续推动千亿元临港产业集群发展，着力培植向海“工业树”、打造向海“产业林”，把铁山港区建设成为具有重要区域影响力的工业强区。

凝心聚力壮大优势产业。以“双百双新”项目为重点，凝心聚力推动主导产业提速升级，加快打造“四大千亿元”产业集群。

——推动绿色化工产业提质增效。支持北海炼化提质增效，力争川化硫酸钾项目一期 5 月满产达产、北海炼化新增 150 万吨生产能力项目 6 月建成投产；推动川桂绿色化工产业园、海盛达重油改质、和源顺酐、广沙百福硝酸、川化硫酸钾二期等一批项目开工建设；加快启动 1200 万吨炼化一体化、北海炼化 60 万吨丙烷脱氢、巍翔北海化工新材料智慧产业园等一批项目前期工作。大力发展烯烃、芳烃，延伸精细化工、化工新材料产业链，力争纳入中石化“茂湛”基地范围，构建“茂湛北”国家级石化产业基地。

——推动临港新材料产业做优做强。支持北港新材料扩大生产、转型升级，力争 40 万吨高速线材生产项目 7 月开工建设。推动亚王储能材料、鱼峰环保综合体二期等项目尽快开工。发挥临港新材料产业园筑巢引凤作用，引入一批高附加值新材料深加工产业链项目。

——推动高端玻璃及光伏材料产业提档升级。力争信义产业园 2 条浮法玻璃生产线建成投产，信义光伏 4 条生产线、东方希望光伏产业链等项目开工建设。引进玻璃制造等基础原料及其下游衍生品项目，促进玻璃行业结构调整和产品升级换代，形成产业集群的玻璃产业园。

——推动林纸产业发展壮大。全力保障太阳纸业 350 万吨林浆纸一体化项目一期 9 月、二期 11 月建成投产，加快建设双氧水、造纸助剂、生活用纸、物流等深加工产业园，推动玖龙纸业北海项目尽快开工建设。积极延伸上下游产业链，形成制浆造纸及配套深加工相结合的产业集群，打造全国规模最大、种类最齐全的林浆纸一体化产业基地。

——推动能源产业快速发展。加快国华广投能源基地一期建设，力争开工建设北海电厂二期、大唐桂冠新能源基地，大力引进能源产业配套项目，加快打造特色鲜明的能源产业集群。全力推进 LNG 项目二期、三期建设，积极筹备 6 号天然气泊位建设，提升天然气储气能力，打造价格低、管网多、服务好的天然气供应保障体系。

铆足干劲推动项目建设。持续抓好投资和重大项目建设，加快实施扩大有效投资三年攻坚行动方案和重大项目建设三年行动计划，积极开展重大项目落地攻坚行动，以年内计划开工的 12 个“双百”项目为重点，全方位、多举措加速推动项目落地建设。严格落实“五个一”服务项目机制、“一张表”责任制和一跟到底、挂图作战制，贯彻全程帮办服务承诺制、全程帮办一次性告知制。充分发挥大帮办中心作用，着力破解规划土地报批等关键环节衔接不够紧密、耗时过长等难题，加快项目前期工作，推动项目落地提速。进一步健全征地搬迁工作机制，紧紧围绕重点项目落地用地需求，按照“一二三四五”工作措施，持续发扬咬定青山不放松，不达目标不收兵的钉钉子精神，以攻无不克的信心和决心，集中精兵强将，汇聚全区上下力量，再打一场征地搬迁攻坚硬仗，确保全年征地清场再超万亩，为项目顺利落地建设提供强力用地保障。

锚定目标精准靶向招商。坚持全产业链招商思路，围绕能耗“双控”推动产业结构转型升级，精准招商加快主导产业强链补链延链，推动产业链全链条生态发展。建立完善招商引资工作机制，以招商引资“三个转变”为抓手，推动招商项目实现由量向质的转变，切实提升招商质量和成效。紧紧围绕主导产业积极谋划推进“三企入桂”，聚焦“双百双新”，千方百计把适合全区发展的项目引进来，推动形成“大企业顶天立地，小企业铺天盖地”的发展格局，实现“产业树”逐步发展为“产业林”。力争在四大千亿元产业链方面，每个产业链引进关联优质项目 10 个以上。

加快推进园区建设步伐。经过多年的发展，特别是随着一大批“双百双新”项目入驻，工业区现行规划已不适应发展需求，迫切需要开展新一轮规划调整。要紧紧抓住国家新一轮国土空间规划调整机遇期，高标准开展工业区控制性详细规划编制工作，不断优化调整园区布局。特别是加快推进石化产业园、铁山港化工码头功能规划调整，助力铁山港 30 万吨航道及原油码头提速建设，打造国家级石化产业基地。推进北暮作业区集装箱泊位建设，配合启动港口型国家物流枢纽片区建设前期工作。完善工业区铁路、管廊、管线、电力、供热、传送带等专项规划，着力解决现有规划对产业发展支撑不足的问题。加快推进工业区基础设施补短板 PPP 项目，努力建设绿色环保、节能低碳、产业优质化、基础设施供给集约化的现代工业园区。

提速推动南珠新城建设。全区城市建设滞后，对工业高质量发展支撑不足日益突显，必须全力以赴破解此问题，加快推进南珠新城建设。实施行政中心片区基础设施 PPP 项目，力争区中医院、疾控中心、妇女儿童活动中心、临港产业园搬迁回建区等项目年内开工建设。推进玖龙纸业生活区房地产项目建设，增强产业发展承载力。加快商贸服务业发展，进一步壮大港口物流业。把北海渔港经济区营盘中心渔港核心区植入新城建设，加快推进营盘中心渔港公益性一期、二期及后方陆域配套服务设施建设。

（二）坚持全面推进乡村振兴，加快构建农业农村工作新格局

坚持农业农村优先发展，巩固拓展脱贫攻坚成果，加快发展现代农业，补齐“三农”领域短板，全面推进乡村振兴。

实现巩固拓展脱贫攻坚成果同乡村振兴有效衔接。严格落实“四个不摘”要求，确保过渡期内帮扶政策总体稳定。健全防止返贫动态监测和帮扶机制，重点监测收入水平变化和“两不愁三保障”巩固情况。夯实产业帮扶、就业帮扶成效，激发脱贫人口内生动力。配齐配强村“两委”班子，高质量选拔任用新一轮驻村工作队员，保持帮扶队伍的稳定性。对现有帮扶政策逐项分类优化调整，逐步实现由集中资源支持脱贫攻坚向全面推进乡村振兴平稳过渡。

加快推进农业发展。坚持藏粮于地、藏粮于技，守住耕地红线，遏制耕地“非农化”、防止“非粮化”。稳定和加强种粮农民补贴，调动农民种粮积极性。深入实施农田水利基础设施建设三年大会战，力争实现有效灌溉面积 6573.33 公顷，建成 1666.67 公顷高标准农田。强化示范创建引领，推动自治区级设施果蔬产业核心示范区建设，力争年内新增大棚建设面积 133.33 公顷以上，努力将辖区打造成为北海市重要果蔬生产基地。扩大金鲳鱼、对虾、罗非鱼等优势品种养殖，积极引导铁山港湾网箱养殖迁移至养殖功能区。争取国家和自治区的资金扶持，推动南珠产业列入北部湾重点扶持项目，鼓励企业研发南珠特色旅游商品、南珠文化创意产品，把南珠产业打造成为北海最具资源优势和文化内涵的特色优势产业。

大力推进生态宜居村镇建设。进一步改善农村人居环境，推动垃圾分类、农村改厕、村庄全域整治有序开展，打造向海大道沿线风貌提升示范带。加大公共基础设施建设，推进城乡基本公共服务均等化发展。加快谋划构建“新城 + 特色小镇”的城镇空间结构，积极推进特色小镇建设。加快南康历史文化街区等项目建设，大力发展特色餐饮文化休闲娱乐等服务业。充分发挥资源优势，努力推动营盘渔业特色小镇、兴港工业强镇建设。

（三）积极推进生态文明建设，坚决打赢蓝天碧水净土保卫战

保持加强生态文明建设的战略定力，树牢发展决不以牺牲环境为代价的思想，以新一轮中央生态环境保护督查为契机，坚决打赢蓝天碧水净土保卫战，努力探索以生态优先、绿色发展为导向的高质量发展新路子。

打好蓝天保卫战。实施工业区扬尘撒漏、工业企业大气污染防治等专项治理行动，推进重点行业、企业污染减排治理。积极引进秸秆综合利用项目，推广秸秆利用技术，有效遏制秸秆焚烧势头，持续改善环境空气质量。打好碧水保卫战。全面落实“河长制”，强化河海水域岸线管理保护，加强南康江沿线畜禽养殖污染监管整治，确保南康江水质达标。持续加大禁养区海域非法养殖清理力度，加强海域及近岸海滩清洁工作，全力维护红树林生态安全。加快推进工业区污水配套管网建设，加强城镇污水处理厂运维管理，提高生活污水收集率和运行效率。加快推进 A1 深海尾水排海管工程，坚决堵塞近岸企业污水直排入海监管漏洞。打好净土保卫战。强化耕地监管，严格管控建设用地和农用地风险，实施土壤污染风险管控与修复治理工程。充分发挥固废循环利用环保综合体项目优势，不断提高危险废物和固体废物处置能力。强力整治“小散乱污”企业，大力实施“利剑护砂”行动，持续保持对涉矿违法行为的严打高压态势。

（四）持续深化改革扩大开放，着力打造一流营商环境新高地

以改革开放为动力，大力实施营商环境提质升级行动，努力打造公平的市场环境、诚信的政务环境、高效的审批环境、贴心的亲商环境、透明的政策环境，为深化改革开放和高质量发展提供优质营商环境保障。

深化重点领域改革。持续深化“放管服”改革和“一网通办”“一事通办”改革，推动服务体系优质高效。继续推进财政管理体制、财政事权和支出责任划分改革，增强基本公共服务保障能力。

深化预算管理制度改革,强化预算约束和绩效管理。深入推进农村集体产权制度改革,加快农村土地流转;积极推进农村“三变”改革,有序推进“多规合一”实用性村庄规划编制。支持民营企业加快改革发展与转型升级,帮助解决实际困难,鼓励、支持、引导民营企业发展壮大。

加快提升开放水平。立足国内国际双循环,以南向为引领,以东融为重点,积极融入“一带一路”和西部陆海新通道建设;借助东盟市场资源,吸引更多企业落户铁山港区。全面对接粤港澳大湾区,积极承接东部产业转移。努力推动铁山港经济技术开发区提档升级,加快发展外向型经济。继续扩大口岸开放,力争完成铁山港 5 号—6 号泊位对外开放验收。利用港口资源优势,大力发展港口航运物流产业,不断提升开放水平和层次。

努力打造一流营商环境。推动政务服务“异地通办”,促进企业登记、经营许可、社保医保等领域高频事项基本实现跨区域通办。持续推动“放管服”改革,强化事中事后监管。推进商事登记全程电子化,深化企业简易注销登记改革,最大化便利企业准入准出。优化投资许可、用地报批、施工许可等领域办理流程,推行重点建设项目容缺受理,大幅提高项目审批效率。持续落实减税降费各项举措,深入开展“走企连心解困”“走企护商除乱”“走企问政督效”三大行动,全力打造温馨的营商环境。

(五)全面加快发展社会事业,奋力推动民生改善迈出新步伐

多谋民生之利,多解民生之忧。始终把保障和改善民生作为政府一切工作的出发点和落脚点,坚持解决好人民最关心最直接最现实的利益问题,努力让群众过上更有质感的生活。

全心全意办好人民满意教育。着力围绕提升教育质量、加快基础教育设施建设和增强师资实力,促进全区教育向优质均衡发展。大力推进学校布局调整(2021—2023)三年行动计划,对全区学校布局进行科学合理调整,不断优化教育整体发展水平。完成南康镇第一小学教学综合楼等 3 个乡村振兴项目建设和第九幼儿园等 4 个学前教育项目建设。扩增普惠性学前教育资源,确保学前教育毛入园率达到 90% 以上,在全区中小学和幼儿园全面推行使用德育实践活动手册,从小抓起,教育引导青少年儿童磨炼意志力、培养好习惯。全面落实各项教育惠民政策,精准资助困难学生。深入实施教育“暖心工程”,持续改善农村学校办学条件。推进教师“县管校聘”试点工作,加强新时代教师队伍建设,提升教师地位待遇,大力营造尊师重教的良好风尚。

加快推进“健康铁山港”建设。认真研究应对疫情新形势,毫不松懈抓好常态化疫情防控,全面提高外防输入警戒,精准落实防控措施,严格执行入境人员“三查三排一转运”制度,织密织牢疫情防控网。扎实推进新冠病毒疫苗接种工作,尽快构建全人群免疫屏障。加快补齐医疗卫生短板,持续优化医疗卫生供给结构,逐步解决群众看病贵、看病难问题。启动健康促进县(区)创建工作,深入开展爱国卫生运动,促进全民养成文明健康生活方式。加快卫生健康系统基础项目建设,推动工业区人民医院全面启用,稳步推进区人民医院新院区、区妇幼保健院异地搬迁和区中医院、区疾控中心等一批项目建设,增强区域医疗卫生综合服务能力。继续巩固乡村医生“乡聘村用”成效,实施人才引进计划,采取“绿色通道”及简易程序招聘专业技术人员,不断提升医疗队伍整体水平。

持续发展文旅体育事业。大力做好“文化 + 旅游”文章,扎实推进文旅融合产业发展,继续推进全域旅游示范区创建,完善旅游设施,培育白龙珍珠城、高村诗画竹苑、大王岭滨海养生旅游度假区等亮点,助推乡村振兴。大力实施文化惠民工程,以庆祝建党 100 周年为主题,开展文化惠民演出、合唱比赛、传统戏曲展演、群众文艺会演等文体活动。推动公共文化均衡发展,启动自然村文体广场建设工程,将公共文化设施建设向自然村延伸,谋划推进全区首个体育公园和南乐社区全民健身中心项目。开展文化科技卫生“三下乡”活动,提升公共文化服务效能。

切实提高社会保障水平。进一步加强稳就业工作，落实稳岗就业政策扶持，促进高校毕业生、农民工、困难人员等重点群体就业，年内城镇新增就业和农村外出务工 1700 人以上。全面实施全民参保计划，推动“一站式”结算实现全覆盖。进一步规范城乡低保工作，确保符合条件的困难群众及时纳入救助兜底保障。加强未成年人和农村留守老人、儿童、妇女关爱保护。强化拖欠农民工工资“黑名单”管理，全面推行农民工工资保证金制度，坚决防止出现拖欠农民工工资行为。

（六）加快建设平安和谐社会，全面提升社会治理能力新高度

人民安居乐业、国家长治久安，离不开共建共治共享的社会治理。必须坚持“凡事出新，必有策应”，想办法、出新招，做到矛盾不上交、平安不出事、服务不缺位，打造共建共治共享的社会治理格局。

大力提升基层治理能力。继续推行“基层党建 + 农村警务 +N”，提升农村基层综合治理效能。加强基层基础建设，完善社区、村网格化服务管理，推动“两个中心、一个平台”建设，将法治社区、法治村创建作为延伸触手，不断提高社会综合治理能力与水平。

建立健全治安防控体系。持续推进平安铁山港建设，加快推进“平安城市”六期、七期建设步伐，充分运用大数据、物联网等现代科技力量，不断提升核心战斗力。推动扫黑除恶专项斗争常态化，加强综治中心和立体化社会治安防控体系建设，严厉打击各种违法犯罪活动。推进公安工作社会化，积极融入网格化社会治理机制创新，促进社会单位、有关部门联动协作，借助社会力量、社会资源共同做好平安建设工作。

坚决维护社会和谐稳定。坚持和发展新时代“枫桥经验”，完善基层矛盾纠纷多元调处化解机制，推动解决老百姓“三事”行动纵深开展。强化应急管理工作，提高防灾减灾应急能力。启动全区自然灾害普查工作，深入推进安全生产专项整治三年行动，建立健全公共安全隐患排查和安全预防控制体系，全力保障人民群众生命财产安全。

（七）始终坚持党的全面领导，全力建设务实高效廉洁政府

始终坚持党的全面领导，不断加强政府治理体系和治理能力现代化建设，增强政府公信力和执行力，努力建设人民满意的法治政府和服务型政府。

坚持把政治建设摆在首位。不断加强政治能力锤炼，提高政治站位、政治觉悟，增强政治定力、政治担当，善于从政治上把握大局、审视问题，善于从政治上谋划、部署、推动工作。牢固树立“四个意识”、切实增强“四个自信”、自觉践行“两个维护”，努力提升政治敏锐力、政治鉴别力、政治执行力，严守政治纪律政治规矩，把党的全面领导落实到政府工作的各方面、全过程。

坚持把依法行政贯穿始终。全面落实依法治国基本方略，在法治轨道上开展政府工作，正确行使人民赋予的权力，不断提高政府治理体系和治理能力现代化水平。加强行政监督和审计监督，广泛听取社会各界意见建议。坚决执行区人大及其常委会决议、决定，自觉接受区人大的法律监督、工作监督和区政协的民主监督。

坚持把提升执行力抓紧抓好。强化制度执行和工作落实，贯彻决策部署态度坚决、不打折扣，落实议定事项说了就干、干就干好。深入实施区管“一把手”素质能力提升工程，强化对关键岗位“关键少数”的管理。完善抓落实工作体系、责任体系和考核体系，更加主动为企业、为基层、为群众解决实际困难。全面加强干部队伍“七种能力”培养，解决干部特别是年轻干部本领恐慌，提升处理各种风险挑战本领。

坚持把廉政建设抓牢抓实。加强廉洁政府建设，经常性开展党风廉政教育主题活动，让不敢腐、不能腐、不想腐根植领导干部内心。深入开展矿产资源领域腐败和作风问题“亮剑”行动，以雷霆之势铲除涉黑涉恶犯罪土壤。强化公共资源交易、工程建设等重点领域监管，坚决堵住风险漏洞，消除权力寻租空间。持续深入落实中央八项规定及其实施细则精神，厉行勤俭节约，把更多资金用于为群众办实事好事。持续整治和查处侵害群众利益的不正之风和腐败问题，做到有腐必反、有贪必肃、违纪必究。

当今世界正经历百年未有之大变局，但时与势在我们一边，这是我们定力和底气所在，也是我们的决心和信心所在。让我们更加紧密地团结在以习近平同志为核心的党中央周围，高举习近平新时代中国特色社会主义思想伟大旗帜，在市委、市政府和区委的坚强领导下，进一步解放思想、深化改革、凝心聚力、担当实干，以不怕苦、能吃苦的牛劲牛力，不用扬鞭自奋蹄，奋力谱写全面建设社会主义现代化国家的铁山港篇章，以优异成绩向中国共产党成立100周年献礼！

名词解释：

“四三二一”工作思路：区委五届五次全会提出，谋划推动打造石化、临港新材料、玻璃、林纸四大千亿元产业；实施产业项目落地建设、园区基础设施和环境提升、铁山港产业新城（南珠新城）三大会战；围绕招商引资和征地搬迁两条主线，实现全年招商引资超千亿元、征地清场超万亩；以优化营商环境为重点，实施营商环境优化再提升专项行动。

“六稳”：稳就业、稳金融、稳外贸、稳外资、稳投资、稳预期。

“六保”：保居民就业、保基本民生、保市场主体、保粮食能源安全、保产业链供应链稳定、保基层运转。

“五个到位”：组织领导到位、宣传教育到位、梳理排查到位、校园消杀到位、后勤管理到位。

“产业树”：北海市根据产业链编制的“产业树”全景图，应用于对产业链节点龙头企业开展精准招商，包括电子信息、石油化工、临港新材料三大主导产业和海洋产业、林纸与木材加工、食品加工和高端服务业四大重点产业的“产业树”。

“三企入桂”：央企、民企、湾企进入广西投资。

“双百双新”产业项目：“双百”项目主要指总投资100亿元、年产值100亿元以上的重大产业项目，“双新”项目主要指总投资1亿元以上的新产业、新技术类型重大项目。

PPP项目：政府和社会资本合作，是公共基础设施中的一种项目运作模式。

“五个一”：一个产业项目、一名处级领导、一个责任单位、一个责任干部、一抓项目到底。

“一站式”服务：让群众享受一步到位的便捷服务，不再东奔西走，节省时间，提高效率。

“保姆式”服务：主动服务、靠前服务、延伸服务，“保姆式”政务服务。

“三重一大”：重大事项决策、重要干部任免、重要项目安排、大额资金的使用，必须经集体讨论做出决定。

“两山”理念：习近平生态文明思想的科学内核和鲜明特色，我们既要绿水青山也要金山银山，宁要绿水青山，不要金山银山，而且绿水青山就是金山银山。

农村“三变”改革：“资源变股权、资金变股金、农民变股民”三大改革。

“多规合一”：将国民经济和社会发展规划、城乡规划、土地利用规划、生态环境保护规划等多个规划融合到一个区域上，实现一个市县一本规划、一张蓝图，解决现有各类规划自成体系、内容冲突、缺乏衔接等问题。

“四个不摘”：摘帽不摘责任、摘帽不摘政策、摘帽不摘帮扶、摘帽不摘监管。

“两不愁三保障”：“两不愁”不愁吃、不愁穿；“三保障”义务教育、基本医疗、住房安全有保障。

扶贫 198 政策:所有符合参保条件的应参保建档立卡贫困人口 100% 参加当年基本医疗保险,贫困患者在县域内定点公立医疗机构住院医疗费用实际报销比例达到 90% 及各地差异化政策要求,门诊特殊慢性病治疗费用实际报销比例达到 80% 及各地差异化政策要求。

“县管校聘”:全体公办义务教育学校教师和校长全部实行县级政府统一管理,统一定期强制流动到县域内的义务教育学校,从而将教师和校长从过去的某学校的“学校人”改变为县域义务教育系统的“系统人”。

核酸检测 PCR 实验室:PCR 实验室又叫基因扩增实验室,PCR 是聚合酶链式反应(Polymerase Chain Reaction)的简称,是一种检测新冠肺炎的技术。

乡村医生“乡聘村用”:乡村医生与乡镇卫生院(社区卫生服务中心)签订聘用劳动合同,身份由个体转变为乡镇卫生院(社区卫生服务中心)自聘职工。

RCEP 国家:区域全面经济伙伴关系协定(Regional Comprehensive Economic Partnership,简称 RCEP),是以发展中经济体为中心的区域自贸协定,也是全球规模最大的自贸协定,由东盟十国于 2012 年发起,成员包括东盟十国、中国、日本、韩国、澳大利亚、新西兰,于 2020 年 11 月 15 日正式签署。

“放管服”改革:“放管服”是简政放权、放管结合、优化服务的简称。“放”即简政放权,降低准入门槛;“管”即公正监管,促进公平竞争;“服”即高效服务,营造便利环境。

政务服务“全城通办”:将过去需要按照属地原则、在指定的行政服务中心办理的事项,变为市民和企业按照就近原则、自主选择最方便的全城各行政服务中心办理。

政务服务“异地通办”:将过去需要按照属地原则、在指定的行政服务中心办理的事项,变为市民和企业按照就近原则、自主选择最方便的异地行政服务中心办理。

“一二三四五”工作措施:区委五届五次全会提出,着力建强一支队伍;强化工作和廉政两项纪律;坚持强化拆违执法、严管歪风邪气和违法经营“三管齐下”;协调村委干部和群众参与、供电和通信等部门协助、财政金融和征收等部门全程跟踪服务、乡村能人配合等四方发力推进;创新分类施策、宣传引导、搬迁服务、审核定价、安置补偿五项措施。

能耗“双控”:控能源消费总量、控工业增加值能耗强度。

“两个中心、一个平台”建设:两个中心是一个综治中心、一个政法信息收集中心,一个平台是大数据跨办案平台。

干部队伍“七种能力”:提高政治能力、调查研究能力、科学决策能力、改革攻坚能力、应急处置能力、群众工作能力、抓落实能力。

中国人民政治协商会议北海市铁山港区委员会常务委员会工作报告

——在政协第四届北海市铁山港区委员会第六次会议上

北海市铁山港区政协主席 彭岳军

2021 年 5 月 12 日

一、2020 年工作回顾

2020 年，是全面建成小康社会和“十三五”规划的收官之年，也是脱贫攻坚决战决胜之年。铁山港区政协常委会坚持以习近平新时代中国特色社会主义思想为指导，认真学习贯彻中共十九大和十九届二中、三中、四中、五中全会精神，深刻领会和准确把握中央、自治区党委、北海市委和区委政协工作会议的精神，立足新时代人民政协工作的使命任务，紧扣团结和民主两大主题，发挥政协重要阵地、重要平台、重要渠道作用，在建言资政和凝聚共识上双向发力，为助推港区经济社会高质量发展做出了应有贡献。

（一）坚定政治方向，在夯实党对政协工作全面领导上有新举措

牢牢把握政协组织是政治组织的这一根本原则，将党建工作与政协履职有机结合起来，持续强化理论武装，着力把牢政治方向，提升新时代政协党建质量。

加强党的领导。始终把政治建设摆在首位，认真学习贯彻习近平新时代中国特色社会主义思想，切实做到思想上讲警戒、政治上讲忠诚、组织上讲服从、行动上讲纪律。切实加强党对政协工作的领导，坚持每年向常委会汇报工作的制度，重大决策、重要事项及时向区委汇报，政协工作紧紧围绕党委政府中心工作展开，确保政协履职始终与区委保持“同向合拍”，做到坚持大局守底线、融入大局讲担当、服务大局有作为。

落实“两个全覆盖”。着力完善政协党组织体系建设，强化政协党的基层组织建设，切实推进政协党的建设工作。落实党委统战部部长兼任政协党组副书记要求；加强党员委员队伍建设，组建 4 个功能型党支部，将 42 名党员委员纳入支部实行双重管理，实现了党的组织对党员委员的全覆盖、党的工作对政协委员的全覆盖。积极引导参加政协的各党派团体和各界人士深入学习习近平新时代中国特色社会主义思想，增进对中国共产党和中国特色社会主义的政治认同、思想认同、理论认同、情感认同，使广大政协委员在政治上更加清醒明晰、在履职上更加积极有效。

抓好支部建设。按照党要管党、从严治党的要求，建立健全党建工作制度，规范党内政治生活，建设机关党员活动室，为退休干部配发推送学习资料，严格落实“三会一课”、民主（组织）生活会和开展民主评议党员活动制度，不断丰富党建活动形式，开展“缅怀历史 勿忘国耻 牢记使命”、“支部互联 深入基层 为民服务”等主题党日活动，推进党支部标准化建设。通过“书记点题谈”，专题研究政协机关意识形态工作、党风廉政和反腐败工作，积极主动配合五届区委第七轮巡察第一组巡察政协机关工作，扎实推进机关党风廉政建设，有效激发机关党建活力。

（二）广泛凝聚共识，在围绕中心服务大局上有新作为

紧紧围绕区委、区政府中心工作认真履职，积极作为，为促进港区经济社会发展贡献智慧。

主动作为助推港区经济发展。根据区委统一部署，区政协班子成员积极参与招商引资，主动联系服务企业和重点工业项目，充分发挥委员联系面广、信息畅通优势，组织政协委员和各界人士，全面参与全区“六稳”“六保”工作。积极参与征地搬迁，两名副主席分别担任征地工作组组长和副组长，带领政协常委、委员积极参与“三聚环保项目”“重油改质项目”“惠科产业园”等重大项目的征地搬迁工作，一些委员在征地搬迁工作中起着骨干作用，扮演关键角色，发挥信息灵通、群众威望高的优势，做通不少“钉子户”的思想工作，为重大项目尽快落地做出了贡献。

多措并举完成脱贫攻坚任务。坚持把抓好脱贫攻坚作为最大的政治任务，严格按照上级有关要求，强化对挂点村脱贫攻坚工作的指导，检查扶贫台账资料，了解贫困户危房改造、村级集体经济发展、扶贫资金使用等情况，帮助挂点村扎实抓好脱贫攻坚任务。全体机关干部和政协委员认真履行职责，按时完善手册资料，为贫困户办实事做好事，支持贫困户发展种植、养殖业，为贫困户解决生产生活难题，确保帮扶对象真正脱贫。

积极配合打好疫情防控阻击战。成立区政协疫情防控领导小组，深入挂点村检查联防联控、网格管理等疫情防控工作落实情况；及时走访广西渤海农业发展有限公司、铁山港区海涯新材料公司等 17 家企业，详细了解企业复工复产情况及存在的困难和问题，形成情况报告送政府相关部门处理。向全体委员发出了《关于坚决打赢疫情防控阻击战的倡议书》，联合区委统战部、工商联，组织和动员商会、企业家等积极援助港区疫情防控工作，政协委员向北海红十字会、广西光彩事业促进会等组织捐款捐物共计 69000 多元，各商会和企业家为铁山港区抗疫捐款捐物，折合人民币 30 多万元。

（三）聚焦主责主业，在强化履职担当上有新成效

充分发挥专门协商机构作用，统筹谋划主责主业，不断推进政协工作制度化、程序化、规范化，使政协工作不断取得新成效。

扎实推进提案办理工作。狠抓提案质量，提高提案针对性。深化办理协商，落实区领导挂牌督办重点提案制度，18 件重点提案交由区领导挂牌督办，实行零距离督办、现场办案、协商办案，避免办理单位应付了事，提高提案办理的实际效果。截至 2020 年 10 月底，49 件提案已全部办结，道路安全管理、农村垃圾处理、疫情防控、旅游资源统筹开发等一些问题得到了有效解决。委员提出的加快推进全区生活垃圾分类处理的提案，区住建局高度重视，大力宣传生活垃圾分类的知识、政策，发放宣传折页 1 万份，宣传手册 1.5 万册，并投放 1428 套分类垃圾桶，港区百姓垃圾分类意识有了提高，生活环境有了改善；与区人大合作尝试开展提案建议共同督办活动，政协委员和人大代表对工业园区排污情况进行联合督办，推动了滨江、兴港两个小区的生活污水管网和港务、信义玻璃两个片区污水管网建设，完成广西北海燃煤电厂、斯道拉恩索公司、铁山港码头等 9 个入海排污口防治整改工作，污水处理厂提标改造升级为 A 级排放标准，有效提高园区污水收集率和处理率。

提高民主协商质量。围绕区委、区政府重大决策及港区经济社会发展的热点、难点问题，人民群众普遍关心的民生问题开展民主协商。2020 年，以完善铁山港区行政中心基础设施、加快教师周转房（午休房）建设、推进扫管龙红色教育基地建设、改善铁山港（临海）工业区供排水现状等议题开展协商活动，组织委员深入一线，广泛征求意见，找准问题，与有关部门召开协商座谈会，对存在的困难和问题认真协商，提出意见建议，为区委、区政府决策提供参考。

深化调研促进成果转化。针对全区教育事业发展和铁山港（临海）工业区供排水情况，深入开展调查研究，形成《关于铁山港区教育事业发展情况的调研报告》和《关于铁山港（临海）工业区供排水情况的调研报告》，为区委、区政府科学决策、民主决策提供依据和参考。同时，探索改进调研成果转化难问题，起草《铁山港区政协重点调研课题成果转化协商工作规则（试行）》，对调研成果转化应坚持的原则、程序、重点环节及组织实施等进行规范。2020年，我们对2019年《关于铁山港区民营中小企业发展情况的调研报告》等3份调研报告所提的意见建议进行反复协商对接，得到区政府的大力支持。8月13日，区政府、区政协联合组织10个相关职能部门召开调研成果转化专题协商座谈会，进行充分协商讨论，会后形成专题会议纪要，推进了组建中小企业服务中心、通过购买服务解决水利技术人才不足、妥善解决传统养殖户的出路问题等5项建议的转化。

推动社情民意信息提质增效。以开展“委员走访日”活动、服务群众解决“三事”活动等方式，引导委员深入基层、深入群众，拓宽委员履职渠道，倾听各界人士声音，推动委员建言献策，不断加强社情民意信息收集报送工作。狠抓“收集整理—实地调研—集中会审—跟踪反馈”等环节，建立工作规则，在信息标题、精准反映问题、提出对策建议上精雕细琢、精益求精，确保上报的社情民意信息更具内涵、更有亮点、更有价值。全年编辑上报44篇社情民意信息，市政协采用36篇，其中2篇被自治区政协采用，《适度提高广西高温津贴标准》获自治区领导批示。2020年被市政协评为反映社情民意信息报送先进单位。

增强民主监督实效。努力发挥政协委员民主监督的主体作用，选派政协委员60多人次参加各类民主监督活动，列席区政府常务会议，参与事业单位招聘考试、巡察调研、旁听案件审理、司法宣传、社会治安满意度测评等监督活动；积极组织115名委员参与公众评议、绩效考评等。组织开展改善民营企业营商环境民主监督活动，围绕简政放权、强化监督、优化服务等方面开展民主监督，奔着问题去、追着问题走，为进一步优化营商环境做出了努力。

（四）加强培训服务，在激发委员活力上有新思路

按照“懂政协、会协商、善议政”的要求，加强委员队伍建设，帮助委员不断适应新时代新要求。

抓好培训教育，提升委员履职能力。坚持不懈加强理论武装，组织政协党组理论学习（扩大）会和主席学习会12次、常委会集体学习2次，坚持读原著、学原文、悟原理，深入贯彻学习中共十九大、十九届四中、五中全会精神和习近平新时代中国特色社会主义思想及关于加强和改进人民政协工作的重要思想，提高委员思想政治素质；组织常委赴苏州工业园区举办专题培训班，组织委员开展中共十九届五中全会精神及社情民意信息工作专题培训，通过常态化学习培训，引导委员用习近平新时代中国特色社会主义思想武装头脑，拓宽建言献策思路，提升参政议政能力，增强履职积极性和使命感。

加强考核管理，规范委员履职行为。严格执行《政协北海市铁山港区委员会委员履职工作规则（试行）》《政协北海市铁山港区委员会委员履职情况通报实施办法》，进一步细化委员履职要求，建立履职活动档案，将委员参加会议、提交提案、反映社情民意信息、参与调研考察和民主监督等履职情况进行量化考核，年中、年底逐项打分考评，并予以通报，进一步强化了委员发挥主体作用的积极性，提高了委员履行职责的能力和水平。

完善机构设置，加强服务体系建设。区委高度重视区政协建设和政协委员服务管理工作，专门成立政协委员服务中心，核定2个事业编制，7月份配备了2名引进人才，为政协委员视察、调研等活动提供后勤保障服务，切实解决政协“两个薄弱”的问题。

区政协一年来所取得的成绩，是区委正确领导和区政府大力支持的结果，是各参加单位、各级组织、全体委员和社会各界人士共同努力的结果。在此，我谨代表区政协常委会向支持、关心政协工作的各位领导、各位同志、各界朋友表示衷心的感谢！

在总结成绩的同时，我们清醒地认识到，区政协工作还存在不少问题，比如政协开展工作的制度机制不够健全，开展协商式监督的方法不多，委员履职积极性主动性有待提高等，这些问题和不足，需要我们在今后的工作中加以改进解决。

二、2021 年工作部署

区政协常委会今年工作的总体思路是：高举中国特色社会主义伟大旗帜，坚持以习近平新时代中国特色社会主义思想为指导，深入贯彻中共十九大和十九届二中、三中、四中、五中全会精神，认真落实自治区党委十届九次全会、市委十一届十一次全会和区委五届六次全会决策部署，充分发挥人民政协在发展协商民主中的重要作用，积极助推全区经济社会跨越发展，为建设现代化工业强区、实现“十四五”良好开局做出新的贡献，以优异成绩庆祝建党 100 周年。

（一）强化理论武装，夯实共同思想政治基础

切实把加强思想政治建设摆在首位，深入学习领会习近平新时代中国特色社会主义思想、习近平总书记关于加强和改进人民政协工作的重要思想，组织开展党史学习教育，坚持学习党史与学习新中国史、改革开放史、社会主义发展史相贯通，引导广大政协委员增强“四个意识”、坚定“四个自信”、做到“两个维护”。充分发挥政协党组领导核心作用，强化建言资政和凝聚共识双向发力，切实落实中央、自治区党委、市委和区委的决策部署，凝聚各党派团体和各界人士的智慧力量，夯实共同思想政治基础。

（二）聚焦中心工作，切实发挥专门协商机构作用

坚持与区委同心、同向、同德、同行，紧紧围绕“十四五”规划和区委、区政府中心工作履行职责，积极参与招商引资、征地搬迁、乡村振兴等工作，聚焦百姓“三事”，关注群众关心的热点、难点问题，深入开展调研视察、民主协商，积极建言献策，为推进港区经济社会跨越发展贡献智慧。

（三）搭建履职平台，推动政协工作提质增效

进一步发挥政协委员主体作用、推进协商民主向基层延伸。健全完善委员活动室。加强各镇政协委员活动室建设，明确分管领导，增加专项经费，完善办公条件，保障活动室正常运转。加强制度建设，推进委员联系群众工作，打通服务群众“最后一公里”，充分发挥政协委员沟通协商、化解矛盾、凝聚共识的作用，不断拓宽政协委员履职活动平台。加强社情民意信息联系点建设。围绕服务企业、服务百姓、发展现代化农业等方面建设社情民意信息联系点，广泛收集社会舆情和基层动态，积极反映群众呼声，拓宽企业、群众与政府沟通渠道。搭建平台促进委员履职活动。搭建多形式、多渠道的议政平台，通过功能型党支部、小组活动、委员视察、委员培训等载体，开展“书香政协”活动，组织政协委员深入基层、走进群众，通过撰写调研报告、提案和社情民意信息等形式，建睿智之言、献务实之策，着力提高联系群众能力，真实反映社情民意。

（四）切实做好换届工作和文史馆建设

统筹推进政协换届和政协文史馆建设工作。按照市委、区委的部署要求，认真做好政协换届工作。加强同区委组织部、统战部联系，进一步完善委员产生制度，严把委员入口关，使新一届委员既具有较强的代表性、影响力和参政议政能力，更要有责任担当意识，积极履职尽责。建设政协文史馆，按照要求认真做好文史馆设计、资料收集、文物征集等工作，使文史馆成为宣传社会主义协商民主建设的理论和实践历程的阵地，展示区政协组织和广大区政协委员围绕中心、服务大局履职成果的平台。

身处新时代，争做追梦人；站在新起点，敢做攀登者。让我们高举中国特色社会主义伟大旗帜，紧密团结在以习近平同志为核心的中共中央周围，在区委的坚强领导下，团结拼搏、勤勉履职，创造新业绩、体现新价值，为开创政协工作新局面、建设现代化工业强区做出更大贡献！

关于北海市铁山港区 2020 年国民经济和社会发展计划执行情况及 2021 年国民经济和社会发展计划（草案）的报告

——在北海市铁山港区第五届人民代表大会第六次会议上

北海市铁山港区发展和改革局

2021 年 5 月 13 日

一、2020 年国民经济和社会发展计划执行情况

2020 年以来，面对严峻复杂的国际形势和新冠肺炎疫情双重压力，以及中石化北海炼化停产检修 4 个多月影响，全区经济社会发展遭受严重冲击，地区生产总值等一些经济指标下降幅度较大。面对多重困难和挑战，全区各级各部门在区委、区政府的正确领导下，在区人大和区政协的大力支持和监督下，坚持以习近平新时代中国特色社会主义思想为指导，全面贯彻中共十九大和十九届二中、三中、四中、五中全会精神，深入落实习近平总书记视察广西及北海重要讲话精神，按照“四三二一”工作思路，坚持统筹推进疫情防控和经济社会发展，紧扣全面建成小康社会和实现“十三五”规划圆满收官的目标任务，扎实做好“六稳”工作，落实“六保”任务，牢牢抓产业、抓项目、抓招商、抓征地搬迁、抓营商环境，疫情防控有力有效，复工复产复商复市加快推进，经济指标企稳回升，基本民生保障有力，市场预期总体向好，社会发展大局稳定。

2020 年，全区地区生产总值下降 6.2%，但增速分别较第二、三季度上升 12.8 和 4.6 个百分点，发展态势逐步向好扭转；其中，第一产业增加值 31.97 亿元、增长 1.2%，第二产业增加值 247.2 亿元、下降 7.3%，第三产业增加值 27.94 亿元、下降 3.2%。规上工业总产值 961.65 亿元、增长 7%；固定资产投资增长 117.2%、增速位列全市第一；财政收入 32.45 亿元；辖区内税收收入 82.36 亿元、占全市税收收入的 52.45%；社会消费品零售总额 25.23 亿元、下降 15.1%；农村居民人均可支配收入 17581 元、增长 8.6%；城镇居民人均可支配收入 37317 元、增长 4.3%。

（一）全力以赴打好疫情防控阻击战，有力有序推动复工复产稳增长

1. 疫情防控取得战略性成果。面对突如其来的新冠肺炎疫情，全区严格贯彻中央、自治区、北海市系列工作部署，指导全区各部门各单位、各中小学及企业全部建立由一把手负责的疫情防控工作领导小组，把全区划分为 4 大片区、2475 个网格，进行网格化精细管理，建立纵向到底、横向到边的基层疫情防控工作体系。综合运用“大数据 + 网格化”“片区 + 部门 + 医疗 + 公安”模式，对辖区外来人口实行全程跟踪管控。“外防输入、内防反弹”措施有力有效，实现疫情防控零扩散、零感染、零死亡“三零”目标，切实维护了社会稳定。

2. 强力推进复工复产稳增长。统筹推进疫情防控和经济发展工作，坚决做到“两手抓、两手硬、两促进”。区四家班子领导挂点服务企业，各部门通力合作，对工业区 70 家企业进行大调研、大服务、大走访，实行“一企一策”指导企业做好防疫工作，帮助企业解决困难和问题，并对重点企业复工复产和重点项目复工实行日报告、日调度，率先实现重点企业及自治区统筹推进重大项目全面复工，有序推进复工复产，全区生产生活迅速恢复。

（二）凝心聚力推进产业高质量发展，发展动能日益增强

1. 临港产业集群发展提速推进。坚持“强龙头、补链条、聚集群”，精心谋划打造石油化工、临港新材料、硅科技产业、林纸四大千亿级和海洋装备、港航物流、加工贸易、表面处理四大百亿级产业集群。中石化北海炼化被授予“广西壮族自治区主席质量奖”，新增 150 万吨生产能力项目加快推进，达产后年原油加工能力将提升至 800 万吨，化工产品率进一步提高，产值可增至 480 亿元，为发展壮大石化产业注入强劲动力。临港新材料产业全面提升，北部湾新材料公司入围广西制造业企业 50 强前 20 位，全年增产至 313 万吨，铁山港临港新材料产业园正式开园投运，中诚不锈钢分条开平项目等一批下游深加工产业链项目入驻投产，带动产业全年实现产值 609.99 亿元、比上年增长 50.19%。硅科技产业加快发展，信义玻璃一期项目 6 条生产线全部建成投产，全年完成产值 19.09 亿元、比上年增长 445.43%，向绿色玻璃生产基地目标迈出了坚实的步伐。林纸产业全年实现产值 26.02 亿元、比上年增长 26.93%，太阳纸业项目一期工程快速推进、二期工程提前启动建设，玖龙纸业（北海）林浆纸一体化项目启动前期工作，为早日形成林纸产业集群发展按下“加速键”。北部湾表面处理中心产业园、凯森物流北部湾总部等一批项目加快建设，恒利源电子科技产业园等一批项目启动前期，为培育海洋装备、港航物流、加工贸易、表面处理等百亿级产业集群打下坚实基础。

2. 农林渔牧业保持稳产增收。2020 年农林牧渔业总产值 48.35 亿元，比上年增长 1.31%。大力培育特色农业产业，创建现代特色农业示范园区 43 个，新增大棚果蔬种植面积 100 公顷，产量 3750 吨。金鲳鱼获广西特色农产品优势区认定，北海市乃志海洋科技有限公司所属养殖场获国家级水产健康养殖示范场称号。南珠振兴稳步推进，完成珍珠贝插核 1257 万贝，采珠 632 千克。铁山港区茂叶生态示范园创建广西休闲农业与乡村旅游示范点通过市级初审。积兴果蔬种植家庭农场通过自治区级示范家庭农场评选市级验收。

3. 现代服务业加快成长。港口物流发展势头良好，铁山港作业区全年完成吞吐量 1948.17 万吨、比上年增长 7.77%，其中集装箱吞吐量 32.03 万 TEU、比上年增长 31.30%。乡镇通班车率 100%，建制村通班车率 100%。城乡居民消费逐渐恢复平稳，农村电子商务覆盖率进一步提升，全年销售农海产品 274.3 吨，物流快递收件 7617 票、派送 15.82 万票。

（三）精准招商、征地搬迁持续发力，全年引资破千亿、征地清场超万亩

1. 招商引资再创佳绩。开展产业树精准招商，推行疫情期间线上“不见面招商”，保持对重大项目不间断对接，实现招商引资三个转变，推动“三企入桂”，一批重大产业项目成功签约。2020 年 4 月 26 日，自治区政府主要领导见证的“北海市投资超百亿项目”集中签约仪式上，铁山港区东方希望精细化工产业园、金山化工等 4 个百亿项目成功签约。此外，总投资 625 亿元的川桂绿色化工产业园、总投资 504 亿元的广投北海临港循环经济产业园、总投资 302 亿元的玖龙纸业北海林浆纸一体化项目、总投资 105 亿元的鼎龙氯化法钛白粉项目等一批龙头产业项目纷纷签约落户，全年累计签约项目 24 个，项目投资总额约 4182 亿元，产业发展动能日益厚植。辖区还成功举办“2020 全国炼化与下游产业发展（北海）大会”等专场推介会议，组织参加全国知名民营企业助推“建设壮美广西　共圆复兴梦想”大会、“中国（北海）新能源产业发展论坛”等多场大型推介活动，打响了铁山港工业品牌宣传战，工业区在全国、全区的影响力快速提升。

2. 征地搬迁和谐见成效。推行“一二三四五”工作法，秉承“和谐拆迁”的工作原则，尽心尽力安置搬迁群众，全年累计完成征地清场 673.73 公顷，是铁山港区依靠自身力量完成征地任务最出色的一年，为项目推进奠定扎实根基。

（四）加快推进项目落地，投资建设热火朝天

1. 投资增速全市一马当先。全区项目建设如火如荼，以重大项目为主导投资稳增长成效显著。固定资产投资比上年增长 117.2%，增速位列全市第一，分别高于全市、自治区、全国投资增速 100.3、113、114.3 个百分点。5000 万元以上项目完成投资比上年增长 126.4%，占全区完成投资的 98.61%，拉动投资增长 120.74 个百分点，成为全区投资增长的主动力。工业投资保持高位运行、比上年增长 198.45%，全市排名第一。民间投资表现活跃，投资总量规模不断扩大，全年民间投资比上年增长 667.87%。

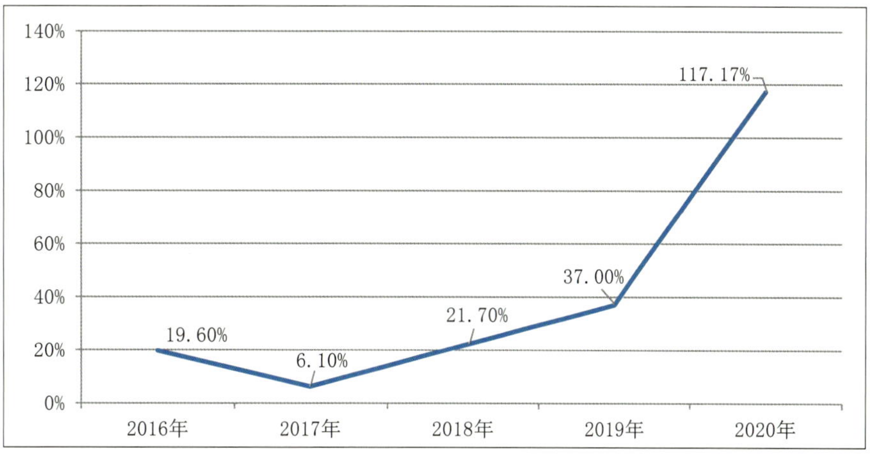

北海市铁山港区“十三五”时期固定资产投资增速

2. “双百”项目成绩喜人。2020 年辖区内列入自治区“双百双新”项目 19 个，其中“双百”项目 17 个，“双百”项目数、投资额均排全市第一，有效形成“谋划一批，储备一批、招商一批、开工一批、投产一批”的良性循环。

专栏 1　2020 年铁山港区“双百”项目情况

2020 年“双百”项目 17 个，开工建设 4 个项目。分别是：信义玻璃产业园项目、太阳纸业 350 万吨林浆纸一体化项目、国家能源集团国华广投北海能源基地项目、中国石化北海炼化新增 150 万吨生产能力项目。

3. 创新办法解决项目落地难题。组织开展项目落地建设大会战，制定印发重点项目跟踪落实服务责任表，实行“五个一”全程跟踪帮办机制，明确开工时间、前期工作关键时间、竣工时间三个节点，实行挂图作战，建立问题交办制、解决承诺制和项目调度会议制，全方位、多举措推进产业项目加快建设。围绕年内开工项目开展百日攻坚行动，制定路线推进图，明确各项工作完成时限和责任人，加速推动项目落地开工。组建大帮办中心，由区长任主任、分管领导任副主任，下设规划土地报建、环评能评安评等 6 个服务工作组，提升帮办服务层级和服务能力，集中力量破解项目前期审批关键环节、难点，推动项目落地提速。抢抓政策机遇窗口期，深度分析和挖掘潜力，共获得中央预算内资金、政府专项债、特别国债及乡村振兴等补助资金 2.74 亿元。

专栏 2　2020 年重点产业项目推进情况

2020 年，全区重点推进产业项目 54 个，竣工投产 10 个，开工在建 15 个，前期策划 29 个。

1. 竣工投产项目：年产 48 万吨硫酸钾项目一期、鱼峰年产 270 万吨新型胶凝材料项目（一期）、北部湾资源再生环保服务中心项目（一期）等 10 个项目实现竣工投产。

2. 开工在建项目：中石化北海炼油结构化调整项目、太阳纸业 350 万吨林浆纸一体化项目等 15 个项目加快建设。

3. 前期策划项目：年产 60 万吨氯化法钛白粉项目、亚王储能材料深加工基地项目等 29 个项目加快前期策划。

（五）新城建设加快推进，生态环境持续优化

1. 稳步推进南珠新城建设。深入实施南珠新城建设大会战，坚持规划引领，完善新城各项规划。全力推进“七个一”工程建设，行政中心片区路网工程等一批项目有序推进。向海大道、福成至南康段公路改造工程建成通车。南康镇荣获“2017—2019 周期国家卫生乡镇”命名。大力推动铁山港区城镇污水处理工程配套管网项目和南康镇污水处理厂扩容项目，投资 3100 多万元完成 13 条背街小巷改造工程，城镇品质迈上新台阶。兴港镇、南康镇上榜中国西部百强镇，分别位列第10位和第38位。

2. 加快园区基础配套设施建设。全力推进工业区铁路、管廊、管线、电力、供热、传送带等专项规划编制。铁山港 1 号—4 号泊位铁路专用线建成通车，打通陆港联运“最后一公里”。铁山港至石头埠铁路支线、铁山港至啄罗铁路支线、合浦至铁山港铁路、液体化工管廊、北暮作业区南 7 号—10 号泊位工程、A1 深海排放管排海工程等项目前期加快推进。推动 30 万吨级进港航道工程项目列入《北海港总体规划（2019—2035 年）》，经四路延长线、九号路、十三号路等配套道路建成通车。全年完成基础设施投资 19.7 亿元，比上年增长 13.2%。

3. 持续改善生态环境。牢牢树立“绿水青山就是金山银山”理念，坚决打好蓝天、碧水、净土三大污染防治攻坚战。全年环境空气质量优良率达 99.4%，环境空气质量综合指数连续 5 年排全市第一。有效落实河长制，南康江排筏河段综合治理项目扎实推进。滨江生活小区、港务片区、信义玻璃片区污水管网建成投用。海域水质环境功能区达标率 100%。推进工业区环境整治和扬尘治理，实施绿化种植、建筑垃圾清运围墙建设等项目 8 个。完成兴港镇南乐社区垃圾分类示范点建设，城镇生活垃圾无害化收运处理率达 100%。推进中央环保督察“回头看”及固体废物环境问题专项督察反馈问题整改，完成冶炼废渣全面处置消纳，并通过自治区核查验收。高岭土、砂石等矿产资源“不敢盗”态势进一步巩固。

（六）乡村振兴稳步实施，脱贫攻坚任务如期完成

1. 乡村振兴扎实推进。实施农村“三改”和“三清三拆”，乡村风貌和人居环境持续改善。南康镇秋风塘村荣获“全国文明村”称号。全区村级集体经济收入突破 500 万元。乡村旅游发展提速，完成 3 个乡土特色示范村建设。珠乡旅游休闲山庄被评定为二星级农家乐，白龙珍珠城创建为铁山港区唯一国家三星级旅游景区。大王岭、九曲、周龙等 3 个设施完善型村庄建设基本完成。投资 3270 多万元，完成村屯道路硬化 37 千米。成立农村土地承包经营权流转工作领导小组，累计流转耕地面积 2886.67 公顷。

2. 脱贫攻坚任务高标准完成。打好“四大战役”，“两不愁三保障”问题全面解决。义务教育巩固率达到 93.24%。实现建档立卡贫困人口医保、定点医疗机构“一站式”直接结算功能全覆盖。投入 260 多万元，建设 23 条自然村饮水提升工程。开展贫困人口住危房专项整治，实现贫困户住房安全有保障目标。强化医疗兜底保障，“198”政策惠及全部贫困人口。深入实施产业扶贫，打造“临港工业就业”“万亩海洋产业”“特色果蔬创业”三个平台，促进贫困劳动力稳定就业。全区“5+2”特色产业覆盖率达 97.62%，贫困村“3+1”特色产业平均覆盖率超 90%。积极推动消费扶贫，完成 5 家供应商资质认定，推送 53 种扶贫产品在自治区消费扶贫数据库上线，累计销售 600 多万元。持续巩固边缘户和脱贫监测户。年内完成 97 户 329 人减贫任务，以超过国家现行脱贫标准实现贫困户全部脱贫，全区 4 个贫困村已全部脱贫摘帽，脱贫攻坚取得决定性胜利。

（七）改革开放全面深化，发展活力不断提升

1. 持续深化“放管服”改革，营商环境持续优化。深入开展“优化营商环境突破年”活动，发展“互联网 + 政务服务”，大力推广应用“广西政务”线上 App 审批系统，广西数字政务一体化平台网上可办率100%。深化“放管服”改革，全区177项行政许可事项平均法定时间从25天压缩至5.5天，提速率达78%。积极落实减税降费政策，统筹推进行政审批“三集中三到位”。对标全国先进地区，推动行政审批和公共服务事项集中办理、“农事网通”“阳光红页”“354560”改革。为入园企业提供“一站式”“保姆式”服务，推进“最多跑一次”，践行“三个零”服务理念，优化服务效能。大力扶持企业发展，减免企业所得税2.99亿元、增值税4600多万元。开展解决民营企业突出问题百日攻坚行动，成立区非公企业金融服务工作室，发展壮大民营经济。和源石化、新鑫能源分别上榜“2020广西民营企业100强”和“2020广西民营企业制造业100强”，渤海农业除入列以上两个榜单外，还进入“2020广西民营企业纳税10强”，连登三榜，被评为广西民营经济示范区。

2. 持续推进开放合作平台建设，对外开放稳步实施。积极融入“一带一路”和西部陆海新通道建设，全面对接粤港澳大湾区、广西自贸试验区发展，主动落实钦北防一体化发展部署，加强与西南、东盟等经济圈区域联通协作，充分利用泛北部湾经济合作论坛、东盟博览会等城市群建设重要契机，主动在各领域深化合作交流。

（八）加大力度补齐民生短板，民生福祉不断增进

1. 推动社会事业全面发展。投入5570多万元，完善农村义务教育学校设施，44所义务教育学校达标“20条底线”要求。区实验学校建成招生，区第七幼儿园竣工验收，区第九幼儿园、第十幼儿园等4所幼儿园加快推进。区人民医院、区妇幼保健院核酸检测PCR实验室建成投用。投资5400多万元的工业区人民医院已建成，区中医院、区疾控中心、妇幼保健院异地搬迁等项目有序推进。投资329.8万元建设6个村级公共文化服务中心、2个篮球场、2个戏台，全区公共文化服务体系实现全覆盖。新增5条健身路径，完成文化惠民、戏曲进乡村以及其他培训演出100多场。成功承办“2020年暖冬遇见北海—春节大家乐”全国乡村春晚。《大棚撑起脱贫伞》荣获2020年自治区文艺精品舞蹈基层文艺会演舞蹈类三等奖。文体中心及中心广场项目纳入财政部PPP项目库。

2. 持续改善和保障民生。全年民生支出达10.08亿元，占一般公共预算支出的84%。进一步提高城乡居民最低生活保障标准。进一步发挥社会救助“托底线、救急难”功能作用，发放临时救助金39.51万元，救助410人次。为低保、特困供养对象发放物价补贴324.06万元。实现城镇新增就业834人，农村劳动力转移就业新增1095人，新开发扶贫公益性岗位76个，城镇登记失业率控制在目标任务4%以内。

3. 社会治理持续加强。创新推行“党建＋警务＋企业（项目）+N”的社会治理体系，组织开展以扫黑除恶为主的“亮剑2020· 六打”专项行动，持续打击“黄赌毒食药环”违法犯罪。全年受理各类民商事案件634件，审结611件、结案率96.37%。开展“一村一法官”活动，为基层自治组织解决纠纷提供培训指导。加强全区预防青少年违法犯罪和未成年人保护工作。推进安全生产专项整治三年行动。加强食品药品监管，实现全年食品药品安全“零事故”。扫黑除恶成效大幅上升。信访总量下降32.65%、集体访下降23.08%，铁山港区被评为全国信访工作“三无”县区。

此外，区地方志、档案、审计、防震减灾、国防动员、海防、消防、信息化建设、妇女儿童、残疾人保障、退役军人事务、民族宗教、外事侨务、优抚双拥等工作进一步发展。

2020年是极不平凡的一年，面对复杂的国际形势和新冠肺炎疫情压力，全区上下共同努力，迎难而上，创造了可喜的成绩。同时也应看到，当前全区仍面临着许多的困难和问题。主要表现为：一是综合实力仍然偏弱，产业结构有待优化，二产过度依赖于单一行业和单一企业，抗风险能力较低。二是综合运输体系建设有待优化，虽然目前已初步形成海、陆、港、空、管立体化输运体系，但综合运输优势不明显。三是产城融合步伐不快，“有区无城”的固有局面仍未打破。四是工业配套基础设施存在短板，液体化工码头、航道、罐区、深海排放管、综合管廊等设施建设滞后，支撑工业发展能力不足。五是发展空间受到制约。近年来，辖区引进项目多，用地需求大幅增加，项目供地和发展用地缺口较大，土地供需矛盾十分突出。六是民生领域短板依然存在，离人民日益增长的美好生活需要还有较大差距。针对这些困难和问题，我们将采取有效措施加以解决。

二、2021 年经济社会发展主要目标安排

2021 年全区经济社会发展主要预期目标建议：地区生产总值增长 18%，财政收入增长 35% 以上，规模以上工业增加值增长 20% 以上，固定资产投资增长 20% 以上，城镇居民人均可支配收入增长 7%，农村居民人均可支配收入增长 8% 以上，城镇登记失业率控制在 4% 以下。全面完成能源消费总量和减排降碳任务。

提出上述目标，主要考虑如下：一是充分考量了 2020 年低基数的恢复性增长因素。2020 年受疫情冲击，全区 GDP 增长大幅低于正常年份。受低基数推动，2021 年预计将实现大幅度反弹。二是注重与“十四五”规划和 2035 年远景目标紧密衔接。2021 年自治区、北海市 GDP 增速分别设定在 7.5%、12% 左右，全区“十四五”规划中设定 GDP 年平均增速为 15% 左右。因此，全区 2021 年 GDP 增长按 18% 以上考虑，领先于自治区、北海市水平，并符合“十四五”规划目标，有利于鼓舞士气、提振信心，实现“十四五”开门红，为全区建设广西第一工业强区开好局、起好步。三是现实支撑有力。近年来，辖区招商引资和项目建设掀起热潮，开工建设了一批投资、产值超百亿元的项目，也储备了一批大项目。绿色石化、临港新材料、林纸、硅科技等产业集群加快发展，为经济社会加快发展奠定了良好的产业基础，预计全区将会出现连续几年的高速发展期。

三、2021 年经济社会发展主要任务和措施

2021 年是中国共产党成立 100 周年，是实施“十四五”规划、开启全面建设社会主义现代化国家新征程的第一年。如何在新起点上抢抓先机，实现更大突破，是我们要考虑的首要问题。区委、区政府立足实际、着眼长远，提出了建设广西第一工业强区的宏伟目标。我们必须乘势而上，坚持以习近平新时代中国特色社会主义思想为指导，全面贯彻中共十九大和十九届二中、三中、四中、五中全会精神，认真落实自治区、北海市决策部署，坚持以供给侧结构性改革为主线，以改革开放为动力，全力推动“六稳”“六保”各项工作，以“起步就要提速，开局就要争先”的精神风貌，咬定青山不放松，脚踏实地加油干，力争实现“十四五”良好开局，以优异答卷迎接建党 100 周年。围绕实现经济社会发展目标，重点做好以下工作：

（一）奋力推动工业强区，加快发展向海经济产业集群

1. 加快打造绿色石化、临港新材料、硅科技、林纸四大千亿元产业集群

推动石化产业做优做强。推动北海炼化结构调整新增 150 万吨产能项目 6 月建成投产，加快启动 1200 万吨炼化一体化项目前期工作。开工建设川能绿色化工产业园、和源顺酐等一批项目。加快引进一批石化产业链项目，力争将北海纳入中国石化“茂湛”基地范围，构建“茂湛北”国家级石化产业基地，推动铁山港石化园区建成国家级专业化工园。

推动新材料产业向优发展。继续支持北部湾新材料公司扩大产能、提高效益，力争 40 万吨高速线材生产项目 7 月开工建设。加快新材料产业园不锈钢深加工等项目建设。推动投资 220 亿元的亚王储能材料深加工基地等龙头项目开工建设，完善下游产业链，促进新材料产业集聚发展。

推动高端玻璃及光伏材料产业提档升级。推动信义产业园 2 条浮法玻璃生产线建成投产，信义光伏 4 条生产线、东方希望光伏产业链等项目开工建设。引进玻璃制造等基础原料及其下游衍生品项目，发展玻璃加工一体化，促进玻璃行业结构调整和产品升级换代，形成产业集群的玻璃产业园。

推动林纸产业发展壮大。推动太阳纸业林浆纸一体化项目(一期)9月建成投产。加快推进玖龙纸业(北海)林浆纸一体化、太阳纸业深加工产业园等项目开工建设。积极延伸上下游产业链,形成制浆造纸及配套深加工相结合的产业集群,打造全国规模最大、种类最齐全的林浆纸一体化产业基地。

2. 着力培育能源、港航物流、加工贸易、海洋装备、表面处理等百亿产业集群

推动能源产业快速发展。推动国华广投能源基地一期、国家管网 LNG 二期等项目加快建设,广西燃气 LNG 三期、北海电厂二期、大唐桂冠新能源基地等项目开工建设。

海洋装备产业方面。依托现有船舶修造基地,整合各方资源,着力打造可持续发展的海洋装备产业。引入知名海洋装备研发科技企业,将高附加值海洋装备的设计研发作为重点攻关项目,逐步实现由低端装备制造到装备研发设计及高端装备制造的转型升级。

表面处理产业方面。支持北部湾表面处理中心项目加大招商引资力度,引进一批线路板、阳极氧化、电子元器件生产企业,推动惠科电子配套 PCB 线路板及新型电子元器件生产项目、恒利源电子线路板科技产业园加快落地建设,打造一个集研发、加工、销售线路板电子产品及配件于一体的现代化产业园区。

加工贸易产业方面。深化与东盟和海上丝绸之路沿线国家的开放合作,重点发展“就地配套”“内外兼销”的加工贸易,打造龙头企业引领、产业集群发展、生产研发共进的加工贸易产业发展新格局,实现“加工贸易倍增计划”发展目标。

港航物流产业方面。加快铁山港 30 万吨级进港航道工程前期工作,尽快实现航道及码头换挡升级。积极推动凯森智能仓储物流二期项目开工建设,引进一批龙头物流企业,争取早日形成港航物流产业集群,以支撑临港大工业对港航物流的运输需求。

(二)举全区之力,推动产业项目落地建设

1. 深入实施产业项目落地建设大会战。严格落实“五个一”服务项目机制、“一张表”责任制和一跟到底、挂图作战制,贯彻全程帮办服务承诺制、全程帮办一次性告知制。进一步强化提升大帮办中心服务层级和服务能力,规划土地报建、环评能评安评等 6 个服务工作组,每个工作组由一名处级干部任组长,从全区抽调业务骨干集中办公,着力破解规划土地报批等关键环节衔接不够紧密、耗时长等难题,加快项目前期工作,推动项目落地提速。

专栏 3　铁山港 2021 年重点产业项目推进计划

铁山港区 2021 年重点推进产业项目 39 个,总投资 4992 亿元,一期投资 2287 亿元,全部建成达产后预计产值 5597 亿元、税收 539 亿元。包括:(1)在建项目 15 个,其中“双百”项目 4 个,其他项目 11 个;(2)计划新开工项目 17 个,其中“双百”项目 12 个,其他项目 5 个;(3)前期项目 7 个。

在建项目:太阳纸业浆纸产业园项目、信义玻璃产业园项目、国华广投北海能源基地项目一期、中石化北海炼化新增 150 万吨生产能力项目、川化 48 万吨优质钾肥项目、年产 270 万吨新型胶凝材料项目、凯森智能仓储物流项目等 15 个项目。

计划新开工项目:鼎龙年产 60 万吨氯化法钛白粉项目、年产 300 万吨超低甲醛释放脲醛树脂项目、玖龙纸业(北海)林浆纸一体化项目、亚王储能材料深加工基地项目、桂冠电力北海新能源产业园、川桂绿色化工产业园、恒利源电子线路板科技产业园项目、惠科电子配套 PCB 线路板及电子元器件生产项目、北部湾新材料高品质长材生产线优化结构项目、东方希望 10GW 光伏材料产业链项目、金山化工玻璃生产配套暨传统盐化工升级改造项目、三聚生物 100 万吨生物液体燃料项目等 17 个项目。

前期项目:众诚能源化工合成新材料项目、广投北海临港循环经济产业园、广西燃气 LNG 项目三期、北海炼化有限责任公司炼化一体化(160 万吨 / 年乙烯)项目、大有能源中国化学正泰集团液化气产业及氢能综合利用项目、广西城矿铁山港精细化工循环经济产业园项目、信义配套玻璃深加工产业园等 7 个项目。

2. 接续发力推进项目征地搬迁。进一步建立健全征地搬迁工作机制，全面贯彻执行“一二三四五”工作法，集中精兵强将，再动员、再鼓劲，进一步激励干部更加主动担当作为，让紧锣密鼓的工作作风贯彻征地搬迁工作全过程，再打一场征地搬迁攻坚硬仗，力争全年实现征地清场再超万亩目标。加强工业用地储备，盘活存量工业用地资源，力促新引进产业项目落地提速。

3. 持续开展精准招商。以延伸产业链为重点，继续推动招商引资“三个转变”，推动“三企入桂”，实现招商项目由量向质的转变。围绕重点产业链和龙头骨干企业开展精准招商，力争引进建链、强链、补链、延链优质项目10个以上。坚持项目全生命周期服务理念，强化落实领导联系重点项目制度，强化招商引资项目落地跟踪服务。不断完善招商引资项目评估机制，对投资强度、税收贡献、集约用地和生态环保做出约束性规定，凡不符合产业布局、达不到约束性规定要求的，不予入园。大力发展生产性服务业，增强现代金融、信息服务和电子商务竞争力，不断丰富产业结构，积蓄发展动能。

4. 着力补齐工业区基础设施短板。优化园区布局规划，着力解决现有规划对产业发展支撑不足的问题。加快推进石化、新材料、林纸、硅科技产业规划编制，启动工业区铁路、管廊、市政管线、供热、传送带等专项规划，尽快完成控规编制工作，并将规划成果纳入市国土空间总体规划以及北海市、自治区相关专项规划。继续深入实施园区基础设施大会战，加快推进石化产业园、新材料产业园、林纸产业园、玻璃产业园的道路、污水、供电、天然气等基础设施建设，完善配套功能。加速推进铁山港30万吨级码头项目航道、北海港铁山港区航道三期工程、滨海大道(铁山港大道至向海大道段)、A1深海尾水排海管工程、工业区液体化工公用管廊工程、危化物流综合园区工程、工业供水管道工程等项目，大力推进园区标准厂房建设，持续推动园区道路畅通工程、绿化亮化提升工程实施，力求让工业区基础设施更健全、更完善，为引进更多、更大的企业夯实基础。加强项目策划及前期工作，积极申报中央预算内资金、地方政府专项债、乡村振兴资金等上级财政资金，想方设法多渠道解决基础设施建设资金不足问题。

(三)全面推进乡村振兴，加快农业农村现代化

1. 促进脱贫攻坚与乡村振兴有效衔接。严格按照脱贫“四个不摘”要求，建立防范返贫、新生贫困和相对贫困的巩固提升脱贫成果长效工作机制。加大对因病、因残致贫、脱贫不稳定户和边缘易致贫户等特殊人群的监测力度，加快脱贫成果转化。加大产业扶持力度，引进先进技术，促进当地经济发展，带动群众经济增收。高质量选拔任用新一轮驻村工作队员，保持帮扶队伍的稳定性。推进农村集体产权制度改革，持续发展壮大村级集体经济。积极探索做好巩固扶贫成效与乡村振兴的无缝衔接。

2. 加快建设美丽乡村。实施乡村风貌提升新三年行动，推动垃圾分类、农村改厕、村庄全域整治有序开展。打造高速公路、向海大道沿线风貌示范带，加快补齐农村基础设施和公共服务短板，大力推进交通、水利、饮水等基础设施建设。持续推进设施完善型村庄及精品示范型村庄的项目建设，推进营盘镇塘仔村创建“乡村振兴”示范村。积极探索发展具有区域特色的乡村旅游业，打造和提升南康特色小镇、秋风塘新农村、青山头村、白龙古村落、大王岭滨海养生旅游度假区等一批乡村特色旅游景点。培育特色产业示范园，以“铁山港区果蔬设施种植示范区”等为引领，努力将全区打造成为北海市重要的特色果蔬生产基地。

3. 稳步提升农业提质增效。加强现代农业产业发展规划，积极推动农业产业化发展，尽快让农业成为新的优势产业强势产业。深入实施农田水利基础设施建设三年大会战，力争实现有效灌溉面积6573.33公顷，建成1666.7公顷高标准农田。持续推进现代农业示范区建设，力争新建一批示范园区。加快推进山东寿光33.33公顷现代果蔬扶贫产业园项目建设。深化台企农渔业项目合作。推进现代渔港经济区、营盘特色渔业小镇建设,做大做强深水网箱养殖和南珠养殖产业。以专业合作社为龙头,大力发展努比亚山羊、肉牛养殖等特色产业。

4. 推动海洋产业聚集发展。科学、合理、有效推进全区养殖产业转型升级,不断壮大发展金鲳鱼、象鼻螺等浅海养殖,打造铁山港品牌。持续扶持发展南珠产业,积极引导铁山港湾网箱养殖迁移至养殖功能区,努力打造“海洋牧场”“蓝色粮仓”。

(四)坚持绿色发展,加快产城融合发展

1. 巩固提升绿色发展态势。坚持生态立区,不断践行“绿水青山就是金山银山”理念,落实环保“党政同责、一岗双责”责任制,持续打好大气、水、土壤污染防治攻坚战,有效落实“河长制”“滩长制”,健全环保应急救援体系,坚决遏制环境污染事件的发生。加大巡查力度,确保南康江全年水质均值达到Ⅲ类标准。加强重点行业和领域的环保监管,持续巩固提升中央环保督察和国家海洋专项督查反馈问题整改成果。加强环境监管执法,严厉打击非法开采海砂、河砂、高岭土等矿产资源行为,形成长效管护机制,保障生态环境安全。进一步加强污染源普查、土壤污染防治与修复、工业企业达标排放等重点工作,建设生态铁山港区。

2. 加快推进南珠新城建设。以“七个一”工程建设为抓手,深入推进南珠新城建设大会战,着力推进南珠新城行政中心片区PPP项目和工业区基础设施补短板PPP项目,全面启动行政中心周边基础设施和公共服务设施建设,推进“泽沁·海港花园”、玖龙纸业生活区等房地产项目建设。完成南珠新城营盘片区的国土空间规划方案编制工作,加快改变有区无城现状。

3. 打造特色小镇样板。谋划构建“新城+特色小镇”的城镇空间结构,加快推进特色小镇建设步伐。继续实施背街小巷畅通提升行动。依托南康老街、南滨影城和南滨广场等文化资源优势,积极争取财政资金支持,打造南康镇特色餐饮文化休闲娱乐中心。积极引入优质企业参与建设,通过旱改水等方式筹措建设资金,加快推进南康历史文化街区等项目建设。

(五)打造最优营商环境,构建对外开放新平台

1. 深化重点领域改革。纵深推进“放管服”改革,深化“证照分离”改革,落实市场准入负面清单制度,推进“双随机、一公开”监管和信用监管,全力打造一视同仁、公平竞争的市场环境。进一步加快打造政务服务“一张网”,在更大范围内实现“一网通办”、同城通办和异地可办,便利企业和群众办事创业。继续清理规范行政事业性收费,完善政银企对接机制,着力破解民营、小微企业融资难题。完善营商环境“红黑榜”制度,加强典型经验的推广运用,争创全区一流营商环境。依托项目帮办中心,全方位为企业提供“一站式”“保姆式”服务。扎实开展解决企业困难“直通车”活动,更大力度帮助企业纾难解困。加快民营经济发展,建设好广西民营经济示范区。

2. 坚定不移扩大对外开放。积极融入“一带一路”和西部陆海新通道建设,全面对接粤港澳大湾区、广西自贸试验区发展,主动承接产业转移,推进更高层次的开放合作。主动落实钦北防一体化发展部署,加强与西南、东盟等经济圈区域深化合作交流。落实利用外资和稳外贸的优惠政策措施,引导更多境外投资进驻落户,进一步优化口岸基础设施建设,不断提升进出口总额和发展质量。

(六)切实保障和改善民生,推动社会事业全面发展

1. 扎实抓好教育事业。大力促进学前教育普惠提质扩容发展,推进铁山港区第九、第十幼儿园、雷田小学附设幼儿园和塘仔小学附设幼儿园等4所公办幼儿园建设。开展无证幼儿园整治工作。

狠抓师德师风建设，推进“县管校聘”试点工作。扎实做好控辍保学工作，推动普通高中多样性、特色化、优质化发展。振兴辖区乡村教育，推进学校布局调整(2021 至 2023)三年行动计划，深入实施教育“暖心工程”。

2. 深化医疗事业发展。加快补齐公共卫生短板，完善公共卫生应急保障体制机制，提升常态化防控能力，大力推进重点场所和重点人群管控及疫苗接种工作。加快卫生健康系统基础项目建设，集中力量推进铁山港区（临海）工业区人民医院项目完善配套，稳步推进区人民医院新院区、区妇幼保健院异地搬迁和区中医院、区疾控中心等一批项目建设，增强区域医疗卫生综合服务能力。加强乡村卫生服务一体化管理，推动“治已病”向“治未病”转变，逐步解决群众“看病贵，看病难”问题，推进卫生健康事业稳定快速发展。

3. 推动文化体育事业繁荣发展。谋划推进全区首个体育公园和南乐社区全民健身中心项目建设，推动全区公共体育设施提档升级。积极开展针对性培训，提升基层文艺骨干文化素养，推动北海市争创全国文明城市。做好“文化 + 旅游”文章，重点抓好全域旅游示范区创建和白龙珍珠城的建设工作。升级现有星级乡村旅游示范区、农家乐等旅游点。继续推进“壮美广西 · 智慧广电”工程，开展各类文化惠民演出，扎实推进文旅事业繁荣发展。

4. 健全社会保障体系。推进就业创业实训基地建设，引导定点培训机构进村，提高返乡农民工、建档立卡贫困户、城镇登记失业人员、退役军人等城乡劳动者就业技能。积极落实补贴政策，持续深入实施全民参保计划，完善“人社服务快办”窗口设置，提高群众满意度。全面推动农民工工资保证金制度，根治欠薪情况发生，积极构建和谐劳动关系。

5. 推动社会治理创新。实施“三事通解”工作机制，实现社区“解忧超市”全覆盖，打通解决群众困难“最后一公里”。持续深入开展扫黑除恶专项斗争，全面推进法治铁山港、平安铁山港建设。加强基层党建创新，探索打造南康镇扫管龙村“红色引领 + 党建示范 + 集体经济”综合性示范点。强化与商会的沟通协调，助力民营企业经济健康发展。重点抓好道路运输等重点行业领域的事故防范，全力遏制重特大事故发生。健全应急管理体系，提高处理急难险重任务能力。加强市场监管，坚决取缔和严厉打击非法野生动物市场和贸易，从源头上控制重大公共卫生风险。加强食品药品安全监管，严防严控严管食品药品安全风险。深入推进民族团结进步创建活动，营造安全稳定的社会环境。

“十四五”时期是铁山港区高质量发展的关键时期，是建设广西第一工业强区的重要机遇期。我们将在区委的正确领导下，落实区政府部署，自觉接受区人大的指导和监督，认真听取区政协的意见和建议，咬定项目不放松，紧抓机遇、讲求效率、干字当头，全力以赴推进各项工作落地落实，推动“十四五”规划开好局、起好步！

附件：1.2021 年国民经济和社会发展计划（草案）指标

2. 名词解释

附件 1

表 1　　2021 年国民经济和社会发展计划(草案)指标

指标	单位	2020 年			2021 年
		预期目标	总量	增长	预期目标
地区生产总值	亿元	7% 左右	307.11	−6.2%	18% 左右
规模以上工业增加值	亿元	13% 左右	961.65	7%	20% 以上
固定资产投资	亿元	100% 以上	–	117.2%	20% 以上
工业投资	亿元	–	–	–	60% 以上
财政收入	亿元	5% 左右(剔除不可比因素)	32.45	−34.34%	35% 以上
城镇居民人均可支配收入	元 / 人	6%	37317	4.3%	7%
农村居民人均可支配收入	元 / 人	7%	17581	8.6%	8% 以上

附件 2

名词解释

1. 地区生产总值、三次产业增加值、人均地区生产总值绝对值为现价,增长速度按可比价格计算。

2. 居民人均可支配收入根据城乡一体化住房调查得出,绝对值为现价,实际增长速度剔除了价格因素。

3. “四三二一”工作思路:谋划推动打造石化、临港新材料、玻璃、林纸四大千亿元产业;实施产业项目落地建设、园区基础设施和环境提升、铁山港产业新城(南珠新城)三大会战;围绕招商引资和征地搬迁两条主线,实现全年招商引资超千亿元、征地清场超万亩;以优化营商环境为重点,实施营商环境优化再提升专项行动。

4. “六稳”:稳就业、稳金融、稳外贸、稳外资、稳投资、稳预期。

5. “六保”:保居民就业、保基本民生、保市场主体、保粮食能源安全、保产业链供应链稳定、保基层运转。

6. 防控“三零”目标:疫情防控零扩散、零感染、零死亡。

7. 五个一工作机制:一个产业项目、一名处级领导、一个责任单位、一个责任干部、一抓项目到底。

8. “双百双新”项目:“双百”即投资超过百亿元或产值超过百亿元的重大产业项目;“双新”即新产业项目、新技术产业项目。

9. “一二三四五”工作法:建强一支队伍;强化工作和廉政两项纪律;坚持强化拆违执法、严管歪风邪气和违法经营“三管齐下”;协调村委干部和群众参与、供电和通信等部门协助、财政金融和征收等部门全程跟踪服务、乡村能人配合等四方发力推进;创新分类施策、宣传引导、搬迁服务、审核定价、安置补偿五项措施。

10. “放管服”改革:放管服,就是简政放权、放管结合、优化服务的简称。“放”即简政放权,降低准入门槛。“管”即公正监管,促进公平竞争。“服”即高效服务,营造便利环境。

11. 最多跑一次:是指群众和企业到政府办理行政权力和公共服务等事项,在申请材料齐全、符合法定受理条件时能够“最多跑一次”办结。

12. 一次性告知：是指依照行政许可法的有关规定，行政许可机关向申请人提供法律、法规、规章规定的行政许可的相关事项、依据、条件、数量、程序、期限以及需要提交的全部材料等事项。

13. 农事网通：涉及农村的行政审批事项全部在网上办理，是深入推进行政审批制度改革的重要举措。

14. 阳光红页：涉及群众切实利益的惠民政策及落地情况全部在网上公开，与“农事网通”相辅相成，是深入推进行政审批制度改革的重要举措。

15. “354560”政革：企业开办手续3个工作日内完成，不动产登记5个工作日内完成，园区企业投资项目施工许可45个工作日内完成，企业投资项目施工许可60个工作日内完成。

16. 三个零：零花费、零见面、零纸张。

17. 两不愁、三保障：不愁吃、不愁穿，义务教育、基本医疗、住房安全有保障。

18. “七个一”工程：一批市政基础设施、一家综合性医院、一条商业街、一家以上星级酒店、一个以上住宅小区、改造一所学校、征下一个片区等“七个一”工程。

19. “一站式”服务：即让群众享受一步到位的便捷服务，不再东奔西走，节省时间，提高效率。

20. “保姆式”服务：主动服务、靠前服务、延伸服务，“保姆式”政务服务。

21. “三个转变”：由“拉大网”招商转变为靶向招商、由以干部为主招商转变为借力社会资源并重招商、由注重招商引资数量向招商引资质量转变。

22. “四大战役”：义务教育保障战役、基本医疗保障战役、住房安全保障战役、饮水安全保障战役。

23. “一网通办”：依托一体化在线政务服务平台，通过规范网上办事标准、优化网上办事流程、搭建统一的互联网政务服务总门户、整合政府服务数据资源、完善配套制度等措施，推行政务服务事项网上办理，推动企业群众办事线上只登录一次即可全网通办。

24. “河长制”：由市、县、乡镇各级党政主要负责人担任辖内河湖水域的“河长”，负责组织领导属地内河湖的管理和保护治理工作。

25. “三清三拆”：“三清”即清理村巷道及生产工具、建筑材料乱堆乱放，清理房前屋后和村巷道杂草杂物、积存垃圾，清理沟渠池塘溪河淤泥、漂浮物和障碍物；“三拆”即拆除旧房危房、废弃猪牛栏及露天厕所，拆除乱搭乱建、违章建筑，拆除非法违规广告、招牌等。

26. “三集中三到位”：全区各行政审批部门的审批机构、审批事项、审批人员向政务服务中心集中，审批事项进驻落实到位、授权到位、电子监察到位。

27. “三企入桂”：“央企入桂”“民企入桂”“湾企入桂”。

28. “双随机、一公开”：即在监管过程中随机抽取检查对象，随机选派执法检查人员，抽查情况及查处结果及时向社会公开。

29. “5+2”特色产业：遴选“糖料蔗、花生大豆、优质稻、根茎薯芋类、豆类”为5个主导产业，“茄果类、鸡”为2个自选产业。

关于北海市铁山港区2020年财政预算执行情况和2021年财政预算草案的报告

——在北海市铁山港区第五届人民代表大会第六次会议上

北海市铁山港区财政局

2021年5月13日

一、2020年全区预算执行情况

2020年，受中石化北海炼化公司停产检修、新冠肺炎疫情及减税降费政策等因素的影响，全区财政运行面临前所未有的困难和挑战。在区委、区政府的坚强领导下，在区人大、区政协的监督指导下，全区各级各部门以习近平新时代中国特色社会主义思想为指导，深入贯彻落实中共十九大及十九届二中、三中、四中、五中全会精神，坚持稳中求进工作总基调，按照高质量发展要求，统筹推进稳增长、促改革、调结构、惠民生、防风险、保稳定各项工作，财政经济运行总体平稳有序。

（一）全区公共财政预算执行情况。

全区财政总收入140489万元，其中一般公共预算收入28041万元，上级补助收入103846万元，债券转贷收入2160万元，上年结余6442万元。

全区一般公共预算总支出132449万元，其中一般公共预算支出121449万元、上解上级支出8367万元、地方债券还本支出2400万元、安排预算稳定调节基金233万元。

收支相抵，年终滚存结余8040万元，扣除结转下年继续使用的专款8040万元，净结余为0。

1. 收入预算执行情况。全区组织的财政收入完成324455万元，完成年度预算359763万元的90.19%，比上年减少169652万元，下降34.34%。主要是受中石化北海炼化公司停产检修改造的影响。

全区一般公共预算收入28041万元，完成年度预算的96.52%，增长22.28%。其中：税收收入19008万元，比上年增长20.46%；非税收入9033万元，增长26.3%，主要是积极盘活国有资产资源等方式挖潜增收。

2. 支出预算执行情况。全区一般公共预算支出121449万元，比上年增加16868万元，增长16.13%。主要科目支出如下：一般公共服务支出12580万元，比上年增长10.81%；公共安全支出3154万元，增长0.48%；教育支出32720万元，增长18.17%；社会保障和就业支出11616万元，增长6.46%；卫生健康支出15895万元，剔除2019年一次性上级补助支出因素（临海工业区医院建设项目资金4346万元），增长13.2%；城乡社区支出6244万元，增长0.35%；农林水支出20915万元，增长29.79%；交通运输支出5223万元，增长164.19%，主要是道路建设增加；资源勘探信息等支出2524万元，增长16.53%；住房保障支出1801万元，增长18.72%。

3. 预备费执行情况。年初预算安排预备费660万元，动用支出427万元，主要安排用于新冠肺炎疫情防控经费387万元、人工繁育陆生野生动物补偿处置经费40万元。

（二）政府性基金预算执行情况。

全区政府性基金预算总收入35426万元，其中基金收入81万元，上级补助收入30873万元，专项债券转贷收入 4000 万元,上年结余 472 万元。

全区政府性基金预算总支出 33665 万元,其中:当年基金支出 33665 万元,增长 45 倍,主要是增加铁山港临海工业区征地搬迁项目支出 2 亿元、专项债券支出 4000 万元、抗役特别国债安排的支出 7100 万元、背街小巷资金支出 842 万元。

收支相抵,年终滚存结余 1761 万元。

(三)社会保险基金预算执行情况。

全区社会保险基金预算收入 19539 万元,完成预算的 83%。其中机关事业单位基本养老保险基金收入 5460 万元,城乡居民医疗保险基金收入 8947 万元,城乡居民养老保险基金收入 5132 万元。

全区社会保险基金预算支出 18823 万元,完成预算的 103%,增长 3%。其中:机关事业单位基本养老保险基金支出 5194 万元,增长 37%;城乡居民医疗保险基金支出 10522 万元,增长 26%;城乡居民养老保险基金支出 3107 万元,增长 3.7%。收支相抵,全区社会保险基金预算当年收支结余 716 万元,基金历年滚存净结余 24764 万元。

(四)政府债务情况。

2020 年年初全区政府负有偿还责任债务余额为 15407 万元。2020 年新增政府债券 6160 万元,其中:2020 年再融资债券 2160 万元,用于偿还 2020 年到期的地方政府债券本金;2020 年新增专项债券 4000 万元,用于南康镇污水处理管网建设。2020 年地方政府债务还本 2400 万元。2020 年年末政府负有偿还责任债务余额 19167 万元,其中 2021 年到期本金 4000 万元。

以上报告的 2020 年预算执行数均为快报数,与实际决算数相比会有一些差距,待决算汇编完成后,再按规定报区人大常委会备案。

二、落实人大预算决议有关情况及工作成效

(一)落实疫情资金保障,全力支持抗疫工作。

坚决落实"疫情就是命令,防控就是责任"要求,强化财政资金和政策保障,全力打赢疫情防控阻击战。一是统筹疫情防控资金 1157 万元,推进了本辖区疫情防控相关工作开展。二是争取抗疫特别国债资金 4672 万元,用于医疗卫生补短板投入,加快了核酸检测、发热门诊等疫情防控相关公共卫生项目基础设施建设,为本辖区疫情防控、经济发展、社会稳定提供坚实保障。其中投入 2800 万元建设临海工业区人民医院,投入 1872 万元解决区人民医院核酸检测 PCR 实验室和发热门诊、区妇幼保健院核酸检测 PCR 实验室、营盘卫生院发热门诊、兴港社区卫生服务中心发热门诊建设。

(二)多渠道筹措资金,打赢三大攻坚战。

充分发挥财政职能作用,优化资源配置,推进"三大攻坚战"取得明显成效。一是支持如期打赢脱贫攻坚战,全年投入财政专项扶贫资金 5872 万元,比上年增长 13.64%,为全区顺利完成脱贫攻坚提供资金保障。二是支持打好生态环境治理攻坚战,全年投入节能环保资金 5417 万元,比上年增长 261.37%,其中:争取政府专项债券资金 4000 万元,全部安排用于南康镇污水管网设施建设;争取抗疫特别国债资金安排 658 万元,解决南康镇和营盘镇污水处理设施经费。三是防范化解政府债务风险,全年安排政府债券还本资金 2400 万元,政府债券付息资金 636 万元。争取再融资债券 2160 万元,有效缓释到期政府债券偿还风险。健全隐性债务动态统计监测机制,严格执行政府隐性债务风险化解实施方案,完成年度政府隐性债务化解任务。

(三)优化支出结构,保障和改善民生。

严格落实上级要求压减一般性支出 716 万元,集中财力保工资、保运转、保基本民生投入,

牢牢兜住全区“三保”支出。全年民生支出100753万元,增长17.22%,占一般公共预算支出的82.96%。

一是大力推动教育事业发展。全年投入教育资金32720万元,增长18.17%,高于一般公共预算支出增长比例2.04个百分点。实行义务教育教师年度岗位考核,投入义务教育教师岗位考核津贴426万元,保障义务教育教师工资待遇;投入资金8470万元,新建成铁山港区实验学校,解决铁山港区中小学大班额问题,增加1260个学位;投入746万元建设区第七幼儿园等幼儿园,支持扩大学前教育资源等。

二是支持社会保障事业发展。全年社会保障和就业支出11616万元,着力保障城乡低保、医疗救助、基础养老金、残疾人保障、就业补助等支出,民生得到持续改善。落实困难群众补助2788万元,为困难群众基本生活提供保障。

三是加大医疗卫生事业投入。基本公共卫生服务及重大公共卫生专项投入1243万元;城乡居民医疗保险投入8255万元;城乡医疗救助投入937万元。

四是扎实推进乡村振兴战略。投入耕地地力保护补贴资金2079万元,补贴农户33755户;安排各项稻谷补贴粮食补贴资金139万元,惠及农户8596户,充分调动了农民的种粮积极性,保障了粮食安全;投入农村公益事业财政奖补资金1183万元,建设农村公益事业财政奖补项目64个,农村生产条件和人居环境得到了明显改善;投入4716万元用于海洋捕捞渔船油价改革补贴、渔民减船转产及海洋捕捞机动渔船更新改造;投入436万元推进南珠养殖产业示范区建设;投入农田水利等基础设施1081万元;投入农村危房改造等保障性安居工程762万元,实施建档立卡贫困户、低保、五保、残疾等重点对象危房改造。

五是加大对城乡基础设施建设投入,改善城乡面貌。投入1925万元进行背街小巷改造建设,方便群众出行;投入760万元建设南康镇供水工程,投入农村人饮资金347万元,解决群众安全用水。

六是支持基层政权建设。投入党组织服务群众专项经费460万元,为43个村(社区)建设惠民项目共245个,不断完善村级办公场所规范化建设,切切实实解决群众困难。投入180万元开展10个村(社区)的“三员九有”建设,完善农村公共服务基础设施,美化生活环境;继续提高村(社区)干部待遇,提升农村基层党建基础保障水平。

(四)落实“六稳”“六保”政策,支持企业复工复产。

落实助企解困政策,支持重点企业中石化复工复产补助200万元,为中小困难企业提供复工贷款财政贴息279.7万元,补贴工业企业基本电费26.4万元,争取上级工业和信息化发展专项资金2850万元。促进经济企稳回升,在全年财政收入中,非中石化财政收入完成3.73亿元,比上年增长90.31%,凸显了全区经济发展的良好态势。

(五)积极落实财政政策,向上争取资金创新高。

全区各级各部门加强研究部署,主动对接上级,全力争取上级资金,积极争取上级财力及专项转移支付补助资金13.47亿元,比上年增长52.04%,补充因减收造成财力和社会经济发展资金的缺口,有力促进全区经济社会发展。

(六)服务重点项目建设,加快经济发展。

年内多渠道筹措各项资金8亿元支持辖区重点项目和重点片区征地搬迁工作,同时强化资金监管,有力支持解决企业用地问题,为已签约项目的落地建设提供了有力保障,加快全区经济建设步伐。

(七)深化管理体制改革,提高财政治理水平。

扎实推进预算绩效管理工作,对预算金额在 100 万元以上的财政支出项目开展预算绩效评价,对一级预算单位开展整体支出绩效评价。扎实推进国库集中支付电子化改革工作,实现全区预算单位国库集中支付电子化改革全覆盖,实行国库集中支付“无纸化”,提前完成自治区改革目标任务。深入推进“互联网 +”政府采购改革,全区实现全市第一个使用“政采云”平台备案“电子卖场”采购计划,2020 年平台交易 1202 笔,完成交易金额 21587.86 万元。加入全市实行“采购意向公开”试点行列,进一步规范政府采购行为,优化营商环境。

2020 年,全区财政工作取得较好成效。这是区委统揽全局、正确领导的结果,是区人大、区政协监督指导和大力支持的结果,是全区各部门和社会各界扎实工作、共同努力的结果。同时,我们也清醒地认识到,全区财政运行和管理工作中还存在一些突出的问题,主要是:税收收入仍然是以中石化税收收入为主,新增税源少;刚性支出增长快、收支矛盾较为突出;财政绩效管理有待进一步提高。对这些问题,我们将高度重视,继续努力加以解决。

三、2021 年全区财政预算草案

(一)预算编制的指导思想和基本原则。

根据中央经济工作会议、全国财政工作会议和上级经济工作会议精神,结合全区经济形势,2021 年全区财政工作和预算编制总的指导思想是:坚持以习近平新时代中国特色社会主义思想为指导,全面贯彻中共十九大、十九届二中、三中、四中、五中全会精神,紧紧围绕国家第十四个五年规划和 2035 年远景目标,保持战略定力,办好自己的事。持续深入贯彻落实“三大定位”新使命和“五个扎实”新要求,认真落实中央、自治区和北海市决策部署,坚持新发展理念,坚持稳中求进工作总基调,以推动高质量发展为主题,以深化供给侧结构性改革为主线,以改革创新为根本动力,以满足人民群众日益增长的美好生活需要为根本目的,立足构建以国内大循环为主体、国内国际双循环相互促进的新发展格局,推进国家治理体系和治理能力现代化,继续落实好积极的财政政策,统筹促发展和防风险,支持加快建设现代化经济体系,推动融入新发展格局,提升财政治理能力,促进经济社会持续健康发展和社会大局稳定,确保“十四五”开好局,以优异成绩庆祝建党 100 周年。

根据上述指导思想,2021 年财政工作和预算编制主要坚持以下原则:

一是紧紧围绕上级决策部署。把十九届五中全会工作要求和谋划落实到 2021 年的开局起步中,把中央、自治区、北海市重大决策部署和人大监督工作要求落实到预算编制工作中,把预算法实施条例的新规定、新要求落实到预算编制、执行、决算和监督全过程。

二是积极的财政政策持续发力。继续落实好中央和自治区出台的各项减税降费政策,着力激发市场主体活力;继续争取上级补助资金和新增政府债务限额,加大财政统筹盘活力度,增强财政保障能力。

三是严格控制一般性支出。坚持政府“过紧日子”,大力压减一般性支出,从严控制行政事业单位开支,严控“三公”经费预算,取消低效无效支出,厉行节约办一切事业。

四是加大支出结构调整力度。调整优化支出结构,重点支持推动高质量发展和供给侧结构性改革,支持工业等产业经济加快发展,支持巩固三大攻坚战成果,支持做好“六稳”工作、落实“六保”任务。

五是全面实施预算绩效管理。将绩效理念和方法深度融入预算编制全过程,不断提高预算编制科学性,稳步推动预算和绩效管理一体化,强化绩效评价结果应用,着力优化财政资源配置。

六是防范化解财政风险。科学稳妥安排收支预算,合理安排政府债券规模,既发挥好债券资金促进经济持续健康发展的积极作用,也为今后财政政策实施留出空间,增强财政可持续发展能力。

(二)2021年全区财政收支预算。

1. 全区财政收入预算安排。

按照全区2021年经济工作预期目标、财政经济形势预测,2021年全区财政收入预算499556万元,比上年完成数增加175101万元,增长53.97%。其中一般公共预算收入预计34229万元,比上年完成数增加6188万元,增长22.07%。

预计2021年全区可用财力79571万元。其中一般公共预算收入34229万元,上级补助收入45476万元,动用预算稳定调节基金233万元,扣减专项上解支出367万元。

2.2021年全区一般公共预算总支出安排情况。

根据全区可用财力情况,全区安排的一般公共预算总支出79571万元,其中一般公共预算支出75571万元,地方债券还本支出4000万元。

2021年全区安排的一般公共预算支出75571万元中,包括:1. 基本支出预算安排48544万元,主要是人员支出46666万元(含预留增人增资经费300万元、预留绩效增量及四个专项考核奖金4000万元),公用经费支出1878万元(含行政事业单位定额公用经费、公务交通补贴、移动通信补贴、工会经费、中小学生均公用经费)。2. 项目支出预算安排27027万元。

3.2021年一般公共预算安排的项目支出情况。

(1)乡村振兴与农业农村建设安排5601.56万元,具体如下:

单位:万元

项目名称	金额	备注
1. 脱贫攻坚衔接乡村振兴专项资金	1505.00	含铁山港区大棚果蔬产业奖励区本级财政配套资金200万元、铁山港区糖料蔗良种补贴配套资金183.75万元、早稻粮食生产奖补资金60万元、乡村风貌提升等资金。该预算余下的1061.25万元待乡村振兴资金管理办法出台后再进行分配。
2. 脱贫攻坚贫困户住房保障整改提升经费	868.00	为实现建档立卡贫困户住房安全保障,2020年区辖镇通过对贫困户住房维修加固,搭建铁皮厨房、厕所改建等方式按时按质完成贫困户住房保障工作,经住建部门核定并报区政府,共需资金1576万元,其中南康595万元、营盘518万元、兴港459万元,2020年已支付704万元,其中南康269万元、营盘192万元、兴港243万元,尚欠868万元,其中南康326万元、营盘326万元、兴港216万元。
3. 村(社区)党组织服务群众专项经费	376.00	含2020年已实施未支付项目欠款114万元。
4. 提高村干部待遇定员半额补贴村干部待遇经费	60.45	
5. 2021年村(社区)"两委"换届选举工作经费	130.37	按全区农村人口19.17万人,人均12元的标准共230万元,按市与区1:1分担,全区负担115万元,另安排组织部换届工作经费15万元。
6. 2018、2019、2020年村屯硬化道路项目配套	400.00	(北财工交〔2020〕77号)创建四好农村公路市奖补500万元,由交通局统筹安排村屯硬化道路项目配套。
7. 农村生活垃圾收转运市场化服务费	1250.00	
8. 生活垃圾处理成本经费	240.00	

续表

项目名称	金额	备注
9. 上级财政部门补助 2016、2017 年村级集体经济地方配套	50.00	
10. 农村公益事业财政奖补项目配套资金	197.00	
11. 美丽乡村项目配套资金	40.00	
12. 2021 年村级公共服务中心建设配套资金	30.00	
13. 乡聘村用村医工资及村卫生室管理经费	80.00	
14. 人饮安全管理经费	61.56	
15. 农村饮水工程整改经费	80.00	含白龙农村饮水安全提升资金 43 万元
16. 铁山港现代特色农业示范区建设区本级财政配套资金	77.00	
17. 农村土地承包经营权确权登记颁证经费	20.00	
18. 农村产权流转交易中心工作经费	15.00	
19. 土地流转奖励资金	15.00	
20. 农田水利建设项目前期经费	40.00	从 2021 年起全市实施农田水利三年大会战，全市财政加大对全市农田水利建设项目资金的投入力度，全区需提前做好项目前期工作，安排项目前期经费 40 万元。
21. 2016 年村屯绿化工程资金本级配套	42.38	
22. 农贸市场厕所建设配套经费	23.80	
合计	5601.56	

(2)加强党建、政权建设安排 1189.30 万元，具体如下：

单位：万元

项目名称	金额	备注
1. 人大、政协换届选举经费	82.00	
2. 政协文史馆建设经费	50.00	
3. 干部教育、农村党员、两新党组织书记培训经费	90.00	
4. 基层组织建设经费	15.00	
5. 党建品牌创建工作经费(含扫管龙革命老区项目前期费)	30.00	
6. 书记“引才引智”项目专项经费	339.30	
7. 两新党组织书记津贴	29.00	
8. 干部职工关爱基金	120.00	含 2020 年未支付的人才综合补贴 62.4 万元
9. 新闻对外宣传	80.00	
10. 创建全国文明城市专项经费	40.00	
11. 宣传文化及意识形态经费	43.00	
12. 纪检监察干部培训经费	38.00	
13. 监察委经费	38.00	
14. 办案谈话室、监控室、信访室建设经费	155.00	含乡镇谈话室建设经费 90 万元
15. 廉政文化广场建设经费	40.00	该项目是 2020 年实施项目，2020 年已完工，2021 年预安排项目完工工程款 40 万元。
合计	1189.30	

(3)国防、公共安全、应急管理安排2162.6万元,具体如下:

单位:万元

项目名称	金额	备注
1. 综治维稳扫黑除恶、黄赌毒及个人极端案件工作经费	150.00	
2. 精神卫生以奖代补经费	32.00	
3. 综治中心运行经费	70.00	
4. 基层治理社会试点工作经费	25.00	
5. 一村(社区)一法律顾问经费	38.70	
6. 法警训练场地等经费保障	20.00	
7. 法院院内路面及公用卫生间维修经费	80.00	2020年跨年度项目
8. 法院办公楼房等维修改造款	68.50	2020年跨年度项目
9. 公益诉讼暨生态环境保护教育基地建设工程	32.00	2020年跨年度项目
10. 武警北海支队机动中队围墙、营门卫兵室建设和营具购置	67.00	2020年跨年度项目
11. 后备力量武装经费(含民兵事业费、兵役工作经费、其他专项经费)	220.00	
12. 安全监管相关工作经费	96.00	
13. 安全隐患排查工作经费	50.00	
14. 消防经费	600.00	
15. 办案费、禁毒、治安管理及反恐经费(含港区禁毒办人员经费)	60.00	
16. 铁山港处突大队经费	180.00	
17. 安防工程服务经费	155.00	
18. 政法委移交辅警人员经费	218.40	
合计	2162.60	

(4)教育、科学、文化、旅游事业安排2287.82万元,具体如下:

单位:万元

项目名称	金额	备注
1. 校园安全协管员	300.94	含2020年未支付98.5万元
2. 寄宿制教师生活津贴补助	70.00	
3. 教师培训费	80.00	
4. 缺编补员、二孩顶岗政府购买服务费	121.20	含2020年未支付43.2万元
5. 义务教育班主任津贴	172.80	
6. 高中班主任津贴和高中岗位考核津贴	69.28	
7. 七幼、九幼、十幼、塘仔小学附幼、雷田小学附幼配套资金	250.00	
8. 2020年自治区乡村振兴资金项目(教育提升工程)配套资金	400.00	
9. 2020年农村义务教育学校校舍安全保障长效机制补助资助资金区级配套	94.00	北财教〔2020〕4号文件要求配套
10. 区实验学校迁入变电箱、校园文化建设及周转房生活设施配套经费	94.50	其中:教师周转房生活设施配套经费40万元
11. 教育经费(含非税安排230万元)	300.30	用于各执收单位正常教育运转
12. 2020年秋季学期学校布局调整增班经费	65.00	2020年已审批未支付项目
13. 义务教育贫困寄宿生活补贴	40.00	
14. 科技、科普经费	28.00	
15. 2020年智慧广电贫困户收视费	19.80	

续表

项目名称	金额	备注
16. 旅游厕所建设经费（含2020年建设的南康文化广场厕所、南康陂塘旅游厕所经费）	40.00	
17. 软件正版化经费	40.00	
18. 2020年智慧广电发展用户费用	102.00	
合计	2287.82	

（5）社保、就业、卫生事业安排3407.23万元，具体如下：

单位：万元

项目名称	金额	备注
1. 城乡特困供养人员供养金	70.00	
2. 五保村管理人员经费	30.00	
3. 征地搬迁困难群众生活补助	260.00	
4. 高龄津贴	130.00	
5. 城乡特困供养人员护理费	60.00	
6. 残疾人两补	40.00	
7. 集中托养服务中心运行费	40.00	
8. 农民工工资应急周转金	30.00	
9. 城乡居民重度残疾人基本医疗保险个人缴费补助	63.00	
10. 义务兵优待金	244.27	
11. 退役军人自主就业金	28.47	
12. 村干部养老保险补贴资金	360.00	
13. 城乡居民养老保险基础配套资金	156.00	
14. 城乡养老个人缴费补贴	24.18	
15. 财政代缴贫困户城乡居民养老保险费	35.11	
16. 机关事业单位养老保险基金缺口	300.00	
17. 在职人员停保职业记实	120.00	
18. 2020年新增退休人员职业年金	150.00	
19. 城乡居民医疗保险财政补贴配套资金	465.00	个人缴费280元/人·年，财政补助550元/人·年，其中区本级负担30元/人·年，全年预计2021年参保人数15.5万人，区本级共负担465万元。
20. 城乡居民医疗保险财政代缴缴费补贴	188.50	
21. 城乡居民医疗保险边缘户兜底资金	30.00	
22. 干部职工体检经费	165.00	
23. 中医院、疾控中心前期工作经费	60.00	
24. 基本公共卫生服务项目区级配套资金（含健康素养促进工作配套经费）	50.70	
25. 新冠肺炎防控等突发卫生事件应急经费	200.00	
26. 免缴计生家庭城乡居民医保	47.00	
27. 临海工业区人民医院投入使用运行经费	30.00	
28. 2020年抗役特别国债项目配套经费	30.00	
合计	3407.23	

(6)城乡发展与公共基础设施建设安排2284.53万元,具体如下:

单位:万元

项目名称	金额	备注
1. 扫路车运行经费	24.00	
2. 9座市政公厕管护费	27.00	
3. 海防道路工程尾款	28.00	
4. 铁山港区垃圾分类宣传、培训及垃圾收运处理等经费	70.00	
5. 建筑质量安全管理工作经费	20.28	
6. 非现场治超执法点经费(跨年度项目)	290.00	
7. 两违拆除、整治及日常执法经费	110.00	
8. 砖瓦类轮窑拆除专项经费	45.00	
9. 南康镇供水工程(含项目前期费用100万元)	550.00	
10. 赤江至沙嘴头公路路面大修项目配套资金	200.00	该项目总投资873万元、拟争取自治区补助219万元、市级补助392.4万元,区本级配套261.6万元,按项目建设进度,预计区本级当年支出200万元。
11. 农村公路养护	284.00	
12. 城镇基础设施提升经费	73.58	该项目是2018年本级资金安排的特色小镇经费300万元项目,2021年已完成结算审计,项目审计后金额251.89万元,已支付178.31万元,未支付73.58万元。
13. 妇女儿童活动中心项目前期费用及配套资金	80.00	
14. 新建职工周转房启动建设资金	400.00	
15. 滨江北片区土地清表及平整费用	50.68	2020年未支付项目
16. 南康江污染调查和监测费用	31.99	含2020年未支付6.99万元
合计	2284.53	

(7)其他事项安排支出10094万元,具体如下:

单位:万元

项目名称	金额	备注
1. 企业解困金	110.00	
2. 项目前期费	180.00	
3. 债券应付利息	530.00	
4. 桂惠贷利息	50.00	
5. 保障部门单位经常性事务等其他支出	8464.00	
6. 预备费	760.00	用于当年预算执行中因自然灾害等突发事件处理增加的支出及其他难以预见的开支。
合计	10094.00	

一般公共预算需要重点说明的情况:

——“三公”经费安排情况。全区安排“三公”经费270万元,比上年下降5%。其中公务接待费32万元,因公出国(境)费0万元,公务用车购置费54万元,公务用车运行维护费184万元。

——2021年预算年度开始后,为了保障全区各部门正常运转,在区人民代表大会批准本年度预算前,区财政已预安排了一些必要的支出,包括各部门的基本支出、对困难群体的节前慰问费、部分项目进度款、历年工程欠款等，符合《中华人民共和国预算法》第五十四条规定，并按《中华人民共和国预算法》五十四条规定在预算草案的报告中做出说明。

4. 盘活财政存量资金安排的项目支出情况。

2021 年全区确保正常运转及各项事业发展所需资金，缺口资金 2176 万元，需在收回盘活财政存量资金中安排解决，具体安排的项目支出如下表：

单位：万元

项目名称	金额	备注
1. 创建“三员新九有”村专项经费	186.00	含 2020 年已实施未支付项目欠款 86 万元。
2. 发展壮大村级集体经济专项资金	200.00	
3. 职工周转房工程结算款(以审计结算核定金额为准)	300.00	
4. 背街小巷项目配套	310.00	
5. 铁山港区实验学校第二批教学仪器设备购置资金	150.00	
6. 铁山港区实验学校项目工程结算款(以审计结算核定金额为准)	850.00	该项目建设费用(合同价)7180 万元，中央资金 2000 万元、市级奖补 2000 万元、2020 年区级已配套 1459 万元。
7. 南康镇污水处理一、二厂整改设备采购	180.00	
合计	2176.00	

5. 政府性基金收支预算安排。

2021 年全区政府性基金预算收入预计为 150 万元，是其他地方自行试点项目收益专项债券对应项目专项收入。政府性基金预算支出安排 150 万元，用于其他地方自行试点项目收益专项债券付息支出。

6. 社会保险基金收支预算安排。

全区社会保险基金预算收入安排 24318 万元，增长 24%。其中：机关事业单位基本养老保险基金收入 6346 万元，增长 16%；城乡居民医疗保险基金收入 13495 万元，增长 50%；城乡居民养老保险基金收入 4477 万元，下降 13%。

全区社会保险基金预算支出安排 22484 万元。其中：机关事业单位基本养老保险基金支出 6346 万元，增长 22%；城乡居民医疗保险基金支出 12783 万元，增长 21%；城乡居民养老保险基金支出 3355 万元，增长 8%；收支相抵，社会保险基金预算当年收支结余 1834 万元，年终滚存结余 26599 万元。

7. 政府债务情况。

关于 2021 年新增债券资金安排情况，我们将根据市财政局下达给辖区的政府新增债券额度，按规定程序编制预算调整方案报请区人大常委会审查和批准。

四、完成 2021 年预算工作的主要措施

(一)加强财政收支管理，确保完成收支任务。

一是加大招商引资力度，培育壮大财源建设，增强财政自我供给能力，缓解财政收支矛盾。二是加强收入征管，强化财税部门税收征管定期会商协调工作机制，特别是强化对铁山港区外来建筑企业纳税的监督检查，堵塞收入漏洞，深挖增收潜力，确保依法应收尽收；督促各行政事业单位抓好行政事业性收费、罚没主管部门抓好罚没收入入库，做好收缴矿产资源的处置，促进国有资源(资产)有偿使用收入等重点非税项目增收。三是各部门提前做好项目申报前期工作，争取更多的

专项转移支付补助资金，促进全区经济社会又好又快发展。四是强化节支管理，一般性支出和一般项目支出统一压减10%，“三公”经费统一压减5%，从严控制专项转移支付，大力压减低效无效支出，调整优化支出结构，打破支出固化格局。

（二）加大民生资金投入，增强群众民生福祉。

继续将一般公共预算支出的80%以上投入民生支出，把民生作为优先保障的重点，不断优化支出结构，稳步增加民生投入。坚决兜牢基本民生底线，健全幼有所育、学有所教、劳有所得、病有所医、老有所养、住有所居、弱有所扶等方面财政保障体系，不断实现人民对美好生活的向往。推动巩固拓展脱贫攻坚成果同乡村振兴有效衔接，保持财政支持政策总体稳定，合理安排财政投入规模，优化支出结构，推动脱贫攻坚向全面实施乡村振兴战略平稳过渡。

（三）深化财政管理改革，完善现代财政制度。

深化预算制度改革，推进全口径政府预算管理，推进预算编制与预算执行、绩效考评结合。认真贯彻落实国有资产报告制度，推进经营性国有资产集中监管。加快建立采购主体职责清晰、交易规则科学高效、监管机制健全、政策功能完备、法律制度完善、技术支撑先进的现代政府采购制度。加强项目储备和资金申报管理。推进财政管理规范化，着力提高资金监管水平。

（四）严防政府债务风险，确保财政安全运行。

严格执行地方政府债务限额管理政策，牢牢守住债务限额底线。坚决遏制隐性债务增量，严禁违法违规融资担保行为，禁止以政府投资基金、政府和社会资本合作(PPP)、政府购买服务等名义变相举债，强化对国有企业、事业单位的监管，完善建设项目和资金管理，健全问责机制，对违法违规举债依法惩处、绝不姑息。做好政府存量债务置换债券工作，降低政府还债压力。严控新增财政赤字，加强财政监督管理，确保财政运行安全。

新的一年，我们将以习近平新时代中国特色社会主义思想为指导，在区委的坚强领导下，自觉接受人大及其常委会的监督和指导，虚心听取人民政协的意见和建议，主动作为、凝心聚力、扎实工作，努力完成全年各项任务，为促进全区经济社会发展做出新的贡献！

大事记

1月

2日　自治区党委书记鹿心社到铁山港考察。

同日　铁山港区委、区政府在区政府会议室召开北海市铁山港区白龙珍珠城获评国家AAA级旅游景区新闻发布会。

9日　铁山港区纪委监委在全区开展廉政谈话全覆盖活动。区纪委常委分别带队组成7个小组，对3个镇和46个区直部门、单位领导班子成员进行集体谈话。

11日　铁山港区政府牵头组织区综合行政执法、自然资源、住建、镇政府等多部门组成220多人的联合执法队，依法强制拆除白龙海堤1处违法违规建设的四合院。

17日　铁山港区委书记余兴国、区人大常委会主任黄小健、区长龙起云、区政协主席彭岳军等四家班子领导走访和慰问北海军分区和北海武警支队官兵。

19日　由北海市群众艺术馆和铁山港区委宣传部、区文体广电旅游局、南康镇政府在南康社区承办2020年“暖冬遇见北海——春节大家乐”全国乡村春节文艺晚会。

2月

19日　北海市委书记、市人大常委会主任、市新冠肺炎疫情防控工作领导小组组长王乃学到铁山港区督查调研农村疫情防控和企业复工工作。市领导彭鸣达、刘伯贤陪同。

20日　北海市副市长欧余军到铁山港区调研春耕生产工作。

25日　北海市委常委、副市长黄江率队到铁山港区调研消防重点项目复工情况。

26日　北海市委书记、市人大常委会主任、市新冠肺炎疫情防控工作领导小组组长王乃学，市长、市新冠肺炎疫情防控工作领导小组组长、指挥部指挥长蔡锦军到铁山港（临海）工业区重点企业、重大项目建设现场，调研重大项目复工开工情况，并现场办公协调解决存在的困难和问题。市委常委、秘书长彭鸣达陪同。

同日　由陈丽明、李勇作词、作曲，广西歌唱家钟丽娟演唱的赞美投身抗击新冠疫情一线逆行者的歌曲《最美逆行者》，制成铁山港区首个音乐MV（音乐短片）。

3月

2日　北海市政协主席、市振兴南珠产业领导小组组长、市振兴南珠产业办公室主任李蔚率铁山港区政府、市南珠办、市海洋局、市科技局、市小微企业融资担保有限公司负责人，到铁山港区南珠湾，调研指导南珠养殖企业防疫和复工复产。

3日　北海市委常委、宣传部部长刘伯贤率队到铁山港区调研疫情防控和宣传工作。区长龙起云，区委常委、区委宣传部部长、副区长林昌斌陪同。

6日　北海市铁山港区医疗保障局成立。

同日　广西消防救援总队总队长郑西带队到中石化北海炼化有限公司督导检查。

9日—14日 铁山港区政协领导班子带队走访17家委员企业，了解疫情防控和复工复产情况，帮助解决实际困难，形成《铁山港区政协委员企业生产复工情况调查报告》。

11日 北海市政协主席、市振兴南珠产业领导小组组长、市振兴南珠产业办公室主任李蔚率调研组到南珠湾调研南珠养殖。

18日 自治区人大常委会副主任杨静华率队到铁山港区走访信义集团（玻璃）有限公司北海公司，并召开座谈会。

19日 北海市委书记、市人大常委会主任王乃学，市长蔡锦军到铁山港（临海）工业区、南珠示范区调研重点产业重大项目建设进展情况。市领导李蔚、彭鸣达、黄忠东等陪同。

同日 北海市委常委、副市长辛红梅，副市长欧余军带队到铁山港区南康镇黄丽窝村调研脱贫攻坚工作。副区长、南康镇党委书记杨晓峰陪同。

24日 北海市政协主席、市振兴南珠产业领导小组组长、市振兴南珠产业办公室主任李蔚，到铁山港区南珠湾实地调研南珠养殖工作。

25日 中共北海市铁山港区第五届委员会第五次全体会议在区政务服务综合楼五楼会议室召开。

26日 中共北海市铁山港区第五届纪律检查委员会第五次全体会议在区政务服务综合楼五楼会议室召开。

27日 自治区检察院检察长崔智友到铁山港区检察院调研。北海市委常委、政法委书记李伟章，铁山港区委书记余兴国，区检察院检察长于海陪同。

27日至4月3日 受新冠肺炎疫情影响，南康镇茂叶生态园有40吨阳桃（杨桃）严重滞销，区妇联联合区文体广电旅游局、团区委在全区机关企事业单位开展“爱心帮农 助力扶贫”阳桃认购活动，共认购阳桃8.13吨。

31日 北海市新的社会阶层人士统战工作实践创新基地——铁山港区赤陶陶瓷工作室成立挂牌。

4月

1日 铁山港区委区政府督查绩效考评办被自治区人民政府办公厅评为2019年度全区政府督查工作突出贡献奖单位。

7日—8日 自治区副主席费志荣到北海市调研联系服务重点工业企业生产经营情况。调研期间，费志荣到铁山港区信义玻璃（广西）有限公司、广西太阳纸业350万吨林浆纸一体化项目、川化48万吨硫酸钾项目、广西北部湾新材料有限公司等企业和项目，调研各企业、项目建设和复工复产情况。

8日 北海市政协副主席杨志远率队到铁山港区检查学校疫情防控和春季开学准备工作。

9日 北海市委常委、副市长黄江率队到铁山港区实验学校、铁山港区工业区人民医院、固废循环综合利用项目、太阳纸业项目、铁山港进港铁路项目、信义玻璃项目等项目工地，实地调研建设情况。

10日 北海市政协党组书记毛艳琼，市委常委、统战部部长杨斌一行到铁山港区调研并参观南营兴专业合作社与山东寿光公司合作经营的现代化农业种植大棚建设。区委书记余兴国、副书记李玉婷，区委常委、统战部部长刘将远等陪同。

同日 铁山港区委书记、编委主任余兴国主持召开区委机构编制委员会2020年第一次会议。审议《中共北海市铁山港区委员会机构编制委员会工作规则》《中共北海市铁山港区委员会机构编制委员会办公室工作细则》《铁山港区医疗保障局机构编制方案》等。

13日 北海市政协主席、市振兴南珠产业领导小组组长、市振兴南珠产业办公室主任李蔚在铁山港区珠源珍珠养殖公司基地主持召开探索南珠养殖模式试验现场会。

14日 北海市委书记、市人大常委会主任王乃学到南康镇黄丽窝村督查调研脱贫攻坚工作。市领导彭鸣达、欧余军，区委书记余兴国，副区长、南康镇党委书记杨晓峰陪同。

15日　北海市政协党组书记毛艳琼率队到铁山港区调研外向型企业进出口遇到的难点和问题。市委副书记、组织部部长李伦兵和市委常委、统战部部长杨斌参加。

16日　北海市铁山港进港铁路专用线正式通车，标志着铁山港海铁联运“最后一公里”打通，实现铁山港国内外物资港口与铁路的无缝对接。北海市市长蔡锦军出席通车仪式并致辞。

同日　北海市委常委、政法委书记李伟章率队到南康镇和南康镇三塘村委调研社会治安综合治理和平安建设工作。

同日　2020年广西“双百双新”产业项目集中开竣工活动——瑞和生物柴油及深加工项目开工、星石新能源材料产业园项目竣工仪式在铁山港区举行。

同日　铁山港区获自治区非公有制经济工作领导小组被评为广西民营经济示范县(市、区)。

21日　北海海事局会同市交通运输局、市综合行政执法局、北部湾港口管理局北海分局等单位，对铁山港水域开展海上联合巡航执法，严厉打击非法运输海砂行为。

同日　铁山港区在南康镇文化广场联合举办2020年北海市铁山港区民营企业招聘周专场招聘会。该次招聘会有14家企业提供各类岗位347个。

22日　北海市政协主席、市振兴南珠产业领导小组组长、市振兴南珠产业办公室主任李蔚到铁山港区南珠湾调研指导南珠管养工作。

同日　北海市委常委、统战部部长杨斌率队到铁山港区走访民营企业，看望乡镇商会会长、行业商会会长、服务企业一线的党外干部，并与统战系统干部职工座谈。区委书记余兴国陪同。

26日　北海市投资超百亿项目集中签约仪式在南宁荔园山庄国际会议中心举行。铁山港区成功签订投资总额分别为1100亿元、630亿元、200亿元、125亿元的东方希望集团精细化工产业园项目、香港众诚能源集团有限公司铁山港化工新材料项目、亚太森博(广东)纸业有限公司林浆纸一体化项目、河南金山化工集团玻璃生产配套暨传统盐化工升级改造项目4个超百亿元项目，总投资2055亿元。

同日　铁山港区税务局团支部获共青团广西区委员会、广西青年联合会授予广西五四红旗团支部荣誉称号。

5月

15日　铁山港区委巡察办在区政务服务综合楼五楼会议室召开2020年第一轮交叉巡察、第四轮村级巡察工作动员培训会。

18日　铁山港临港新材料产业园开园暨首批入园企业签约仪式举行。北海市市长蔡锦军出席签约仪式并宣布开园。

19日—20日　中国人民政治协商会议第四届北海市铁山港区委员会第五次会议在区南珠会堂召开。

20日—21日　铁山港区第五届人民代表大会第五次会议在区南珠会堂召开。

26日　自治区政协港澳台侨和外事委主任谢迺堂一行6人到铁山港区考察信义玻璃有限公司和斯道拉恩索(广西)浆纸有限公司。

同日　北海市政协副主席吴绚带队到铁山港区南康镇滨海社区开展加强北海市社会基层治理专题调研。

27日　北海市铁山港区医疗保障局挂牌成立。

28日　北海市市长蔡锦军到南康镇黄丽窝村开展脱贫攻坚调研督导。区长龙起云，副区长、南康镇党委书记杨晓峰陪同。

29日　铁山港区委全面深化改革委员会第五次会议在区政务服务综合楼二楼会议室召开。区委书记、区委深改委主任余兴国主持。

6月

2日　农业农村部渔业渔政管理局副局长江开勇一行到铁山港区深水网箱养殖区调研。

15日　北海市市长蔡锦军主持召开铁山港区重点项目建设推进工作会议,听取铁山港区重点项目建设进展情况汇报,研究解决项目存在问题。市领导宋云中、黄忠东等参加。

同日　北海市政协主席毛艳琼到铁山港区政协开展专题调研。

18日　"2020年船舶消防、救生、防污染综合应急演练"在铁山港公用码头举行。

28日　铁山港区营盘镇鹿塘村委农贸市场开业。区政协主席彭岳军出席开业仪式。

29日　自治区人大财经委主任委员陆泉良率调研组到铁山港区实地调研中石化北海炼化公司、铁山港港口建设运营、进港铁路建设情况。

7月

6日—10日　自治区安委办组织专家组到铁山港区开展第三轮危化品重点县专家指导服务工作,并组织召开讲评会,反馈指导服务情况。自治区安委办副主任、应急管理厅副厅长卢小萍出席讲评会并提出整改要求。

9日　自治区林业局局长黄显阳到铁山港(临海)工业区调研。北海市委书记王乃学,市委常委、秘书长彭鸣达陪同。

13日　由国家体育总局主办,自治区体育局协办,铁山港区文体广电旅游局、铁山港(临海)工业区管委会工会、铁山港区总工会承办的"全民健身　健康中国"2020年全国县域社会足球赛广西赛区比赛暨广西足球争霸赛北海市铁山港区足球赛,在南康镇第一小学举行开幕式。

14日　合浦县委书记孙环志、县长李安洪率合浦县考察团到铁山港区,考察信义玻璃产业园、广西太阳纸业350万吨林浆纸一体化、川化天禾48万吨每年优质硫酸钾、北部湾表面处理中心、鱼峰铁山港固废循环利用环保综合体和铁山港公用码头等项目建设运营情况。铁山港区四家班子主要领导陪同。

15日　自治区政协副主席磨长英率调研组到铁山港区考察信义玻璃有限公司。

20日　铁山港区在南珠会堂召开脱贫攻坚冲刺推进会。

28日　在国务院国资委与自治区政府共同举行的"央企入桂"视频会议签约仪式上,北海市人民政府与广西投资集团签订投资总额504亿元的广西广投北海临港循环经济产业园项目。

同日　铁山港区退役军人事务局组织机关干部职工到北海冠头岭靶场开展"军事日"活动。

30日　铁山港区委书记余兴国、区长龙起云带队慰问北海军分区和北海武警支队官兵。

31日　北海市人大常委会主任刘志明率队到铁山港区人民武装部慰问,并到铁山港区兴港镇南乐村委坡口塘村慰问军烈属和退役军人优抚对象。

8月

3日—4日　自然资源部部长陆昊到北海调研。其间,自治区党委常委、自治区副主席黄世勇,北海市委书记王乃学陪同陆昊调研铁山港公用码头航道建设用海保障情况、铁山港区兴港镇谢家村农民占用耕地挖塘养虾及耕地非粮化情况。

4日　人民日报社重庆分社社长王斌来一行5人到铁山港区调研采访。北海市委宣传部常务副部长、市政府新闻办主任苏远信,铁山港区委常委、宣传部部长汪国高陪同。

5日　北海市委常委、市纪委书记、市监委主任马南萍率调研组到铁山港区南康镇、兴港镇调研督导脱贫攻坚工作。

6日　1艘中国籍货轮在距离铁山港10万吨码头西南方14海里的外锚地起火,11名船员遇险,北海海事成功救援。

同日　铁山港区基层文化体育交流站在南乐社区挂牌成立。

7日　南康镇被中国爱国卫生运动委员会

授予国家卫生镇(2020—2022)称号。

7 日—8 日 晚,铁山港区首届农村文艺会演在兴港镇南乐社区举行。全区 50 个文艺团队上台交流。

8 日 共青团铁山港区委联合共青团银海区委在银海区特色民宿海故里举办“青春同行 · 缘来是你”青年联谊会,来自两区各机关、企事业单位的 100 名单身青年参加。

13 日 铁山港区区长龙起云、区政协主席彭岳军在区政务服务综合楼共同主持召开区政协重点调研课题成果转化专题协商座谈会。

17 日 自治区政协副主席李康一行到铁山港区考察信义玻璃项目和广西太阳纸业公司。

19 日 北海市政协副主席吴绚带队到铁山港区就“加大北海近海海域生态治理与修复力度”课题进行调研。

20 日 铁山港区总工会、区人社局联合举办的铁山港区第七届农民工技能大赛开赛。大赛设桥式起重机司机、焊工、叉车工 3 个项目,有 52 名农民工参加。

21 日 铁山港区召开扶贫开发领导小组工作会议,传达北海市扶贫开发领导小组会议精神,结合铁山港区脱贫攻坚存在的主要问题部署 2020 年脱贫攻坚大督查迎检工作。

25 日 北海市委副书记廖立勇、副市长欧余军到铁山港区调研督导脱贫攻坚工作。

26 日 北海市政协副主席刘翔一行到铁山港区开展县区农业项目调研工作,实地考察南康镇陂塘村大棚果蔬种植基地、铁山港区南康镇黄丽窝粮菜轮作基地。

同日 北海市人民政府与四川省能源投资集团有限责任公司签订川桂绿色化工产业园项目,总投资 625 亿元。项目落户铁山港(临海)工业区。

28 日 北海市市长蔡锦军、市人大常委会主任刘志明到铁山港区调研重点项目建设及征地搬迁工作,并召开座谈会。

同日 铁山港区(临海)工业区人民医院揭牌成立。铁山港区副区长罗虹、北海市卫健委副主任李曲出席仪式并共同揭牌。

31 日 铁山港区实验学校建成投入使用。

9 月

2 日 北海市法治政府建设和“七五”普法总结验收检查第四组到铁山港区人民法院检查验收法治政府建设和“七五”普法工作。

7 日 在广西工艺美术精品展闭幕会上,铁山港区新的社会阶层人士联谊会副会长、铁山港区赤陶陶瓷工作室负责人、民族手工艺陶瓷传承人陈家宝展出的作品《鹤鸣》获“八桂天工奖”金奖、《海角》获广西旅游工艺品评比银奖。

8 日 自治区党委宣传部副部长赵勇富一行到铁山港区调研全面建成小康社会“百城千县万村”工作。北海市委宣传部副部长刘蒙平,铁山港区委常委、宣传部部长汪国高陪同。

17 日 铁山港区文体广电旅游局以脱贫攻坚为主题创造的舞蹈《大棚撑起脱贫伞》(又名《丹心撑起幸福伞》)荣获自治区计划生育协会“激励新作为 建功新时代”文艺会演一等奖。

18 日 铁山港区委统战部、区工商联、团区委等单位在铁山港区政务服务综合楼五楼会议室举行 2020 年铁山港区“同心助学”捐赠活动,17 家民营企业资助区内 21 名建档立卡贫困大学新生每人助学金 3000 元,总计 6.3 万元。

同日 自治区统计局设管处副处长马英一行到铁山港区对县级统计机构、部门、乡镇和联网直报企业 4 个层面的统计规范化建设工作进行检查验收。区统计局和被抽查的部门、乡镇及联网直报企业分数均在 90 分以上,全区基层统计规范化建设通过自治区检查验收。

24 日 在广东省深圳市举办的“湾企入桂”推介会暨签约仪式上,铁山港区签订总投资 105 亿元的年产 60 万吨氯化法钛白粉项目。

25 日 梧州市政协主席黄振饶一行到铁山港区考察信义玻璃项目和广西太阳纸业公司。

27 日 铁山港区设施农业大棚验收投入使用,项目总投资约 2400 万元,带动就业 300 多人，增加集体经济收入210万元以上。

29日 由北海市农业农村局指导，铁山港区农业农村和水利局、区文明办、南康镇政府、营盘镇政府、兴港镇政府承办的北海市铁山港区庆祝中国农民丰收节暨消费扶贫产品推介活动在铁山港区营盘镇塘仔村举行。

30日 铁山港区在南康镇革命烈士陵园举行公祭活动。活动由区长龙起云主持。区四家班子领导成员、区人民法院、区人民检察院主要领导，驻区部队有关领导和官兵，烈属代表、老战士代表、老干部代表、各民主党派代表、工商联代表、区直机关、南康镇、营盘镇、兴港镇干部代表，学生代表，公安民警代表，各界群众代表共260人参加。

同日 铁山港区委全面深化改革委员会第六次会议在区政务服务综合楼二楼会议室召开。区委书记、区委深改委主任余兴国主持。

10月

6日和11月19日 铁山港区籍摔跤运动员刘明瑚代表广西队参加2020年全国国际式摔跤锦标赛暨奥运会资格选拔赛和2020年全国国际式摔跤冠军赛，均获得男子57公斤级亚军。

12日 铁山港区举行人大联网预算监督系统启动仪式，制订《区人大财政预算联网监督系统管理工作制度》。

13日 “致敬抗美援朝 争做时代新人”建队日活动在兴港镇中心小学举办。团市委书记袁斌、区委副书记陈文初出席。

15日 新华社中国经济信息社广西经济研究中心主任韦大甘一行4人到铁山港区，通过座谈交流、实地走访等形式，调研铁山港区工业经济发展取得的新成效。区长龙起云出席座谈会，区委常委、宣传部部长汪国高陪同调研。

23日 铁山港区召开2020年度全区绩效考评工作攻坚推进会。

24日 铁山港区为抗美援朝老战士郑春晃、黄建源、金朝有、陈裕发等颁发中国人民志愿军抗美援朝出国作战70周年纪念章。

26日 铁山港区人大常委会、区政协首次开展代表建议、委员提案联合督办活动，就加大铁山港（临海）工业区内水污染监测内容联合现场督办。

28日—11月7日 第十二届广西体育节（铁山港区分会场）暨2020年铁山港区“信义杯”篮球赛在位于铁山港（临海）工业区的信义玻璃（广西）有限公司内举行。该场赛事是铁山港区首次政企地联合举办的篮球赛。

11月

2日 北海市委书记王乃学到营盘镇盐灶村、兴港镇粟山村调研督查贫困户脱贫及自治区脱贫攻坚督查暗访发现问题整改情况。市委常委、秘书长彭鸣达，区委副书记陈文初陪同。

3日 自治区副主席邹展业一行到神华国华广投（北海）发电有限责任公司调研。

5日 百色市政协主席雷多荣率调研组一行到铁山港区考察信义玻璃、广西太阳纸业公司、铁山港公用码头。

6日 自治区党委常委、秘书长、办公厅主任黄伟京到铁山港（临海）工业区人大代表联络站，参加“推动爱国卫生运动，强化疫情防控，倡导文明健康”主题活动。

8日 北海市委常委、副市长黄江带队到铁山港区督导检查重点行业领域企业安全生产工作。

9日 自治区代主席蓝天立一行到神华国华广投（北海）发电有限责任公司调研。

10日 广西北部湾新材料有限公司与武汉科技大学在武汉科技大学青山校区举行战略合作签约仪式。

12日 在中国（广西）大健康产业峰会上，铁山港区人民政府与湖北候鸟旅游开发有限公司签订投资5亿元、用地20公顷的旅游康养项目合作框架。

20日 中央文明委在北京召开全国精神文明建设表彰大会，南康镇秋风塘村获全国文明村称号。

23 日 北海市委书记王乃学、市长蔡锦军率有关部门领导到铁山港区(海港)产业园调研项目建设进展情况,并召开工作座谈会。市领导彭鸣达、杨斌、李克纯等陪同。

25 日 华南督察组到铁山港区散货码头检查广西北部湾新材料有限公司堆放在码头的废渣处置情况。

同日 北海市政协主席毛艳琼到铁山港区考察自治区蔬菜产业核心示范园(禧丰农业)、铁山港 100 万吨重油改质和综合利用项目征地现场以及北海乃志海洋科技有限公司。

26 日 北海市双拥办和铁山港区双拥办、区委宣传部在南康镇秋风塘村举办 2020 年自治区优秀退役军人颁奖文艺晚会,表彰自治区优秀退役军人许子杰。

26 日—27 日 铁山港区五届人大常委会组织驻区的市人大代表和区人大代表视察铁山港区果蔬示范基地、广西太阳纸业 350 万吨林浆纸一体化项目、川化天禾 48 万吨/年优质硫酸钾项目、铁山港区实验学校等。

同月 南康镇和南康镇高田村通过中央精神文明建设指导委员会复核,继续保留全国文明村镇荣誉称号。

12 月

1 日 北海市委书记王乃学、市长蔡锦军到铁山港区调研重大项目推进情况,并召开座谈会。市领导彭鸣达、李克纯、黄忠东等陪同。

2 日 北海市关心下一代工作委员会、中共北海市委党史研究室确定铁山港区扫管龙革命老区南康武工队旧址为第一批北海市关心下一代党史国史教育基地。24 日举行授牌仪式。

3 日 铁山港区五届人大常委会组成人员对区政府 2020 年民生项目落实情况开展视察。

同日 铁山港区委书记、编委主任余兴国主持召开区委机构编制委员会 2020 年第二次会议。

4 日 北海市政协副主席石昆到铁山港区政协调研文史馆建设和"书香政协"活动开展情况。

8 日 中石化北海市炼化有限责任公司获自治区人民政府授予第五届广西壮族自治区主席质量奖。

10 日—20 日 铁山港区政府组织区综合行政执法、自然资源、住建、市场监管、科商工信、司法、乡镇政府等部门依法拆除 6 家落后产能砖厂。

15 日 铁山港区清帆廉政文化园开园。北海市纪委副书记、市监委副主任金佩铭,铁山港区委书记余兴国,区政协主席彭岳军等领导出席。

同日 北海市人大常委会组织驻桂全国人大代表、自治区人大代表视察川化天禾 48 万吨/年优质硫酸钾项目、铁山港固废循环利用环保综合体、广西太阳纸业 350 万吨林浆纸一体化项目。

15 日—21 日 铁山港区直属机关工委组织机关党支部书记、党务骨干到广西师范大学干部教育培训学院举办 2020 年铁山港区直属机关基层党组织书记"不忘初心、牢记使命"理想信念及党性教育培训班。

16 日 北海市委常委、政法委书记李伟章到铁山港区调研检查社会治安稳定及群众安全感和满意度"双提升"工作。区委常委、政法委书记庞富国陪同。

18 日 铁山港区召开 2020 年度全区绩效考评年终冲刺会。区委书记余兴国出席会议并讲话。

同日 铁山港区委区政府督查绩效考评办公室被自治区党委办公厅评为 2018—2019 年度自治区党委督查工作先进单位。

21 日 在南宁市举办的全国知名民营企业助推"建设壮美广西共圆复兴梦想"大会上,铁山港(临海)工业区管委会与玖龙环球(中国)投资集团有限公司签订总投资 302 亿元的林浆纸一体化项目投资建设合同。

同日 南康镇决战决胜脱贫攻坚工作新闻

发布会在铁山港区政府举行。南康镇建档立卡贫困户928户3895人全部实现脱贫,贫困村黄丽窝村摘帽。区委常委、宣传部部长汪国高出席。

22日　北海市学习宣传贯彻中共十九届五中全会精神宣讲团成员、北海市市场监管局局长沈祖亮到铁山港区南康镇宣讲中共十九届五中全会精神。铁山港区干部职工、群众700多人聆听该报告会。

24日　铁山港区委书记余兴国主持召开深化农村改革推进乡村振兴现场会暨区委农村工作领导小组会议。与会人员参观南康镇秋风塘村委简屋村、营盘镇盐灶村委设施果蔬产业核心示范区、南康镇三塘村委旱改水项目点。

同日　铁山港区委全面深化改革委员会第七次会议在区政务服务综合楼二楼会议室召开。区委书记、区委深改委主任余兴国主持。

同日　北海市关心下一代工作委员会和中共北海市委党史研究室在铁山港区南康镇扫管龙村举办北海市关心下一代党史国史教育基地授牌仪式暨关爱捐赠活动。市关工委执行主任何裕洲、市委党史研究室副主任李干林给南康武工队旧址授予"第一批北海市关心下一代党史国史教育基地"牌匾。北海市住建局、老年大学、图书馆和少儿图书馆等单位向扫管龙小学赠送图书和体育用品。南康茂叶生态园为该校学生捐赠奖学金、助学金和书包。

25日　2020年铁山港区第二届"全民健身杯"广场舞大赛在区南珠会堂举行。

同日　铁山港区第七幼儿园项目完工。

同日　铁山港区南康社区、滨海社区、白龙社区、石头埠社区、高田村委、川江村委6个公共文化服务中心项目竣工,铁山港区公共服务中心覆盖率达100%。

28日　北部湾港2020年集装箱吞吐量突破500万标箱暨重点工程项目开工仪式在钦州、北海、防城港3市同时举行。自治区党委常委、自治区副主席秦如培在钦州主会场通过视频连线,宣布北海铁山港北暮作业区7号—8号泊位等重点项目开工。

同日　北海新奥华恒物流有限公司工会主席、综合赋能部主任郑小莉被中共广西壮族自治区委员会、自治区人民政府评为广西区劳动模范。铁山港区南康镇扫管龙村民委员会党总支书记、村委会主任梁成文被中共广西壮族自治区委员会、自治区人民政府评为广西区劳动模范。

30日　北海市市长蔡锦军一行到神华国华广投(北海)发电有限责任公司调研。

同日　2019年度高标准农田建设项目完工。该项目投入资金1600多万元,分南康镇片区和营盘镇片区实施,完成高标准农田建设面积666.67公顷。

31日　铁山港区人民政府行政复议办公室在区司法局挂牌成立。

同日　北海市委、市政府召开2020年北海市劳动模范和先进工作者表彰大会,铁山港区李乃景、黄平、班玉玲、李树球4人获北海市劳动模范表彰。

同日　铁山港区人民医院谢庆辉获2020年广西五一劳动奖章。

同日　兴港镇"赤江陶制作技艺"非遗项目代表性传承人陈家宝在北海市新时代文明实践中心获"北海工匠"授牌。

同年　铁山港区投资380多万元,建设黄丽窝关冲、黄丽窝戴屋、龙门、滨江生活区、水鸭塘、高田、彬定(二期)等农村饮水巩固提升工程,巩固提升1.5万人的饮水安全。

同年　广西投资集团北海发电有限公司总经理助理张旭荣获2020年广西五一劳动奖章。

北海市铁山港区总述

铁山港区概况

【建置沿革】

秦　铁山港区境称百越或扬越。始皇帝三十三年（前214年），铁山港区境属象郡地。

西汉　元鼎六年（前111年），灭南越国，置南海、苍梧、郁林、合浦、交趾、九真、日南七郡，合浦郡下置合浦县，隶交州。元封五年（前106年）改交州为交趾刺史部。铁山港区境属合浦郡合浦县地。

东汉　建安八年（203年），合浦郡统有合浦、徐闻、高凉、临允、珠崖五县。铁山港区境属合浦郡合浦县地。

三国　吴黄武七年（228年），改合浦郡为珠官郡。神凤元年（252年），珠官郡复为合浦郡，领合浦、珠官、昌平、平山、连山、连道六县，隶交州。铁山港区境先后属珠官郡合浦县、合浦郡合浦县地。

西晋　太康二年（281年），天下划为十九州，交州是其一，省珠崖郡入合浦郡，州统郡七，县五十三。合浦郡统县六：合浦、昌平、毒质、珠官、徐闻（原珠崖郡归属）、荡昌（合浦县析置，今容县）。铁山港区境属交州合浦郡合浦县地。

南朝（宋）　永初元年（420年），合浦郡仍隶交州。元嘉九年（432年），析合浦郡置宋寿、宋广、安居三郡（今钦州县境），同时析合浦县置临漳郡隶广州。泰始七年（471年）以广州的临漳郡和交州的合浦、宋寿三郡及增置的百梁、龙苏、安昌、南流、永宁、富昌六郡共九郡置越州。合浦郡统合浦、徐闻、珠官、荡昌、朱卢、晋始、新安七县。铁山港区境属合浦县地。

南朝（齐）　建元元年（479年），合浦郡治徐闻，以越州的宋寿郡隶交州，撤宋广郡改置宋广县，隶属合浦郡；统县有徐闻、合浦、朱卢、新安、晋始、荡昌、朱丰、宋丰、宋广九县。临漳郡统县有漳平、丹城、劳石、容城、长石、都并、绥端七县，俱在今合浦县和浦北县境。永明六年（488年）合浦郡复治合浦。铁山港区境属合浦县地。

南朝（梁、陈）　交州的郡县很难分期确指，铁山港区境属合浦县境。

隋　开皇九年（589年）废合浦郡，置越州。大业元年（605年），改越州为禄州。大业三年（607年）复置合浦郡治合浦，隶扬州，统县十一，其中合浦、封山、龙苏三县均在今合浦县、浦北县境内。郡境含今雷州半岛和玉林市。铁山港区境属合浦县地。

唐　武德四年（621年），合浦郡更置越州，次年设交州总管府，不久改为都督府，统越州。贞观元年（627年）设岭南道经略使，统交州都督府。贞观八年（634年）改越州为廉州。调露元年（679年），改交州都督府为安南都护府。天宝元年（742年）复置合浦郡。乾元元年（758年）复为廉州，隶容州都督府。自贞观以来，州郡更置析并频繁，但铁山港区境属合浦县地不变。

五代　南汉乾亨元年（917年），廉州合浦县境析置常乐州，另置博电、零禄、盐场三县归辖，廉州统县有合浦、封山、蔡龙、大廉四县。铁山港区境属合浦县辖地。

宋　开宝五年（972年），撤封山、蔡龙、大廉三县并入合浦县；撤常乐州，置石康县，以原博电、零禄、盐场三县地归属石康县，隶廉州。同时以原驻旧州的廉州治迁于长沙场(今石康镇顺塔村)。铁山港区境属合浦县境。太平兴国八年(983年),廉州更置为太平军,驻海门镇(今廉州镇),撤合浦县并入石康县,铁山港区境属太平军石康县辖境。咸平元年(998年),撤太平军,复置廉州和合浦郡,统合浦、石康二县,隶广南西路,廉州治海门。铁山港区境属合浦县辖地。

元　至元十五年(1278年)设湖广行中书省,合浦郡更置为廉州路安抚司;十七年(1280年)改置廉州路总管府,隶于海北海南道宣慰司。二十八年(1291年)改置海北海南道肃政廉访司,治合浦县,领合浦、石康二县如旧。隶湖广行中书省。铁山港区境属合浦县辖地。

明　洪武元年(1368年)湖广行中书省析置为广东行省、广西行省,改廉州路为府,领合浦、石康二县。三月,隶于广西行省,四月改隶广东行省。洪武七年(1374年)十月,降廉州府为廉州,撤合浦县入石康县。洪武九年(1376年),钦州降为县,与灵山同属廉州,隶雷州府。洪武十四年(1381年)五月,复廉州为府,钦县为州。廉州府领合浦、灵山、石康三县和钦州。铁山港区境属合浦县地。成化八年(1472年),撤石康县并入合浦县,隶廉州如旧。铁山港区境属合浦县地。洪武初,倭寇沿海为患,自石城(今广东省廉江市)界西起,沿海岸区置八寨防倭,依次为川江寨、陇村寨、调埠寨、珠场寨、白沙寨、武刀寨、龙潭寨、古里寨,以巡检一员驻居中的珠场寨(今南康镇)统辖,史称"珠场八寨"或"防寇八寨",铁山港区境属珠场寨防地。明朝有三村乡以及清和乡的设置,三村乡辖今海城、银海(部分)二区,清和乡三图辖今铁山港区境。

清　顺治元年(1644年),廉州府建置与隶属沿旧。光绪十四年(1888年)升钦州为直隶州,置防城县归辖,廉州府统合浦、灵山二县。光绪三十二年(1906年)设廉钦道,统廉州府、钦州。宣统三年(1911年)八月,廉钦道更置钦廉军政府,统属府州县不变。

中华民国　元年(1912年),废廉州府,成立广东省钦廉军政府,旋又改称为钦廉绥靖处,驻钦州,辖原廉州府境。三年(1914年),撤钦廉绥靖处,改设钦廉道,九年(1920年)裁撤,合浦县直属广东省。铁山港区境属合浦县辖。十九年(1930年),铁山港区境属广东省南区绥靖公置合浦县辖地。二十五年(1936年),铁山港区境属广东省第八区行政督察专员公署合浦县辖地。

中华人民共和国　1949—1952年,铁山港区境属广东省南路专区、钦廉专区合浦县辖地。1952年,属广西省钦州专区合浦县辖地。1955年,属广东省合浦专区(钦州专区划归广东省改称合浦专区)合浦县辖地。1959年,属广东省湛江专区(合浦专区并入湛江专区)合浦县辖地。1965年,属广西壮族自治区钦州专区合浦县辖地。1970年,属广西壮族自治区钦州地区合浦县辖地。1987年7月,属广西壮族自治区北海市合浦县辖地。1994年12月,经国务院批准,从合浦县划出南康、营盘两镇设立北海市铁山港区,隶属广西壮族自治区北海市。1996年6月,经广西壮族自治区人民政府批准,从原南康镇划出粟山、杨屋、石头埠、富屋、大树岭、彬池、谢家、小马头、斑鸠冲、陂头、南乐11个村委,从原营盘镇划出彬定、川江、婆围3个村委建立兴港镇。2020年,铁山港区隶属北海市,辖南康镇、营盘镇、兴港镇。（区志办）

【地理位置】北海市铁山港区位于北部湾畔、北海市东部,处北纬21°27′—21°40′、东经109°19′—109°34′之间,东与合浦县白沙镇、沙田镇隔海相望,西与银海区福成镇接壤,南临北部湾,北与合浦县闸口镇、石康镇相连。铁山港区距北海市区约40千米,距合浦县城廉州镇40多千米,距自治区首府南宁市250千米,距广东省湛江市约150千米,距海南省省会海口市124海里。

（区民政局）

【自然资源】

土地资源　2020年,铁山

港区土地总面积 5.04 万公顷。其中：耕地 1.87 万公顷，占 37.09%；园地 397.97 公顷，占 0.79%；林地 6757.78 公顷，占 13.43%；草地 935.07 公顷，占 1.86%；城镇村及工矿企业用地 8068.2 公顷，占 16.04%；交通运输用地 2216.48 公顷，占 4.41%；水域及水利设施用地 1.17 万公顷，占 23.26%；其他土地 1641.32 公顷，占 3.26%。铁山港区土地分布为：南康镇 1.77 万公顷，占辖区土地总面积的 35.19%；营盘镇 9898.67 公顷，占辖区土地总面积的 19.68%；兴港镇 1.23 万公顷，占辖区土地总面积的 24.45%；国有滩涂 1.01 万公顷，占辖区土地总面积的 20.08%；国有岛屿 352.07 公顷，占辖区土地总面积的 0.70%。

矿产资源 2020 年，铁山港区矿产主要为低值非金属矿，一般集中连片、埋藏较浅。储量较大的有高岭土、石英砂、陶瓷土等，其次是石灰石、泥炭土、褐煤、无烟煤、釉泥等。年内，铁山港区内没有持有效期采矿证的矿山企业。高岭土、石英砂均限制开采。

（区自然资源局）

海洋资源 铁山港区是北海市重要的渔业资源拥有地区。经济渔业资源种类主要有 25 种。全区海水养殖水产品种类 16 种，分别是：金鲳鱼、南美白对虾、青蟹、鲷鱼、美国红鱼、石斑鱼、斑节对虾、牡蛎、贻贝、扇贝、蛤、马氏珠母贝、钝缀锦蛤、大獭蛤、靓巴非蛤、织锦巴非蛤；捕捞水产品种类主要有 23 种，分别是：鳓鱼、沙丁鱼、石斑鱼、方头鱼、蓝圆鲹、带鱼、金线鱼、马面鲀、鲐鱼、鲅鱼、鲻鱼、毛虾、鹰爪虾、梭子蟹、青蟹、乌贼、鱿鱼、章鱼、梭鱼、鲟鱼、文蛤、扇贝、钉螺。铁山港区辖区还有中华鲎、东方鲎等国家级稀有动物。（区海洋局）

岸线港口 铁山港区海岸线东北起于南康镇黄丽窝的广和海区，经南康镇的大塘、雷田，兴港镇的粟山、石头埠、富屋、谢家、南乐、川江、彬定、婆围，营盘镇的黄稍、彬塘、盐灶、营盘、白东、鹿塘、火禄、能村，止于营盘镇白龙社区的白龙港，全长 82 千米(其中人工海岸线 57 千米)。铁山港区港口主要有铁山港公用码头、营盘渔港、石头埠渔港、白龙港、火禄港。（区海洋局）

河流资源 2020 年，铁山港区共有 14 条在录河湖名录，其中区级河流(流域面积 50 平方千米以上的河流)有 4 条：南康江、火禄河、福成河、佛子河，镇级河流(流域面积 50 平方千米以下的河流)有 10 条：长坡溪、新村溪、小马头溪、谢家河、彬池河、粟山河、能村河、盐灶河、婆围溪、廖屋溪。

水资源 2020 年，铁山港区水资源总量为 6.56 亿立方米，其中地表水资源量为 4.10 亿立方米，地下水资源总量 2.46 亿立方米(其中非重复计算量 2000 万立方米)。年内，全区用水总量为 1.10 亿立方米，其中生活用水量 0.15 亿立方米，农业用水量 0.70 亿立方米，工业用水量为 0.24 亿立方米，公共生态用水量为 100 万立方米。万元地区生产总值实际用水量 37.2 立方米，万元工业增加值实际用水量 10.9 立方米，农田灌溉水有效利用系数 0.50。（黄丽勤　庞书任）

旅游资源 2020 年，铁山港把白龙珍珠城创建为国家 AAA 级旅游景区，铁山港区茂叶生态园创建为广西二星级农家乐。年内，铁山港区在建的旅游项目有南康镇夏塘高村诗画竹苑、营盘镇大王岭滨海养生旅游度假区和青山头乡村旅游区 3 个项目。

（区文体广电旅游局）

【**气候 · 水文**】 2020 年，铁山港区平均气温 24.3℃，与历年平均气温相比，偏高 1.2℃；常年最热月份为 7 月，极端最高气温 35℃，最冷月份为 1 月，极端最低气温 0℃；降雨量为 1073.4 毫米，与历年平均年降水量相比偏少 527.6 毫米；日照时数 1512.6 小时，与历年平均值相比偏少 13.6%，最多 5 月 221.1 小时；全区的灾害性天气有大雾、暴雨、大风、雷电、热带气旋等；年蒸发量为 1261.4 毫米，高蒸发量时段为 7 月。

【**气象灾害**】 2020 年，铁山港区遭受 3 次台风影响，分别为第 3 号台风“森拉克”、第 7 号台风“海高斯”、第16号台风“浪卡”。受台风影响，全区均普降中到大雨，局部暴雨，累计启动防御台风Ⅳ级应急响应3次，启动防御台风III级应急响应1次。影响最严重的是8月2日第3号台风“森拉克”，最大风力11级。受“森拉克”影响，铁山港区普降大到暴雨，南康江出现小幅涨水过程。“森拉克”袭击期间，南康镇杨屋降雨量达到136毫米，营盘镇彬畔村委塘西村降雨量32.5毫米，兴港镇石头埠降雨量23.5毫米。8月3日9时30分，铁山港区防御台风Ⅲ级调整为洪涝灾害Ⅳ级；8月3日18时30分解除铁山港区洪涝灾害Ⅳ级应急响应。入夏初期，铁山港区雨水严重不足，降雨较往年同期严重偏低，加上山塘、陂坝、河道等水利设施蓄水不足，导致全区大部分村委和部分田垌出现严重干旱，对粮食作物特别是晚稻生产影响较大。全区受旱农作物面积6356.13公顷，其中轻旱3030.6公顷，重旱2411.2公顷，干枯914.33公顷。水田缺水1928.67公顷，旱地缺水3916公顷。

（韩　梅）

【行政区划】 2020年，铁山港区辖南康、营盘、兴港3个镇，6个社区，37个村委会。区政府位于向海大道27千米处，行政区域面积394平方千米。南康镇辖南康、滨海2个社区，辖水鸭塘、社内、陂塘、高田、火甲、莲塘、黄丽窝、扫管龙、大塘、夏塘、三塘、龙门、秋风塘、里头塘、雷田15个村委会。营盘镇辖营盘、白龙2个社区，辖黄稍、彬塘、塘仔、盐灶、石村、彬畔、白东、鹿塘、火禄、能村10个村委会。兴港镇辖石头埠、南乐2个社区，辖粟山、杨屋、谢家、富屋、彬池、小马头、斑鸠冲、陂头、大树岭、川江、彬定、婆围12个村委会。

（区民政局）

【人口】 2020年，铁山港区常住人口14.61万人，其中城镇人口2.65万人，乡村人口11.96万人，实现城镇化率18.14%。

（区统计局）

【民族】 铁山港区是一个以汉族为主，壮、瑶、毛南、仫佬等11个少数民族杂居的新建区。2020年，全区常住总人口14.61万人，登记在册的少数民族常住人口1977人，其中南康镇1010人，营盘镇462人，兴港镇505人。区内少数民族人口主要为从东兰县迁来的水库移民壮族人口，其中1160人聚居在滨海农场前卫分场，其余少数民族散居于各镇、村（社区）内。

（陈家宁）

【宗教】 2020年，铁山港区有宗教场所2个，南康镇基督教礼拜堂和北海市基督教新村坡聚会点，登记备案的教职人员2人，传教布道途径主要是每周的礼拜活动和祈祷会。全区信众人数300多人，分布在南康、营盘、兴港3镇。信众大部分为农村妇女，以务农为主，信众人数有下降趋势。南康镇基督教礼拜堂，原名粤海信义会，是德国传教士于1907年创办，位于南康镇团结路，与南康中学东面一墙之隔，占地面积1700多平方米，建筑面积600多平方米，信众常年稳定在150人左右，有登记备案的教职人员1人。北海市基督教新村坡聚会点，由郑晓霞、郑春尤姐妹于2002年创办，位于兴港镇彬定村委新村坡村，占地面积近800平方米，建筑面积772.6平方米。信众常年稳定在150人左右。有登记备案的教职人员1人，具有教职人员资格人数为1人。

（陈家宁）

国民经济和社会发展

【经济发展】 2020年，铁山港区受新冠肺炎疫情及中石化北海炼化停产检修4个多月双重影响，全区地区生产总值比上年下降6.2%，但增速分别比第二季度、第三季度上升12.8和4.6个百分点，经济发展态势逐步向好扭转。其中：第一产业增加值31.97亿元，比上年增长1.2%；第二产业增加值247.2亿元，比上年下降7.3%；第三产业增加值27.94亿元，比上年下降3.2%。规模以上工业总产值961.65亿元，比上年增长7%；固定资产投资增长

117.2%，增速位列北海市第一；财政收入 32.45 亿元；辖区内税收收入 82.36 亿元，占北海市税收收入的 52.45%；社会消费品零售总额 25.23 亿元，比上年下降 15.1%；农村居民人均可支配收入 17581 元，比上年增长 8.6%；城镇居民人均可支配收入 37317 元，比上年增长 4.3%。

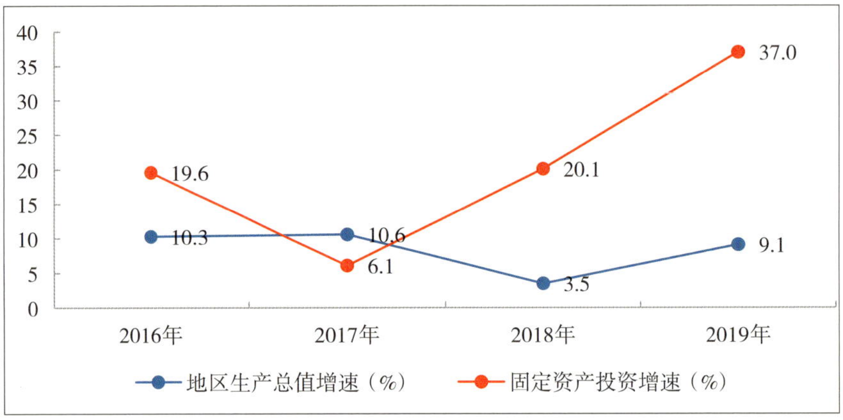

2016—2019 年铁山港区地区生产总值、固定资产投资增速

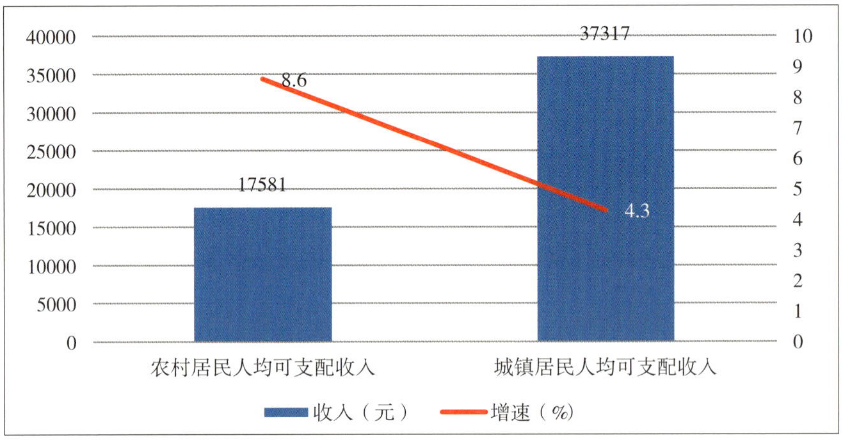

2020 年铁山港区城乡居民收入水平

【疫情防控】 2020 年，铁山港区贯彻中央、自治区、北海市疫情防控工作部署，指导全区各部门、各中小学校和企业建立由一把手负责的疫情防控工作领导小组，把全区划分为 4 大片区、2475 个网格，进行网格化精细管理，建立纵向到底、横向到边的基层疫情防控工作体系。综合运用“大数据 + 网格化”“片区 + 部门 + 医疗 + 公安”模式，对辖区外来人口实行全程跟踪管控。“外防输入、内防反弹”措施有力有效，实现疫情防控零扩散、零感染、零死亡“三零”目标，切实维护社会稳定。

【复工复产】 2020 年，铁山港区统筹推进疫情防控和经济发展工作，坚决做到“两手抓、两手硬、两促进”。区四家班子领导挂点服务企业，各部门通力合作，对全区 71 家企业进行大调研、大服务、大走访，实行“一企一策”指导企业做好防疫工作，帮助企业解决困难和问题。对重点企业复工复产和重点项目复工实行日报告、日调度，率先实现重点企业及自治区统筹推进重大项目全面复工，有序推进复工复产，全区生产活动迅速恢复。

【临港产业集群发展】 2020 年，铁山港区坚持“强龙头、补链条、聚集群”，精心谋划打造石油化工、临港新材料、硅科技产业、林浆纸四大千亿级和海洋装备、港航物流、加工贸易、表面处理四大百亿级产业集群。中石化北海炼化被授予“广西壮族自治区主席质量奖”，新增 150 万吨生产能力项目加快推进，达产后年原油加工能力提升至 800 万吨，化工产品率进一步提高，产值增至 480 亿元，对发展壮大石化产业增强动力。临港新材料产业全面提升，北部湾新材料公司入围广西制造业企业 50 强前 20 位，全年增产至 313 万吨；铁山港临港新材料产业园正式开园运营，中诚不锈钢分条开平项目等一批下游深加工产业链项目入驻投产，带动产业实现年产值 609.99 亿元，比上年增长 50.19%。硅科技产业加快发展，信义玻璃一期项目 6 条生产线全部建成投产，全年完成产值 19.09 亿元，比上年增长 445.43%，向绿色玻璃生产基地目标迈出坚实的步伐。林浆纸产业实现年产值 26.02 亿元，比上年增长 26.93%，太阳纸业项目一期工程快速推进、二期工程提前启动建设，玖龙纸业（北海）林浆纸一体化项目启动前期工作，为早日形成林浆纸产业集群发展按下“加速键”。北部湾表面处理中心产业园、凯森物流北部湾总部等一批项目加快建设，恒利源电子科技产业园等一批项目启动前期建设，为培育海洋装备、港航物流、加工贸易、表面处理等百亿级产业集群打下坚实基础。

【精准招商】 2020年，铁山港区开展产业树精准招商，推行疫情期间线上“不见面招商”，保持对重大项目不间断对接，实现招商引资三个转变，推动“三企入桂”，一批重大产业项目成功签约。4月26日，自治区政府主要领导见证的“北海市投资超百亿项目”集中签约仪式上，铁山港区东方希望精细化工产业园、金山化工等4个百亿项目成功签约。此外，总投资625亿元的川桂绿色化工产业园、总投资504亿元的广投北海临港循环经济产业园、总投资302亿元的玖龙纸业北海林浆纸一体化项目、总投资105亿元的鼎龙氯化法钛白粉项目等一批龙头产业项目纷纷签约落户，全年累计签约项目24个，项目投资总额约4182亿元，产业发展动能日益厚植。年内，铁山港区成功举办2020全国炼化与下游产业发展（北海）大会等专场推介会议，组织参加全国知名民营企业助推“建设壮美广西　共圆复兴梦想”大会、中国（北海）新能源产业发展论坛等多场大型推介活动，打响铁山港区工业品牌宣传战，铁山港（临海）工业区在全国、全自治区的影响力快速提升。

【项目建设】 2020年，铁山港区项目建设大力推进，以重大项目为主导投资稳增长成效显著。固定资产投资比上年增长117.2%，增速位列北海市第一，分别高于全市、自治区、全国投资增速100.3、113、114.3个百分点。5000万元以上项目完成投资比上年增长126.4%，占全区完成投资的98.61%，拉动投资增长120.74个百分点，成为全区投资增长的主动力。工业投资保持高位运行，比上年增长198.45%，北海市排名第一。民间投资活跃，投资总量规模不断扩大，全年民间投资增产667.87%。年内，全区共有列入自治区“双百双新”项目19个，其中“双百”项目17个，“双百”项目数、投资额均排北海市第一位，形成“谋划一批、储备一批、招商一批、开工一批、投产一批”的良性循环。组织开展项目落地建设大会战，制定印发重点项目跟踪落实服务责任表，实行“五个一”全程跟踪帮办机制，明确开工时间、前期工作关键时间、竣工时间3个节点，实行挂图作战，建立问题交办制、解决承诺制和项目调度会议制，全方位、多举措推进产业项目加快建设。围绕年内开工项目开展百日攻坚行动，制定路线推进图，明确各项工作完成时限和责任人，加速推动项目落地开工。组建大帮办中心，由区长任主任、分管领导任副主任，下设规划土地报建、环评能评安评等6个服务工作组，提升帮办服务层级和服务能力，集中力量破解项目前期审批关键环节、难点，推动项目落地提速。抢抓政策机遇窗口期，深度分析和挖掘潜力，共获得中央预算内资金、政府专项债、特别国债及乡村振兴等补助资金2.74亿元。

【城乡建设】 2020年，铁山港区深入实施南珠新城建设大会战，完善新城各项规划，全力推进“七个一”工程建设，区行政中心住宅小区开工建设，行政中心片区路网工程等一批项目有序推进。向海大道、高德—南康（福成—南康段）公路改造工程建成通车。南康镇荣获“2017—2019周期国家卫生乡镇”命名。大力推动铁山港区城镇污水处理工程配套管网项目和南康镇污水处理厂扩容项目，完成13条背街小巷改造工程，城镇品质迈上新台阶。兴港镇、南康镇上榜中国西部百强镇，分别位列第10位和第38位。

【脱贫攻坚】 2020年，铁山港区打好脱贫攻坚“四大战役”，实现“两不愁三保障”项目达标，义务教育巩固率达到93.24%。实现建档立卡贫困人口医保、定点医疗机构“一站式”直接结算功能全覆盖。完成戴屋村等7个自然村饮水提升工程建设。开展贫困人口住危房专项整治，实现贫困户住房安全有保障目标。深入实施产业扶贫，打造“临港工业就业”“万亩海洋产业”“特色果蔬创业”3个平台，促进贫困劳动力稳定就业。全区“5+2”特色产业覆盖率达97.62%，贫困村“3+1”特色产业平均覆盖率超90%；积极推动消费扶贫，完成5家供应商资质认定，推送53种扶贫产品在自治区消费扶贫数据库上线，累计销售600多万元；持续巩固边缘户和脱贫监测户，年内完成97户329人减贫任务，以超过国家现行脱贫标准实现贫困户全部脱贫，全区4个贫困村已全部脱贫摘帽，贫困发生率从2016年的4.77%下降为零，脱贫攻坚取得决定性胜利。

【乡村振兴】 2020年，铁山港区实施农村“三改”和“三清三拆”，乡村风貌和人居环境持续改善。南康镇秋风塘村荣获全国文明村称号。全区村级集体经济收入突破500万元。乡村旅游发展提速，完成3个乡土特色示范村建设。珠乡旅游休闲山庄被评定为二星级农家乐，白龙珍珠城创建为国家AAA级旅游景区。大王岭、九曲、周龙3个设施完善型村庄建设基本完成。完成村屯道路硬化37.77千米。成立农村土地承包经营权流转工作领导小组，累计流转耕地面积2886.67公顷。

【“放管服”改革】 2020年，铁山港区深入开展“优化营商环境突破年”活动，开发“互联网+政务服务”模式，推广应用“广西政务”线上App审批系统，广西数字政务一体化平台网上可办率100%。深化“放管服”改革，全区177项行政许可事项平均法定时间从25天压缩至5.5天，提速率78%。积极落实减税降费政策，统筹推进行政审批“三集中三到位”。对标全国先进地区，推动行政审批和公共服务事项集中办理、“农事网通”、“阳光红页”、“354560”改革。为入园企业提供“一站式”“保姆式”服务，推进“最多跑一次”，践行“三个零”服务理念，优化服务效能。开展解决民营企业突出问题百日攻坚行动，成立区非公企业金融服务工作室，发展壮大民营经济。和源石化、新鑫能源分别上榜“2020广西民营企业100强”和“2020广西民营企业制造业100强”，渤海农业除入列以上两个榜单外，还进入“2020广西民营企业纳税10强”，被评为广西民营经济示范区。

【社会事业】 2020年，铁山港区投入5570多万元，完善农村义务教育学校设施，44所义务教育学校达标“20条底线”要求。铁山港区实验学校建成招生，区第七幼儿园竣工验收，区第九幼儿园、区第十幼儿园等4所幼儿园加快推进。铁山港（临海）工业区人民医院（一期）、新冠肺炎核酸检测PCR实验室建成投入使用，投资6000多万元建设区人民医院发热门诊、营盘卫生院、兴港社区卫生服务中心等发热哨点设施，区中医院、区疾控中心、区妇幼保健院异地搬迁等项目有序推进。投资329.8万元建设6个村级公共文化服务中心、2个篮球场、2个戏台，全区公共文化服务体系实现全覆盖。新增5条健身路径，完成文化惠民、戏曲进乡村及其他演出100多场。《大棚撑起脱贫伞》获2020年自治区第八届基层群众文艺会演舞蹈类三等奖。区文体中心及中心广场项目纳入财政部PPP项目库。

【民生保障与社会治理】

民生保障 2020年，铁山港区民生事业支出10.08亿元，占一般公共预算支出的84%。进一步提高城乡居民最低生活保障标准，发挥社会救助“托底线、救急难”功能，发放临时救助金39.51万元，救助410人次。为低保、特困供养对象发放物价补贴324.06万元。农村劳动力转移就业新增1095人，新开发扶贫公益性岗位76个，城镇登记失业率控制在目

表 2　2020 年和 2021 年铁山港区国民经济和社会发展计划(草案)指标

指标	单位	2020 年			2021 年
		预期目标	完成总量	完成增长	预期目标
地区生产总值	亿元	7% 左右	307.2	−6.2%	18% 左右
规模以上工业产值	亿元	13% 左右	961.65	7%	20% 以上
固定资产投资	亿元	100% 以上	–	117.17%	20% 以上
财政收入	亿元	5% 左右(剔除不可比因素)	32.45	−34.34%	35% 以上
城镇居民人均可支配收入	元 / 人	6%	37317	4.3%	7% 以上
农村居民人均可支配收入	元 / 人	7%	17581	8.6%	8% 以上

标任务 4% 以内。

社会治理　2020 年，铁山港区推行“党建 + 警务 + 企业(项目)+N”的社会治理体系，组织开展以扫黑除恶为主的“亮剑 2020 · 六打”专项行动，持续打击“黄赌毒食药环”违法犯罪。全年受理各类民(商)事案件 634 件，审结 611 件、结案率 96.37%。推行“一村一法官”制度建设，为基层自治组织解决纠纷提供培训指导；加强全区预防青少年违法犯罪和未成年人保护工作；推进安全生产专项整治三年行动；加强食品药品监管，实现全年食品药品安全“零事故”；扫黑除恶斗争成效大幅上升。年内，铁山港区被评为全国信访工作“三无”县区。　(谢子扬)

招商引资

【招商引资概况】　2020 年，北海市铁山港区投资促进中心(简称区投资促进中心)扎扎实实做好各项工作，取得新的成绩。年内，铁山港区共接待来访客商 151 批次 647 人次，外出招商 43 次，参加推介活动 15 次，累计签约 24 个项目，项目投资额约 4182 亿元，项目全部建成达产后，可新增年产值 5012 亿元、年税收 828 亿元。24 个项目中，其中：“央企入桂”项目 2 个，分别是北海临港循环经济产业园项目、中央储备粮北海直属库有限公司粮食仓储物流项目(二期)，总投资约 505 亿元；“湾企入桂”项目 10 个，包括铁山港化工新材料项目、60 万吨氯化法钛白粉项目等，总投资约 1038 亿元；“民企入桂”项目 11 个，包括精细化工产业园项目、川桂绿色化工产业园项目等，总投资约 2633 亿元。24 个项目中，有外资项目 4 个，中国 500 强项目 4 个。年内，全区到位资金目标任务为 109 亿元，实际到位资金 114.9 亿元，完成目标任务的 105.4%；商务口径利用外资目标任务为 4700 万美元，实际完成 6183 万美元，完成目标任务的 131.6%。

【招商活动】

“三企入桂”签约　2020 年，铁山港区多次组织参与“三企入桂”(央企入桂、湾企入桂、民企入桂)签约活动。4 月 26 日，铁山港区在北海市投资超百亿元项目集中签约仪式上成功签下投资总额 1100 亿元的东方希望集团精细化工产业园项目、投资总额 630 亿元的香港众诚铁山港化工新材料项目、投资总额 200 亿元的亚太森博林纸一体化项目、投资总额 125 亿元的河南金山玻璃生产配套暨传统盐化工升级改造项目共 4 个超百亿元项目。7 月 16 日，在北海市举办的民企入桂北海市投资合作项目集中签约仪式上，铁山港(临海)工业区管委会与福建省中挪化肥有限公司签订年产 50 万吨新型生态复合肥项目投资合同。7 月 24 日，在济南举行的民企入桂(山东)投资合作洽谈会上，铁山港(临海)工业区与山东太阳控股集团有限公司成功签订太阳纸业配套产业园项目合作协议，该项目总投资 30 亿元，主

2020 年 7 月 24 日，铁山港区在 2020 年民企入桂（山东）投资合作洽谈会签约仪式上签约　　区投资促进中心　供

要建设标准厂房，引进纸张配送、智能仓储物流等太阳纸业配套产业项目。7 月 28 日，国务院国资委与自治区政府共同举行“建设壮美广西　共圆复兴梦想”央企入桂视频会议，北海市市长蔡锦军代表北海市政府与广西投资集团有限公司、国家电投集团铝电投资有限公司签署总投资 504 亿元的广西广投北海临港循环经济产业园项目投资合作协议，该项目落户铁山港区。8 月 26 日，北海市政府与四川省能源投资集团有限责任公司签订川桂绿色化工产业园项目，总投资 625 亿元，项目落户铁山港（临海）工业区。9 月 24 日，在深圳市举办的湾企入桂推介会暨签约仪式活动上，铁山港区分别与广东鼎龙实业集团有限公司、佛山市顺德区广沙百福压力容器有限公司签订 105 亿元建设年产 60 万吨氯化法钛白粉项目投资合同、年产 50 万吨硝酸和 20 万吨环保处理液项目投资合同。12 月 21 日，在南宁市举办的全国知名民营企业助推“建设壮美广西　共圆复兴梦想”大会上，铁山港区分别与玖龙环球（中国）投资集团有限公司签订总投资 302 亿元的林浆纸一体化项目投资建设合同、与四川顺应动力电池材料有限公司签订总投资约 60 亿元的顺应储能电池材料镍钴原材料加工项目投资建设合同。签约“三企入桂”项目，促使全区石油化工、临港新材料、林纸一体化、玻璃产业等优势产业集群得到发展，为全区经济发展积蓄新动能。

产业推介　2020 年 9 月 27 日，铁山港区副区长卢道云在全国工商联新能源商会主办，广西壮族自治区工商联、广西壮族自治区发展和改革委和北海市政府共同承办的“中国（北海）新能源产业发展论坛”大会上宣传推介铁山港工业区，让全国优秀新能源企业更多了解铁山港区的区位优势及良好营商环境、发展机遇等，促进铁山港区新能源投资与产业的发展。11 月 12 日，2020 全国炼化与下游产业发展（北海）大会在北海市召开。会上，铁山港区区长龙起云为铁山港区做产

2020 年 7 月 16 日，在北海市举办的民企入桂北海市投资合作项目集中签约仪式上，铁山港（临海）工业区管委会与福建省中挪化肥有限公司签订年产 50 万吨新型生态复合肥项目投资合同

区投资促进中心　供

业推介，宣传铁山港区积极谋划将石化产业打造成亿吨级炼化基地，争取在“十四五”期间，打造为“茂湛北”重要的石化基地，成为全国第八大石化基地。

【项目服务】

多渠道宣传　2020年，区投资促进中心利用线上门户网站、公众号、《北海日报》等媒体，对铁山港区投资环境、投资成本、优惠政策、招商项目、招商活动等信息进行全方位宣传。线下利用铁山港（临海）工业区重点招商引资项目、活力铁山港宣传片、“活力铁山港　投资新热土”等招商资料，在各种招商活动或与企业对接期间，向企业发放招商资料，有声有色地向企业介绍宣传铁山港区，推介全区良好的投资环境。

优质高效服务　2020年，铁山港区全力推行重点项目上门服务工作制度，并设立招商引资绿色通道，优先开展审批或认定、优先办理证照、优先安排规划和项目用地，及时为项目落地、建设和投产兑现相关优惠扶持政策，通过实施优质高效的项目代办工作，创立全程“保姆式”的招商服务体系，用热情的干劲和踏实的作风促进项目落户，让投资商在良好的投资环境中加快落户建设步伐。广东鼎龙实业集团投资的氯化法钛白粉项目从首次考察到确定投资用8天时间，这是继上年的年产48万吨优质硫酸钾项目之后，全区招商引资再创北海新速度。玖龙纸业总投资302亿元的北海林浆纸一体化项目，企业初次到铁山港考察，双方当天即开展合同事项洽谈，历时40余天即签订投资建设合同。

项目建设跟踪落实　2020年，铁山港区建立“五个一”（一个产业项目、一名处级领导、一个责任单位、一个责任干部、一抓项目到底）工作机制，实行一跟到底制度，直至项目竣工投产。实行“一张表”责任制，每个事项明确责任人具体跟踪负责，完成一项即消减一项。加强重点项目调度管理。有序组织对计划开工项目的前期服务，强化项目落地各环节的沟通衔接，加快规划土地报建、环评能评安评评审，提高审批效率。

营商环境优化　2020年，铁山港区招商工作人员始终深入项目一线，全力营造“亲商、富商、安商”的招商引资氛围。实行“三个零”（零花费、零见面、零纸张）的服务理念，在线指导企业完成填表工作，进入全程无纸化办理，做到“网上事情网上办”“一次办”。协助广西太阳纸业纸板有限公司1天内完成公司设立表格的填写及企业相关人员实名认证的流程，用时0.5天完成企业开办（营业执照+印章刻制+税务登记），缩短企业开办时间，降低企业运行成本，效率显著提升。

【区域合作】　2020年，铁山港区为贯彻落实自治区、北海市“三企入桂”工作部署，充分利用地域优势与产业布局，加快构建全方位开放发展新格局，多次组织招商小分队到广东、上海、山东、河南、浙江等地开展招商考察活动，积极对接珠三角、长三角地区，加大对央企、国企、世界500强企业的招商引资力度，重点围绕石油化工、临港新材料、林纸、玻璃四大千亿产业和海洋装备、线路板及电镀、加工贸易、港航物流四大百亿产业开展招商，吸引知名企业进驻投资，提升铁山港（临海）工业区开放型经济发展格局。（林月凤）

精神文明建设

【精神文明建设机构概况】　2020年，北海市铁山港区精神文明建设委员会办公室（简称区文明办）挂靠区委宣传部，承担指导、协调和组织实施全区精神文明建设各项工作。

【社会主义核心价值观宣传】　2020年，区文明办强化社会主义核心价值观入脑入心，完善社会主义核心价值观宣传阵地，充分利用群众喜闻乐见、易于接受的方式强化宣传。年内，区文明办打造完成南滨广场社会主义核心价值观主题广场，扩大核心价值观影响力；在主次干道竖立公益广告牌、宣传板报、灯杆广告、滚动LED屏(电子显示屏)、悬挂横幅和采用宣传车流动宣传等方式,广泛宣传社会主义核心价值观;在“两微”平台开辟社会主义核心价值观专栏,推送报道优秀典型文章,弘扬社会正气;开展形式多样的社会主义核心价值观主题文明实践活动60多场次,让社会主义核心价值观更加深入人心。

【先进人物表彰宣传】 2020年,区文明办以推荐评选先进人物为契机,大力宣传先进人物的先进事迹,充分发挥道德引领作用,营造人人学习好人,人人争当好人的良好社会氛围。年内,全区评选北海市精神文明贡献奖先进个人6名,北海市新时代好少年1名,推荐上报“身边好人”80名;举办道德模范、新时代好少年巡讲活动各2场次,开展先进人物典型事迹图片展5场次。

【群众精神文明文化活动】 2020年,区文明办利用在春节、清明节、端午节、中秋节等传统节日期间,组织开展系列群众性文化活动,丰富群众生活,弘扬中华优秀传统文化,强化全民思想道德建设。全年组织开展“道德讲堂”活动10多期,引导群众自觉成为道德的传播者和践行者。

【“五大创建”活动】 2020年,区文明办广泛开展群众性精神文明创建活动,逐渐形成“五大创建”(创建文明城市、文明村镇、文明单位、文明家庭、文明校园)活动知晓率越来越高、覆盖面越来越全、参与面越来越广、影响力越来越大的局面。年内,铁山港区通过夯实“创城”工作基础,完善城镇基础设施,强化市容管控,改造提升“三无小区”,提升群众素质等多种措施并举,全区“创城”工作稳步推进,顺利通过自治区和国家检查,助推北海市以基础分总分自治区第一的成绩再次获评自治区文明城市称号。年内,南康镇秋风塘村荣获全国文明村称号;兴港镇粟山村、杨屋村荣获北海市文明村称号;南康镇雷田村、兴港镇大树岭村荣获铁山港区文明村称号。全区县(区)级及以上级别文明村镇占到62.5%。年内,南康镇第一小学荣获自治区文明校园称号,南康镇中心小学等23所学校荣获铁山港区级及以上级别文明校园称号,文明校园创建工作成效明显。广西投资集团北海发电有限公司荣获北海市文明单位称号。

【新时代文明实践活动】

主阵地建设 2020年,铁山港区实现新时代文明实践中心(所、站)全覆盖,重点打造升级南康镇新时代文明实践所,建设南康镇秋风塘村、营盘镇塘仔村新时代文明实践站,为文明风尚提供传递平台。

志愿服务活动 2020年,铁山港区成立志愿服务队162个,注册志愿者2万多人。其中:区级新时代文明实践志愿服务队6个;镇级新时代文明实践志愿服务总队3个;各村(社区)志愿服务总队43个,下辖各志愿服务分队若干个。年内,区文明办依托新时代文明实践中心(所、站),用好“五大平台”,开展理论宣讲、文化惠民、脱贫攻坚、乡村振兴、疫情防控等各类文明实践志愿服务活动上千

2020年3月6日,铁山港区50多名志愿者到铁山港区兴港镇粟山村沃柑产业示范点,帮助果农采摘沃柑并分拣称重装袋 阮雅纯 摄

场次，深入推进志愿服务制度化、常态化。文明实践活动在中央、自治区媒体及学习强国平台宣传报道20多次。

【未成年人思想道德建设】 2020年，区文明办发挥乡村学校、少年宫主阵地作用，利用丰富的校内外教育资源，组织开展生命教育、国学经典、文体科技三大特色活动；举办“扣好人生第一粒扣子”“清明祭英烈”“童心向党”“诵读经典”“向国旗敬礼”等系列主题教育实践活动，用身边好人的品行感染、教育、影响未成年人，凝聚崇德向善的道德力量。年内，南康中学学生龙瑞恒在第27届青少年爱国主义读书教育活动讲故事暨演讲比赛中获演讲二等奖，事迹被北海文明网宣传报道；营盘中心小学学生庞志宇获北海市新时代好少年荣誉称号，展现辖区青少年奋发进取精神风貌。

【文化惠民推进】 2020年，区文明办抓实文艺精品创作。抗击疫情期间，组织制作原创歌曲《最美逆行者》在学习强国平台展示；组织辖区文艺团队创作“卖鸡调”《同舟共济 战“疫”必胜》，致敬抗疫英雄；创作的精品舞蹈《大棚撑起脱贫伞》获2020年自治区“决胜小康 奋斗有我”基层文艺会演舞蹈类三等奖；创作的精品舞蹈《金疍蛋》在自治区农民文艺会演中获好评，并在学习强国平台展示。

文化惠民全覆盖 年内，区文明办开展戏曲进乡村、戏曲进校园、戏曲人才培训等各类文化惠民演出、文艺培训活动100多场次，参与人员20多万人次，800多人次接受文化培训。投资20万元设立铁山港区基层文化体育交流站，举办铁山港区首届农民文艺会演，为全区50个文艺团队提供表演交流平台。

“非遗”工程建设 年内，区文明办组织南康“卖鸡调”展演12场，传承培训12场。“赤江陶烧制技艺”“非遗”（非物质文化遗产）代表性传承人之一陈家宝作品《鹤鸣》获“八桂天工奖”，《海角》获广西旅游工艺品银奖。确定北海市第四批“非遗”代表性传承人，其中朱芳被确定为“赤江陶烧制技艺”“非遗”代表性传承人，宁定凤被确定为“南珠传统养殖技艺”“非遗”代表性传承人，林坚毅被确定为“大王岭点花灯”“非遗”代表性传承人。

（傅小萍　花光霞）

生态文明建设

【生态环境建设】 2020年，铁山港区通过控制道路运输和建设项目施工现场扬尘、推进节能减排工作、实行农作物秸秆禁烧等措施，治理空气环境污染。整治南康江两岸22户家畜、家禽养殖户养殖环境，清除拆撤其中的17户，5户完成配套沼气池、化粪池等设施，实现粪污资源化利用，达到治理地表水目的。全区集中力量开展涉镉等重金属重点行业企业排查整治行动，对重点区域、重点企业及在产工矿企业进行现场排查，对存在环境安全隐患的企业下达限期整改通知书，监督治理土壤环境污染；同时，加

2020年8月18日，铁山港区在兴港镇石头埠码头开展百姓宣讲活动。“卖鸡调”传承人邓绍婵等人以莲花快板的形式，歌颂铁山港区脱贫攻坚成果　劳文静　摄

强工业固体废物堆存场所的监管力度,督促企业严格按照“三防”措施做好堆场的环保工作;对存放在北部湾新材料有限公司厂区的废渣全部消纳完毕,并销号。划定南康镇、营盘镇各1个乡镇级和7个农村1000人以上集中式饮用水水源保护区,完成饮用水水源地设置护栏、各村集中式饮用水源设立宣传牌、南康镇自来水厂安装铁艺大门。筛选出3个农整项目(兴港镇小马头村委木头田村和下坎头村各1个、营盘镇白东村委大王岭村1个)进行整治。建成并投入使用营盘镇塘仔村生活污水处理(生化池)项目、营盘镇白东村委大王岭村生活污水处理设施、兴港镇小马头村委木头田村及下坎头村生活污水处理设施4套,全部正常运行。对被列入整治的9个入海排污口开展复查,9个入海排污口全部完成整改,复查无反弹情况。（陈晓慧）

【生态农业建设】 2020年,铁山港区着力发展生态农业,深入实施化肥、农药使用量零增长行动,推行有机肥替代化肥、病虫害绿色防控等综合性措施,持续治理农业面源污染。年内,全区推广应用测土配方施肥技术1.4万公顷次,减少化肥用量1040吨;推广绿色植保技术1.01万公顷次,减少农药用量7.6吨。推行绿色生产方式,积极发展生态农业,以肥料化、饲料化、原料化为重点,加快秸秆综合利用,全年综合利用7700公顷秸秆6.14万吨;组织铁山港区畜牧兽医工作人员对北海市铁山港区林陆养殖场等11家养殖场进行生态认证,养殖场生态认证率达91.67%;出台《北海市铁山港区推进畜禽粪污还田利用工作方案》,主要推进畜禽生态养殖,提升畜禽粪污全量化利用;推动12家养殖场使用粪污资源利用设施配套,规模养殖场的粪污资源利用配套率100%。全区全年畜禽粪污产生总量19.61万吨(规模养殖场粪污产生量1.27万吨,规模以下养殖场的粪污产生量18.34万吨),资源化利用量16.49万吨,畜禽粪污综合利用率90.24%。（梁统模）

2020年,铁山港区开展化肥减量增效技术项目田间试验。图为水稻试验田块
区农业农村和水利局 供

【生态林业建设】 2020年,铁山港区有林地面积7382公顷,完成林业总产值34.71亿元;完成林下经济产值1015.3万元,其中林下养殖产值1000.3万元、森林旅游产值15万元;完成植树造林总面积141.8公顷,义务植树40万棵,中幼林抚育1000公顷。全区森林覆盖率19.38%。公益林总面积208.23公顷,其中国家级公益林面积145.35公顷,自治区级公益林62.88公顷。全区林业有害生物监测面积9.52万公顷,未发现病、虫危害现象。实施产地检疫苗木107.98万棵,调运检疫木材和木材制品2.49万立方米。制订生态公益林管护实施方案,组织人员对所有需要补偿的生态公益林进行检查验收,拨付森林生态效益补偿金5.96万元。（李永进）

【生态海洋建设】 2020年,铁山港区政府组织区海洋、综合执法、公安、海警、海事等相关执法部门持续开展铁山港湾铁山港区海域非法养殖设施清理整治工作。全年共清理养蚝排439组、网箱392组、鱼箔(网箔)25所,清理近岸非法养殖场6个。同时,铁山港区政府

还组织区海洋、公安、综合行政执法及营盘镇政府等相关单位和油锯手58名，对营盘社区浅海滩涂进行清理整治专项行动，该次行动共清理网箔25所，拆除木桩1.27万根，拆除围网约30万平方米，清理整治海域范围约480公顷。年内，区海洋部门组织区辖3镇及委托第三方对铁山港区海域及近岸进行海滩清洁工作，共清理垃圾2301.3吨，运输垃圾1354车次，清理卫生死角232处，清理积沙（淤泥）86立方米，清理杂草7087平方米，保洁海岸线233.7千米，进一步保障近岸海域的生态环境平衡。（程戈夫）

【生态工业建设】 2020年，铁山港区完善重大工业项目与生态环境改善同步推进，在发展工业文明同时，保持生态环境持续改善。年内，集中力量开展涉镉等重点行业企业排查整治行动，加强工业固体废弃物堆存场所的监管力度，全面完成冶炼废渣处置消纳并通过自治区核查验收。关停拆除淘汰落后砖厂6家。深入推进"利剑护砂"专项行动，严厉打击非法矿产品存储加工行为，共查获海砂4.8万立方米，整改拆除非法矿产品加工厂15家、关闭关停5家。铁山港（临海）工业区污水处理厂完成提升改造，污水管网累计建成102千米。完成全区污染源普查，直排入海排污口和雨污合流排放口得到整治。（郑宪安）

乡科级以上机构和领导

中共北海市铁山港区委员会

书　记：余兴国
副书记：龙起云
　　　　李玉婷（女，2020年4月免）
　　　　陈文初（2020年7月任）
常　委：向　勇（2020年10月免）
　　　　宋小平（2020年10月任）
　　　　吴志全
　　　　林昌斌（2020年7月免）
　　　　叶　艳（女）
　　　　沈志平（2020年7月免）
　　　　石姚斌
　　　　庞富国（2020年7月任）
　　　　刘将远
　　　　岑明阳（挂职）
　　　　汪国高（2020年7月任）
　　　　张建栋（2020年7月任）

北海市铁山港区人大常委会

主任、党组书记：黄小健
副主任、党组副书记：王才儒
副主任：严锡强
　　　　李　静（女）
　　　　刘汉明

北海市铁山港区人民政府

区长、党组书记：龙起云
副区长、党组副书记：吴志全
副区长：林昌斌（2020年9月免）
　　　　岑明阳（挂职）
　　　　裴强昌
　　　　卢道云
　　　　杨晓峰
　　　　罗　虹（女）

政协北海市铁山港区委员会

主席、党组书记：彭岳军
副主席、党组副书记：管务光
副主席：陈旭昌
　　　　陈德萍（女）
　　　　邓明仪

纪检监察

中共北海市铁山港区纪律检查委员会

书　记：叶　艳（女）
副书记：徐水宗
　　　　黄　洪
常　委：郑春贺
　　　　赖满棠
　　　　黎立江
　　　　李瑞云

北海市铁山港区监察委员会

主　任：叶　艳（女）
副主任：徐水宗
　　　　黄　洪
委　员：赖满棠
　　　　秦靖钧
　　　　黎　刚

中共北海市铁山港区委工作部门

中共北海市铁山港区委办公室［保密办（保密局）、机要局（国家密码管理局）、档案局］

主　任：石姚斌
分管日常工作副主任：
　　钟　伟（2020年12月免）
副主任：伍旭红（女）
　　　　吴志全
　　　　陈远成（兼）
　　　　劳成兴（2020年10月兼）

区委保密办(区保密局)
主任(局长):
钟　伟(2020 年 9 月免)
伍旭红(女,2020年9月任)
区委保密委专职副主任:
伍旭红(女,2020年9月任)
区委机要局(国家密码管理局)
局　长:伍旭红(女)
专职密码督查员:缺
北海市铁山港区档案局
局　长:廖　环
区委全面深化改革领导小组办公室
专职副主任:王功海
中共北海市铁山港区委组织部(非公有制经济组织和社会组织工作委员会、老干部局、公务员局)
部　长:沈志平(2020年7月免)
张建栋(2020年7月任)
分管日常工作副部长:
吴丽华(女)
副部长:陈　锋
陈凯华(2020年12月免)
范先铭(兼)
钟　伟(2020年12月兼)
何　鹏(2020年12月免)
中共北海市铁山港区委员会非公有制经济组织和社会组织工作委员会
书　记:陈　锋(兼)
专职副书记:缺
中共北海市铁山港区委老干部局
局　长:吴丽华(女)
北海市铁山港区公务员局
局　长:何　鹏(2020年12月免)
中共北海市铁山港区委宣传部(文明办、新闻办、新闻出版局、网信办)
部　长:林昌斌(2020年7月免)
汪国高(2020年7月任)
分管日常工作副部长:卓　伟
副部长:陈传栋(女,2020 年 9 月免)
傅小萍(女)
区精神文明建设委员会办公室
主　任:傅小萍(女)
区政府新闻办公室
主　任:卓　伟(2020年9月免)
区新闻出版局
局　长:卓　伟
区委网络安全和信息化委员会办公室
主　任:缺
中共北海市铁山港区委统战部[区委台湾工作办公室(区政府台湾事务办公室)、民族宗教侨务局]
部　长:刘将远
副部长:谢余红
劳浦强
陈家宁
区委台湾工作办公室(区政府台湾事务办公室)
主　任:谢余红
区民族宗教侨务局
局　长:陈家宁
中共北海市铁山港区委政法委
书　记:陈文初(2020年7月免)
庞富国(2020年7月任)
副书记:李焕辉
林胜峰
彭　云
中共北海市铁山港区机构编制委员会办公室(事业单位登记管理局)
主　任:范先铭
副主任:包德芳(女)
区事业单位登记管理局
局　长:范先铭
中共北海市铁山港区直属机关工作委员会
书　记:黄家忠
副书记:李世凤(女)
中共北海市铁山港区委员会北海市铁山港区人民政府督查绩效考评办公室
主　任:劳成兴
副主任:陈德娜(女,2020 年 12 月任)
中共北海市铁山港区委员会巡察工作领导小组办公室
主　任:郑春贺
副主任:缺
中共北海市铁山港区委员会北海市铁山港区人民政府信访局
局　长:陈远成
副局长:甘焕远(2020年9月免)
裴雪月(女,2020 年 9 月任)

北海市铁山港区人大常委会办公室和各工作委员会

北海市铁山港区人大常委会办公室
主　任:杨中敏
北海市铁山港区人大常委会选举联络工作委员会
主　任:徐　莲(女)
北海市铁山港区人大监察和司法法律委员会
主　任:庞兴明(2020 年 11 月去世)
王嘉康(2020 年 12 月提名)
北海市铁山港区人大财政经济委员会
主　任:杨怀春
北海市铁山港区人大常委会教科文卫与民族工作委员会
主　任:张　毅

北海市铁山港区人大常委会农业农村与环资城建工作委员会
副主任：林　健

政协北海市铁山港区委员会办公室和各专门委员会

北海市铁山港区政协办公室
秘书长：黄晓科（2020年5月任）
北海市铁山港区政协提案法制委员会
主　任：石玉祥
北海市铁山港区政协科教文卫委员会
主　任：吴　铁
北海市铁山港区政协经济联谊委员会
主　任：王嘉康（2020年12月免）
　　　　陈凯华（2020年12月任）

北海市铁山港区人民政府工作部门

北海市铁山港区人民政府办公室
主　任：欧小兵
副主任：郑光平
　　　　郑珍庭（女）
　　　　戚恒家
　　　　廖民中
　　　　陈云气（挂职）
　　　　陈德娜（女，2020年12月兼）
北海市铁山港区发展和改革局
局　长：陆国忠
副局长：冯耀斌（2020年1月任）
　　　　李　洋（2020年6月任）
　　　　谢子扬（2020年6月挂职）
北海市铁山港区教育局
局　长：陈翔宇
副局长：罗志强
北海市铁山港区科技商务和工业信息化局
局　长：黄元贵
副局长：王厚明（2020年6月免）
　　　　庞富霜（女，2020年12月任）
北海市铁山港区民政局
局　长：李源军
副局长：李建秀（女）
北海市铁山港区司法局（调解处理土地山林水利纠纷办公室）
局　长：吴礼有
副局长：曾达雄
　　　　郑连海
　　　　张　越（女，2020年3月挂职）
区调解处理土地山林水利纠纷办公室
主　任：吴礼有
副主任：曾达雄
北海市铁山港区司法局南康司法所
所　长：张东万
北海市铁山港区司法局营盘司法所
所　长：石子升
北海市铁山港区司法局兴港司法所
所　长：缺
北海市铁山港区财政局（国有资产监管和金融工作局）
局　长：张祖钊
副局长：杜　贵
　　　　刘兴群（女）
区国有资产监管和金融工作局
局　长：张祖钊
北海市铁山港人力资源和社会保障局
局　长：陈凯华
副局长：陆柏桦
北海市铁山港区自然资源局（林业局）
局　长：缺
副局长：郑国忠
　　　　顾传国
　　　　谌春梅（女，2020年12月任）
区林业局
局　长：顾传国
北海市铁山港区住房和城乡建设局（人民防空和海防工作办公室）
局　长：陈绪贤
副局长：叶　龙
　　　　李子忠
区人民防空和海防工作办公室
主　任：陈绪贤
北海市铁山港区交通运输局
局　长：陈家瑶
副局长：黄　聪
　　　　王　鹏（2020年1月挂职）
北海市铁山港区农业农村和水利局
局　长：黄家琳
副局长：张正勇
　　　　刘大庆
　　　　郑韵桦（女）
北海市铁山港区文体广电旅游局
局　长：陈传栋（女）
副局长：邓有亮（2020年6月免）
北海市铁山港区卫生健康局
局　长：钟羚玮（女）
副局长：卢小莲（女）
　　　　李　锋

北海市铁山港区退役军人事务局

局　长：甘绍强
副局长：廖元景

北海市铁山港区应急管理局

党委书记：范绍松（2020 年 10 月任）
局　长：叶晓龙
副局长：甘锡坤（2020 年 10 月任区应急管理局党委委员）
　　　　徐纯德（2020 年 12 月免）

北海市铁山港区审计局

局　长：莫深伟
副局长：隋文勃

北海市铁山港区医疗保障局

局　长：叶晓文（2020 年 6 月任）
副局长：朱剑华（2020 年 11 月任）

北海市铁山港区统计局

党组书记：梁旺有
局　长：蔡小英（女）
副局长：宁万东

北海市铁山港区扶贫开发和水库移民局

局　长：刘忠华
副局长：谢　军
　　　　陈家宁（2020 年 1 月挂任结束）

北海市铁山港区综合行政执法局

局　长：杨　杏
副局长：黄海强（2020 年 6 月免）
　　　　伍学锟
　　　　戴全刚（2020 年 12 月任）

北海市铁山港区海洋局

局　长：韩有才
副局长：叶瑞山

法院、检察院

北海市铁山港区人民法院

院长、党组书记：孟繁刚
分管日常工作副院长：
　　邹　雪（女）
党组副书记：邹　雪（女）
副院长：黄海宁

北海市铁山港区人民检察院

检察长、党组书记：于　海
分管日常工作副检察长：
　　卿钟月
党组副书记：卿钟月
副检察长：邝永博（2020 年 3 月免）
　　　　　张伯强

群众团体

北海市铁山港区总工会

主　席：李　静（女，兼任）
常务副主席：
　　梁毅峰（2020 年 12 月提名）
专职副主席：
　　陈梅娟（女，2020 年 12 月提名）

共青团北海市铁山港区委员会

书　记：聂文龙
副书记：班玉玲（女）

北海市铁山港区妇女联合会

主　席：陈丽艳（女）
副主席：莫瑗瑜（女）
　　　　卢小莲（女，兼任）

北海市铁山港区残疾人联合会

理事长：庞　明
副理事长：庞海峰

北海市铁山港区社会科学界联合会

主　席：陈传栋（女，2020 年 12 月免）
专职副主席：欧作合

北海市铁山港区科学技术协会

主　席：黄晓平
副主席：蔡风华（2020 年 5 月任）

北海市铁山港区工商业联合会

主　席：邓明仪
常务副主席：谢余红
副主席：陈俊良
　　　　杨有强
　　　　李乃志
　　　　黄　平
　　　　吴其军
　　　　陈国庆
　　　　李胜远
秘书长：陈俊良
党组书记：谢余红

北海市铁山港区计划生育协会

会　长：李玉婷（女）
常务副会长：刘汉明
专职副会长：缺
副会长：赖满棠
　　　　钟羚玮（女）
　　　　钟　毅
　　　　郑开伦
　　　　李　静（女）

北海市铁山港区副科级以上事业单位（含参公单位）

北海市铁山港区档案馆

馆　长：缺
副馆长：陈宏宇（兼任，负责全面工作）

中共北海市铁山港区委党史研究室（北海市铁山港区地方志编纂委员会办公室）[原中共北海市铁山港区委党史办公室（北海市铁山港区地方志编纂委员会办公室），2020 年 2 月更名]

主　任：周　芳（女，2020 年 5 月任）
副主任：缺

北海市铁山港区党员教育中心(原北海市铁山港区党员干部现代远程教育管理办公室,2020年2月更名)

主　任:陈宏宇(2020年5月任)

北海市铁山港区投资促进中心

主　任:叶培高(2020年6月任)

副主任:缺

北海市铁山港区人民政府土地房屋征收中心

主　任:叶大柱(2020年6月任)

副主任:金仁海(2020年6月任)
　　谢元芹(女,2020年6月任)

北海市铁山港区机关后勤服务中心(机关事务管理局)

主　任:林　洪

副主任:卢栋宏
　　刘奕波(女)
　　劳振才

北海市铁山港区政府采购中心

主　任:刘小文

北海市铁山港区自然资源信息中心

主　任:缺

副主任:郑国忠(2020年6月兼,主持全面工作)

北海市铁山港区国库支付中心

主　任:宁振辉

北海市铁山港区统计普查中心(区统计数据管理中心)

主　任:李冰梅(女)

北海市铁山港区城乡居民最低生活保障服务所

所　长:劳宗信

北海市铁山港区公共就业服务中心

主　任:陈家兴(2020年6月任)

北海市铁山港区水库移民工作服务中心

主　任:官锡林

北海市铁山港区综合行政执法大队

大队长:缺

教导员:陈和昌

副大队长:
　　戴全刚(2020年12月免)
　　伍学锟
　　陈恩良(2020年1月任)

北海市铁山港区海洋与渔业综合执法大队

大队长:殷　俊

教导员:罗现欢

副大队长:吴智超

北海市铁山港区纪检监察信息中心

主　任:陈云开

北海市铁山港区公务员和引进人才服务中心

主　任:缺

北海市铁山港区机构编制研究中心

主　任:庞兴云(女)

北海市铁山港区政务服务中心(政务管理办公室)

主　任:郑珍庭(女)

副主任:陈远会(2020年12月免)
　　林春年(女,2020年12月任)

北海市铁山港区信息中心

主　任:邓昭文

北海市铁山港区民兵训练基地

主　任:缺

北海市铁山港区优化营商环境服务中心(2020年7月成立)

主　任:缺

北海市铁山港区学生资助管理中心

主　任:李　海

北海市铁山港区教育教学研究室

主　任:沈　胜

北海市铁山港区综合福利院

院　长:李周存

北海市铁山港区社会保险经办中心

主　任:陈远会(2020年12月任)

副主任:黄　虎(2020年9月免)
　　叶春华
　　赖崇海(2020年1月任)

北海市铁山港区市容市政管理中心

主　任:陈剑平

副主任:梁　越
　　李腾远

北海市铁山港区综合行政执法保障中心

主　任:蔡　坚

北海市铁山港区公路发展服务中心

主　任:黄艳耀(女,2020年6月任)

北海市铁山港区道路运输服务和信息中心

主　任:邹贞役(2020年6月任)

北海市铁山港区水路发展服务中心

主　任:邓　符(2020年6月任)

北海市铁山港区医疗保障服务中心(2020年6月成立)

主　任:黄　虎(2020年9月任)

北海市铁山港区疾病预防控制中心

主　任:缺

北海市铁山港区人民医院(南康镇中心卫生院)

院　长:叶长城
党支部书记:傅镜益
副院长:陈运娇(女)
　　　　王锋其
　　　　谢庆辉(2020年6月任)

北海市铁山港区妇幼保健院

院　长:邓彰恂

区辖三镇

南康镇

党委

书　记:杨晓峰(2020年12月免)
　　　　朱　超(2020年12月任)
副书记:劳庆蓉(女)
　　　　廖云龙
　　　　王广军(挂职)
委　员:金寿清
　　　　吴少锋
　　　　陈升安
　　　　刘仕发
　　　　龙　腾(2020年5月免)
　　　　庞家伟(2020年12月任)

政府

镇　长:劳庆蓉(女)
副镇长:吴少锋
　　　　刘仕发
　　　　张家敏
　　　　龙　腾(2020年12月免)
　　　　庞家伟(2020年12月任)

人大主席团

主　席:廖云龙
副主席:许世登

营盘镇

党委

书　记:张　良
副书记:朱　超(2020年12月免)
　　　　国先涛(2020年12月任)
　　　　王昌富
　　　　金远先(挂职)
委　员:郑光强
　　　　郑　斌
　　　　许　强
　　　　廖英萍(女)
　　　　石子升(2020年4月任)
　　　　林炳娟(女,2020年5月任)

政府

镇　长:朱　超(2020年12月免)
　　　　国先涛(2020年12月任)
副镇长:郑光强
　　　　郑　斌
　　　　许　强
　　　　石子升

人大主席团

主　席:王昌富
副主席:冯英财(2020年12月免)
　　　　蔡　映(女,2020年12月任)

兴港镇

党委

书　记:余军远
副书记:刘远航
　　　　钟　毅
　　　　杨永义(挂职)
委　员:黄家明
　　　　林昌海
　　　　张洪宾
　　　　张宗泉
　　　　劳传强
　　　　李万安(2020年5月任)

政府

镇　长:刘远航
副镇长:黄家明
　　　　程龙洋
　　　　张宗泉
　　　　劳传强

人大主席团

主　席:钟　毅
副主席:庞远初

(区委组织部供)

中国共产党北海市铁山港区委员会

区委综述

【区委概况】 2020年，中国共产党北海市铁山港区委员会（简称区委）高举习近平新时代中国特色社会主义思想伟大旗帜，贯彻落实中共十九届五中全会和习近平考察广西及北海重要讲话精神，全面落实中央、自治区经济工作会议以及自治区党委十届九次全会、市委十一届十一次全会决策部署，回顾总结区委五届五次全会以来的工作，部署全年工作，坚守初心使命，坚定理想信念，践行党的宗旨，带领全区干部群众建设现代化工业强区。年内，因疫情影响，铁山港区地区生产总值比上年下降6.2%，明显好于预期；规模以上工业总产值比上年增长7%，固定资产投资增长117.17%，增速排北海市第一位、自治区第三位；财政收入32.45亿元；税收收入82.36亿元，占北海市税收的52.45%；农村居民人均可支配收入比上年增长8.6%，城镇居民人均可支配收入增长4.3%。

【工业集群发展】 2020年，区委推行疫情期间线上“不见面招商”，保持对重大项目不间断对接。推动招商引资“三个转变”（由粗放招商向产业招商转变、由政府主导招商向市场化招商转变、由传统招商向县乡“共建园区”招商转变），全年签约项目24个，项目投资总额4182亿元。重点推进产业项目54个，其中“双百双新”项目19个。“双百双新”项目推进工作位列广西第一位。在征地搬迁工作一线建立临时党支部，推行“一二三四五”工作法，完成征地清场673.73公顷。信义玻璃一期项目6条生产线全部建成投产，凯洋生物、鱼峰水泥、川化钾肥等项目点火试产。中石化扩能结构化改造项目、太阳纸业项目顺利推进。进港铁路专用线建成通车，打通海铁联运“最后一公里”。铁山港区航道三期、港务公司片区污水管网工程完成建设。铁山港临港新材料产业园、北部湾表面处理中心产业园正式开园投运，临港大工业集群发展态势良好。

【产城融合】 2020年，区委深入实施南珠新城建设大会战，推进“七个一”工程建设。铁山港区实验学校、铁山港区（临海）工业区人民医院（一期）建成投入使用。向海大道、北海—南康（福成—南康段）公路改造工程建成通车。区行政中心住宅小区开工建设，行政中心片区路网工程、污水处理厂、文体中心、疾控中心、中医医院等项目有序推进。南康镇荣获2017—2019周期国家卫生乡镇。完成13条背街小巷改造工程。兴港镇、南康镇上榜中国西部百强镇，分别位列第10位和第38位。

【营商环境】 2020年，区委持续深化“放管服”改革，审批流程更优化。推行“三三三”（简单事项“即日办结”比例达到30%，一般事项3个工作日内完成的比例达到30%，其他事项限定在法定时限的30%内办结）改革，全区177项行政许可事项提速率达78%。全面推进数字政务一体化平台建设，网上可办率达100%。深入推进“最多跑一次”改革，践行“三个零”（零门槛、零拖延、零距离）服务理念，建立服务项目“五个一”（实行月例会制度、建立部门帮办服务联络员制度、建立综合咨询服务机制、建立并联审批机制、建立全程跟踪帮办机制）工作机制，优化服务效能。落实减费降税政策，支持民营企业改革发展，和源石化、新鑫能源分别上榜“2020 广西民营企业 100 强”和“2020 广西民营企业制造业 100 强”；渤海农业除入列以上 2 个榜单外，还进入“2020 广西民营企业纳税 10 强”榜。全区在优化营商环境综合排名中位居广西县（市）区第三位，被评为广西民营经济示范区。

【生态建设】 2020 年，区委坚决打好蓝天、碧水、净土三大污染防治攻坚战。环境空气质量优良率达 99.4%。落实河长制工作，南康江排筏河段综合治理项目扎实推进。滨江生活小区、港务片区、信义玻璃片区污水管网及工业园区污水处理厂提标改造升级项目建成投用。完成 9 个入海排污口整改，海域水质环境功能区达标率 100%。推进工业区环境整治和扬尘治理，实施绿化种植、建筑垃圾清运、围墙建设等 8 个项目。完成兴港镇南乐社区垃圾分类示范点建设，城镇生活垃圾无害化收运处理率达 100%。推进中央环保督察“回头看”及固体废物环境问题专项督察反馈问题整改，完成冶炼废渣全面处置消纳，并通过自治区核查验收。高岭土、砂石等矿产资源“不敢盗”态势进一步巩固。

【社会事务】 2020 年，铁山港区民生事业支出 10.08 亿元，占一般公共预算支出的 84.04%。44 所义务教育学校“20 条底线”达标需求建设项目交付使用。铁山港区被列入紧密型医共体国家试点县区。区人民医院 PCR 实验室建成投用。区中医医院、区疾控中心、区人民医院发热门诊及公共卫生服务楼、区妇幼保健院异地搬迁等项目有序推进。新建村级公共服务中心 6 个，实现全区公共文化服务体系全覆盖。文体事业繁荣发展，推出《最美逆行者》《同舟共济，战“疫”必胜》等抗疫文艺作品，提振抗疫士气。《大棚撑起脱贫伞》荣获自治区“决胜小康奋斗有我”基层群众文艺会演舞蹈类三等奖。实施“智慧广电”工程，完成 7 个行政村联网任务。推进“基层党建 + 农村警务 +N”，社会综合治理效率不断提高。抓好新冠肺炎疫情防控工作，采取“片区 + 部门 + 医疗 + 公安”模式，严格重点区域、重点人员管控，有力保持“零疫情”的局面。推进安全生产专项整治三年行动。加强食品、药品监管，实现全年食品、药品安全“零事故”。扫黑除恶斗争成效大幅上升。铁山港区被评为全国信访工作“三无”县区。

【从严治党】 2020 年，区委推进“两学一做”和“不忘初心、牢记使命”主题教育常态化、制度化建设。全年召开 12 次区委常委会会议、4 次理论中心组专题学习会。开展解决老百姓“操心事、烦心事、揪心事”行动，建设“解忧仓库”和社区“解忧超市”，推动“三事通解”。坚持对标对表、集思广益，科学谋划发展蓝图，提出“十四五”规划建议。实现区、镇、村三级“联述联评联考”全覆盖。深入开展“书记点题谈”活动。设立 275 个自然村党支部，实现 379 个自然村全覆盖。排查整顿软弱涣散（后进）村党组织 5 个，20 个村级党组织获自治区评星定级。创新设立“人才编制池”，落实关心关爱干部人才系列措施，引进人才数比上年增长 300%。在疫情防控、招商引资、征地搬迁等一线选树担当作为干部 94 人。全面落实意识形态工作责任制，健全监督意识形态督查制度和互联网舆情处置机制。深化政治巡察，实现本届区委巡察全覆盖。运用监督执纪“四种形态”处理党员干部 201 人次。加强廉政文化教育阵地建设，铁山港区清帆廉政文化园建成开园。持之以恒正风肃纪，一体推进不敢腐、不能腐、不想腐，形式主义、官僚主义问题得到有效遏制。发挥村级纪检监督员队伍和基层廉洁监督员作用，全面从严治党向基层延伸拓展。

区委重大决策和工作部署

【“不忘初心、牢记使命”主题教育】 2020年，区委落实中共中央、自治区党委和北海市委的统一部署，聚焦主题，一体推进四项重点措施，推动全区“不忘初心、牢记使命”主题教育，在理论学习、思想政治、干事创业、为民服务、清正廉洁5个方面均交出合格答卷。《北海日报》以专版形式综合刊发铁山港区开展主题教育的方式方法和成效，全区以超常“加速度”推进川化硫酸钾项目的方式方法被选树为北海市委开展主题教育的16个典型之一。全区主题教育总体好评率99%。党员干部践行对党忠诚、“两个维护”更坚决，履职尽责担当意识更加坚定，宗旨意识和为民情怀进一步强化，清正廉洁意识进一步增强。各级党组织和广大党员干部加强政治建设，改进作风，抓好整改落实，推进招商引资、征地搬迁、新城建设、优化营商环境、脱贫攻坚等各项重点工作，认真做好主题教育“后半篇文章”，以永远在路上的恒心韧劲推动“守初心、担使命”不停步，为推动全年高质量发展起好步、开好局。

【“双创”工作】 2020年，铁山港区召开2020年北海市“双创”（创建全国文明城市、创建国家卫生城市）铁山港区冲刺动员大会，研究部署全区“双创”工作任务。全区各级各部门以“创城”为契机，全面提升和改善城区形象、功能和品质，增强居民获得感和幸福感。强化措施，精准发力，统筹推进“双创”工作纵深发展。年内，全区以背街小巷提升改造为抓手，集中攻坚、消除公共基础设施薄弱的“硬伤”；以创城“十大攻坚”行动为抓手，集中整治、巩固成效，突出常态长效；以培育社会主义核心价值观为抓手，从最基本的公民道德抓起，弘扬文明行为，强化文明养成，建立“不文明行为曝光台”，推动群众素质提升，整体改变居民文明素质不高的问题；以巩固完善宣传阵地为抓手，打造“双创”宣传亮点，树立“双创”宣传典型，带动全社会营造“双创”行动人人参与的宣传氛围。

2020年5月6日，2020年北海市创建全国文明城市、国家卫生城市铁山港区冲刺动员会在区政务服务综合楼五楼会议室召开　邓符　摄

【乡村振兴和脱贫攻坚】

乡村振兴　2020年，区委大力培育特色农业产业，创建蔬菜产业等8个示范园区，累计创建各级示范园区45个。铁山港区金鲳鱼养殖示范区获广西特色农产品优势区认定；北海市乃志海洋科技有限公司所属养殖场获国家级水产健康养殖示范场称号；“万亩深海养殖基地”和营盘对虾产业核心示范区建设扎实推进。完成南珠珍珠贝插核1257万贝。实施农村“三改”（改厕改厨改圈）和“三清三拆”（清理村庄垃圾、清理乱堆乱放、清理池塘沟渠、拆除乱搭乱盖、拆除广告招牌、拆除废弃建筑），乡村风貌和人居环境持续改善，南康镇秋风塘村荣获全国文明村称号。全区村级集体经济收入突破500万元。乡村旅游发展提速，完成3个乡土特色示范村建设。珠乡旅游休闲山庄被评定为二星级农家乐，大王岭、九曲、周龙3个设施完善型村庄建设基本完成。

2020 年 3 月 9 日，区委副书记李玉婷（前排左一）到营盘镇彬塘村调研村集体经济项目　　区委办　供

脱贫攻坚　2020 年，区委打好脱贫攻坚战“四大战役”“两不愁三保障”问题全面解决，义务教育巩固率达到 93.24%。实现建档立卡贫困人口医保、定点医疗机构“一站式”直接结算功能全覆盖。完成戴屋村等 7 条自然村饮水提升工程建设。开展贫困人口住危房专项整治，实现贫困户住房安全有保障目标。深入实施产业扶贫，打造“临港工业就业”“万亩海洋产业”“特色果蔬创业”三个平台，促进贫困劳动力稳定就业。全区“5+2”特色产业覆盖率达 97.62%，贫困村“3+1”特色产业平均覆盖率超 90%。持续巩固边缘户和脱贫监测户，全年完成 97 户 329 人减贫任务，以超过国家现行脱贫标准 25% 实现贫困户全部脱贫，深度贫困村南康镇黄丽窝村脱贫摘帽，脱贫攻坚战取得决定性胜利。

区委重要会议

【铁山港区“不忘初心、牢记使命”主题教育总结大会】　2020 年 1 月 21 日在南珠会堂召开。会议深入学习贯彻中共中央总书记习近平在中央“不忘初心、牢记使命”主题教育总结大会上的重要讲话精神，落实中央、自治区及北海市主题教育总结大会精神，总结铁山港区主题教育工作，持续推动全区各级党组织和广大党员干部不忘初心、牢记使命。会议强调，全区要深入学习贯彻中共中央和自治区党委关于持续推动“不忘初心、牢记使命”的部署，从思想上对标对表中央政治局“六个方面要求”，从政治上用好主题教育“六条成功经验”，从行动上不折不扣落实“不忘初心、牢记使命”“六个必须”，切实把“不忘初心、牢记使命”作为加强党的建设的永恒课题和全体党员干部的终身课题常抓不懈。

【铁山港区决战脱贫攻坚大会】　2020 年 3 月 21 日在南珠会堂召开。会议吹响决战决胜脱贫攻坚号角，集结最强兵力、鼓足最大干劲、以最硬的作风凝心聚力打赢脱贫攻坚战。会议要求全区重点围绕“5+2”和“3+1”特色优势产业，持续发展壮大村集体经济，因地制宜大力发展农产品加工、休闲农业和乡村旅游，延长产业链，促进农村一、二、三产业融合发展。重点谋划现代农业产业发展规划，积极培育壮大农业龙头企业、农民专业合作社、家庭农场等新型农业经营主体，推动新型农业经营主体与贫困户建立稳定、紧密、互利的利益联结机制，带动贫困户在全产业链发展中增收致富。

【区委五届五次全会】　2020 年 3 月 25 日在区政务服务综合楼五楼会议室召开。全会动员全区党员干部群众担当新使命，展现新作为，全力谋划打造四大千亿级临港产业集群。会议明确铁山港区 2020 年经济发展的预期目标：实现地区生产总值比上年增长 8%，财政收入剔除不可比因素增长 5%，规模以上工业总产值增长 13%，固定资产投资增长 120%

2020年3月25日，中国共产党北海市铁山港区第五届委员会第五次全体会议在区政务服务综合楼五楼会议室召开　　邓符　摄

以上，城镇居民可支配收入增长7%，农村居民人均可支配收入增长7%。

【党的建设工作会议】 2020年5月6日在区政务服务综合楼五楼会议室召开。会议总结2019年组织、宣传、统战工作，部署2020年组织、宣传、统战工作。会议强调，全区组织、宣传、统战系统要紧紧围绕改革发展稳定大局，结合区委“四三二一”（打造“四大千亿元产业”、实施“三大会战”、围绕“两条主线”、突出“一个重点”）重点工作思路，坚持更高标准、突出更严要求、谋求更大进展。要突出担当作为、强基固本，增强组织工作的凝聚力、战斗力；要突出守正创新、提神鼓劲，增强宣传思想工作的说服力、引领力；要突出凝心聚力、同频共振，增强统一战线工作的亲和力、感召力，全面提升新时代党的建设工作质量，努力开创全区党建工作新局面。

【中央脱贫攻坚专项巡视“回头看”和国家脱贫攻坚成效考核反馈广西意见北海市铁山港区整改工作部署会暨脱贫攻坚推进会】 2020年4月30日在区政务服务综合楼五楼会议室召开。会议指出：2020年是全面建成小康社会目标实现之年，也是决战决胜脱贫攻坚的收官之年，更是党中央向全国人民和全世界做出庄严承诺兑现之年。全区各级各部门要充分认识抓好整改工作的重要性、紧迫性、严肃性，把整改工作作为必须履行的重大政治责任和必须落实的重大政治任务，以高度负责的工作态度和严实的工作作风，抓实抓好整改落实，做到问题不解决不松手、整改不到位不交账、验收不过关不收兵。

【2020年北海市“双创”工作铁山港区冲刺动员大会】 2020年5月6日在区政务服务综合楼五楼会议室召开。会议传达2020年北海市“双创”工作冲刺动员大会精神，通报2019年北海市创建全国文明城市铁山港区创建工作情况，深入分析、研究部署2020年铁山港区“创城”工作面临的形势和工作任务。会上，区辖3镇和区卫健局、区住建局、区教育局、区文体广电旅游局、区市场监管局、区交通运输局、区综合行政执法局等10个“创城”责任单位递交“创城”工作责任书。

【2020年脱贫攻坚冲刺大会】 2020年10月16日在南珠会堂召开。会议强调，全区各级各部门要提高政治站位，强化责任落实，“一把手”要严格落实脱贫攻坚第一责任人责任，坚持深入一线、干在一线，主动谋划、亲自推动脱贫工作落实。要对照问题清单主动认领，举一反三、查漏补缺，采取有力举措切实抓好问题整改落实，集中精力打好突出问题歼灭战。全面明确目标，对照脱贫攻坚最新的验收标准开展自查，一村不落、一户不漏地排查梳理，抓紧做好“双认定”工作，完善好相关台账资料。全力抓好精准防贫，建立健全返贫预警干预和精准帮扶机制，以有力措施防止脱贫人口返贫，防止边缘人口致贫。要持续加强作风

建设,严肃纪律意识,坚决克服麻痹松懈、盲目乐观思想和消极应付、厌战畏难情绪,保持攻坚态势,以严的要求和实的作风推进脱贫攻坚任务落实,为脱贫攻坚战圆满收官提供有力保障,确保脱贫成果经得起历史和人民检验。（蔡德裕）

全面深化改革工作

【全面深化改革机构和工作概况】 2020年,中国共产党北海市铁山港区委员会全面深化改革委员会(简称区委深改委)是区委议事协调机构,下设办公室(简称区委深改办)在区委办。2020年,区委深改委召开全面深化改革委员会会议3次,扎扎实实做好改革工作落实、重点督察等工作,取得新的成绩。

【改革工作落实】 2020年,区委深改委高度重视全面深化改革工作,根据人员变动及领导分工及时调整区委深改委和各专项小组组成人员。全年共召开3次区委深改委会议,学习贯彻中央、自治区及北海市委深改委会议精神,审议改革文件7个,听取专项小组汇报医药卫生、农村体制、典型经验复制推广等改革进展情况,研究部署改革工作。年内,区委深改委制定重点改革任务和面上改革任务共103项并组织实施,出台改革方案33个。注重改革宣传,营造改革氛围。重点抓好4批改革典型经验复制推广工作,推出《铁山港区推行"基层党建＋农村警务＋N"农村综合治理模式》等改革典型经验4个。注重改革评估和调研工作,扎实开展中共十八届三中全会以来改革评估并形成评估报告,完成糖业高质量发展、土地流转、农田水利等多项调研任务,形成调研报告9篇。制订改革督察计划,将年度改革工作要点完成情况、督察整改情况纳入绩效考评范围,加强督察跟踪问效,强化考核评估,推动各项改革任务落地见效。

【重点督察】 2020年,铁山港区坚持问题导向、目标导向和效果导向,聚集重大改革事项、重要改革任务、重点改革方案,采取暗访式、点穴式、体验式等督察方法,动态跟踪督察改革落实及进展情况。组织开展改革督察"回头看",评估改革成效。全年组织开展专项督察4次,组织各责任单位开展自查2次,发现问题及时提出整改意见并督促抓好整改落实。根据自治区党委改革办《督察整改函》的要求,区委深改委高度重视,认真组织各有关单位采取强有力措施抓好自治区党委改革办督察整改工作,以强有力的督察工作形成倒逼压力,激发落实动力,促进改革举措落地生根、取得实效。

【重要会议】 2020年,区委书记、区委深改委主任余兴国主持召开3次全面深化改革委员会会议,集中学习中央、自治区党委和北海市委深改委会议精神,研究部署全区全面深化改革工作。

区委深改委第五次会议 5月29日,区委书记、区委深改委主任余兴国在区政务服务综合楼二楼会议室主持召开。会议集中学习中央深改

2020年5月29日,铁山港区委全面深化改革委员会第五次会议在区政务服务综合楼二楼会议室召开　　区委深改办　供

委第十二次、第十三次会议精神、自治区党委深改委第七次会议精神及北海市委深改委第三次会议精神。会议强调全区各部门、各单位要认真学习领会中央、自治区党委和北海市委关于改革工作的新部署、新要求，结合实际抓好贯彻落实。会议审议通过《中共十八届三中全会以来铁山港区重点领域改革评估报告》《中共北海市铁山港区委全面深化改革委员会2020年工作要点》《中共北海市铁山港区委全面深化改革委员会2020年督察计划》等文件。会议提出三方面要求：一要统筹抓好改革发展稳定各项工作。坚持新发展理念，扎实做好"六稳"工作，全面落实"六保"任务，常态化抓好疫情防控工作，努力克服新冠肺炎疫情带来的不利影响。二要切实加强对改革工作的组织领导。要提高改革的思想自觉、政治自觉、行动自觉，增强在危机中、在困境中、在挑战中进一步推进全面深化改革的紧迫感。三要全面增强新时代改革创新本领。要增强改革创新意识，善于用新的思路推动工作、用新的机制和办法解决问题。区委深改委全体成员出席会议，9个专项小组牵头单位负责人、区委深改办有关人员列席会议。

区委深改委第六次会议　9月30日，区委书记、区委深改委主任余兴国在区政务服务综合楼二楼会议室主持召开。会议传达学习中央深改委第十四次、第十五次会议和自治区党委深改委第八次、第九次会议精神，审议通过《北海市铁山港区法学会改革实施方案》，听取医药卫生体制改革进展情况、农村改革进展情况和落实自治区2020年第一批改革典型经验(优化营商环境)复制推广工作情况的汇报。会议对做好下一步全面深化改革工作提出三方面要求：一要全面落实中央、自治区党委、北海市委关于全面深化改革的各项部署要求，增强做好改革工作的使命感。二要突出工作重点，增强做好改革工作的紧迫感。三要凝聚改革合力，增强做好改革工作的责任感。会议要求各专项小组、牵头单位、责任单位要各司其职、各负其责，形成上下贯通、层层负责的主体责任链条，凝聚改革攻坚的强大合力。改革牵头部门要切实担负起改革方案制订出台和组织实施的主体责任，各专项小组要切实发挥审核把关和推动落实的牵头抓总作用，制订务实管用的改革方案，全面提高改革方案质量、切实增强改革实效。区委深改委全体成员出席会议，九个专项小组牵头单位负责人、区委深改办有关人员列席会议。

2020年9月30日，铁山港区委全面深化改革委员会第六次会议在区政务服务综合楼二楼会议室召开　区委深改办　供

区委深改委第七次会议　12月24日，区委书记、区委深改委主任余兴国在区政务服务综合楼二楼会议室主持召开。会议传达学习中央深改委第十六次会议精神、北海市2020年全面深化改革工作座谈会暨改革集成试点推进现场会精神。会议审议通过《关于加强新时代民营经济统战工作的实施方案》《北海市铁山港区招商引资接待工作管理暂行办法》《关于进一步加强和改进关心下一代工作的实施方案》3个改革文件。听取党的建设制度、生态文明体制改革2个专项小组汇报发言，其余7个专项小组做书面汇报。会议对做

2020 年 12 月 24 日，区委全面深化改革委员会第七次会议在区政务服务综合楼二楼会议室召开　　区委深改办　供

好下一步全面深化改革工作，提出三方面要求：要深刻认识“十四五”面临的新形势，切实增强改革创新的自觉性、主动性；要落实好主体责任，高质量完成全年各项改革任务；要对标对表中央、自治区党委和北海市委有关改革的部署，科学谋划好 2021 年及“十四五”时期的改革工作。区委深改委全体成员出席会议，九个专项小组牵头单位负责人、区委深改办有关人员列席会议。

（庞进凤）

组织工作

【组织工作概况】 2020 年，中国共产党北海市铁山港区委员会组织部（简称区委组织部）坚持以习近平新时代中国特色社会主义思想为指导，贯彻落实中共十九大及十九届二中、三中、四中、五中全会精神，深入谋划部署，全力推动落实基层党建、干部人才等各项工作取得新成效。

【党建工作】 2020 年，区委组织部以“不忘初心、牢记使命”为主题，以“三会一课”为载体组织党员学习，培训基层党员、干部 500 余人次；开展中共十九届五中全会精神轮训 3 期，共培训机关干部、工作队员等 750 多人次；开好民主生活会、组织生活会和民主评议党员，全区各级 38 个领导班子召开专题民主生活会，480 个党支部召开专题组织生活会，5880 名党员参与民主评议测评。建立疫情防控组织堡垒，打赢脱贫攻坚战。建立党员义务巡防队和党员先锋队等 86 支队伍 985 人，成为抗击疫情的中坚力量。切实发挥组织部门的职能作用，构建由区委、各党（工）委、基层党组织组成三级网格化管理模式。抓好党员发展管理工作，对全区发展党员工作进行统一部署，重点加强对农村、“两新”组织、高知识群体等领域、重点群体发展党员工作的指导，全年发展党员 66 名。培训入党积极分子 10 期 362 人，发展对象 8 期 179 人，着重提升政治觉悟和党的组织、纪律意识。全区处级党员领导干部、党委（党组、党工委）书记及机关单位领导班子全部建立党支部联系点，提升党支部联系点标准化、规范化。

【基层党组织建设】 2020 年，区委组织部在农村基层党组织中深入开展“星级化”管理。年内，全区共有 20 个党组织被评星定级；统筹推进全区基层党建工作，共排查整顿提升 5 个软弱涣散（后进）村党组织，每个村（社区）落实 2 名以上“一肩挑”人选，为换届时实现“一肩挑”做好准备。认真落实抓党建促脱贫攻坚六项措施要求，选派 117 名作风硬、能力强的机关干部担任脱贫攻坚（乡村振兴）工作队员，确保每个贫困村均有 5 名以上工作队员（含第一书记）驻村工作，共提拔 3 名优秀的驻村工作队员，职级晋升 4 名。全区获自治区级表彰优秀第一书记 1 名，获北海市表彰优秀第一书记和优秀工作队员 28 名，铁山港区通报表扬优秀工作队员 33 名。在全年脱贫攻坚“四合一”考核中，铁山港区扶贫开发组织保障专责小组在自治区22个同类县（区）中排第九名，在北海市辖区排第一名。结合扫黑除恶专项斗争，推行“基层党建+农村警务+N”综合治理，落实一村一警，打造两室一队（警务室、纠纷调解室、党员义务巡防队）。投入党组织服务群众专项经费450多万元，建设项目222个。扎实推进“百日攻坚”活动，非公企业党组织和社会组织党组织实现全覆盖。其中：单独组建党组织的非公企业109家，单独组建率为85.16%，比上年提高4.13%；单独组建党组织的社会组织33家，单独组建率70.21%，提高2.82%。新建“两新”党支部16个，提前并超额完成北海市下达的工作任务，“两新”组织党员总数增加74名。创新推行评星定级，广西新鑫能源党支部被评为自治区级党建示范点，信义玻璃党支部被评为市级“两新”党建示范点，申报渤海农业、兴邦保安、南海洋石英砂以及绿牧农民专业合作社党组织为北海市第四批“两新”组织党建示范点。制定《铁山港区深入开展“三有三送”活动推进“走企连心解困行动”工作方案》，组织12名区委常委走进新鑫能源、渤海农业等12家非公企业送党课、解难题。组织摄制的党员专题教育片《我是一个兵》荣获万众一心战胜疫情第五届中国梦青年影像盛典脱贫攻坚单位三等奖。

【村（社区）换届】 2020年，区委组织部会同区纪委、政法、民政等13个部门对区辖43个村（社区）1268名现任村（社区）干部、村级各类组织负责人和村民小组长开展资格联审“回头看”工作。按在职村（社区）干部职数1∶1.4比例确定后备干部人选358名，抓实村级换届后备力量队伍建设，确保换届时“选得出、干得好、留得下”。2月6日，全区村（社区）换届选举结束，经选举产生村（社区）干部310名，其中党、政一肩挑干部42名，充实基层干部队伍。

【村级集体经济发展】 2020年，区委组织部积极贯彻落实自治区发展壮大村级集体经济工作领导小组2020年第一次会议精神，全面落实《铁山港区发展壮大村级集体经济三年行动计划（2018年—2020年）》，紧扣推动“七篇文章”落实落地，抓住关键，找准突破口，从“五个激活”入手，大力推进质量变革、效率变革和动力变革，实现村级集体经济总量增长、质量提高、实力增强。统筹各级资金1232.5万元，推动南康镇扫管龙村大棚蔬菜种植、南康社区商铺装修等项目建设，做大做强村级集体经济。年内，全区村级集体经济收入共524.38万元，43个村（社区）全部达到6万元及以上，其中13个村（社区）收入超过10万元，5个村（社区）超过20万元，最高是南康镇黄丽窝村，收入68.27万元。积极推进村集体经济组织换证赋码工作，42个村（涉农社区）全部完成换证赋码，推动集体经济组织实体化。区委组织部印发《关于规范村级集体经济收益分配的指导意见》，联合区财政局等部门印发《关于加强财政扶贫资金支持村级集体经济项目管理和收益分配工作的通知》等文件，规范村级集体经济收益分配。组织力量对村（社区）集体经

2020年，南康镇秋风塘村集体经济项目美食街一角

区委组织部　供

济档案进行集中审核，规范档案管理。

【干部队伍建设】 2020年，区委组织部深入贯彻新时代党的干部工作方针政策，深入征地搬迁、脱贫攻坚、疫情防控一线开展蹲点调研51批，调研245人次，在基层一线和关键时刻考准考实干部，全年共提拔重用干部19人，其中三个一线提拔干部15人，树立起讲担当、看实干、重实绩的鲜明导向。印发《2020年北海市铁山港区干部教育培训工作要点》，各部门投入各类教育培训专项经费约340万元，开展各类培训148期，共培训干部5425人次，企业经营管理人员419人次，专业技术人员1501人次。强化干部激励关爱，推动干部担当作为，选树铁山港区担当作为干部51名并进行公示，拟定《铁山港区激励干部担当作为及奖励办法》和《铁山港区领导干部因病住院等慰问办法》，提振全区干部干事创业的精气神。不断加强对干部管理和监督，完成市委组织部反馈选人用人问题整改，严格执行干部人事方案预审制度，坚决防止带病提拔和超职数配备。组织全区市委管理干部规范填报《领导干部个人有关事项报告》，全年未收到个人事项报告错报和漏报情形。优化干部考核，督促全区所有区直部门单位及3个镇建立平时考核方案，激励广大干部履职尽责、争先创优。

【公务员和人才工作】 2020年，区委组织部为符合晋升条件的62名干部晋升职级，进一步激发广大干部干事创业热情。落实乡镇干部每月400元—450元的乡镇补贴，为乡镇发放高于区直部门同等次1.2倍绩效奖，有效解决基层留人难问题。摸清全区行政空编底数，做到应招尽招，加大对优秀年轻干部选拔力度。召开座谈会、征文比赛等活动，开展引进人才专项调研32人次，审核预发引进人才专项补贴62.4万元。面向国内外重点高校引进人才20名，定向选调生2名，落实"先挂后任""导师带徒""以干代培"等政策，人才数量稳步增加，人才规模不断壮大，为铁山港区高质量发展提供坚强的人才保证和智力支持。

（钟东强）

宣传工作

【宣传机构及工作概况】 2020年，中国共产党北海市铁山港区委员会宣传部（简称区委宣传部）是区委主管意识形态工作的职能部门，北海市铁山港区精神文明建设委员会办公室、中共北海市铁山港区委员会网络安全和信息化委员会办公室、铁山港区人民政府新闻办公室、北海市铁山港区新闻出版局在区委宣传部挂牌，北海市铁山港区社会科学界联合会与区委宣传部合署办公。年内，区委宣传部认真开展理论武装工作、理论宣讲创新、意识形态工作、新闻舆论宣传、中心主题宣传、城市形象宣传、宣传队伍能力提升等工作，取得好成绩。

【理论武装工作】 2020年，区委宣传部协助区委抓好抓实区

2020年6月30日，铁山港区委书记余兴国（正面中）主持北海市铁山港区委理论学习中心组2020年第四次集中学习会　劳文静　摄

委中心组学习，坚持集中学习与个人自学相结合，突出理论性、实践性和实效性，做到全面系统、及时跟进、联系实际。年内，区委开展中心组学习4次，每次自学和集中学习的时间均为3天。理论与实践研究取得新成效，铁山港区在《北海日报》发表理论文章1篇。坚持理论学习常态化，举办中共十九届五中全会精神和《中国共产党宣传条例》宣讲活动9场，开展"决胜全面小康·决战脱贫攻坚"暨深入学习《习近平谈治国理政》（第三卷）宣讲活动3场，将理论学习转换为促进发展的动力。组织全区80%的党员加入"学习强国"平台，利用"两微"平台发布"指尖微课堂"71期，使广大党员干部在理论学习中强素质、提能力。

【理论宣讲创新】 2020年，区委宣传部组织开展"决胜小康 奋斗有我"百姓宣讲活动4场，走进贫困村、社区、渔村、学校开展宣讲，融入"卖鸡调""莲花快板"等具有地方特色、群众喜闻乐见的素材，以"唱""谈"结合的形式歌颂脱贫攻坚，让党的扶贫政策进入寻常百姓家。树立百姓宣讲品牌，结合地区临海的特点，组建海上流动宣讲团，创新宣讲方式，唱响时代主旋律。邀请当地特色非物质文化遗产"卖鸡调"传承人走进新时代文明实践中心（站），开展文明实践活动10余场次，参与活动群众1000余人次。用好"同心广播"和征地搬迁"天翼喇叭"，实现农村党员群众搬迁户在家门口学习党的先进理论。

【意识形态工作】 2020年，区委宣传部认真落实责任制要求，切实加强党对意识形态工作的领导，把党管意识形态工作落到实处。区委主要领导亲自部署全区宣传思想文化工作和全区意识形态工作，明确要求意识形态工作落实"四同"（党的基层组织和生产行政组织同步建立、党务干部和生产行政干部同步配备、党建工作制度和生产管理制度同步制定、党建工作和生产经营工作同步考核）"四纳入"（纳入重要议事日程、纳入党建工作责任制、纳入领导班子目标管理、纳入党校培训内容）。成功处置舆情16条，做到及时分析研判，迅速核实处理，及时消除网民疑问。制订意识形态督查方案，将意识形态工作落实落细；开展意识形态工作专项巡查，强化整改落实，夯实意识形态宣传阵地。

【新闻舆论宣传】 2020年，区委宣传部坚持正面宣传与舆论引导并重，聚焦区委中心工作，主动做好脱贫攻坚、征地搬迁、新城建设、招商引资和优化营商环境等重点工作的宣传报道。接待各级记者采访30多批次，刊发稿件1000多篇，其中自治区级以上新闻报道200多篇，市级重点报道200多篇，刊发专版9期。发布微信推文1000多篇，微博文章1000多篇，"两微"影响力在全市政务新媒体中排名靠前。加强宣传引导，在中央、自治区和北海市新闻媒体刊发（播出）新闻198篇（条），在网络媒体平台推送疫情防控文章652篇，助力打赢新冠肺炎疫情防控阻击战。深入挖掘、宣传报道一批在疫情防控和复工复产中涌现出的先进典型。年内发布抗疫典型人物系列宣传报道20多篇；推荐2人参加全国新冠疫情防控最美志愿者评选活动。

【中心主题宣传】 2020年，区委宣传部围绕向海经济、脱贫攻坚等中心工作开展主题宣传，在中央电视台《新闻联播》栏目播出《广西北海铁山港进港铁路专用线今天通车》节目，在《广西日报》头版头条刊发《做好向海经济大文章——北海市铁山港区打造临港产业集群观察》，向海经济新闻宣传效果良好。扶贫宣传取得突破，在中央媒体刊发扶贫稿件80篇，其中传统媒体43篇；在自治区媒体刊发226篇，其中传统媒体190篇。中央、自治区级传统媒体上稿量在全市均排名第一位，在广西22个同类县区中排名第五位。

【城市形象宣传】 2020年，区委宣传部深入寻访、挖掘、宣传、推广铁山港区特色与文化标签的品牌和城市名片，精心策划出颇具感染力的新闻稿件和宣传视频，在各级媒体平台宣传铁山港区形象。在《广西日报》刊发《绘就美丽乡村新画卷——记全国文明村铁山港区南康镇秋风塘村》，在学习强国“全国学习平台”发表《广西北海铁山港区：又是一年珍珠收获季》，在抖音平台发表《记录·美景》系列视频等报道，充分传播铁山港区声音，讲好铁山港区故事。8月4日，人民日报社重庆分社社长王斌来一行5人到铁山港区调研采访。

【宣传队伍能力提升】 2020年，区委宣传部创新活化学习形式，激发队伍活力，组织宣传干部到基层开展意识形态和宣传思想工作调研，研究探索基层宣传文化系统建设管理的有效途径，推动基层宣传文化干部队伍提升“四力”（脚力、眼力、脑力、笔力）；组织全区50多名核心网评员、宣传文化系统干部参加意识形态工作能力提升培训班，进一步加强全区意识形态工作队伍建设，提高网评员的思想政治素质和业务水平。组织开展形式多样的宣传报道业务培训，邀请北海日报社总编办主任、新媒体中心负责人等到铁山港区，通过理论宣讲和现场互动相结合，为100多名干部上新闻宣传培训课。

（唐国辉　彭　鹏　劳文静）

统战工作

【统战工作概况】 2020年，中国共产党北海市铁山港区委员会统一战线工作部（简称区委统战部）开展卓有成效的统一战线工作，团结各民主党派、工商联、无党派人士围绕区委部署的各项工作不懈努力，在统战多个领域取得突出成绩。4月，北海市委统战部主要领导到铁山港区调研时，给予铁山港区统战工作“站位高、举措实、方法活、亮点多”的评价。中国共产党北海市铁山港区委员会台湾工作办公室、北海市铁山港区人民政府台湾事务办公室（简称区台办）、北海市铁山港区民族宗教侨务局（简称区民宗侨务局）在区委统战部挂牌。

2020年8月4日，人民日报社重庆分社记者到铁山港公用码头采访　劳文静　摄

【党外干部任用和统战成员培训】

党外干部任用　2020年，在铁山港区委高度重视下，1名党外科级干部被上级提拔担任为副处级领导职务，1名党外干部被提拔担任区政府部门正职。

统一战线成员教育培训　2020年，区委统战部组织党外代表人士开展学习中共十九届五中全会精神、中共中央新修订的《中国共产党统一战线工作条例》等会议、条例精神；组织统一战线成员积极参与广西统一战线网络学院学习；12月6日—12日，组织非公经济人士和党外代表人士到桂林电子科技大学开展教育培训学习。

【服务党委政府中心工作】

服务招商引资　2020年，区委统战部积极通过电话、微信、网络联络与拜访走访相结合等方式主动与广西区内外重要行业商协会保持密切沟通联系，一直与上年初考察铁山港区的浙江省政协原副主席、省企业联合会会长张蔚文保持密切联系，为促进几个重大项目在自治区主要领导见证下与北海签约做出努力。同时，区委统战部主要领导主动到自治区党委统战部、自治区农业农村厅、广西部分省级异地商会推介，主动到广东、浙江拜访潮州不锈钢行业协会、揭阳不锈钢行业商会、丰乐集团、安信控股、东姿集团、台州优口福生物科技有限公司等多家知名行业商协会和代表企业，助推“民企入桂”。具体联系和陪同市领导拜访广东省工商联副主席、佛山市工商联主席、新明珠集团董事长叶德林等一批大湾区知名企业家，助推“湾企入桂”。年内，区委统战部主动邀请海大集团、耀能新材、浙江庞度等19家意向投资企业来访。推动大王岭健康养生旅游综合开发项目于11月12日在“2020年中国（广西）大健康产业峰会”上签约。区委统战部牵线或第一时间接触推动引入签约计划投资638亿元项目一批。

2020年2月17日，区委统战部动员广西山东商会向铁山港区捐赠价值13.8万元的防疫物资。图为捐赠仪式现场　　区委统战部　供

服务征地搬迁　2020年，区委统战部鼓励和动员当地非公经济人士和各商会会员、党外人士、在外经商企业家积极参与或从外围助力政府做好征地搬迁工作。推动信义片区D区23.13公顷土地仅用3周时间基本完成项目征地清场协议签订，为自治区重点项目推进保障用地需求。

服务重点项目建设　2020年，区委统战部除充分发挥非公经济领导小组成员单位联动作用，服务好重点项目外，积极做好跟踪服务、协调推进上海陶昶新材、山东熙来淀粉等5个林纸配套重点项目。

参与脱贫攻坚　2020年，区委统战部认真开展万企帮万村、消费扶贫、“同心助学”、助力解忧超市等活动，以活动为载体，引导辖区非公企业及爱心人士参与脱贫攻坚工作。连续9年动员引导当地非公经济人士参与“同心助学”活动，累计帮助265名贫困家庭孩子圆了大学梦。9月18日，铁山港区举办2020年铁山港区“同心助学”捐赠仪式活动，北海市南海洋石英砂有限公司、北海市桂港石英砂有限公司等17家非公企业为当年考上高校的21名贫困学生捐赠助学金共6.3万元。

参与疫情防控　2020年，区委统战部组织动员全区统一战线各界人士参与捐献爱心，支持疫情防控阻击战活动，向疫情地区积极捐款捐物，向铁山港区捐献防疫款物价值38万元。

2020年9月18日，区委常委、统战部部长刘将远（第一排右二），区政协副主席、区工商联主席邓明仪（第一排右一）等领导参加2020年铁山港区“同心助学”捐赠仪式活动　　劳文静　摄

【民营经济领域统战工作】 2020年，区委统战部坚持抓项目和服务好现有企业并举，发挥统战优势，努力推动各方通过引入项目、壮大总量、形成链条、打造产业推进铁山港区民营经济发展。4月，铁山港区获评为广西首批民营经济示范区。5月，《铁山港区突出“五抓”发展壮大非公经济工作》的工作经验在人民网长篇刊登。

服务非公经济 2020年，区委统战部建立完善结对联系服务企业工作的机制，实行领导结对帮扶、部门对应落实的结对联动机制，以活动为载体，主动服务非公企业。全年主要组织开展“走企连心解困”行动、“春季走访非公企业”活动、解决民营企业突出问题攻坚年活动以及政银企对接主题活动等，以各种形式服务企业、服务项目，为企业、项目解决各种问题170多个，实现促进非公经济发展制度化，服务非公经济发展常态化。

指导基层商会 2020年，区委统战部以建设好广西民营经济示范区为契机，指导区工商联全力推动所属商会改革，推动铁山港区3个镇商会在北海市一县三区中率先完成依法登记注册工作。

【港澳台工作】 2020年，区委统战部、区台办积极推动桂台产业合作北海示范区铁山港现代农渔业示范园建设工作，制定并印发《桂台产业合作北海示范区铁山港示范园2020年工作方案》，落实专人跟踪协调反馈桂台产业项目发展中遇到的困难问题。区委统战部、区台办主要领导主动联系到台州优口福生物科技有限公司考察，寻求帮助香港喜记蟹将军工厂化生态养蟹及海洋生态亲子体验项目解决扩大生产规模的问题。联合区农业农村部门推动山东椿丰公司33.33公顷特色蔬菜产业核心示范区建成。

2020年4月，区长龙起云(左一)在北海市政府小礼堂领取铁山港区获评广西壮族自治区民营经济示范县(市区)牌匾　　市非公办　供

【服务归侨侨眷】 2020年，区民宗侨务局积极热心服务归侨侨眷，认真解答归侨侨眷在侨务政策方面的问题。全年累计为“三侨”考生开具证明20人次。积极向上级申请落实华侨事业费31.81万元，帮助归侨侨眷安置点改善周边生活设施。以纪念《中华人民共和国归侨侨眷权益保护法》颁布实施30周年为契机，进一步厚植归侨子女爱国情怀，增强归侨侨眷的凝聚力，配合北海市委统战部于11月12日到兴港镇赤江小学开展“助侨生、暖侨心、护侨益”助学活动。

【民族宗教工作】 2020年，区委统战部实施宗教工作“三访三通”(走访宗教场所、走访民间信仰场所、走访信教群众，畅通乡村宗教信息渠道、畅通“三级网络”机制、畅通应急协作机制)工程，打牢群众基础；坚持以活动为载体，加强对宗教场所依法管理工作；开展以“战疫情、奔小康、奋进新时代”为主题的线上“三月三”系列活动，在全区铸牢中华民族共同体意识。年内，区委统战部将区教育局、南康镇、南康镇滨海社区、营盘镇中心小学培育为区级民族团结进步示范单位；推动区教育局、南康镇滨海社区培育为市级民族团结进步示范单位。

【新的社会阶层人士工作】2020年3月31日,区委统战部推动北海市新的社会阶层人士统战工作实践创新基地在铁山港区赤陶陶瓷工作室挂牌成立,进一步加强对新的社会阶层人士思想引领,发挥新联会会员在各领域模范带头和示范引领作用,为铁山港区经济社会发展凝聚力量。同时,区委统战部积极引导铁山港区党外知识分子联谊会、北海市新的社会阶层人士铁山港分会参与服务党委、政府中心工作,参与疫情防控和光彩事业活动,助力脱贫攻坚行动。（卢 娜）

老干部工作

【老干部工作概况】 中国共产党北海市铁山港区委员会老干部局(简称区委老干部局)在区委组织部挂牌。2020年,铁山港区有离休干部2人,退休干部968人,其中处级干部7人,科级干部115人,职级公务员及以下干部846人。年内,区委老干部局坚持以习近平新时代中国特色社会主义思想为指导,贯彻落实中共十九大和十九届二中、三中、四中、五中全会精神,坚持精准服务工作理念、求真务实作风,加强离退休干部政治、思想和组织建设,用心用情做好服务工作,引导离退休干部贡献余热。

【离退休干部党组织建设】2020年,区委老干部局继续落实自治区党委组织部、自治区党委老干部局、自治区财政厅《关于落实离退休干部党组织工作经费保障机制有关事项的通知》,强化离退休干部党组织建设工作保障,按100%比例返还退休党支部上交的党费,督促退休党支部所在的单位将其工作经费纳入预算并为支部书记发放300元每月的工作补贴。每年征订《中国火炬》《老年知音》等杂志及党报、党刊给离退休干部阅读,做到离退休干部学习活动内容充实、具体,富有实效。利用微信公众号、微信群、学习强国等平台为离退休干部提供政治理论学习资料,保证离退休干部及时了解党的理论、路线、方针、政策和国家大事。扎实开展离退休干部党性教育,组织40多名离退休干部开展“向黄文秀同志学习 贡献新时代老干部力量”观影活动,引导离退休干部永葆政治本色。举办学习贯彻中共十九届四中、五中全会精神培训班2期,培训“五老骨干”100多人次,坚持党建引领聚力融合共建推动关心下一代工作创新发展。

【关爱老干部】 2020年,区委老干部局坚持和落实领导干部联系老干部制度,落实离休干部生活补助每人每年1万元,退休干部生活补助标准每人每年6000元。在春节、中秋节、重阳节等节日走访慰问离退休干部,送去米、油等慰问品及慰问金。深入开展“登门入户解难题”活动,共走访离退休老干部100多人,为老干部办实事做好事解难事30多件。疫情期间成立工作组,主动为离休干部及南康镇10余名退休干部提供口罩、消毒酒精、一次性手套等防疫物品,并向全区老干部定时推送防疫信息,关心关爱老干部。

【老干部文化活动】 2020年,区委老干部局整合辖区单位资源,建立文化活动阵地,组建以离退休干部为骨干的社区舞蹈队、社区曲艺团、声乐团、狮龙队、太极操队等10多支老年活动队伍,保证广大老干部能够“学有场所、玩有项目、乐有舞台”,其中南康镇滨海社区离退休干部为班底组建的老干部活动队伍,获得北海市第三届“海丝秋韵”文化活动月趣味运动会一等奖、广场舞大赛三等奖。

【老干部余热贡献】 2020年,区委老干部局充分发挥老干部的经验和威望优势,引导老干部贡献余热,促进社会经济发展。协助开展铁山港区2020年发展壮大村级集体经济暨基层党建重点任务工作督查等工作,举办养羊技术、蔬菜种植技术等培训班3期,培训贫困户人员120多人次,提高贫困户脱贫致富的能力。利用电影“三进”活动在农村播映科技种养脱贫致富类科普短片10多场，受益群众500多人次，助力脱贫攻坚。动员“五老”参与社会调查、社区矫正、心理咨询、网吧巡查、矛盾调解等活动。年内，累计开展服务青少年健康成长活动50多场次，受益学生3000多人次。南康镇老体协党支部创作“卖鸡调”防控宣传，通过村村广播或流动宣传车的方式进行播放，引导10多万群众开展疫情群防群治。协助开展《红色传奇》进校园系列活动，引导和教育广大师生铭记红色历史、传承红色基因、追寻红色足迹、弘扬革命精神，受益师生达2万多人次。组织开展“老书记讲精品党课”活动、“腾飞中国·辉煌70年”爱国主义教育活动、“戏曲进校园”“为建设美丽北海添动能”等活动70多次，为推动铁山港区社会发展贡献余热。

（钟东强）

机关党建工作

【机关党建机构概况】 2020年，中国共产党北海市铁山港区直属机关工作委员会（简称区直属机关工委）管辖区税务局机关党委和区直属机关单位40个党（总）支部，共有党员558名。

【临时党组织设置】 2020年4月—5月，区直属机关工委相继成立铁山港区重点项目、重点片区征地搬迁工作指挥部相关工作组10个临时党支部，实现哪里有项目建设，哪里就有党组织，推动机关党建与征地搬迁工作深度融合，使每名党员都成为一面鲜红的旗帜，使每个支部都成为党旗高高飘扬的战斗堡垒；确保重点项目、重点片区征地搬迁一线中发挥党组织战斗堡垒作用和党员先锋模范作用，带动项目组成员创先争优，保证项目如期保质保量完成。区委常委、组织部部长沈志平，区委常委、办公室主任石姚斌，区直属机关工委书记黄家忠等领导深入临时党支部，了解征地搬迁一线党员干部的工作生活情况，为他们加油鼓劲，落实组织关怀。区直属机关工委严格把关，各临时党支部配优配强支部书记及班子成员，进一步加强党务队伍建设，增强工作力量。

【理想信念教育培训】 2020年12月15日—21日，为加强区直属机关基层党组织书记“不忘初心、牢记使命”理想信念及党性教育，使机关基层党组织书记深刻领悟中共十九届四中、五中全会精神以及习近平新时代中国特色社会主义思想，增强“四个意识”，提升政治思想觉悟及党建业务水平，适应新时代党的建设总要求，区直属机关工委到广西师范大学干部教育培训学院组织举办2020年铁山港区直属机关基层党组织书记“不忘初心、牢记使命”理想信念及党性教育培训班，有针对性地开展支部工作条例、机关基层组织工作条例等业务培训，增长业务知识，锻炼党性，提高机关党支部书记、党务骨干的凝聚力和感召力，加强理想信念及党性教育。

【党支部标准化规范化建设】 2020年，为进一步贯彻落实

2020年12月15日—21日，2020年北海市铁山港区直属机关基层党组织书记“不忘初心、牢记使命”理想信念及党性教育培训班在广西师范大学干部教育培训学院举办　　区直属机关工委　供

《中国共产党支部工作条例》《中国共产党党和国家机关基层组织工作条例》以及上级组织部门加强党支部标准化、规范化建设重点任务，区直属机关工委把机关党支部标准化、规范化建设工作纳入绩效考评。年初制定下发《区直属机关党支部标准化规范化建设检查考评工作方案》，分别于6月初和12月底组织开展2次检查考评，考评主要采取查资料和实地察看相结合的形式进行，对照机关党支部建设重点任务清单，重点检查各支部标准化、规范化建设工作资料和阵地建设情况，现场评估打分，并进行分数排名通报，触动力度前所未有。同时，为更加科学有效地开展考评工作，下半年制定了主题党日活动日常检查考评细则，要求各支部结合单位业务和区委、区政府的中心工作，每月组织谋划开展一次形式新颖、有意义的主题党日活动，每月将各基层党组织开展主题党日活动的情况做好核实统计，考量活动效果打分并及时公布，促进各支部"比、学、赶、超"。年内，各支部以服务项目、业务研讨、党性教育、扶贫济困、防疫捐款、学习榜样、慰问英雄等主题积极谋划开展党日活动，落实落细机关党建工作，有效解决"灯下黑"和"两张皮"问题；各支部共投入310多万元开展阵地建设，铁山港区清帆廉政文化园、各单位党员活动室等一批党建阵地落成，增加机关办公场所的红色素材，营造良好的党建氛围。

【党员发展和管理】 2020年，区直属机关工委对照党章党规，对照《广西发展党员工作手册》，严格按规定程序发展党员，重视在青年和业务骨干中发展党员，完善入党积极分子和发展对象报备制度、培训测试制度、材料预审制度等。年内，区直属机关工委审核入党积极分子备案18人，审批确定发展对象16人，审批接收预备党员11人，审批预备党员转正3人，进一步规范发展党员的程序和每个时间节点的具体工作要求。按标准做好党费收缴和管理，全年共收缴党费15.60万元；积极开展对困难党员、老党员慰问活动，慰问46人共发放慰问品3.70万元；认真做好党员组织关系清查和接转工作。

【疫情防控帮扶】 2020年，铁山港区广大机关党员积极作为、主动深入一线开展新冠肺炎疫情防控工作，基层党组织发动党员捐款捐物，凝聚力量，打赢新冠肺炎疫情的防控阻击战。年内，区直属机关工委组织机关党员自愿捐款4.02万元支持疫情防控。积极协助帮扶贫困户制订产业发展计划、申请疫情期间稳岗补助、落实产业奖补等事项，落实关心慰问等各项帮扶措施，撰写的宣传报道《真情帮扶助学解困》刊登在5月13日的《广西日报》第9版，《真情帮扶贫困学生》刊登在6月13日的《北海日报》第2版。

（谢文丽）

机构编制工作

【编制管理机构及工作概况】 中共北海市铁山港区委员会机构编制委员会办公室（简称区委编办）是区委工作机关，承担区委机构编制委员会日常工作；下辖北海市铁山港区机构编制研究中心。2020年，区委编办认真做好机构编制日常管理、机构改革、"放管服"改革、事业单位登记管理等工作。

【日常管理】 2020年，区委编办严格执行机构编制法规和政策，从紧从严控制机构编制，管住管好用活机构编制，不断提升机构编制资源使用效益。

出入编管理 年内，区委编办共办理人员入编手续193人（其中行政机关19人、群团3人、事业单位171人），销编232人（其中行政机关41人、群团1人、事业单位190人），销编人数比入编人数多39人。

人才编制池设立 年内，区委编办落实人才引进政策，印发《关于设立北海市铁山港区引进人才编制池的通知》，设立铁山港区引进人才编制池，安排全额事业编制15名（在铁山港区存量事业编制总量内调剂)作为专项事业编制,专门用于引进高层次人才和急需紧缺人才。区属事业单位确需引进高层次人才和急需紧缺人才,有空编的首先使用空编,没有空编的可以申请使用编制池的编制。对人才编制池编制使用实行动态管理,对引进的使用人才编制池编制的人才离开相关区属事业单位的,及时收回用于周转的人才编制池编制,当相关区属事业单位出现空编后,使用人才编制池编制的人员调整为使用该事业单位的编制,收回用于周转的人才编制池编制。

保障民生事业编制　年内,区委编办坚持以管住、管活、管好机构编制为出发点,坚持服务大局原则,对承担区委、区政府重点工作且人员严重不足的部门和单位,适当增加人员编制,将有限的编制资源向经济社会发展的重点领域、薄弱环节以及人民群众直接受益的方面倾斜,确保编制资源能够切实服务大局,用在改善民生的事业之上。将市级定向投放铁山港区的15名行政编制优先分配给区发改局、区住建局等重点项目实施和经济社会发展部门。根据2020年学校师生比对教育系统编制进行内部调整,将因学生减少而核减的11名全额拨款事业编制核定给新成立的铁山港区实验学校,增核铁山港区第五幼儿园教师、教职工编制控制数20名、核定区疾病预防控制中心事业编制30名。

【机构改革】 2020年,区委编办巩固发展机构改革成果,扎实做好铁山港区机构改革“后半篇文章”。

党政机构职能优化　年内,区委编办重新审核印发区委办、区人社局、区科商工信局、区民政局、区医疗保障局、区财政局6个部门“三定”规定;将区农业农村和水利局的渔业管理职责调整给区海洋局管理;根据《关于铁山港区人民政府工作部门设置调整等事项的通知》要求,划出区市场监督管理局,成立北海市铁山港区医疗保障局为区人民政府工作部门;对职责调整的部门共调整权责清单27项,将权责清单作为推进各部门履职尽责的重要抓手,避免权力越位、错位、缺位,为各部门职能运行监管工作提供基础支撑。

事业单位改革　年内,全区各部门行政编制一般为3个左右,因人员少,对应上级工作较难开展。为更好地保证相关部门履行职能,区委编办为区党政部门、人大机关、政协机关设置事业单位。年内,新成立铁山港区医疗保障服务中心、铁山港区优化营商环境服务中心、铁山港区疾病预防控制中心3个副科级财政全额拨款公益一类事业单位。重新审核全区参公事业单位职能设置,印发22个参公事业单位“三定”规定,进一步明确其职责。将没有分类的11个事业单位进行分类,完成事业单位分类改革工作。

乡镇行政体制改革　年内,区委编办对区辖各镇开展“一部五室执法队”改革运行情况调研,将各镇事业编制人员划转到各镇人事服务中心,完成乡镇“两个本子”(行政编制本、事业单位编制本)人员编制

2020年11月24日,区委编办领导到铁山港区实验学校调研学校教师编制情况　　区委编办　供

管理体制改革，构建简约高效的基层管理体制。

【“放管服”改革】 2020年，区委编办持续做好“放管服”改革，进一步优化营商环境。根据北海市审改办《关于公布优化行政审批项目流程结果的通知》，对区级行政许可事项审批办结时限进行优化，即压缩审批时限、精简申报材料，梳理列入容缺办理承诺制的事项、列入“最多跑一次”的审批项目目录。按要求对全区行政许可事项进行取消和调整1次，其中取消5项，调整27项，经取消调整后全区行政许可事项有158项。

【事业单位登记管理】 2020年，区委编办严格按照《事业单位登记管理暂行条例》《事业单位登记管理暂行条例实施细则》相关规定，做好事业单位登记管理相关工作。年内，区委编办办理事业单位设立登记7个，变更登记42个，注销1个。区委编办按要求做好事业单位法人年度报告公示工作，通知全区事业单位按照时间节点及相关要求完成2019年度事业单位法人报告公示工作。及时准确做好事业单位登记公告，将设立登记、变更登记、注销登记以及年报合格的事业单位登记管理信息在北海事业单位在线网站进行公告，实现登记管理工作信息的公开、透明，自觉接受社会的监督。 （范先铭）

督查绩效考评

【督查绩效考评概况】 2020年，中国共产党北海市铁山港区委员会北海市铁山港区人民政府督查绩效考评办公室（简称区委区政府督查绩效办）受委托管理北海市铁山港区绩效评估中心。年内，区委区政府督查绩效办认真做好督查督办、绩效考评管理等工作，取得好成绩。4月，区委区政府督查绩效办获自治区人民政府办公厅2019年度全区政府督查工作突出贡献奖；12月，区委区政府督查绩效办获中共广西壮族自治区委员会办公厅评为2018—2019年度全区党委督查工作先进单位。

【督查督办】 2020年，区委区政府督查绩效办围绕各级重大决策部署、重要会议、重要文件精神及有关领导重要批示的贯彻执行情况展开督办、落实和反馈工作，全年共组织开展督查130批次，其中完成上级党委领导批示交办督查事项3项，办理人民网网民留言4件，跟踪督办“互联网＋督查”平台、群众投诉举报问题线索等问题21条，督促一批老大难问题得到有效解决，推动全区“十三五”圆满收官和经济社会各项事业提质增效。聚焦上级关注开展重点督查，推进中央环保督察“回头看”及固体废物污染环境专项督察反馈问题整改并通过自治区核查验收。实现疫情防控零扩散、零感染、零死亡“三零”目标。聚焦重点中心工作开展全程督查，采取“四不两直”（不

2020年4月，区委区政府督查绩效办获自治区人民政府办公厅2019年度全区政府督查工作突出贡献奖　　区委区政府督查绩效办　供

2020年12月，区委区政府督查绩效办被中共广西壮族自治区委员会办公厅评为2018—2019年度全区党委督查工作先进单位

区委区政府督查绩效办　供

发通知、不打招呼、不听汇报、不用陪同接待，直奔基层、直插现场）工作法，在招商引资、项目建设、征地搬迁和落实“六稳”“六保”等精准发力开展督查督办，推动招商引资超千亿元、征地搬迁超万亩目标提前超额完成，实现固定资产投资增速、“双百双新”项目推进和营商环境优化等指标在广西名列前茅。聚焦脱贫攻坚开展跟进督查，紧盯“两不愁三保障”薄弱环节和未脱贫人口，推动打好“四大战役”固强补弱，深度贫困村南康镇黄丽窝村顺利脱贫摘帽，全区贫困人口清零，脱贫攻坚取得决定性胜利。聚焦民生建设开展跟踪督查，督促各级各部门兜牢兜实民生底线，全年民生支出10.08亿元，铁山港区实验学校、铁山港区（临海）工业区人民医院等一批惠民生项目建成投入使用。统筹督办开展解决老百姓“三事”行动，力推“三事通解”，全区共搭建解决“三事”平台7个，有效解决老百姓“三事”1699件。聚焦基层减负开展统筹督查，从精文简会、统筹规范督查检查考核等入手，大力破除形式主义为基层松绑减负。年内，全区纳入统计范畴的发文数176件、减幅20.72%，会议数26个、减幅7.14%，督查检查考核事项减少35.48%，基层“累点”“痛点”得到明显解决。

【绩效考评】

北海市绩效考评 2020年，北海市对市辖县区从职能目标、专项目标、创新目标和满意目标4个维度进行绩效考评，考评结果分为一等、二等、三等和不合格4个等次。区委区政府督查绩效办围绕高质量发展要求，坚持以结果为导向，创新绩效管理方式，精心组织推进各项指标高效完成。将上级考核指标量化细化分解压实为371项，实行指标进展完成情况“半月一报告一分析一预警”制度，运用工作群实时“微”“零”督导整改监管模式，推动各单位破解难题，确保目标任务达成。实施评价反馈意见立项管理，逐项解决销号，社会公众提出的11条意见如期整改到位。着力创先争优，全年共有42项工作创新项目分别获自治区和北海市加分，完成指标超额加分项目49项，工作创新加分再创新高。6月，铁山港区被确定为市辖县区2019年度绩效考评一等等次；2020年度铁山港区绩效考评综合得分961.10分，位居市辖县区第二名，连续6年进入全市绩效考评一等等次行列。

区本级绩效考评 2020年，铁山港区将上级下达的目标任务和区委、区政府重大决策部署及各镇各部门重点职能工作等纳入年度绩效目标管理，区委区政府督查绩效办牵头制订考评工作方案和编制指标体系及评分细则，采取目标考核、公众评议、领导评价和察访核验相结合的方式，对区辖3个镇实行各有侧重的差异化考评，对区直机关49个部门［含铁山港（临海）工业区管理委员会］按党政管理类、经济管理类、公共事务管理与执法监管类、党委群团及其他类和单独考核类实行分类考评，对区税务局、区消防救援大队2个驻区单位开展服务经济社会发展试点绩效评价，考评结果按相应比例划分为一等、二等、三等和不合

2020年12月18日，区委书记余兴国（正面中）主持召开2020年度铁山港区绩效考评年终冲刺会　　区委区政府督查绩效办　供

格4个等次。同时,铁山港区对党的建设、精神文明建设、平安铁山港建设和民族团结进步4个专项工作实行绩效考评奖励,分别由区委组织部、区委宣传部、区委政法委、区委统战部牵头组织实施,与年度综合绩效考评有机衔接,进一步激励干部担当实干、改革创新、奋勇争先。

【绩效考评结果运用】 2020年,铁山港区继续强化目标责任和创新争优,首次对扶贫成效考核实行"一票肯定"创新绩效管理机制。年内,区农业农村和水利局、区住建局2个专责小组牵头单位获"提档进位"一等等次;对承担自治区、北海市指标任务因主观原因被扣分的牵头单位和责任单位,予以5倍扣分;对在党风廉政建设、社会治安综合治理、安全生产、环境保护等方面出现严重问题被一票否决的,降低考评结果一个等次;对标杆指标超额完成获加分的,予以1倍—3倍加分;对经上级绩效部门考评审核获创新争优和表彰奖励加分的,予以5倍 8倍加分。注重考评结果的运用,把考评结果作为评价各级各部门及其领导班子和领导干部工作实绩、选人用人、廉洁自律、评先评优的重要依据,与行政奖励、行政问责、行政预算和绩效审计相挂钩,从实从严按考评等次兑现奖励。

(劳成兴　卢虹杏)

信访工作

【信访工作概况】 中国共产党北海市铁山港区委员会北海市铁山港区人民政府信访局(简称区信访局)下属有3个镇党委、镇政府设立的群众信访服务站。2020年,铁山港区信访形势总体持续向好。

【来信来访办理】 2020年,区信访局收到群众来信30件(含上级信访部门转交转办的信件),比上年减少9.09%。接待来访群众45批次370人次,比上年批次减少54.08%,人次减少21.11%。其中:集体访20批次310人次,比上年批次减少23.08%,人次减少8.01%。年内,自治区和北海市排查交办的2件信访积案全部实体性化解,化解率100%。按时完成中央交办的信访积案阶段性任务。

【来信来访类型】 2020年,铁山港区群众来信来访主要有七大类型:一是国土(林业)、渔洋渔业、农业水利问题。反映此类问题的来信来访占信访总量的30.40%。二是征地搬迁问题。反映此类问题的来信来访占信访总量的25.70%。三是民办代课教师问题。反映此类的来信来访占信访总量的6.20%。四是支前民工问题。反映此类问题的来信来访占信访总量的5.10%。五是企业职工社保问题。反映此类问题的来信来访占信访总量的8.30%。六是邻里纠纷问题。反映此类问题的来信来访占11.20%,较突出的是邻里宅基地争议问题。七是其他问题。反映此类问题的来信来访占13.10%。

【领导干部接访下访】 2020年,区委常委会讨论通过"凡超过19人的集体上访,区分管领导和有关职能部门主要领导必须到场接访"的决议,区信访局制订全国"两会"、广西"两会"、东盟"两会"等敏感时期区领导接访轮值制度,推进领导干部"四访一包"(定点接访、专题接访、重点约访、带案下访,领导包案),促进矛盾纠纷和信访问题的化解。年内,全区正科级以上领导干部接访下访群众150多批次700多人次,解决和化解信访问题71件。

(裴雪月)

党校工作

【党校工作概况】 中国共产党北海市委党校铁山港区分校(简称市委党校铁山港区分校)位于铁山港区三塘职业学校内,由区委组织部负责日常管理工作。2020年,市委党校铁山港区分校进一步落实《中国共产党党校工作条例》和自治区党委印发《关于贯彻落实〈中国共产党党校（行政学院）工作条例〉的若干措施》工作要求，围绕北海市和区委、区政府中心工作大局，依托北海市委党校开展特色办学，发挥教育主阵地的作用，为打造忠诚干净担当的高素质专业化干部队伍，加快推进打赢脱贫攻坚战、实现乡村振兴、全面建成小康社会的能力，巩固“不忘初心、牢记使命”主题教育成果，把中共十九大和十九届二中、三中、四中、五中全会精神落到实处，取得新的成绩。

【党校建设】 2020 年，市委党校铁山港区分校有电教室、多媒体教室各 1 间，建立铁山港（临海）工业区干部教育基地、塘仔村干部教育基地等 2 个现场教学培训基地。年内，五届区委常委会第 103 次会议审议通过《加强铁山港区党校建设的工作方案》，进一步落实区委主抓责任，加大党校建设经费投入和组织保障，改善党校基础设施建设，探索设立党校主体班次规划，加强党校制度建设，市委党校铁山港区分校建设迎来新起点。明确将乡镇党校打造为干部教育培训的新载体，计划在南康镇设立乡镇党校，使用南康镇政府综合楼作为南康镇党校培训基地。

【干部培训】 2020 年，市委党校铁山港区分校坚持“党校姓党、实事求是、质量立校、从严治校”的办学原则，以提高党员领导干部政治站位、履行政治责任、强化政治担当和提升服务发展大局能力素质为导向，着力为广大党员干部搭建更新知识、提升素质、增强能力的综合平台。年内，市委党校铁山港区分校充分发挥干部培训主渠道、主阵地作用，以中共十九大和十九届二中、三中、四中、五中全会精神为指导思想，以学习领会习近平新时代中国特色社会主义思想为主线，按照中央、自治区和北海市有关要求，结合铁山港区委、区政府中心工作开展，以理论宣传、党务知识、廉政教育、意识形态、脱贫攻坚、征地搬迁、乡村振兴、扫黑除恶、职业技能培训及其他业务知识培训为主要内容。邀请广西干部学院教授熊杰和北海市委党校教授赖文葵、张光辉以及市委组织部部分科室负责人等进行专题培训。组织开展中共十九届四中、五中全会精神学习宣讲培训，提高领导干部政治素养。区委组织部组织对区直单位和乡镇负责人事工作的党员干部进行干部人事业务培训，提高组工干部人事工作业务水平；区委宣传部组织全区各单位宣传代表开展宣传工作技能培训、区土地房屋征收办组织开展征地搬迁业务知识培训。同时组织对村（社区）干部、农村基层党员开展集体经济发展和农村党务工作专题培训。年内，市委党校铁山港区分校联合区委组织部主办或协助举办培训班 115 期，培训党员干部 3671 人次。

【特色教学】 2020 年，铁山港区坚持处级领导“上讲台”制度，坚持每人每年至少到市委党校铁山港区分校等干部教育培训机构讲一次课，区委书记余兴国带头给全区领导干部上专题党课和专题读书会、学习会。开展意识形态专题学习，加强全区党员领导干部的党性教育，提高政治站位、政治意识和政治责任感。年内，市委党校铁山港区分校与市委党校、区外高校及党校合作，组织科级干部、区直机关党务骨干、纪检监察干部、青年团干和妇联干部到广西南宁、桂林和广东深圳、湖南等地开展异地办班，结合工作实际和岗位特点对干部做分类培训，发挥党校阵地熔炉作用，切实提高党校教育的政治效益和社会效益。

（马　娴）

北海市铁山港区人民代表大会

人大综述

【人大机构及工作概况】 2020年，北海市铁山港区有各级人民代表大会4个，其中区人民代表大会1个，镇人民代表大会3个。北海市铁山港区第五届人民代表大会常务委员会（简称区五届人大常委会）组成人员24人。年内，区五届人大常委会共召开常委会会议7次、主任会议17次，开展执法检查、视察、调研、跟踪督办18次，听取专项工作报告、履职工作汇报23次。年内，全区共依法任免区本级国家机关工作人员22人次，其中任职16人，免职6人；补选市、区人大代表4名，其中市人大代表1名，区人大代表3名。年内，区五届人大代表提出的73件建议全部办理完毕；受理群众来信来访7件次；举办代表履职培训班3期，其中区五届人大常委会组成人员和部分区人大代表履职能力提升培训班（异地培训）1期，铁山港区人大代表履职活动中心、人大代表联络站负责人和联络员培训班1期，区五届人大代表到北海市委党校集中学习培训1期。

【人大监督】 2020年，区五届人大常委会强化监督工作，助推社会、经济高质量发展。围绕全区财政预（决）算、国民经济和社会发展计划的执行、专项工作、执法检查、视察调研、跟踪督办等方面加强监督工作。听取和审议计划、预算执行情况报告、预算执行情况审计结果、审查批准区财政预算、区本级财政决算和财政预算调整议案，对政府财政预算执行、政府债务限额和重大资金使用情况进行监督，提高财政资金使用效率，防范债务风险。年内，区五届人大常委会对全区环境保护、法治政府建设、新冠肺炎疫情防控、脱贫攻坚、扫黑除恶、乡村振兴、民生项目推进等工作，共听取政府专项工作报告9项，组织专题调研和跟踪督办10次，开展督查、执法检查4次。围绕办好专题汇报会，听取区司法局、区统计局、区住建局、区退役军人事务局、区综合行政执法局、区教育局、区民政局、区应急管理局等政府职能部门负责人履职情况报告和区民宗侨务局工作报告，推动相关部门依法履行职责。

【人大代表履职平台建设】 2020年，区五届人大常委会筹集资金37.65万元，按照“十有”建设标准，对全区1个自治区级、5个市级和8个县区级人大代表履职平台示范点进行重点打造，推动全区人大代表履职活动中心和人大代表联络站提档升级。创新管理办法，推行“双百双星”管理和激励机制，评选铁山港（临海）工业区人大代表联络站等11个人大代表联络站为星级联络站，评选石方雪等20名人大代表为代表履职之星。组织驻区的五级人大代表共325人进联络站开展“推动爱国卫生运动，强化疫情防控，倡导文明健康”主题活动。不断完善代表意见建议办理机制，积极探索与区政协协同督办代表建议和委员提案做法，通过全程跟踪督办建议办理工作，推动代表意见建议办理取得实效。继续强化人大代表接待周和“双联”（人大代表联系困难企业、联系困难家庭）活动，人大代表接待周活动共接访人大代表和选民 21 人次，收集选民意见 20 条，转交办理代表建议 6 条；“双联”活动共联系代表及选民 177 人次，31 名区五届人大常委会组成人员和人大代表分别深入区辖 3 镇共 10 个选区向选民述职。

【配合上级人大常委会工作】 2020 年，区五届人大常委会积极配合全国人大农业与农村委员会开展对《中华人民共和国动物防疫法（修订草案）》征求意见工作；配合自治区人大调研组开展铁山港区重大项目进展情况调研；配合自治区人大常委会开展对《中共广西壮族自治区委员会关于加强新时代人大工作的意见》精神贯彻落实情况督查和对“十四五”规划纲要编制有关重大问题开展的专题调研；配合自治区人大常委会组织开展驻桂全国人大代表和自治区人大代表集中视察活动；配合北海市人大常委会开展对北海市推进脱贫攻坚与乡村振兴衔接情况、北海市中小学校“三三零”(2019 开始到 2021 年，将连续 3 年投资超过 30 亿元、建 30 所高品质学校）工程和市辖县区学校建设情况、北海市农村贫困人口“两不愁三保障”和饮水安全情况等专题调研；配合市人大常委会开展北海市人大常委会 2020 年“依法履职，共推发展”专题汇报会会前调研；配合市人大常委会对《北海市人大常委会关于〈北海市人民政府关于北海市农产品质量安全情况的报告〉的审议意见》《北海市人大常委会关于北海市扶贫开发和水库移民工作局专题汇报的询问意见建议》落实情况进行跟踪督办等工作。

【理论学习】 2020 年，区五届人大常委会强化理论学习，持续深入学习贯彻习近平新时代中国特色社会主义思想，落实中共十九大和十九届二中、三中、四中、五中全会精神，学习习近平关于坚持和完善人民代表大会制度和对地方人大及其常委会工作重要指示精神，增强“四个意识”，坚定“四个自信”，做到“两个维护”，切实将学习成效转化为新形势下加快推进铁山港区高质量发展的强大动力。区五届人大常委会机关继续发挥后盾单位的作用和优势，着力解决帮扶联系村兴港镇小马头村的难点、难题，持续抓好基础设施建设、疫情防控、脱贫攻坚、乡村振兴等工作。

人大重要会议

【区五届人民代表大会第五次会议】 2020 年 5 月 20 日—21 日，北海市铁山港区第五届人民代表大会第五次会议在南珠会堂召开。会议听取和审议区人民政府区长龙起云做的政府工作报告、区人大常委会主任黄小健做的区人大常委会工作报告、区人民法院院长孟繁刚做的区人民法院工作报告和区人民检察院检察长于海做的区人民检察院工作报告；审查和批准铁山港区 2019 年国民经济和社会发展计划执行情况与 2020 年国民经济和社会发展计划草案的报告，批准铁山港区 2020 年国民经济和社会发展计划；审查和批准铁山港区 2019 年预算执行情况与 2020 年预算草案的报告，批准铁山港区 2020 年区本级预算，

2020 年 5 月 20 日—21 日，北海市铁山港区第五届人民代表大会第五次会议在南珠会堂召开　　区委宣传部　供

并做出决议；依法选举区五届人大常委会委员7名。区委书记余兴国出席会议并讲话。

【“一府两院”上半年工作报告会议】 2020年7月22日，区五届人大常委会召开铁山港区2020年“一府两院”半年工作报告会议。会议听取区人民政府副区长卢道云代表区人民政府做2020年上半年工作报告和下半年工作计划；听取区人民法院院长孟繁刚做区人民法院2020年上半年工作报告；听取区人民检察院检察长于海做区人民检察院2020年上半年工作报告。区人大常委会主任黄小健出席会议并讲话。

【区五届人大常委会会议】 2020年，区五届人大常委会共举行7次常委会会议。

五届人大常委会第28次会议　1月15日举行。会议听取区人民政府副区长卢道云代表区人民政府做的北海市铁山港区人民政府关于2019年环境状况和环境保护工作情况的报告；听取区人大常委会副主任、代表资格审查委员会主任委员王才儒做的代表资格审查委员会关于个别代表的代表资格审查情况报告；听取区司法局局长吴礼有和区统计局局长蔡小英做的履职情况报告；审议有关人事任免事项。

五届人大常委会第29次会议　3月24日举行。会议审议有关人事任免事项。

五届人大常委会第30次会议　5月13日举行。会议听取和审议通过区人大常委会副主任、代表资格审查委员会主任委员王才儒做的代表资格审查委员会关于个别代表的代表资格审查情况报告；听取区人大常委会办公室主任杨中敏汇报区五届人大五次会议筹备工作情况；审议通过关于召开区五届人大五次会议的决定（草案）；审议区五届人大五次会议议程（草案）和日程（草案）；审议区五届人大五次会议主席团和秘书长、主席团常务主席、主席团执行主席分组、大会副秘书长等建议名单（草案）；审议区五届人大五次会议关于大会表决办法的决定（草案）；审议区五届人大五次会议代表分组和各代表团召集人名单（草案）；审议区五届人大五次会议议案审查委员会主任委员、副主任委员和委员名单（草案）；审议区五届人大五次会议议案办法（草案）；审议区五届人大五次会议关于代表提出议案截止时间的决定（草案）；审议区五届人大五次会议选举办法（草案）；审议区五届人大五次会议列席人员名单（草案），并做出决定；审议并原则通过区人大常委会工作报告。

五届人大常委会第31次会议　6月2日举行。会议传达学习全国“两会”精神；听取区司法局局长吴礼有受区人民政府委托做的《北海市铁山港区人民政府关于2019年度法治政府建设工作情况报告》；听取区农业农村和水利局局长黄家琳受区人民政府委托做的《北海市铁山港区人民政府关于铁山港区水资源利用和保护及农村饮用水安全情况的报告》；听取南康镇政府副镇长吴少锋受区人民政府委托做的《北海市铁山港区人民政府关于南康特色小镇建设工作情况的报告》；听取区住房和城乡建设局局长陈绪贤做的履职情况报告和区民族宗教侨务局工作情况报告；审议区人大常委会办公室主任杨中敏做的《北海市铁山港区人大常委会2020年工作要点（草案）》；审议有关人事任免事项。

五届人大常委会第32次会议　7月29日举行。会议听取区卫生健康局局长钟羚玮受区人民政府委托做的《北海市铁山港区人民政府关于新型冠状病毒肺炎疫情防控工作情况的报告》；听取和审议区审计局局长莫深伟受区人民政府委托做的《北海市铁山港区人民政府关于2019年度区本级财政预算执行和其他财政收支情况审计结果的报告》；听取和审查区财政局局长张祖钊受区人民政府委托做的《北海市铁山港区人民政府关于2019年铁山港区财政决算的报告》，并做出决议；审议和批准区人民政府提请审议批准2019年政府债务限额的议案，并做出决议；听取区退役军人事务局局长甘绍强和区综合行政执法局局长杨杏做的履职情况报告。

五届人大常委会第33次会议　9月30日举行。会议审议《铁山港区人民政府工作部门向区人大常委会报告工作制度》；听取和审议区发改局局长陆国忠受区人民政府委托做的《北海市铁山港区人民政府关于北海市铁山港区2020年上半年国民经济和社会发展计划执行情况的报告》、区财政局局长张祖钊受区人民政府委托做的《北海市铁山港区人民政府关于2020年上半年全区预算执行情况的报告》；听取和审议铁山港区人民政府关于2020年铁山港区财政预算调整的议案，审查和批准2020年铁山港区财政预算调整方案；听取和审议区教育局局长陈翔宇受区人民政府委托做的《北海市铁山港区人民政府关于我区实行教育扶贫工作情况的报告》；听取区扶贫开发和水库移民工作局副局长李腾远受区人民政府委托做的《北海市铁山港区人民政府关于脱贫攻坚工作完成情况的报告》；听取区人民政府副区长、市公安局铁山港分局局长裴强昌受区人民政府委托做的《北海市铁山港区人民政府关于2020年扫黑除恶专项斗争工作的报告》；听取区教育局局长陈翔宇做的履职情况报告；审议有关人事任免事项。

五届人大常委会第34次会议　11月27日举行。会议听取和审议区人大常委会副主任、代表资格审查委员会主任委员王才儒做的代表资格审查委员会关于个别代表资格审查情况的报告；听取区审计局局长莫深伟受区人民政府委托做的《北海市铁山港区人民政府关于2019年区本级预算执行和其他财政收支审计查出问题整改情况的报告》；听取和审议区教育局局长陈翔宇受区人民政府委托做的《北海市铁山港区人民政府关于教师队伍建设工作情况的报告》；听取和审议区人民政府关于代表建议办理情况的报告；听取和审议区财政局局长张祖钊受区人民政府委托做的《北海市铁山港区人民政府关于铁山港区国有资产管理情况的报告》《北海市铁山港区人民政府关于铁山港区行政事业性国有资产管理情况的报告》；审议区人大预算联网监督系统管理工作制度；听取区应急管理局局长叶晓龙和区民政局局长李源军做的履职情况报告。

人大监督工作

【社会民生监督】　2020年，区五届人大常委会着力民生监督，依法推进政府部门对人民群众医疗、教育、公共卫生、环境保护等问题的解决。通过调研督办、实地视察、听取报告等方式，先后对全区教育控辍保学、乡村文化建设、乡村振兴工作进展等民生热点工作进行调研督办；组织驻区的市人大代表和区人大代表视察铁山港区果蔬产业示范基地、广西太阳纸业350万吨林浆纸一体化项目、川化天禾年产48万吨优质硫酸钾项目和铁山港区实验学校等重点项目；听取区人民政府关于水资源的利用和农村饮用水安全、南康镇特色小镇建设、教师队伍建设等专项报告。对在调研督办、视察、听取报告等工作中发现的问题，及时提出建议并转交区人民政府有关部门抓好落实，有效解决一批群众关心的民生问题。

【计划和财政监督】　2020年，区五届人大常委会创新监督机制，投入资金70.24万元建设人大财政预算联网监督系统，建立《区人大预算联网监督系统管理工作制度》。听取和审议2019年计划预算执行情况、财政决算、预算执行情况审计结果、2020年上半年经济和社会发展计划执行情况、2020年上半年财政预算执行等报告，围绕落实主要指标、重点任务等提出意见建议21条；听取区人民政府2019年审计发现问题整改情况汇报，推动存在问题深入整改。首次听取和审议区人民政府关于全区国有资产管理情况综合报告和行政事业性单位国有资产管理情况专项报告，推进国有资产管理监督深化拓展、提质增效，依法审

2020年10月12日，北海市铁山港区人大预算联网监督系统启用仪式举行
区人大办　供

查批准区财政预算调整议案，确保疫情防控、脱贫攻坚、“六稳”“六保”等工作的财力保障。

【法律监督】 2020年，区五届人大常委会继续支持“一府一委两院”依法行政，认真开展法律监督。通过听取“一府两院”半年工作报告和区人民政府关于法治政府建设等工作情况报告，推动法治政府建设；组织扫黑除恶专项工作落实督查，听取区人民政府关于扫黑除恶工作情况报告，扎实推进扫黑除恶专项斗争工作；依法开展对《中华人民共和国野生动物保护法》《中华人民共和国动物防疫法》《广西壮族自治区动物防疫条例》执法检查，推动全面科学有序防控，提高疫情防控法治化水平；扎实开展公益诉讼工作实施情况检查，推动检察机关履行维护国家和社会公共利益的法定职责。

人大代表工作

【人大代表建议办理】 2020年，区五届人大常委会创新代表建议办理工作方式，完善代表建议、批评和意见办理办法，提升建议办理效率，保证质量。坚持区人大常委会领导成员带头督办，代表建议意见办理“回头看”，召开常委会听取代表建议办理情况报告，完善意见建议办理机制。将代表建议中代表性强、涉及面广和处理难度大的5件建议作为重点督办建议。在区五届人大五次会议上，代表提出涉及环境保护、公共卫生、基础设施、医疗教育等方面的建议67件，其中南康镇代表团提交22件，营盘镇代表团提交20件，兴港镇代表团提交25件。闭会期间，人大代表提交建议6件。年内，代表提交的73件建议全部办理完毕并答复代表。从办理结果看，代表提交的建议、批评和意见已经解决或基本解决的，建议意见被采纳并取得阶段性成效的（即A类）有17件，占承办建议总数的23.29%；正在解决或已列入计划逐步解决的（即B类）有51件，占69.86%；不能解决、给予解释的（即C类）有4件，占5.48%；作为参考的（即D类）有1件，占承办建议总数的1.37%。从反馈的意见看，全年共收到代表反馈的征询意见表93份，其中很满意60份；满意30份，基本满意3份，反馈率100%，满意率100%。

【人大代表活动】 2020年，区五届人大常委会认真履行工作职责，积极组织人大代表开展有关活动，提升代表履职能力。开展春节前走访慰问活动，把党和政府的关怀送给贫困户、困难人大代表和困难党员等慰问对象。疫情防控期间号召各级人大代表积极参与抗疫工作；对铁山港区河长制工作实施、“三清三拆”专项行动、科技惠民等工作进行调研，形成调研报告。围绕铁山港区经济社会发展，组织驻区的市人大代表和区人大代表集中视察铁山港区果蔬产业示范基地、铁山港区实验学校、广西太阳纸业350万吨林浆纸一体化项目和川化天禾年产48万吨优质硫酸钾项目，了解铁山港区重点项目推进情况，形成视察报

2020 年 11 月 26 日，区五届人大常委会组织市、区两级人大代表到铁山港区果蔬产业示范基地视察　　区委宣传部　供

统管理工作制度》。定期听取审议 2019 年财政决算、预算执行审计结果、2020 年上半年计划和预算执行情况、国有资产管理情况等报告的初审和跟踪监督工作，督促审议意见、整改措施落实，确保人大监督提质增效落实到位。组织开展全区国有资产管理情况专题调研，摸清全区国有资产管理情况，对存在的问题提出合理建议，形成调研报告，为稳定经济运行发挥人大督导作用。

告，为全区高质量发展提出可行性强的建议；持续开展人大代表“双联”行动、代表接待周和代表进站活动，积极收集选民与代表的意见建议，密切人大代表与人民群众的联系，促进代表之间的交流互动。

人大各专门委员会和工作委员会工作

【区五届人大监察和司法法律委员会工作】 2020 年，区五届人大监察和司法法律委员会以推进民主法制建设，促进司法公正为重点，进一步强化监督职能，认真开展 5 项监督工作，提升代表服务质量，扎实做好群众来访工作。坚持突出司法监察工作特点，不断提高监督实效，在区五届人大常委会会议上听取区人民政府关于法治政府建设工作情况报告，推动法治政府建设；听取“一府两院”半年工作报告；听取区司法局局长和区综合行政执法局局长履职情况汇报；对区检察院开展公益诉讼工作情况进行检查，通过实地调研、举行座谈会议等方式监督和支持区检察院开展公益诉讼工作，组织调研组深入营盘镇火禄港、铁山港区公用码头现场调研，推动公益诉讼实施；依法开展对《中华人民共和国野生动物保护法》执法检查，增强全社会保护野生动物的意识，促进社会依法保护野生动物；组织督查扫黑除恶专项工作落实情况，推进扫黑除恶专项工作深入开展。

【区五届人大财政经济委员会工作】 2020 年，区五届人大财政经济委员会积极探索监督新方法，认真落实人大预算审查监督工作改革要求，建立人大财政预算联网监督系统，制定《区人大财政预算联网监督系

【区五届人大常委会教科文卫与民族工作委员会工作】 2020 年，区五届人大常委会教科文卫与民族工作委员会聚焦脱贫攻坚、教育扶贫、科技惠民等领域。组织开展专项调研并形成调研报告，为区委、区政府决策提供参考；组织专项跟踪督办行动，通过组织由部分人大代表和有关部门领导组成的专门工作小组，对全区控辍保学、疫情防控、全民健身、教师队伍建设、校外午托问题等进行跟踪督办，对存在问题提出意见建议，为区人民政府在民族宗教、教育、卫生等各项工作提供决策参考。

【区五届人大常委会选举联络工作委员会工作】 2020 年，区五届人大常委会选举联络工作委员会发挥代表主体作用，组织区人大代表参加履职培训班 3 期，培训人大代表 243 人次，进一步提高代表依法履职能

力;坚持开展人大代表“双联”活动和代表接待周活动,在活动期间认真接待代表与选民,积极收集群众普遍关心的生产生活、环境卫生、教育医疗等方面的意见建议;按照自治区和北海市人大常委会的部署,扎实推进各级人大代表“混合编组、多级联动、履职为民”工作,积极组织开展以“推动爱国卫生运动,强化疫情防控,倡导文明健康”为主题的人大代表进站履职活动;组织驻区的市人大代表和区人大代表开展联合集中视察;组织区人大常委会组成人员开展民生项目落实情况视察,形成视察报告,为区人民政府对民生项目的建设工作提供决策参考;推行“双百双星”机制,对人大代表联络站建设实行百分制积分管理,全年评选“星级代表联络站”11个;对区、镇两级人大代表履职实行百分制积分管理,评选代表履职之星20名;依法完成区本级国家机关工作人员任免、代表补选工作;对代表建议办理情况进行跟踪检查,重点督办部分代表建议,听取区人民政府关于代表建议办理的情况报告,推进建议办理进度,提高办理成效。

2020年9月7日—12日,区五届人大常委会组织区人大组成人员和部分人大代表到广西师范大学干部教育培训学院进行履职培训

区人大办　供

【区五届人大常委会农业农村与环资城建工作委员会工作】2020年,区五届人大常委会农业农村与环资城建工作委员会围绕农业、农村和农民问题采取实地调研、召开座谈会、听取汇报等形式,深入了解群众关心的热点、难点问题,对环境保护、特色小镇建设和乡村振兴进行督办。组织代表开展对关系民生问题进行调研、视察和评议活动,开展对河长制实施情况、“三清三拆”专项工作调研,用行动落实绿色发展理念;听取区人民政府关于2019年北海市铁山港区环境状况和环境保护工作情况的报告,督促区人民政府落实环保责任,推进生态文明建设和环境保护工作;听取区人民政府对水资源的利用和保护情况及农村饮用水安全报告,充分了解农村饮水安全情况,督促区人民政府加强水资源保护,保障农村饮用水安全;组织代表视察铁山港区扶贫情况和现代特色农业发展情况;组织代表对《中华人民共和国动物防疫法》《广西壮族自治区动物防疫条例》进行执法检查,了解落实情况,加强推进动物防疫工作,促进畜牧业健康发展。

(叶尚云)

北海市铁山港区人民政府

政府综述

【政府工作概况】 2020年，北海市铁山港区人民政府（简称区政府）坚持党的全面领导，持续加强政府自身建设，巩固拓展“不忘初心、牢记使命”主题教育成果，不断提高政府行政效能和服务水平。区政府坚持“三重一大”事项集体研究，切实做到科学民主决策。从严从实抓好各类巡视巡察督查反馈突出问题整改落实，有效整治一批不正之风和腐败问题，党风政风进一步改善提升。自觉接受区人大依法监督和区政协民主监督，认真听取和采纳各民主党派、工商联、无党派人士、各人民团体的意见建议，积极办理建议提案，全年办理人大代表建议106件、政协委员提案84件，办结率和满意率均为100%。年内，铁山港区实现规模以上工业总产值961.65亿元，比上年增长7%；固定资产投资比上年增长117.2%，增速居北海市首位；全区财政收入32.45亿元，税收收入82.36亿元；农村居民人均可支配收入比上年增长8.6%，城镇居民人均可支配收入比上年增长4.3%。

【向海经济发展】

招商引资大突破　2020年，面对新冠肺炎疫情的不利影响，区政府招商引资工作主动求变，以靶向招商、产业链招商、以商招商为重点，围绕四大主导产业大力推进“三企入桂”各项工作，做到线上线下共同发力，面对面、屏对屏无缝对接，确保招商不断、签约不断。全年累计签约项目24个，合同投资额4182亿元，是前4年总和的2.3倍，到位资金114.9亿元，取得历史最佳成绩。川桂绿色产业园、玖龙纸业、东方希望光伏组件等一批超百亿级、大体量项目落户铁山港区，为产业结构优化调整、加快全区经济发展积蓄动能。

工业区基础设施建设　2020年，铁山港区完成基础设施投资19.7亿元，比上年增长13.2%。1号—4号泊位进港铁路专用线建成通车，中石化铁路专用线建成使用，打通海铁联运的“最后一公里”，铁山港—石头埠铁路支线、神华国华广投北海能源基地铁路专用线等项目前期工作得到加快。3号—4号泊位完成对外开放预验收，7号—8号泊位开工建设，9号—10号泊位前期工作得到推进。航道三期II标段工程、铁山港万吨级锚地一期工程、公共执法码头等完成建设。九号路、十三号路、纬五路等路网建成使用。临港新材料、北部湾表面处理中心等产业园正式开园运营。水电气等配套设施进一步完善。

产业项目建设　2020年，区政府开展产业项目落地建设大会战百日攻坚行动，实施精细化服务项目建设，一大批重大项目陆续建成投产，四大千亿元产业持续发展壮大，临港大工业集聚局面加快形成。区政府积极推动信义玻璃、凯洋生物、鱼峰水泥、川化硫酸钾等一批重点项目建成投产，太阳纸业、中石化北海炼化结构调整等14个项目加快建设，亚王储能材料、海盛达重油改质、精典化工脲醛树脂等26个项目前期工作积极开展。年内，全区重点推进产业项目54个，总投资5466亿元，其中“双百”

项目17个，项目数量、总投资额、年度投资额均位列广西第一位。完成征地清场673.73公顷，搬迁935户，是历年来全区征地搬迁工作取得的最好成绩，为重大产业项目快速落地提供用地保障。

【现代农渔业】 2020年，铁山港区农业保持稳产增收，种植农作物2.13万公顷，其中粮食作物5600公顷，产量2.4万吨，产量比上年增长5.34%。新增大棚果蔬种植面积100公顷，大棚种植果蔬产量3750吨。投入1500万元，推进万亩高标准农田建设。创建现代特色农业示范园区43个，基本覆盖全区行政村。营盘中心渔港核心工程开工建设。海水网箱养殖面积超过35万平方米，水产品总产量19.3万吨。金鲳鱼养殖规模位居广西第一，获评广西特色农产品优势区。南珠振兴成果初显，珍珠插核1257万贝，采珠632千克。全年实现农林牧渔业总产值48.35亿元。

【民生工程】 2020年，铁山港区财政民生支出10.08亿元，占全区一般公共预算支出的84%。城镇居民人均可支配收入和农村居民人均可支配收入分别比上年增长4.3%和8.6%；城市最低生活保障标准从每人每月690元提高到850元，农村最低生活保障标准从每人每年5000元提高到6000元。城乡居民医疗保险政府补助金额从每人每年520元提高到550元。基本养老保险入库参保率86.45%，排北海市第一位。筹集稳就业资金1090多万元，扎实推进援企稳岗稳就业，实现城乡新增就业1929人。

【社会事业】

教育事业 2020年，区政府投入5570多万元，完善农村义务教育学校设施。区内第一所高品质学校——铁山港区实验学校建成投入使用，区第七幼儿园竣工验收，区第九幼儿园、区第十幼儿园等4所幼儿园及营盘中心校校舍维修等3个乡村振兴项目得到推进。44所义务教育学校“20条底线”达标需求建设项目全部完成。实施“学区制”办学，全区55所中小学（含教学点）资源共享、优势互补，形成稳定共建机制。普及高中教育顺利通过自治区评估验收。强化师资队伍建设，新招聘126名教师。资助贫困户学生1566人，全面落实控辍保学“双线四包”责任，实现“双清零”目标。

医疗卫生事业 2020年，区政府投资5400多万元的铁山港区（临海）工业区人民医院建成，区人民医院、区妇幼保健院核酸检测PCR实验室建成投入使用。紧密型县域医共体信息平台、区中医院、区疾控中心、区人民医院新院区和区妇幼保健院异地搬迁等项目加快推进。实施“强基层、补短板、提能力”基层医疗卫生机构能力建设行动，完成39个村卫生所提升项目，村卫生所覆盖率100%。推动紧密型县域医共体建设，实施乡村医生“乡聘村用”。持续推进公立医院薪酬制度改革，健全完善用人激励机制，提高医生收入和保障水平，破解基层引人难、留人难的问题。

文体科技事业 2020年，区政府成功承办“2020年暖冬遇见北海——春节大家乐”全国乡村春节晚会。《大棚撑

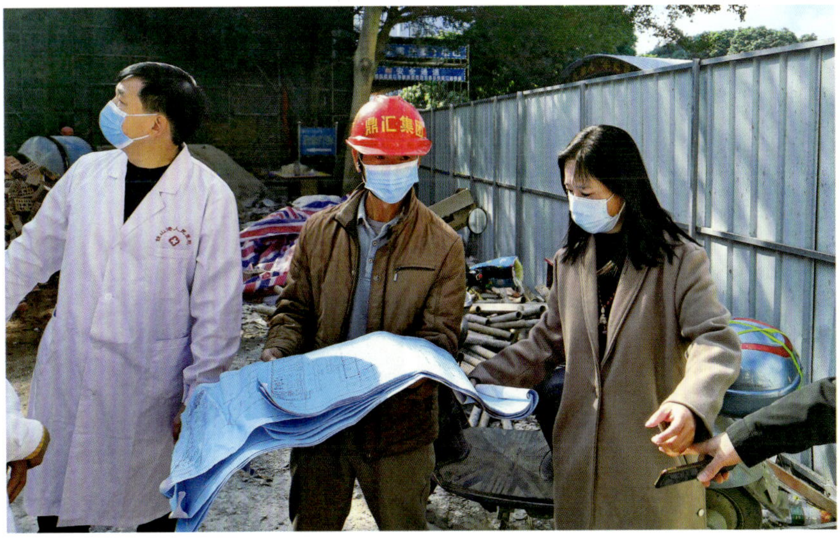

2020年12月31日，铁山港区副区长罗虹（右一）检查区人民医院发热门诊项目施工安全　　区政府办　供

起脱贫伞》荣获自治区“决胜小康奋斗有我”文艺精品舞蹈基层文艺会演舞蹈类三等奖,《丹心撑起幸福伞》荣获广西计生协会“激励新作为·建功新时代”文艺会演一等奖。年内,新建村级公共服务中心6个,全区公共文化服务覆盖率100%。推进“壮美广西·智慧广电”工程建设,新增入户登记5100户。完成8项重大科技成果转化。

政府重要会议

【区政府常务会议】 2020年,区政府召开第五届政府第39次至第49次常务会议共11次。

第39次常务会议 1月17日召开,区长龙起云主持。会议学习《关于深入贯彻落实党的十九届四中全会精神,奋力推进广西治理现代化的实施意见》,研究《北海市铁山港区2019年财政预算执行情况和2020年财政预算草案的报告》,审议《2019年度北海市铁山港区区直机关绩效职务(职级)考评奖金发放方案》等。

第40次常务会议 3月30日召开,区长龙起云主持。会议学习中共中央总书记习近平在统筹推进新冠肺炎疫情和经济社会发展工作部署会议上关于坚决完成脱贫攻坚任务重要讲话精神,听取铁山港区近期维稳工作情况报告汇报,审议《南康镇秋风塘村民委员会劳屋村小组村庄规划》等。

第41次常务会议 4月24日召开,区长龙起云主持。会议学习中央脱贫攻坚专项巡视“回头看”暨国家脱贫攻坚成效考核反馈广西意见整改工作电视电话会议精神,听取铁山港区脱贫攻坚工作情况汇报并研究部署相关工作,审议《关于北海市铁山港区2019年国民经济和社会发展计划执行情况与2020年国民经济和社会发展计划草案的报告(送审稿)》等。

第42次常务会议 6月11日召开,区长龙起云主持。会议学习全国和北海市“两会”精神,审定《2020年在大学生村官中考核招聘乡镇事业单位工作人员的方案》等。

第43次常务会议 7月9日召开,区长龙起云主持。会议学习习近平总书记关于统计工作重要论述和《关于深化统计管理体制改革提高统计数据真实性的意见》《统计违纪违法责任人处分处理建议办法》《防范和惩治统计造假、弄虚作假督查工作规定》,审议《北海市铁山港区教育提升三年行动计划(2020—2022年)》等。

第44次常务会议 8月1日召开,区长龙起云主持。会议学习中共中央总书记习近平对防汛救灾工作的重要批示及自治区党委专题会议、自治区人民政府常务会议精神,听取2020年第二季度铁山港区安全生产工作情况汇报,研究审核《关于要求审核北海市铁山港区太阳纸业(一期)征地拆迁成本费用预算的请示》《关于要求审核北海市铁山港区太阳纸业(二期)征地拆迁成本费用预算的请示》《关于要求审核铁山港区350万吨林浆纸一体化项目S3地块征地拆迁成本费用预算的请示》《关于要求审核向海大道(铁山港段)2.4千米征地拆迁成本费用预算的请示》《关于要求审核100

2020年8月1日,区五届人民政府第44次常务会议召开

区政府办　供

万吨重油改质和综合利用建设项目征地搬迁成本费用预算的请示》《关于要求审核北海炼油异地改造石油化工(20万吨/年聚丙烯)项目卫生防护区(西片区)征地搬迁成本费用预算的请示》《关于要求审核北海炼油异地改造石油化工(20万吨/年聚丙烯)项目卫生防护区(北片区)征地搬迁成本费用预算的请示》《关于要求审核铁山港区石化产业园猪血塘南片区项目征地搬迁成本费用预算的请示》《关于要求审核铁山港线路板电子科技产业园(惠科)项目征地搬迁成本费用预算的请示》9个项目征地拆迁成本费用预算。

第45次常务会议　9月3日召开,区长龙起云主持。会议学习自治区党委书记鹿心社、自治区主席陈武在中国共产党广西壮族自治区第十一届委员会第八次全体(扩大)会议上的讲话精神,审议《2020年铁山港区重大涉稳问题形势分析情况报告》等。

第46次常务会议　9月17日召开,区长龙起云主持。会议学习疫情防控有关文件精神,听取全区疫情防控工作汇报并研究部署下一步工作,听取南康江整治工作情况汇报,审定《铁山港玻璃原材料深加工产业项目用地租赁合同》等。

第47次常务会议　11月9日召开,区长龙起云主持。会议学习中国共产党第十九届中央委员会第五次全体会议精神,研究拨款解决建档立卡贫困户住房整改提升维修经费的问题等。

第48次常务会议　12月5日召开,区长龙起云主持。会议学习国务院总理李克强在2020年全国大众创业万众创新活动周启动仪式上的讲话精神,听取铁山港区2020年年底安全生产工作情况汇报,审议《铁山港区南珠新城三塘片区基础设施政府和社会资本合作(PPP)项目实施方案》等。

2020年9月17日,区五届人民政府第46次常务会议召开

区政府办　供

第49次常务会议　12月26日召开,区长龙起云主持。会议学习2020年中央经济工作会议精神,听取全区全面依法治区工作情况汇报,审议《北海市铁山港区人民政府行政复议员任命办法》等。

【区五届人民政府第四次廉政工作会议】　2020年9月17日,区五届人民政府第四次廉政工作会议在区政务服务综合楼二楼会议室召开。会议学习全面贯彻落实中共十九大和十九届二中、三中、四中全会精神,以及习近平总书记在中共十九届中央纪委四次全会上的重要讲话精神,落实中共十九届中央纪委四次全会、国务院第三次廉政工作会议、自治区十三届人民政府第三次廉政工作会议和北海市十五届人民政府第四次廉政工作会议的部署要求,总结上年政府系统党风廉政建设和反腐败工作,研究部署下一阶段的重点任务。

【区五届人民政府第29次党组会议】　2020年3月30日,区五届人民政府第29次党组会议在区政务服务综合楼二楼会议室召开。会议专题学习习近平总书记在统筹推进新冠肺炎疫情防控和经济社会发展工作部署会议上的重要指示精神。会议指出,当前疫情形势依然严峻复杂,防控正处在最吃劲

2020 年 9 月 17 日，区长龙起云（正面中）在区政务服务综合楼二楼会议室主持召开区五届人民政府第四次廉政工作会议

区政府办　供

2020 年 3 月 30 日，区政府区长、党组书记龙起云（正面中）在区政务服务综合楼二楼会议室主持召开区五届人民政府第 29 次党组会议

区政府办　供

的关键阶段，必须高度警惕麻痹思想、厌战情绪、侥幸心理、松劲心态，必须坚定必胜信念，咬紧牙关，继续毫不放松抓紧抓实抓细各项防控工作，不获全胜决不轻言成功。会议强调，在确保疫情防控到位的前提下，推动非疫情防控重点地区企事业单位复工复产，恢复生产生活秩序。会议还研究了其他事项。

政府重大决策和政务活动

【疫情防控阻击战】 2020 年，面对突发新冠肺炎疫情，区政府坚决执行中央、自治区和北海市决策部署，把人民生命安全和身体健康放在首位，快速启动、适时调整防控策略，针对性落实防控措施。实行“大数据 + 网格化”管理，采取“片区 + 部门 + 医疗 + 公安”模式，利用 2475 个网格和公安大数据技术，做到“见人、见码、见体温、见地址”。对铁山港（临海）工业区 70 家企业进行点对点、一对一防控督导，形成横到边、纵到底的全方位防控网格局；区领导班子成员深入企业组织开展疫情防控，严防疫情输入，帮助企业解决实际困难，确保企业安全，快速推动企业复工复产，为全市经济平稳向好做出贡献。落实“五个到位”，安全有序组织全区中小学校及幼儿园复教复学。全体医务人员、公安干警、干部职工、人大代表、政协委员投身防控一线，开展疫情排查值班值守，广大人民群众积极参与、自觉配合，全区取得零扩散、零感染、零死亡的“三零”成效。

【南珠新城建设】 2020 年，区政府加快南珠新城行政中心片区建设步伐，区实验学校、区（临海）工业区人民医院建成投入使用。行政中心片区路网工程污水处理厂、文体中心等基础设施 PPP 项目已纳入财政部 PPP 项目库。南康—福成路面改造、白龙珍珠城二级公路改建均建成通车。投资 7100 万元，完成南康镇雨污分流管道项目建设。实施背街小巷提升畅通行动，争取上级资金 3100 多万元，改（扩）建 13

2020年1月29日，铁山港区副区长裴强昌（左一）组织召开新冠肺炎疫情防控工作再动员、再部署工作会议　　区政府办　供

条背街小巷，街道面貌焕然一新。南康镇获评国家卫生乡镇。兴港镇、南康镇上榜中国西部百强镇，分别位列全国第10位和第38位。

【脱贫攻坚】 2020年，区政府聚焦“两不愁三保障”薄弱环节和未脱贫人口，全面查漏补缺，持续固强补弱，彻底整改各类巡视检查反馈问题。义务教育控辍保学成效显著，实现“双清零”强化医疗兜底保障，“198”政策惠及全部贫困人口。多渠道筹措资金1500多万元，稳固提升贫困户住房。采取“龙头企业+合作社+贫困户”模式，带动1385户贫困户发展特色产业。在自治区消费扶贫数据库线上推送53种扶贫产品，销售金额600多万元。年内，全区完成97户329人的减贫任务，超过国家脱贫标准，实现贫困户全部脱贫，深度贫困村——南康镇黄丽窝村顺利脱贫摘帽。

【生态治理】 2020年，区政府扎实推进生态环境保护建设，持续打好蓝天、碧水、净土三大保卫战。加大秸秆焚烧巡查检查力度，严厉查处违法露天焚烧秸秆行为，全区空气质量优良率为99.4%。整治铁山港湾海域非法养殖，清理网箱392组、蚝排439组。海域水质环境功能区达标率100%。大力治理南康江流域生态环境，清理一批沿线畜禽养殖点，监测断面水质均值达到Ⅲ类标准。督促企业落实环保主体责任，严格监管企业对产生废水、废气、废渣的处理。建成使用滨江生活小区、港务片区、信义玻璃片区污水管网。城镇污水处理负荷率达到70%以上。集中力量开展涉镉等重金属污染重点行业企业排查整治行动，加强工业固体废物堆存场所的监管力度，全面完成冶炼废渣处置消纳并通过自治区核查验收。关停拆除淘汰落后砖厂6家。深入推进“利剑护砂”专项行动，严厉打击非法矿产品存储加工行为，共查获海砂4.8万立方米，整改拆除非法矿产品加工厂15家、关闭关停5家。

【重点领域风险防范】 2020年，区政府加大财攻资金统筹力度，积极争取再融资债券2160万元，增强政府债务还

2020年5月11日，铁山港区副区长杨晓峰（右二）到营盘镇盐灶村检查指导扶贫产业项目建设工作　　区政府办　供

本付息的能力，全年按时拨付政府债券还本付息资金 3036 万元，妥善化解存量政府性债务。改进完善南康镇中地震应急避难场所。落实农民工工资保证金制度，筑牢预防和解决拖欠农民工工资问题防线，帮助 321 人追回被拖欠工资 376 万元。

【营商环境优化】 2020 年，区政府继续推行“放管服”改革，政务服务更加便捷。全区 177 项行政许可事项平均法定时间从 25 天压缩至 5.5 天，提速率达 78%。推行政务服务“全城通办”，市内政务服务事项可就近申请办理。推行智慧办税配置开办发票、商事登记等自助一体设备。创新“互联网 + 政府采购”模式，实现企业参与政府采购“零跑腿”。组建大帮办中心，对项目落地建设各环节全程跟踪帮办跟到底，直至项目竣工投产。大力扶持企业发展，减免企业所得税 2.99 亿元、增值税 4600 多万元。深入开展“走企连心解困”“走企护商除乱”“走企问政督效”三大行动，助推民营企业发展壮大。和源石化上榜“2020 广西民营企业 100 强”，新鑫能源进入“2020 广西民营企业制造业 100 强”，渤海农业除入列以上两个榜单外，还荣登“2020 广西民营企业纳税 10 强”榜。中石化北海炼化获第五届自治区主席质量奖。铁山港区获评广西民营经济示范区。

【社会综合治理】 2020 年，铁山港区社会大局和谐稳定，社会治理进一步加强。区政府创新推行“党建 + 警务 + 企业（项目）+N”的社会治理体系，组织开展以扫黑除恶专项斗争为龙头的“亮剑 2020· 六打”专项行动，持续打击“黄赌毒食药环”违法犯罪，查处“黄赌毒”等治安案件 254 件、治安拘留 253 人，刑事拘留 622 人、逮捕 162 人。受理各类民（商）事案件 634 件，审结 611 件，结案率 96.37%。信访总量下降 32.65%、集体访下降 23.08%，获评全国信访工作“三无”县区。群众安全感满意度持续提升，在广西 111 个县区中排第 32 名，比上年提升 8 个名次；对政法队伍满意度排第 5 名，比上年提升 29 个名次；扫黑除恶专项斗争成效排第 8 名，比上年提升 18 个名次。高压打击超限超载、运输撒漏等违法行为。完成全区第七次全国人口普查。全年无重特大安全生产事故发生。 （李盼盼）

后勤服务

【后勤服务概况】 2020 年，北海市铁山港区机关后勤服务中心（简称区机关后勤服务中心）主要协助开展区本级的办公用房管理、国有资产管理、公务用车管理、公共机构节能管理等行政管理工作，负责区直部分机关单位账务核算管理、后勤综合服务管理等后勤保障服务工作，为党政机关高效运行提供保障。北海市铁山港区接待办公室在区机关后勤服务中心挂牌。

【行政管理服务】 2020 年，区机关后勤服务中心行政管理服务主要内容有：公共机构节水节能管理、办公用房管理、公务用车管理等。

公共机构节水节能管理　年内，区机关后勤服务中心积极开展节水宣传周活动及节能宣传周活动，通过悬挂横幅、印发节水海报、制作节能展板、在微信平台开展垃圾分类知识测试、在抖音发布小视频、观看云直播等方式，在全区营造良好的节能氛围，进一步推动节水、节能意识宣传到位。对区政府大院进行改造升级，更换老旧灯管及水龙头等，不断完善台账资料，成功创建为国家级 2019—2020 年节约型公共机构示范单位。落实自治区节约型机关创建行动，印发《北海市铁山港区节约型机关创建方案》，完成 26 家单位创建材料收集整理、达到 30% 以上党政机关开展创建活动的目标任务。区机关后勤服务中心不断推进新能源汽车的推广应用，完成 30 台新能源汽车的推广体验工作，新增 15 个充电桩，加大全区新能源汽车推广应用的力度，充分发挥公共机构示范引领作用，全面推动新能源汽车发展。推进全区公共机构生活垃圾分类工作，制订垃圾分类实施工作方案，下发垃圾分类指标任务，推进区级及区辖3镇垃圾桶（站）建设。年内，铁山港区获得2020年度公共机构节能工作成绩突出的集体通报表扬。

办公用房管理　年内，区机关后勤服务中心严格按照标准安排使用办公用房，将办公用房规范管理工作推进至乡镇，进一步推进办公用房调配工作。制订区机关干部职工周转房分配方案，协调解决办公用房及干部职工周转房安排调配问题，督促落实各单位办公室调整搬迁、腾退移交工作，严格按照规定完善手续。推进自治区办公用房管理系统使用，将所辖办公用房CAD测绘图导入系统，全面掌握办公用房使用情况，将权限划分至各使用单位。继续开展办公用房信息统计，相关信息统计工作已全部结束，办公用房基础数据动态信息化预期目标基本达成。

公务用车管理　年内，区机关后勤服务中心深入完善区公务用车管理信息平台运用，通过智能管理系统将车辆调度、轨迹监控等公务用车环节全程信息化，科学、合理调配车辆，杜绝公车私用，同时提高效率，确保交通费用节约可控，实现监管问责科学有效。在公务车辆数量有限的情况下，尽全力保障全区干部职工公务出行，全年累计派车1.65万次，行驶里程42.29万千米，日常公务出行工作得到保障。车辆加油实行一车一卡、定点加油、定点维修、定点保养，严格按程序对公务用车进行检修，控制车辆运行成本，保障公车管理公开化、透明化。严格依照公务用车报废流程报废6辆公务用车，并及时到北海市小汽车定编办完善流程手续，正在筹措资金开展采购新能源汽车工作。

【后勤保障服务】 2020年，区机关后勤服务中心后勤保障服务主要内容有：财务管理、饮食服务、周转房服务、会务服务、安保建设保障、基建维修保障、环卫绿化等。

财务管理　年内，区机关后勤服务中心财务室完成全区36个单位的财务核算和2个单位的出纳工作；完成按时序进度请款、用款，对各类支出票据审核、把关，及时支付各项费用，完善票据、单证保存的工作；完成编制年度经费预决算工作；完成机关国有资产登记管理、统计报表报送工作。

饮食服务　年内，区机关后勤服务中心成立区机关膳食管理办公室，广泛听取干部职工意见，建立“一卡通”系统智慧管理机关食堂，并在全区推广使用，极大方便干部职工用餐消费。不断加强对机关饭堂食品在采购、储存、加工、剩菜剩饭处理等环节的安全管控，加大对操作间、炊具、餐具的清洁消毒力度，确保饮食安全。加强膳食营养合理搭配，坚持做到营养上求充足、花样上求新颖、口味上求最佳。认真遵守接待规范和工作纪律，坚决做到从优从简不超标，实行一餐一单，绝不铺张浪费。超额完成全年认购区内贫困村、面上村农产品总量不低于年消费农产品总量的20%的工作任务，向全区发出《加强节约粮食意识　坚决制止餐饮浪费倡议书》，张贴制止浪费海报50多份及印有“厉行节约　反对浪费”等内容的提示牌200多张，大力开展“光盘”行动。

周转房服务　年内，区机关后勤服务中心共受理干部职工住宿申请60人，在条件极为有限的情况下，全力整合宿舍资源，共安排60人入住，入住率100%。

会务服务　年内，区机关后勤服务中心全面提升会议服务水平及质量，采用全方位服务原则，认真做好各类会议会场布置、保洁、茶水服务、供电保障等会务服务工作，会议室桌椅、灯光、音响等设施设备的检修维护，修缮更新部分老化设施设备，确保各类会议的顺利召开，全年共完成会务服务489次。

安保建设保障　年内，区机关后勤服务中心与北海兴邦保安服务有限公司铁山港分公司签订合同，保安人员在铁山港区行政中心及南珠会堂范围24小时轮流值班巡逻，认真开展常

2020 年，区机关干部职工周转房建成投入使用。图为周转房全景
郑天婵　摄

态化管理，设置来访登记岗，专人负责对来访人员进行登记，对来访车辆进行科学引导，同时加固视频监控设备及相关防盗网，不断加强与公安、消防、信访和应急部门的密切配合。

基建维修保障　年内，区机关后勤服务中心安排专人专职负责各项日常维修维护及巡查工作，做到有条不紊、及时高效，日夜值守、随报随办。完成周转房信息网络建设，区机关干部职工周转房项目已投入使用。开展南珠会堂内部装修，对南珠会堂地板进行维修更换，提升南珠会堂会场环境。不断推进宿舍楼及办公楼门窗外墙的修缮、大院内道路维修、停车位画线和停车场建设工作，改善办公住宿环境，规范车辆停放、解决车辆停放紧张问题。承接区应急指挥中心办公室调配、装修工作，切实保障工作开展。

环卫绿化　年内，区机关后勤服务中心坚持对职责区域进行每日清扫、全天候保洁，对大院绿化进行定期养护修剪，每月进行 1 次消毒及杀虫灭鼠工作，定期对铁山港区行政中心办公楼室内外卫生和周边绿化进行督促检查，对责任范围内路段进行绿化整治。

（杨之逸）

政务服务

【政务服务概况】 2020 年，北海市铁山港区政务服务中心（简称区政务服务中心）负责协调单位进驻区政务服务中心，按照应进必进的要求，将依申请政务服务事项纳入区政务服务中心办理，要求全区各行政审批部门的审批机构、审批事项、审批人员向政务服务中心集中，审批事项进驻落实到位、授权到位、电子监察到位。

【服务窗口设置】 2020 年，区政务服务中心共有进驻单位 33 个，分为独立服务窗口、综合服务窗口、其他服务窗口。

独立服务窗口　年内，区政务服务中心服务大厅独立服务窗口单位有 14 个：区发展和改革局、区住房和城乡建设局、区自然资源局、区卫生健康局、区民政局、区市场监督管理局、区交通运输局、区应急管理局、区海洋局、区医疗保障局、社会保险经办中心、国家税务总局北海市铁山港区税务局、北海市住房公积金管理中心铁山港管理部、区兵役服役站。

综合服务窗口　年内，区政务服务中心服务大厅综合服务窗口分为综合服务窗口、水电气综合服务窗口 2 个窗口，共有单位 15 个。综合服务窗口有单位 12 个：区文体广电旅游局、区农业农村和水利局、区教育局、区残联、区档案局、区新闻出版局、区民族宗教侨务局、区事业单位登记管理局、区财政局、区司法局、区科技商务和工信局、区人社局；水电气综合服务窗口有单位 3 个：广西北海市湖海水利供水有限公司、广西北部湾新奥燃气发展有限公司、北海供电局铁山港分局。

其他服务窗口　年内，区政务服务中心服务大厅其他服务窗口有单位 4 个：北海市区农村信用合作社，从事企业开户业

2020年，区政务服务中心服务大厅一角　　区政务服务中心　供

务；北海市国盾防伪技术实业开发有限公司、北海市民芯科技发展有限责任公司（从事企业刻章业务）；太平洋人寿保险有限公司北海支公司，开展城乡居民大病保险报销业务。

【政务服务日常管理】 2020年，区政务服务中心加强日常管理，提高工作服务水平，健全监督管理体制机制。加强对窗口工作人员纪律管理，严格执行《北海市铁山港区政务服务中心窗口工作人员考勤管理办法》等制度，认真贯彻落实首问责任制、限时办结制和责任追究制，全方位规范政务服务；根据政务服务事项调整情况，规范印制一批“一次性告知单”，严格落实一次性告知制度，各窗口单位均按要求进行否定报备，没有出现超时件及窗口人员因违反相关规定被查实的现象。加强营商环境整治，通过服务投诉电话、严格落实投诉举报快速反应机制，定期对到政务服务中心办事的群众进行电话回访，定期将各窗口人员纪律情况向所属单位通报，督促规范窗口人员改进工作作风，优化政务服务环境，全面治理推诿扯皮、故意刁难等不作为、慢作为、乱作为的行为，提高窗口工作人员业务能力、服务水平、工作效率。

【政务事项“通办”服务】 2020年9月起，区政务服务中心打破地域限制，方便、快捷服务群众，实行政务事项同城“通办”服务，凡是北海市内的政务服务事项，群众可就近向区政务服务中心综合窗口提出申请、提交核对纸质材料，窗口一站受理、核对、鉴证确认、上报对应单位，批准办结、打印证书，直至免费邮寄证书服务结束，让服务对象真正做到“最多跑一次”。部分政务服务高频事项可以“跨省通办”，方便群众异地办业务，解决“多地跑、多头跑、多次跑”问题，推动政务服务“就近能办、异地可办”，实现基层政务服务与群众需求密切对接。

【疫情防控工作】 2020年，区政务服务中心按照疫情防控工作要求落实新型冠状病毒感染疫情防控措施。到区政务服务中心办理业务的群众，必须全程佩戴口罩，主动配合进行体温检测和手机扫码登记；有发热、咳嗽、乏力等体征症状的，暂不允许进入区政务服务中心办理业务；加强开窗通风换气，保持大厅内空气流通，定期对服务大厅进行药物消毒，确保大厅的地面、通风口、进出口等场所消毒无死角；疫情期间，政务服务中心积极推广“网上办”“掌上办”业务，推出网上办理、预约服务、帮办代办、免费邮寄等服务，引导企业和群众选择线上服务方式办理业务。　（韦宏斌）

土地房屋征收管理

【土地房屋征收管理工作概况】 2020年，北海市铁山港区人民政府土地房屋征收中心（简称区征收中心）完成征地清场673.73公顷，搬迁935户，迁坟4290个，征地搬迁工作成效显著。

【项目用地服务】 2020年，区

征收中心协助区委、区政府制订《北海市铁山港区2020年重点项目、重点片区征地搬迁工作方案》,根据项目建设需求,全区划分十大片区,共组织开展20个项目的征地搬迁行动,突出重点、统筹谋划。年内,区征收中心与全区征地搬迁工作人员合力攻坚,为铁山港太阳纸业项目、三聚环保年产60万吨先进生物柴油项目等一批“双百双新”项目落户投产提供用地服务。其中:铁山港太阳纸业项目完成征地清场163.87公顷,基本完成白卡纸车间等核心区域建设用地的征地搬迁工作,确保白卡纸生产线顺利建设;三聚环保年产60万吨先进生物柴油项目完成全部征地任务56.73公顷,移交净地34.67公顷,项目具备进场施工建设条件;鼎龙钛白粉项目完成征地清场58.27公顷,满足项目一期建设用地需求;100万吨重油改质和综合利用建设项目、惠科线路板电子科技产业园项目、恒利源线路板电子科技产业园项目均基本完成项目用地范围的征地工作;有效解决向海大道项目范围内原进港1号路征地搬迁遗留长达20多年的问题,为向海大道顺利建设通车扫清障碍。

【业务培训】 2020年,区征收中心加强团队建设,提高队伍战斗力,强化干部职工业务能力培养,全面提升征地搬迁服务能力,为规范开展征地搬迁工作提供技术支持。11月4日—6日,区征收中心与涠洲岛旅游区土地房屋征收服务中心联合开设征地业务培训班,组织全区部分业务骨干参加征地搬迁业务知识培训,邀请北海市自然资源局、市土地储备中心和市国土资源信息中心等业务骨干授课。通过培训,参训学员系统学习现行征地搬迁相关政策,进一步掌握征地搬迁知识,更加熟悉资金使用等工作流程,增强工作人员的程序意识和综合业务水平,全面提升业务人员的业务水平。

2020年11月5日,北海市自然资源局国土空间管制科工作人员为区征收中心全体干部职工培训　　区征收中心　供

【信访和建议提案办理】 2020年,区征收中心积极宣传有关土地和房屋征收的法律、法规和政策,协助处理因土地和房屋征收产生的争议、纠纷及遗留问题,采取电话沟通、面对面解答、书面回复等形式,做好上访群众安抚工作,及时解答群众问题,切实维护群众利益。年内,区征收中心共收到信访件14件并按时答复。同时,按时答复区政府交办的市、区人大代表建议和政协提案8件。做到以人为本,民生优先,阳光征收,和谐征收,出现矛盾及时解决,给征地搬迁后续工作提供保障。

【精准扶贫工作】 2020年,区征收中心针对扶贫对象生产生活的实际情况,积极探讨扶贫工作方案,顺利完成20户贫困户的脱贫目标任务,实现帮扶对象全部脱贫摘帽。区征收中心干部进村入户宣传、落实扶贫政策,了解贫困户的生产生活情况。10月20日,区征收中心提供扶贫资金2万元给予每户贫困户1000元的生产扶贫资金支持。10月21日,区征收中心到兴港镇杨屋村委开展“党民携手共进——决胜脱贫攻坚收官之战”主题扶贫日活动,将帮扶物资送到贫困户手中,扶持他们发展生产,增强

2020年10月21日，区征收中心领导带领帮扶干部到兴港镇杨屋村委，开展“党民携手共进——决胜脱贫攻坚收官之战”主题扶贫日活动

区征收中心　供

他们劳动致富的信心。区征收中心为兴港镇杨屋村委解决文艺演出资金2万元，丰富村民的文化生活。

（裴星星　林海华）

民政工作

【民政工作概况】 2020年，北海市铁山港区民政局（简称区民政局）主要负责统筹社会救助（不含医疗救助，下同），城乡居民最低生活保障、特困人员、生活无着流浪乞讨人员救助工作，行政区域界线、地名管理，全区婚姻管理，推进殡葬改革，养老服务，推进残疾人福利制度建设，儿童福利，孤弃儿童收养、儿童救助保护，促进慈善事业发展，负责福利彩票管理等工作。年内，区民政局认真贯彻落实中共中央总书记习近平对民政工作关于“聚焦脱贫攻坚、聚焦特殊群体、聚焦群众关切”重要批示精神，找差距、补短板、强弱项、提质量，全面履行民生保障、基层社会治理、基本社会服务等职责，扎实推进各项民政工作，为全区经济建设和社会稳定做出贡献。

【低保提标扩面】 2020年，铁山港区落实城乡低保动态管理下应保尽保的工作要求，针对物价上涨的情况，重点抓好提高低保标准、提高平均补差等工作。1月1日起，农村低保金补助标准由上年的平均每人每月210元提高到235元，城市低保金补助标准由上年的平均每人每月370元提高到390元，全年共发放城乡低保金2554.23万元，累计受益人数8.52万人次。同时在城乡低保的申请、审核、审批、发放低保金等环节都实现无纸化、规范化和制度化。积极推进农村低保制度与扶贫开发政策衔接。严密组织农村建档立卡贫困人口核查，及时将符合低保救助政策的1222户4096人建档立卡贫困人口纳入低保范围，实现应保尽保、兜底脱贫。

【临时救助】 2020年，区民政局扎实抓好临时救助工作，缓解城乡困难群众家庭突遇重大

2020年6月1日，区民政局领导到南康镇黄鹂窝村慰问留守儿童

区民政局　供

变故带来的生活压力。发放临时救助金 39.51 万元，救助困难群众 410 人次，保障因突发性、临时性原因造成基本生活暂时困难群众的基本生活。

2020 年 1 月 16 日，区民政局领导为在滨海农场举行的即开型福利彩票户外销售活动中，获得第一个 30 万元中奖的群众颁奖

区民政局　供

【特困人员供养】 2020 年，区民政局落实对全区城乡特困人员救助供养基本生活标准进行调标，按北海市城乡最低生活保障标准的 1.5 倍发放特困供养人员供养金。年内，全区有城市特困供养人员 17 人，供养金为每人每月 1275 元，农村特困供养人员 690 人，供养金为每人每月 750 元。全年共发放城乡特困供养人员供养金 605.35 万元。

【村（社区）建设】 2020 年，铁山港区村（社区）村（居）务监督委员全部挂牌，落实有挂牌、有人员、有工作场所、有规章制度、有档案柜等“五有”建设任务。区民政局会同区委组织部联合制订对村级各组织向党组织述职和报告工作实施方案、“四议两公开”（党支部会提议、“两委”会商议、党员大会审议、村民代表会议或村民会议决议；决议公开、实施结果公开）工作制度、“三公开”（农村党务公开、村务公开、财务公开）制度，在村（社区）规范化运行中，有了规范化的指导意见。村（社区）的软硬件建设得到改善，社区治理体系得到完善。区民政局加强对村（居）委会自治章程、村规民约（居民共约）等基层民主法制建设的指导，推动村（社区）基层民主制度建设。年内，区民政局完成南康镇三塘村委民政服务中心建设并投入使用，进一步提升基层服务能力。

2020 年 4 月 30 日，铁山港区南康镇三塘村委民政服务中心建成投入使用

区民政局　供

【福利事业】 2020 年，区民政局积极配合上级民政部门抓好即开型福利彩票户外销售工作，为福利事业筹集资金。1 月 7 日，区民政局在区政府政务服务综合楼二楼会议室召开铁山港区即开型福利彩票户外销售活动工作协调会，协调区内各相关部门，共同为完成全区即开型福利彩票户外销售工作任务努力。

【社会事务建设】 2020 年，区民政局认真做好社会组织年检及登记管理工作、强化执法监督，严格按照审批程序，依法开展对社会组织进行审查、核准、颁证、公告等工作。全年完成社会组织名称预先核准6家、成立登记5家、变更登记2家、注销登记6家、到期换证6家。年内，全区共有社会团体15家，民办非企业单位35家。全年参与年度检查的社会组织有41家，年检合格率为100%。

（唐文媛）

退役军人事务管理

【退役军人事务管理概况】2020年，北海市铁山港区退役军人事务局（简称区退役军人事务局）主要负责拥军优属、拥政爱民工作，落实退役军人优抚对象优待、抚恤、补助、审核报批等服务管理，负责退役军人权益维护、自主择业、就业、教育培训、医疗保障、社会保险和帮扶援助，负责革命烈士及退役军人荣誉奖励、烈士纪念建筑物保护单位的申报和纪念活动等工作。年内，区退役军人事务局以习近平新时代中国特色社会主义思想为指导，加强全区退役军人事务工作的基层建设、夯实基础工作、提升基本能力，完成退役军人服务保障体系建设，扎实开展退役军人服务管理基础性工作，全面提高优抚保障水平，认真开展双拥共建、拥军优属、困难退役军人和优抚对象帮扶关爱工作，切实维护退役军人的合法权益，区退役军人事务工作步入正轨。11月，铁山港区退役军人服务中心创建成为全国退役军人服务示范中心。

【机构建设】2020年，铁山港区辖区3个镇、43个村（社区）退役军人服务中心（站）挂牌成立，任命镇、村（社区）退役军人服务中心（站）主任（站长）。11月25日—26日举办区、镇、村（社区）退役军人服务中心（站）主任（站长）培训班，提高各主任（站长）的管理水平。

【退役军人活动之家创建】2020年，铁山港区退役军人活动之家建成。项目由自治区革命老区专项转移支付资金投资建设，总投资25万元。铁山港区退役军人活动之家设有政策宣传室、心理咨询室、信访接待室、图书阅览室、党员活动室、文化体育活动室、军史荣誉陈列室，主要职能是为军烈属全方位做好服务保障工作；搭建联系沟通平台，联络感情、增进友谊、排忧解难；传授致富技能；提供政策咨询，宣传贯彻党和政府的政策；提升退役军人军烈属的荣誉感、获得感、幸福感。

【“双拥”工作】2020年，区退役军人事务局积极完成义务兵家属优待金、优抚对象的补助金、退役士兵自主就业创业金和入伍大学生一次性奖励金的发放工作。积极筹措资金，发放义务兵家属优待金236.57万元，发放入伍大学生一次性奖励金26.9万元，退役士兵自主就业金72.45万元；为全区优抚对象及时、足额发放抚恤补助金416.41万元，优抚对象伤残退役军人医疗费19.27万元；为全区19位困难企业军转干部及时、足额发放生活补贴30.81万元。在春节、八一建军节期间，协调区四家班子领导走访

2020年1月17日，区委书记余兴国（前排右二）带领区四家班子主要领导慰问北海军分区官兵　　区退役军人事务局　供

慰问驻区部队、参战老兵、残疾军人、烈属、困难退役军人活动，送去慰问金和慰问品(实物折价)共计41.52万元。为20名符合配送康复辅助器具条件的退役军人配送助听器等康复辅助器具23件，价值7.5万元；为5位被部队授予三等功表彰的现役士兵家属送去立功喜报；同时举办庆“八一”座谈会、“送医送药，关爱退役老兵”活动和国防教育进校园的活动。10月29日，区双拥工作领导小组在南康中学举办“国防教育进校园　同心共筑强国梦”国防教育进校园活动。区人武部政委宋小平出席活动并作国防教育动员讲话、区双拥工作领导小组成员单位领导和南康镇老师、学生代表、参战老兵共200多人参加活动。11月26日，北海市双拥办、区双拥办、区委宣传部在南康镇秋风塘村举办2020年自治区优秀退役军人颁奖文艺晚会，表彰自治区优秀退役军人许子杰。北海市双拥办主任杨杰出席晚会，并为许子杰颁发证书和奖金。

【纪念志愿军援朝作战】 2020年10月24日，铁山港区举办纪念中国人民志愿军抗美援朝出国作战70周年活动，表彰志愿军英雄人物，宣传志愿军的感人事迹，为出国作战的老战士郑春晃、黄建源、金朝有、陈裕发等颁发中国人民志愿军抗美援朝出国作战70周年纪念章。副区长卢道云代表区委、区政府到区内参加抗美援朝作战的老战士家中慰问并颁发纪念章。

2020年9月30日，铁山港区在南康镇革命烈士陵园举行烈士公祭活动

区退役军人事务局　供

【公祭烈士活动】 2020年9月30日，铁山港区公祭烈士活动暨向革命烈士纪念碑敬献花篮仪式在铁山港区南康镇烈士陵园隆重举行。区四家领导班子成员，区法院、区检察院主要领导，驻区部队有关领导及官兵，烈属代表、老战士代表，老同志代表，各民主党派代表、工商联代表、区直机关、南康镇、营盘镇、兴港镇干部代表，学生代表，公安民警代表等260余人，一起向革命烈士纪念碑敬献花篮，深切缅怀革命烈士不朽功绩，激发全区干部群众不忘初心、牢记使命、砥砺前行，为实现中华民族伟大复兴中国梦而继续奋斗的坚定决心。

【医疗救助和困难帮扶援助】 2020年，区退役军人事务局精心组织开展重点优抚对象医疗救助和退役军人困难帮扶援助工作，缓解城乡困难重点优抚对象医疗负担和退役军人家庭突遭重大变故带来的生活困难。充分融合资源，规范完善申报审批程序，提高医疗救助水平，确保救助对象准确并得到及时救助。全年累计医疗救助155人次，发放医疗救助金5.49万元；帮扶援助困难退役军人49人，发放困难帮扶援助金8.6万元，保障因突发性、临时性因素造成基本生活暂时性困难退役军人的基本生活，确保涉军群体和谐与稳定。

（关国英）

应急管理

【应急管理工作概况】 2020年，北海市铁山港区应急管理局(简称区应急管理局)扎扎实实开展安全生产监督管理和防灾减灾工作,取得新的成绩。年内,铁山港区共发生生产安全事故21件(较大事故1件),死亡16人,事故件数比上年减少7件,死亡人数比上年少1人。其中:按管理分类,道路运输14件,比上年减少3件,死亡5人,比上年减少4人;工商贸其他事故7件,比上年减少4件,死亡11人,比上年增加3人。

【安全生产专项整治三年行动】2020年是安全生产专项整治三年行动计划的开局之年,铁山港区先后制订行动总方案和2个专题实施方案以及9个专项整治实施方案,建立2020—2022年全区各个部门重要时间节点的工作任务清单和工作措施清单,建立落实工作专班制度、月度通报制度和督查督办机制。区安委会各成员单位积极开展工作,全年累计排查出安全隐患779处,其中重大安全隐患9处,完成安全隐患整改319处;成立检查组41个,督导检查135次,检查单位524个次,督导问题270个,行政处罚37次,责令单位停产整顿3个,约谈警示4个。

【"强监管严执法年"专项行动】2020年,按照自治区和北海市安委会的统一部署,铁山港区印发实施《铁山港区安全生产"强监管严执法年"专项行动实施方案》,将方案细分为3大项35小项内容,每项任务内容逐一明确责任人、责任单位和具体措施,确保各成员单位按照分工责任层层落实,加强协作,推动强监管严执法得以落实。全年下达安全生产执法文书310份,其中化工行业129份,烟花爆竹行业63份,工贸行业116份,其他行业2份。处罚罚款190.11万元,其中监管罚款13.80万元(立案4件,均为危险化学品企业),事故罚款176.31万元。

【专家指导服务检查】2020年,铁山港区开展专家指导服务检查5次,指导企业65家次(其中危险化学品企业24家次),检查发现的问题1125个,均已下达责令整改通知。对每次指导服务检查均邀请专家复查,检查前期隐患整治情况,并排查其他安全生产风险隐患点,全面"把脉"安全生产工作;经复查,全年增加指导服务检查发现的1125个问题已经完成整改1083个。5月,铁山港区聘任杜玉山等38名行业专家(其中化工类专家28名),建立完善铁山港区安全生产专家库,为全区安全生产工作提供技术支持。

【烟花爆竹"打非"专项行动】2020年6月10日,自治区召开烟花爆竹"打非"工作视频会议后,铁山港区委常委、副区长吴志全主持召开铁山港区2020年烟花爆竹"打非"工作会议,对全区烟花爆竹"打非"工作进行研究部署。6月30日,铁山港区印发实施《北海市铁山港区安全生产委员会关于开展烟花爆竹"打非"专项行动的通知》,对各部门任务进行明确分工。各有关部门依据职责,有效开展烟花爆竹"打非"专项行动。7月27日和8月21日,区应急管理局先后对凯文和沃达沣2个烟花爆竹批发零售企业的储存仓库和营盘烟花厂进行检查,共发出检查记录3份、责令整改通知书1份,发现问

2020年1月24日,铁山港区区长龙起云(前排右三)率安全生产检查组到广西北海中航化石油科技开发有限公司检查

区应急管理局 供

2020 年 1 月 24 日，铁山港区区长龙起云（前排右二）到南康镇检查指导烟花爆竹零售点工作　　区应急管理局　供

题隐患 1 个（已整改完成）；区市场监管局共出动执法车辆 5 辆次，出动执法人员 20 人次，检查烟花爆竹经营主体 63 户（家），其中生产经营主体公司 1 家，批发经营主体公司 2 家，零售经营主体个体户 60 户，责令 3 家零散经营户下架相关货品；铁山港公安分局累计破获烟花爆竹行政案件 2 件（非法储存 1 件、非法运输 1 件），收缴各类烟花爆竹 35 箱；各镇政府成立相应的组织领导机构，开展烟花爆竹“打非”专项检查，严格安全准入条件，严厉打击非法生产、经营行为。8 月 20 日，受区政府委托，区烟花爆竹“打非”工作专项办公室主任、区应急管理局局长叶晓龙主持召开 2020 年铁山港区烟花爆竹“打非”工作推进会议，对前一阶段烟花爆竹“打非”工作进行总结并对做好下一步工作进行研究部署，各镇政府、区综合行政执法局、铁山港公安分局、区应急管理局、区交通局的有关负责人参加会议。8 月 21 日，由区安委办牵头，联合铁山港公安分局、区交通运输局、区综合行政执法局和营盘镇政府对营盘烟花厂开展烟花爆竹联合专项检查，检查未发现存在烟花爆竹非法行为。

【安全生产宣传】 2020 年 6 月是第十九个“全国安全生产月”，该安全生产月主题为“消除事故隐患　筑牢安全防线”。区安委办组织区安委会成员单位和辖区重点企业开展形式多样的安全生产月宣传活动，推动树立红线意识，加强安全法治，落实安全责任，普及安全知识，推动全区安全生产形势稳定向好。6 月 12 日，区安委办与铁山港（临海）工业区管委会、区市场监管局、区消防大队、铁山港公安分局等区安委会成员单位参加市安委办在北部湾广场举办的 2020 年“全国安全生产月”咨询日等活动，通过发放宣传单等方式普及安全知识，为群众提供咨询服务。同时开展森林防火灭火宣传，共悬挂宣传横幅 47 幅，发放宣传资料 2500 份。　（李祥光）

消防救援

【消防救援机构及工作概况】 2020 年，北海市铁山港区消防救援大队（简称区消防救援大队）下辖 3 个消防救援站（南康消防救援站、金港消防救援站、兴港消防救援站）、1 个营盘镇政府专职消防队，配有执勤消防车辆 23 辆、消防宣传车 1 辆。主要负责营盘、南康、兴港 3 个镇的防火、应急救援工作，保护面积 394 平方千米。年内，区消防救援大队接警出动 166 次（不含公务执勤），出动车辆 377 辆次，出动人员 2000 人次，抢救被困人员 21 人，抢救财产价值 1.43 亿元。年内，区消防救援大队党委被自治区消防救援总队评为 2019—2020 年度全区消防救援队伍先进大队党委。

【政治思想建设】 2020 年，区消防救援大队抓好队伍政治思想教育工作，筑牢思想教育防线。坚持抓班子、带队伍，严管理、转作风，以党建带队建、以队建促工作，结合正规化建设标准，探索职业精神教育、队伍

2020 年，区消防救援大队营区外景　　　　区消防救援大队　供

文化浸润、典型培树宣传的“三位一体”建队模式，开展“强党性、明规矩”专题教育和中共中央总书记习近平授旗致训词两周年等系列活动，组织学习100余次，开展政治家访62人，召开特邀社会监督员座谈会2次，提高消防指战员政治思想水平。

【消防演练】 2020年，区消防救援大队抓好实战训练关键点，提升灭火战斗能力。建立党委议训、管训、促训练兵机制，结合铁山港区灾害事故特点和灭火救援、抢险救灾工作实际需要，稳稳把控全员岗位练兵方向，以“比、帮、考”融合为手段，助力攻坚，促成能力提档升级。组建石化企业等专业救援队伍，紧密贴近实战，强化熟悉演练，熟练掌握铁山港区道路、水源及重点单位、重点部位消防设施等情况，提升指战员实战能力。年内，区消防救援大队共开展“六熟悉”活动260余次、演练160余次，制订二维预案20余份、卡片式预案20余份。

【火灾防控】 2020年，区消防救援大队抓好隐患治理关键点，打造平安消防环境。

消防安全责任落实 年内，区政府召开政府常务会议以及召开2020年度消防工作会议、召开联席会议3次研究部署农村消防工作，将火灾防控和消防宣传纳入扶贫工作。重新明确区消防安全委员会成员单位和工作职责，完善执法联动、信息共享、情况通报等机制。“线上线下”督促社会单位落实主体责任，严格落实“三自主两公开一承诺”（自主评估风险、自主检查安全、自主整改隐患，向社会公开消防安全责任人、公开管理人，承诺该场所不存在突出风险或者已落实防范措施）制度，指导推动重点单位建成微型消防站17个，推动网格员、派出所等基层各方力量落实消防安全“网格化”管理。

专项治理行动 年内，区消防救援大队以开展消防安全专项整治三年行动、冬春火灾防控工作为契机，瞄准重点高危领域，重点抓好“生命通道”、石化企业、“多合一”场所、人员密集场所、渔港、农村地区火灾隐患整治，进一步提升社会防控火灾能力。区委、区政府领导带队开展指导检查10余次，行业部门联合检查10余次，全年检查单位521家次，发现隐患560处，督促整改隐患359处，发出行政处罚决定书6份，责令“三停”单位2家，挂牌督办重大火灾隐患单位1家，推广安装独立式感烟火灾探测报警器300个。

消防安全教育 年内，区消防救援大队利用各种宣传阵地，开展立体化消防安全教育，持续深化消防宣传“五进”（进社区、进企业、进学校、进农村、进家庭）活动，利用铁山港区内电子显示屏、微信、平台等播放消防公益广告、安全提示，引导广大社会成员关注消防安全、参与消防工作，普及消防安全知识。年内，全区开展消防宣传教育“五进”活动60余次，开展10类重点人群消防安全教育培训活动500余人次，开展消防科普教育馆开放活动50余次，建成消防主题社区广场1个，开展“119”宣传月和各类集中宣传活动5次，开展消防宣传车宣传100余次，制作可移动消防宣传板报20余块,发放消防宣传资料2万余份,悬挂宣传横幅200余幅,发送各种消防安全提示短信1.7万条。（石　丽）

人力资源和社会保障

【人力资源和社会保障工作概况】 北海市铁山港区人力资源和社会保障局(简称区人社局),是北海市铁山港区人民政府工作部门。2020年,区人社局贯彻落实上级人力资源和社会保障部门的工作部署和国家有关方针、政策,坚持稳定和扩大就业,继续抓好创业扶持,实施创业带动就业;扎实推进社保体系建设,社会保障惠普于民;努力构建和谐劳动关系,加强治欠保支工作,积极贯彻落实农民工工资保证金制度;积极健全人才体制建设,规范人事制度管理。联合区委组织部制定《北海市铁山港区激励干部担当作为奖励办法(试行)》;完成2020年全区事业单位在职人员的年度考核工资的晋级晋档工作、事业单位奖励性绩效工资的审批工作、全区事业单位人员物业补贴、事业单位乡镇补贴的审批工作;承办区人民政府行政任免有关事项并完成区委、区人民政府和上级主管部门交办的其他任务。

【就业创业工作】 2020年,区人社局坚持稳定和扩大就业,全区就业形势平稳。区人社局定期收集企业用工信息,印制就业相关政策宣传资料,发放招聘宣传资料7000余份。新冠肺炎疫情期间,区人社局转变工作思路,依托政府门户网站,开通“铁山港区企业招工在线”专栏,组织区内外企业开展网络招聘。全年累计有54家企事业单位参加,提供就业岗位5700多个。疫情防控级别下调后,3月6日—9日,区人社局在区内4个贫困村举办“点对点”招聘会;4月21日,在南康镇文化广场举办民营企业招聘周专场招聘会。年内,辖区城镇新增就业834人,城镇登记失业人员实现再就业40人,就业困难人员实现再就业29人,农村劳动力转移就业新增1095人,贫困劳动力转移就业新增469人,城镇登记失业率控制在4%以内。

【职业技能培训】 2020年,区人社局积极引导北海市定点培训机构进村开展职业技能培训班26期,培训返乡农民工等重点人员1216人次。同时,引导辖区内信义玻璃(广西)有限公司等22家企业开展岗位技能培训,累计培训企业职工4660人次,推动企业复工复产。

【农民工技能大赛】 2020年8月10日,区人社局会同区总工会举办北海市第七届农民工技能大赛铁山港初赛,参赛选手58人进行焊工、叉车、起重装卸机械操作3个工种的竞技。大赛推荐胜出的优秀选手参加自治区决赛,其中1名选手获得起重装卸机械操作决赛二等奖。

【优惠政策落实】 2020年,区人社局继续抓好创业扶持,实施创业带动就业,为23名农民工发放农民工创业奖补资金

2020年4月21日,区人社局在南康镇文化广场举办2020年北海市铁山港区民营企业招聘周专场招聘会　　区人社局　供

2020 年 8 月 10 日，区人社局会同区总工会举办北海市第七届农民工技能大赛铁山港初赛。图为焊工项目赛场　　区人社局　供

6.9 万元，累计为入住创业孵化基地的 212 名创业者发放场地和水电补贴 218.63 万元。新开发城镇公益性岗位 23 个，享受公益性岗位补贴人数 101 人，发放公益性岗位补贴 141.42 万元，发放公益性岗位社会保险补贴 54.57 万元；发放就业困难人员灵活就业社会保险补贴 1.01 万元；发放企业吸纳建档立卡贫困家庭劳动力社会保险补贴 12.50 万元。

【社会保障工作】 2020 年，区人社局扎实推进社保体系建设，社会保障惠普于民。全年社会养老保险入库参保率目标任务 65%，实现社会养老保险入库参保率 86.45%，超额完成目标任务；符合条件参保人员应补助 2.56 万人，已补助 2.56 万人。缴费补贴金额 127.54 万元，补助率 100%。按时足额为符合条件的参保人员发放养老金，累计发放 24.16 万人次，累计发放养老金 3009.77 万元，发放率 100%。按规定发放丧葬补助金 31.32 万元，丧葬补助 522 人，补助率 100%。机关事业单位养老保险发放退休人员 1.16 万人次，发放退休金 5800.9 万元；社会保障卡累计发放 16.03 万张，上传至卡管系统制卡数据 16.08 万条信息数据。2012 年 5 月 30 日—2020 年 12 月 31 日，根据被征地养老保险老办法的规定，全区共有 5595 名被征地农民参加职工养老保险，其中正常参保缴费 3889 人，参保工作有序推进。

【人事人才工作】 2020 年，区人社局健全人事人才体制，规范人事制度管理。年内，全区事业单位人员调动 31 人，其中调出区外 12 人，调入 4 人；全区事业单位公开招聘 32 人，首次在区内组织在“三支一扶”人员中直接考核招聘乡镇事业单位工作人员 5 人。审核上报区人大代表服务中心等 11 个事业单位岗位设置方案，申报 2021 年评比达标表彰奖励项目 1 个，成功为铁山港区申报 2020 年事业单位脱贫攻坚专项奖励记功个人 1 人、记功集体 1 个；联合区委组织部制定《北海市铁山港区激励干部担当作为奖励办法(试行)》。年内，区人社局共推送中小学教育系列 471 人(副高职称 397 人、中级职称 74 人)、卫生系列 9 人(副高职称 9 人)、农业系列 3 人(中级职称 1 人、初级职称 2 人)、铁山港(临海)工业区管委会工程系列 41 人(副高职称 3 人、初级职称 38 人)参加职称评审。年内，区人社局完成各事业单位二次岗位聘用 597 人，并兑现新岗位工资。

【工资福利】 2020 年，区人社局完成全区事业单位在职人员的年度考核工资的晋级晋档、奖励性绩效工资的审批、物业补贴、乡镇补贴的审批工作。完成 2020 年度义务教育学校义务教育教师岗位考核津贴和中小学校班主任津贴绩效工资增量的审批工作，按有关规定，全年发放中小学校班主任津贴 185.94 万元，义务教育教师岗位考核津贴 421.77 万元。年内，全区执行第一档标准乡镇补贴(400 元 / 月)有 1195 人，执行第二档标准乡镇补贴(450 元 / 月)有 345 人，总金额 60.6 万元。按照国标调整文件精神、时间节点顺利完成事业单位退休人员的工资调整，全年共审批退休 26 人。

【劳动关系工作】 2020 年，区人社局努力构建和谐劳动关系。铁山港区根治欠薪工作领导小组办公室（设在区人社局）统筹协调，与区综合行政执法局、区住建局、区交通运输局、区农业农村和水利局、铁山港公安分局、区总工会等单位，对各类用人单位劳动用工开展日常巡查 21 批次，主动检查用工单位 150 家，涉及职工 3256 人，全区企业劳动合同签订率 97% 以上。检查在建工程项目 11 个，在建工程项目劳动合同签订率为 98%，实行实名制分账制度管理项目 100%。共出具 20 份农民工保障金缴存通知书。实施三方监管开展 2020 年企业网上年审、企业薪酬调查、最低工资问卷调查工作，全区共有 8 家企业完成网上年审工作，16 家企业完成企业薪酬调查，46 家企业完成最低工资问卷调查，102 名员工完成职工最低工资问卷调查。区劳动保障监察两网化协查员对用人单位进行信息采集 150 次，共采集录入系统信息 150 条。年内，区仲裁院共接待来电、来访人数 330 多人次。接收劳动仲裁申请 56 件，立案受理 28 件，涉案金额 103.5 万元；不予受理 28 件，引导不予受理仲裁申请的当事人通过诉讼进行维权。劳动者申请案前调解 13 件，全部案前调解成功，案前调解金额 16.3 万元。

【就业扶贫工作】 2020 年，区人社局持续推进精准扶贫工作，多措并举，鼓励建档立卡贫困劳动力就业创业。引导建档立卡贫困劳动力参加职业技能培训，累计培训 238 人次。开发扶贫公益性岗位安置建档立卡贫困劳动力 76 人，解决部分极度贫困户和外出务工困难的贫困劳动力就业难题，增加其工资性收入。积极受理稳岗补贴、一次性交通补贴和防疫补贴的申请，鼓励引导建档立卡贫困户外出务工，增加家庭收入。累计发放稳岗补贴 128.97 万元，惠及贫困劳动力 4299 人次；发放一次性交通补贴 7.28 万元，惠及贫困劳动力 172 人；发放防疫补贴 31.01 万元，惠及贫困劳动力 3101 人；全区贫困劳动力转移就业新增 469 人。全区建档立卡贫困人员符合参加 2020 年城乡基本养老保险 6015 人，实际参保人数 6015 人，参保率 100%；符合 60 周岁以上领取 12 月份城乡居民养老保险 1554 人，实际领取 1554 人，待遇领取率 100%。 （王　琼）

综合行政执法

【综合行政执法概况】 北海市铁山港区综合行政执法局（简称区综合行政执法局）主要负责行使全区住房和城乡建设、自然资源、交通运输、工业和信息化、旅游文体广电、商务、人力资源和社会保障等领域法律、法规、规章规定的行政处罚权、行政强制权。统一领导全区综合行政执法工作，负责重大案件和特定案件的查处及跨县（区）执法的组织协调工作；负责对各镇及园区派驻执法队伍的业务指导和部门沟通协调工作等。2020 年，区综合行政执法局承担权力清单共 883 项，其中行政处罚 864 项，行政强制 19 项。

【依法行政】 2020 年，区综合行政执法局发挥集体力量，坚持文明执法，公正执法，依法行政。年内，共发放《责令停止违法行为通知书》310 份，《责令整改通知书》212 份，《责令限期拆除通知书》83 份，《调查通知书》115 份，办理各个执法领域行政处罚案件 254 件。年内，区综合行政执法局坚持持证上岗，亮证执法。严格规范“资格管理”，组织从事行政执法工作的 15 名工作人员参加行政执法人员资格（续职）培训考试，确保应考必考。根据上级部署，完成对符合条件的 56 名执法人员换证补证的工作，杜绝无证上岗现象。

【防疫执法】 2020 年，根据新冠肺炎疫情防控的工作要求，区综合行政执法局坚持群众生命财产安全至上的原则，坚决

2020年5月27日，区综合行政执法局执法人员在铁山港收费站向司机发放路政宣传资料　　区综合行政执法局　供

守好交通“入关口”。组织执法人员到一线开展防疫抗疫工作，分别在玉铁高速铁山港出口和南康出口实行三班倒值守制度，做到24小时不间断监控。累计出动1225人次，检查车辆3万余辆次，检测人员4.8万人次，确保不遗漏一人，切实履行守土有责、守土负责、守土尽责的职责。

【交通运输执法】 2020年，区综合行政执法局深入辖区主干道、高速公路入口、危化品车辆大型停车场开展爱路护路安全知识宣传活动，通过悬挂宣传横幅、设置法制宣传讲台、发放宣传资料、为群众解答疑惑等方式，增强群众交通安全意识。年内，区综合行政执法局常态化做好道路运输检查，累计出动执法人员2220人次，检查车辆约4200辆次，查处违法车辆794辆次，扣押证件354本，查处超重超限车辆155辆次，查处未采取必要措施防止货物脱落、扬撒车辆67辆次。12月，铁山港区内高速公路铁山港主线和南康入口称重检测到的违法超限超载货车数量占入口货车检测总数的比分别是0.14%和0.1%，完成北海市下达铁山港区的低于0.2%治超绩效指标任务。

【住房和城乡建设执法】 2020年，区综合行政执法局严厉打击违建、抢建等违法行为，维护环境整洁与乡村风貌，联合多部门开展违法建设专项整治行动，累计出动执法人员6700余人次，钩机200余辆次，制止并拆除新增违法建(构)筑物和清理旧存量违法建(构)筑物共356起，面积约10万平方米。城乡建设领域未批先建立案7件，罚(没)款18万余元，营造高压态势，坚决维护城乡规划严肃性。制订拆除方案，组织区住建局、区应急管理局、区供电分局等职能部门对6家落后产能砖厂进行拆除，改善全区生态环境质量，促进产业结构优化升级。年内，区综合行政执法局以北海市创建全国文明城市行动为契机，及时查处乱搭乱建、占道经营等违法行为。累计出动执法人员1.5万人次，发放《北海市城市市容和环境卫生管理条例》、创

2020年6月12日，区综合行政执法局在南康镇整治占道经营行为，教育群众守法经营　　区综合行政执法局　供

建文明城市宣传等材料1000余份，清理非公益性横幅800余条、非法小广告1200余处，灯箱、广告牌600余处。完成8条背街小巷乱搭乱建的拆除，拆除背街小巷、“三无小区”违规搭建的铁皮棚及围栏60余处，四脚遮阳棚（太阳伞）160余个，遮雨、遮阳篷布40余个。整治跨门槛经营商户5700余次、流动摊点8000余次，教育占道经营、乱摆乱卖的摊贩8600余人次。

【自然资源执法】 2020年，区综合行政执法局严厉打击自然资源领域违法行为，成立专门的调查小组，组织区市场监督管理局、铁山港生态环境局等相关部门对铁山港区19家非法排污企业的经营加工资质、矿产原料来源及加工场所土地建设合法性等情况进行联合调查；不定期对辖区内堆场进行巡查，多次联合区自然资源局、区市场监管局、乡镇政府等部门排查矿产品加工厂和堆场67家；组织执法人员调查矿产资源来源40起，查处非法开采行为30起，查扣非法作业机械6台；陆上非法采矿立案33件，移交公安机关线索1件，对依法没收、无人认领的堆场依法拍卖4件。年内，对辖区24个需要进行生态修复的矿坑开展调查并形成调查报告，为职能部门修复矿坑提供详细的数据和修复方案。依法集中拆除2019年第四季度卫片违法图斑4处、砂场加工点11家和非法复粉加工场10家，完成2020年第二季度违法卫片图斑调查工作。

【人力资源和社会保障执法】 2020年，区综合行政执法局深入工地，向农民工发放《保障农民工工资支付条例》（简称《条例》）等宣传资料1000余份，执法人员就《条例》内容和农民工进行面对面解读，引导和规范农民工依法维权行为，多次联合区人社局到企业开展用工规范性和台账检查，督促企业规范用工。按照《条例》规定，健全劳动保障监察投诉举报制度，对涉及拖欠农民工工资的投诉案件，做到专人负责、申诉有门、处理及时。对重大项目的工程欠款问题，既服务好项目，又理顺拖欠农民工工资问题。年内，共协调解决拖欠农民工工资投诉48件，帮助321人追回劳动报酬376万余元，得到农民工送来感谢锦旗1面。年内没有因拖欠农民工工资导致的群体性事件等重大问题。

【安全生产】 2020年，区综合行政执法局组织开展道路运输安全检查，多次联合区交通运输局、区应急管理局等职能部门对16家危化品企业、物流公司开展排查行动，对存在问题的主体单位下发整改通知书，督促企业进一步落实企业安全生产主体责任。多次配合相关镇政府、区应急管理局、区交通运输局等部门到烟花爆竹厂、加油站等企业检查安全生产工作，通过现场联合执法专项整治，加强对危险化学品安全监管工作，进一步规范经营市场，保障周边人民群众生命财产安全。联合区住建局、区消防救援大队等部门多次深入信义玻璃、川化、铁山港幼儿园、学校、消防站等在建工程工地进行安全检查。对现场发现的安全隐患和问题列出清单并发放整改通知书，要求工地负责人签字确认，限期整改。

【精准扶贫】 2020年，区综合行政执法局组织全体帮扶干部开展“一帮一联”“一户一册一卡”扶贫专项活动，入户核实完善贫困户基础信息、讲解宣传扶贫政策。年内，区综合行政执法局开展春节、中秋节慰问活动2次，研究帮助1户贫困户解决住房问题；帮助解决定点帮扶村营盘镇火禄村委开展“七一”党员活动与“五四”文体活动经费共8000元、扶贫办公经费5400元、村中小花园路面硬底化建设经费2.5万元，改善村委办公条件、基础设施和丰富群众生活；在政府扶贫网站平台购买扶贫消费产品累计3.26万元，助力消费扶贫和贫困户增收。疫情期间，为贫困户送去农用生产工具、化肥等生产物资，帮助贫困户解决生产困难。 （林纯萍）

中国人民政治协商会议北海市铁山港区委员会

政协综述

【政协工作概况】 2020年，中国人民政治协商会议北海市铁山港区委员会（简称区政协）团结广大委员，紧紧围绕建设铁山港区现代化工业新城区战略目标，充分发挥政协重要阵地、重要平台、重要渠道作用，突出团结、民主两大主题，履行政治协商、民主监督、参政议政职能，坚持建言资政和凝聚共识双向发力，为助推铁山港区经济社会高质量发展做出积极贡献。年内，区政协召开全体委员会议1次，常务委员会议3次，主席会议、党组（扩大）会议及座谈会37次；开展专题协商4次、专题调研3次，征集提案59件，立案49件；报送社情民意信息44条。

【推动调研成果转化】 2020年，区政协切实抓好调研成果转化工作，在开展好全年专题调研的基础上，对上一年形成的《关于铁山港区民营中小企业发展情况的调研报告》《关于铁山港区林下经济发展情况的调研报告》《关于铁山港区农田水利基础设施建设的调研报告》3篇调研报告提出的意见建议落实转化工作。在对建议进一步提炼协商基础上，与区政府联合召开全区第一次政协调研成果转化协商座谈会，推进组建中小企业服务中心、制定林下经济发展规划、通过购买服务解决水利技术人才不足等建议的转化。

【开展民主监督】 2020年，区政协班子领导按照区委部署要求，带领调研组分别到挂点村认真开展脱贫攻坚调研督导工作。通过召开座谈会，现场查阅工作台账、帮扶手册，实地走访贫困户，了解扶贫资金、政策落实情况。组织委员通过提案、社情民意信息等渠道对脱贫攻坚工作开展民主监督，撰写《关于加强对脱贫户返贫现象检测的建议》得到扶贫相关部门答复，促进解决精准扶贫工作中存在的问题。年内，区政协选派政协委员60多人次参加全区各类民主监督活动，选派委员列席区政府常务会议，参与事业单位招聘考试、巡察调研、旁听案件审理、司法宣传、社会治安满意度测评等监督活动。组织委员110多人次参与公众评议、绩效考评社会评价测评等民主评议检查活动，推动民

2020年8月13日，铁山港区政协重点调研课题成果转化专题协商座谈会在区政务服务中心二楼会议室召开　　区政协办　供

主监督工作广泛开展。组织委员围绕简政放权、强化监督、优化服务、规范收费等4个重点，对全区改善民营企业营商环境开展专题民主监督调研，努力改善民营企业营商环境，增强民营企业发展活力。

【反映社情民意】 2020年，区政协将反映社情民意信息工作作为政协履职的重要内容，成立社情民意信息收集质量和控制小组，努力提高信息上报质量。通过开展“委员走访日”、服务群众解决“三事”活动等方式，及时反映社情民意信息。全年共撰写社情民意信息67篇，报送北海市政协44篇，其中36篇被北海市政协采用，2篇被自治区政协采用，《适度提高广西高温津贴标准》获自治区领导批示。在全市政协系统考核中排名第五，在市辖一县三区政协中名列第一，连续3年获北海市政协反映社情民意信息报送先进单位。

【助力脱贫攻坚】 2020年，区政协班子成员多次深入挂点村，指导贫困户复工复产提高家庭收入。筹措资金11万元，通过支持困难群众发展种养产业、改造危房、维修道路等方式，解决群众生产生活难题。区政协机关干部帮扶的南康镇陂塘村、营盘镇彬畔村、兴港镇婆围村等14个村（社区）的33户150名贫困人口全部如期脱贫。

2020年7月18日，区政协主席彭岳军（左一）、副主席邓明仪（右一）到南康水磨岭林下养鸡产业示范园考察　　区政协办　供

【疫情防控】 2020年，区政协严格落实区委部署，成立区政协疫情防控工作领导小组，组织政协机关全体人员积极配合做好疫情防控各项工作。班子成员深入挂点村（社区）指导疫情防控工作，动员基层力量全力打好疫情阻击战。积极开展“走企连心解困”活动，成立走访委员企业专题调研组，走访17家委员企业，努力为企业争取政策支持，协调解决用工、资金困难等问题，提振企业信心，助力企业复工复产达产。向全体委员发出《关于坚决打赢疫情防控阻击战的倡议书》，鼓励各行各业委员勇担责任使命，全力抗击疫情，在推动夺取疫情防控和经济社会发展双胜利中践行初心使命、彰显政协作为。医疗卫生界委员逆行出征，投身疫情防控一线；教育界委员艰辛付出，坚守在“停课不停学、不停教”战线；企业家踊跃捐款捐物折合人民币30多万元，以实际行动彰显政协委员的时代价值和美好形象。

【能力提升】 2020年，区政协认真贯彻落实中共十九大精神和习近平新时代中国特色社会主义思想，把握中央关于加强和改进人民政协工作的新思想、新部署、新要求，通过集中学习、上党课、专题培训等多种形式，不断加深政协委员对人民政协的认识和理解，切实提高委员的政治意识和履职能力，做到懂政协、会协商、善议政、守纪律、讲规矩、重品行，引导全体委员勇于担当，积极作为。11月，在苏州工业园区举办政协委员履职能力提升专题研修班；12月，在铁山港区举办全区政协委员履职培训班；年内，选派委员参加市级以上政协系统举办的业务培训班5期，参加党委系统组织的理论知识培训班6期，引导委员将学习理论与政协工作相结合，使委员们更快适应新形势、新任务、新要求。坚持完善委员履职考核和服务管理制度，加强委员沟通联系，抓好委员队伍建设。提升委员服务保障，推进“委员之家”建设，搭建委员履职新平台，推动协商向基层延伸。落实委员考核管理，坚决执行委员约谈、劝退制度和委员全会表彰制度，推动委员履职积极性、主动性。

政协重要会议

【政协四届五次会议】 2020年5月19日—20日，中国人民政治协商会议第四届北海市铁山港区委员会第五次会议在南珠会堂召开。出席会议委员92人。区委、区人大、区政府、铁管委、区武装部、区“两院”领导、区直各部门、辖区各镇、企业单位、驻区单位领导等参加开幕大会和闭幕大会。区委书记余兴国在开幕会上做重要讲话。区政协主席彭岳军向大会做常委会工作报告，区政协副主席邓明仪做提案工作报告。会议期间，全体委员列席区五届人大五次会议，听取并讨论政府工作报告和其他报告。会议审议通过政协第四届北海市铁山港区委员会常务委员会工作报告决议、提案工作报告决议、第五次会议政治决议。

2020年5月19日，中国人民政治协商会议第四届北海市铁山港区委员会第五次会议在南珠会堂召开　　邓符　摄

【区政协常委会会议】 2020年，区政协共召开常委会会议3次。

四届十四次常委会会议 2020年5月12日在区政协常委会会议室召开，区政协主席彭岳军主持会议。会议讨论区政协委员人事问题，审议通过《政协第四届北海市铁山港区委员会常务委员会工作报告》《关于政协四届四次会议以来提案工作情况的报告》、政协第四届北海市铁山港区委员会委员增补名单、区政协表彰优秀提案和先进承办单位名单、区政协表彰社情民意信息先进个人名单等，听取区政协2019年重点课题调研情况的汇报。区政协副主席管务光、陈旭昌、陈德萍、邓明仪、秘书长人选黄晓科参加会议。

四届十五次常委会会议 2020年5月20日在南珠会堂讨论室召开，区政协主席彭岳军主持会议。会议听取各委员小组组长汇报四届五次大会期间各小组讨论情况，审议通过政协第四届铁山港区委员会第五次会议各项决议、政协第四届北海市铁山港区委员会补选秘书长、常务委员候选人名单、选举办法(试行)、总监票人和监票人建议名单。区政协副主席管务光、陈旭昌、陈德萍、邓明仪，秘书长人选黄晓科参加会议。

四届十六次常委会会议 2020年12月29日在区政协常委会会议室召开，区政协主席彭岳军主持会议。会议传达学习中共十九届五中全会精神，审议通过《区政协2020年重点课题调研报告》《政协北海市铁山港区委员会全体会议工作规则》《政协北海市铁山港区委员会常务委员会工作规则》，听取2020年政协工作报告，通报区政协2020年社情民意信息工作情况和委员履职情况，研究讨论区政协干部人事任免问题。区政协副主席陈旭

2020 年 12 月 29 日，政协第四届北海市铁山港区委员会常务委员会第十六次会议在区政协常委会会议室召开　　区政协办　供

昌、陈德萍、邓明仪，秘书长人选黄晓科参加会议。

政协重要活动

【专题协商】 2020 年，区政协紧紧围绕区委、区政府中心工作，制订实施年度协商工作计划，有序开展各项协商活动。按照"党政所思、群众所盼、政协所能"的工作要求，采取现场视察调研、召开协商座谈会等形式与区政府各相关部门开展专题协商，针对存在问题共同讨论对策，采取措施认真解决。年内，区政协组织开展"完善铁山港区行政中心基础设施""加快我区教师周转房（午休房）建设""推进铁山港区扫管龙红色教育基地建设""改善铁山港（临海）工业区供排水现状"等协商活动。

【专题调研】 2020 年，区政协成立调研工作领导小组，制订调研工作方案，对区政协委员企业的复工复产情况、铁山港（临海）工业区供排水情况、教育事业发展情况开展调研。年内，调研组先后深入 17 家委员企业，到 2 个外地工业园区及 2 家公司，深入 4 所学校进行实地调查研究，并多次组织座谈会，与相关部门、单位负责人进行交流与探讨，进一步了解辖区委员企业复工复产现状、铁山港（临海）工业区供排水发展现状、教育事业现状及存在问题与对策措施，撰写《铁山港区政协委员企业生产复工情况调查报告》《关于铁山港（临海）工业区供排水情况的调研报告》《关于我区教育事业发展情况的调研报告》，提出意见建议，为区委、区政府决策提供参考。

【提案办理】 2020 年，区政协委员深入开展调研，积极建言献策，共提出提案 59 件，涉及经济建设、民生民政、道路交通等方面，经审查，立案 49 件，分别提交区政府 23 个部门或单位办理。年内，立案的 49 件提案均已办复。提案所提问题已经解决或基本解决的 24 件，占办理的 48.98%；正在解决或列入计划逐步解决的 23 件，占办理的 46.94%；因受现行政策、建设计划等限制暂时不能解决的 2 件，占办理的 4.08%。委员对提案办理的满意率达 100%，其中很满意占 71.43%，满意占 28.57%。区政协联合区人大常委会开展相似议案、提案现场督办，不断完善区领导领衔督办重点提案制度，将 18 件重点提案分别由区委、区政府、区政协领导领衔督办；开展常委会提案办理民主测评、A 类提案民主评议以及优秀提案、承办提案先进单位评选表彰。

政协各专门委员会工作

【科教文卫委工作】 2020 年 9 月，区政协科教文卫委成立专门调研小组，对铁山港区教育事业发展情况进行专题调研。调研组分别到营盘中心校、南康中学、南康第一小学等学校进行实地考察调研。邀请区教育局领导、部分中学及农村小

2020 年 9 月 11 日，区政协副主席陈旭昌（左五）、陈德萍（左四）率政协科教文卫委调研组到铁山港区实验学校开展专题调研

区政协办　供

学负责人参加座谈会，听取区教育局的情况汇报，围绕调研内容进行交流发言。全面了解全区教育事业的现状及面临的困难和问题，撰写《关于我区教育事业发展情况的调研报告》，为提升辖区一流名校及校园安全建设的发展建言献策。区政协科教文卫委积极推动社情民意信息提质增效，狠抓信息上报质量，加强社情民意信息反馈，不断解决群众“三事”。开展“加快我区教师周转房（午休房）建设”协商议题，提出可行性建议，为区委、区政府提供决策参考。

【提案法制委工作】 2020 年 7 月—11 月，区政协提案法制委组成调研组，对铁山港（临海）工业区供排水情况进行专题调研。调研组先后到梧州市万秀区、贵港市港南区学习在工业园区建设管理及园区供排水设施建设方面的先进经验，分别到北海市湖海水利供水有限公司、铁山港区路港污水处理有限公司等企业进行实地考察调研。开展“改善铁山港（临海）工业区供排水现状”协商，邀请相关部门、企业家、员工，围绕工业园区供排水情况进行座谈，充分了解工业区供排水发展现状及存在的问题，找出制约工业区供排水建设发展与安全的短板。经过认真分析、讨论，撰写《关于铁山港（临海）工业区供排水情况的调研报告》，对铁山港（临海）工业区供排水建设现状及存在问题，提出意见和建议。区政协提案法制委扎实推进提案办理工作，狠抓提案质量，提高提案针对性。深化办理协商，落实区领导挂牌督办重点提案制度，18 件重点提案交由区领导挂牌督办，实行零距离督办、现场办案、协商办案，提高提案办理的实际效果。年内，49 件提案已全部办结，道路安全管理、农村垃圾处理、疫情防控、旅游资源统筹开发等问题得到解决。与区人大合作尝试开展提案建议共同督办活动，政协委员和区人大代表对铁山港（临海）工业区排污情况进行联合督办，推动滨江、兴港 2 个小区生活污水管网和港务、信义玻璃 2 个片区污水管网建设，推动广西

2020 年 12 月 10 日，区政协副主席陈旭昌（左排右二）与区政协科教文卫委调研组，在区政协常委会会议室召开关于加快推进全区教师周转房建设专题协商座谈会

区政协办　供

北海燃煤电厂、斯道拉恩索公司、铁山港码头等9个入海排污口防治整改工作，污水处理厂提标改造升级为A级排放标准，有效提高园区污水收集率和处理率。

【经济联谊委工作】 2020年，新冠肺炎疫情发生后，区政协经济联谊委充分发挥团结联谊作用，带领委员就企业复工复产情况开展调研。3月—4月，调研组与相关部门深入种养、建筑、食品加工等行业17家企业，进行实地调查研究，与相关部门人员、企业家进行深入的交流与探讨。通过召开座谈会、现场考察等形式，进一步了解区内委员所办企业在疫情防控、复工复产和产值税收等方面的基本情况、存在问题及对策措施，提出意见建议；开展“推进扫管龙红色教育基地建设”协商议题，提出科学规划、增加财政投入、做好革命文物史料收集整理等意见建议，为区委、区政府决策提供参考。

（张　鹏）

2020年7月31日，区政协副主席邓明仪（前排左三）率提案法制委调研组到铁山港（临海）工业区开展专题调研　　区政协办　供

2020年12月4日，区政协副主席陈德萍（主席台右）率经济联谊委调研组到南康镇扫管龙村开展“推进铁山港区扫管龙红色教育基地建设”专题协商座谈会　　区政协办　供

纪检监察

纪检监察综述

【纪检监察机构及工作概况】中国共产党北海市铁山港区纪律检查委员会与北海市铁山港区监察委员会合署办公（简称区纪委监委），履行纪检、监察两项职能。2020年，全区两级纪检监察机关紧紧围绕中心服务大局，聚焦“六稳”工作“六保”任务，坚持稳中求进工作总基调，忠诚担当履职尽责，积极协助党委压紧压实主体责任推动全面从严治党向纵深发展，坚持和完善监督体系强化对权力运行的制约和监督，在全面提升铁山港区治理能力中发挥监督保障执行、促进完善发展作用，稳步推动纪检监察工作高质量发展取得新的成绩。

【体制改革】2020年，区纪委监委认真贯彻党中央关于监察体制改革决策部署，全面落实中央纪委国家监委部署，依据《中华人民共和国监察法》有关规定，深化乡镇监察机构改革，制定《关于推进监察工作向乡镇延伸的实施方案》，向乡镇派出监察机构，建立健全乡镇监察工作机制，依法授予相应监察权限，促进乡镇纪检监察工作明确职责、履职有力、体制健全、作用明显，不断提升基层纪检监察机关监督能力，推动监督向基层延伸，促进基层政治生态风清气正。

党风廉政建设

【政治监督】2020年，区纪委监委督促党员、干部持续深学笃行习近平新时代中国特色社会主义思想，增强“四个意识”，坚定“四个自信”，做到“两个维护”。巩固深化“不忘初心、牢记使命”主题教育成果，坚持把“不忘初心、牢记使命”作为必修课、常修课，把主题教育提振起来的精气神和形成的好经验好做法，转化为坚定信念、修身养性、忠诚履职的思想自觉和实际行动。推动区、镇、村三级党组织开展“书记点题谈”活动86场，促使解决问题106个，推动各级各单位把“两个维护”落实到具体行动中。督促履行“一岗双责”，全区处级领导经常性督促分管部门主要

2020年7月22日，区纪委监委在区政务服务综合楼五楼会议室召开铁山港区委落实全面从严治党政治责任“书记点题谈”（第二期）
冯新毅　摄

2020 年 1 月 9 日，区委常委、区纪委书记、区监委主任叶艳（正面中）到南康镇开展“廉政谈话”全覆盖活动　　姚文艳　摄

领导落实从严治党责任，共对乡镇和区直部门领导干部 100 人次进行“提醒谈话”，切实提高履职尽责意识。开展“廉政谈话”全覆盖活动，区纪委监委班子成员组成 7 个小组，分别对区辖各镇、区直各部门领导班子成员进行全覆盖“廉政谈话”，听取 14 个单位党组织汇报落实从严治党主体责任情况，持续推动从严治党主体责任落实。区纪委监委紧盯脱贫攻坚等专项巡视和常规巡察反馈意见整改问题，列席整改专题民主生活会 43 次，对全区 8 个被巡察单位及 12 个村（社区）党组织巡察发现问题整改情况开展监督检查，发现问题 11 个，提出意见建议 16 条，确保整改落地落实。坚持严管厚爱相结合、激励和约束并重，科学运用监督执纪“四种形态”，批评教育帮助和处理党员干部 201 人次，其中第一种形态占比 61.7%，第二种形态占比 27.9%，第三、第四种形态共占比 10.4%，继续巩固政治效果、纪法效果、社会效果的有机统一。

【专项治理】 2020 年，区纪委监委强化政治担当，持续深化专项治理。加强扶贫领域问题线索处置，实行问题线索全过程监管，对已办结的 130 条问题线索进行大起底，全区查处扶贫领域腐败和作风问题案件 8 件，给予党纪政务处分 6 人。紧盯“三保障”“饮水安全”，制订“四大战役”督战图挂牌督战，实行“领导带头、部门协同、基层配合”专班专督工作机制，发出纪检监察建议书 4 份，督促立行立改问题 13 个。开展一轮大走访，实现监督全覆盖，对全区 97 户未脱贫户进行遍访，解决问题 37 个，约谈 8 人，处分 2 人。聚焦产业扶贫项目、产业奖补申请验收环节等开展监督检查，开展一项大督查精准监督，发出纪律检查建议书 2 份，督促整改问题 4 个。全力做好疫情防控政治监督，围绕中央决策部署，成立 10 个疫情防控监督工作领导小组，组织 40 批 147 人次深入防控一线，紧盯群众生活保障、医疗物资准备等强化督查督办，发现问题 78 个并提醒整改落实，发出纪检监察建议书 4 份，提出整改建议 12 条，推动各职能部门切实履职，对责任不落实等问题及时调查处置，立案查处 2 人，给予党纪政务处分 2 人。

【作风建设】 2020 年，区纪委监委认真贯彻落实中共中央以及习近平总书记重要指示精神，查处形式主义、官僚主义突出问题 17 个。区纪委监委在重要节日前夕印发通知，提醒教育党员干部加强廉洁自律、保持风清气正政治生态。在节日期间进行明察暗访，先后组织 15 批 30 人次对 20 多个单位进行监督检查。对“四风”问题进行通报曝光，印发通报 1 期，通报案件 2 件。深入落实中央八项规定精神，开展违规使用公务加油卡和“私车公养”专项整治及“回头看”工作，收到自查整改清单 51 份，自查发现问题单位 17 个，立案 13 件，坚决遏制“车轮上的腐败”。深入开展“走企问政督效”活动，查处征地搬迁中利用职务之便侵占国家财产的案件 1 件并通报。

案件查处

【执纪审查】2020年，区纪委监委强化日常监督、三级联动，整合巡察监督、派驻监督资源，全年共处置问题线索140条，立案76件，涉及科级干部12人，结案76件，给予党纪政务处分72人，实现“三大一覆盖”，不断提升案件质量。反腐高压不减，大力打击职务犯罪，移送检察机关审查起诉4人，办理留置案件1件，追缴涉案款项513.29万元。大力整治群众身边腐败和作风问题，聚焦重点领域办理案件全覆盖，立案查处扶贫领域案件8件、涉黑涉恶监管失职失责案件5件、违反中央八项规定精神案件14件及形式主义、官僚主义案件17件，实现查处四类重点领域案件“零突破”和“全覆盖”。

【以案促改】2020年，区纪委监委发挥纪律审查治本功能，督促有关部门、单位加强以案为鉴、汲取教训、堵塞漏洞，坚持一案一剖析，把案件“剖开来”看，从政治思想上查找“病源”、从监督管理上剖析“病因”、从制度机制上根治“病灶”，将“以案促改”工作触角延伸到基层一线，进一步做好案件查办“后半篇文章”。开展扶贫领域警示教育大会4次，专题民主生活会6次，签订廉洁承诺书48份，形成对照剖析材料12份，建立健全制度8项。组织干部、职工观看警示教育片71人次，通过专题党课教育、案例通报学习等形式强化正反面教育，教育党员干部守纪律、讲规矩。组织旁听法庭庭审1次，实现警示教育零距离。组织教育回访70余次，加强对受处分人员的日常教育、监督管理和关心关爱，达到“回访一人、教育一片”的效果。向有扶贫领域案件发生的4个单位的党组织发出《关于开展“以案促改”的纪律检查建议书》，派员全程参与发案单位专题民主生活会，指导该单位认真开展“以案促改”活动。

【基层反腐】2020年，区纪委监委结合自身职责，强化责任担当，制定《北海市铁山港区纪委监委贯彻落实扫黑除恶专项斗争“一十百千万”行动分工表》，压紧压实监督监管责任。加强线索摸排力度，进一步落实“蹲点＋督查”制度，通过进村入户发放信访举报联系卡、召开调研座谈会等方式，着力深挖涉黑涉恶问题线索，收到涉黑涉恶腐败和“保护伞”问题线索3条，立案5人，结案5件，给予党纪政务处分5人。加强公检法司、信访、乡镇以及村委会（社区）等部门的有效沟通，实现数据信息的资源互通，上下联动，提升扫黑除恶专项斗争中发现问题线索的能力，共处理扫黑除恶专项斗争工作中失职失责问题线索3条。持续加大监督执纪问责力度，以零容忍态度严查“微腐败”，在不断增强群众获得感中培植中国共产党执政的政治基础。

廉洁宣传教育

【宣传教育形式丰富】2020年，区纪委监委不断丰富党风廉政宣传教育形式，提升党员、干部反腐倡廉意识，将党风廉政建设向纵深推进，营造风清气正的干事创业环境。在区纪委监委网站、微信公众号等开设“监督曝光”“以案说纪”等栏目，第一时间发布审查调查案件和“四风”问题典型案例，以此警醒“大多数”对照自查，及早发现问题，同时引导群众积极参与对党员干部的监督。加大基层宣传力度，通过发放宣传资料、喷绘墙体标语、悬挂灯柱宣传牌、LED（电子）显示屏播放等形式，及时将上级纪检监察机关典型案例通报和全面从严治党部署要求传达到基层，以“廉洁清风”教育党员干部。大力建设廉政文化宣传教育基地，与区人民法院联手，组织党员干部参加职务犯罪案件的庭审旁听，庭审结束后参观廉政教育基地。年内，通过网络视频、基地参观等形式开展廉政教育8次，参加人员203人次。紧盯热点话题，关注热点问题和动向，补齐信息空缺短板，在开展巡察工作的同时做好工作经验总结并及时报送。按照全员培训要求，通过以案代训、“主业微课堂”等多种方式，提升全区纪检监察干部综合能力，年内区辖各镇纪委共立案17件。完善派驻机构“三为主一报告”制度，制定《铁山港区纪委监委派驻机构考核办法（试行）》，以严格考核促进严格履职。将“家访”机制制度化，推动纪检监察干部严守规矩，以廉守家、以责兴家，着力打造清正廉洁的纪检监察铁军。

【清帆廉政文化园开园】 2020年12月15日，区纪委监委建成的铁山港区清帆廉政文化园开园。该园位于铁山港区行政中心大院内西南侧，占地约1500平方米。该园融合海浪、白龙城、铜凤灯等铁山港区特有的元素，建有迎宾台、清风扬帆广场、浮雕景观墙、清风庭院、清风文化长廊等专栏，以中国廉政文化精神为主线，立足现实，纵览古今，在注重正面引导的原则下辅以反面教材，集教育性、思想性、知识性和艺术性为一体，是广大党员干部接受廉政教育的新基地。通过组织党员干部参观清帆廉政文化园，开展形式多样的警示教育活动，全力强化党员干部廉政思想。（庞迪文）

2020年12月15日，区委常委、区纪委书记、区监委主任叶艳（左一）主持铁山港区清帆廉政文化园开园仪式。区委书记余兴国（右三），区政协主席彭岳军（左三），北海市纪委副书记、市监委副主任金佩铭（右二）出席 劳文静 摄

巡察工作

【巡察机构及工作概况】 中国共产党北海市铁山港区委员会巡察工作办公室（简称区委巡察办）设在区纪委监委，主要工作职责是完成每年巡察任务、组织开展相关培训、拓宽宣传渠道、创新管理方式、督查指导巡察工作、进行巡察情况通报等。2020年，区委巡察机构围绕巡察干部培训、巡察工作督导、巡察整改提高三方面共同推进，实行底稿式、清单式、表格式开展巡察管理工作，实现常规工作规范化、清晰化、高效化、模块化，巡察质量稳步提升，完成五届区委政治巡察全覆盖，推动全区巡察监督工作再上新台阶。

【年度巡察】 2020年，区委共开展3轮巡察，其中交叉巡察1轮、村级巡察1轮、常规巡察1轮，完成对12个单位和10个村（社区）的巡察，共发现问题300个，移交问题线索29条。交叉巡察完成对区委政法委、赤江华侨陶器厂2个单位的巡察，发现问题33个，移交线索8条；村级巡察完成对秋风塘村、雷田村、扫管龙村、滨海社区、里头塘村、三塘村、黄稍村、斑鸠埇村、陂头村、婆围村10个村（社区）的巡察，共发现问题119个，移交线索11条；常规巡察完成对区人大机关、区政协机关、区政府办、区机关工委、区档案馆、区委编办、区征收中心、区人民医院、区妇幼保健院、营盘卫生院10个区直单位的巡察，发现问题148个，移交线索10条。年内，全区完成五届区委巡察全覆盖任务。

【巡察人才库调整】 2020年，区委按照“择优入库、优化结

2020年9月16日，五届铁山港区委第七轮巡察工作动员部署暨业务培训会在区政务服务综合楼二楼会议室召开　　区委巡察办　供

构、动态管理、按需选用、协商确定”的原则，第三次调整更新全区巡察人才库，重新筛选79人入库，其中组长库24人，组员库55人。做到选对人、选准人、选能人，确保选进人才库里的干部抽得动、派得出、干得好，推动全区巡察工作扎实有效开展。

【巡察监督】 2020年，区委巡察办通过三方联动，统筹协调，与区纪委监委、区委组织部、区委宣传部等部门联动，在巡察干部培训、巡察工作督导、巡察整改提高三方面共同发力，推动全区巡察监督工作再上新台阶。全年召开阶段工作汇报会3次，对14个被巡察党组织整改工作进行评估，针对整改工作不到位的问题，区纪委重要领导对2个镇的相关领导和4个村（社区）4名村干部进行谈话提醒，对1个巡察整改工作落实不力的党组织负责人进行约谈，发出纪检监察建议1份。

【文档管理】 2020年，区委巡察办规范巡察档案整理工作。6月起，区委巡察办将需要保存的文件材料，科学合理分类，以件为单位，逐一编号、编排目录、装订存档、统一保存；对材料不齐全、记录不规范的，及时补充完善；对于过期、重复、无保存价值的文件材料，及时销毁，确保文件不外传。

【“五库一指南”构建】 2020年，区委巡察办认真探索建立“五库一指南”的工作架构，推动巡察监督工作规范发展。年内，全区已初步形成“巡察人才库”“巡察师资库”“巡察信息库”“巡察案例库”“巡察资料库”等“五库”建设并结合实际制定《巡察工作指南》。“五库一指南”从队伍建设、资源整合、规范管理等方面为巡察监督工作提供有力支撑，进一步提升巡察监督质效，推动巡察监督工作制度化、规范化发展。

（李恩晓）

群众团体

北海市铁山港区总工会

【总工会工作概况】 2020年，北海市铁山港区总工会（简称区总工会）深入贯彻习近平新时代中国特色社会主义思想，主动积极开展工会工作。组织举办形式多样的招聘会，解决企业招工难、职工上岗难问题；通过组织技能培训和技能大赛，提升职工队伍综合素质；通过开展送健康体检活动、困难职工帮扶工作等切实维护职工基本权益；推优选优，为弘扬劳动精神、劳模精神、工匠精神树立正确形象引导。推动基层工会建设，通过建设完成“党工共建”示范点推动工会服务品牌化建设。

【基层工会建设】

组织建设　2020年，铁山港区成立7家基层工会组织，其中包括4家企业工会和1家工会联合会，吸纳新会员307人；指导10家基层工会进行更名、换届及改选工作。

示范点创建　2020年，区总工会开展“党工共建”创建示范点活动。年内，建设完成广西新鑫能源科技有限公司和北部湾表面处理中心2个“党工共建”示范点，其中广西新鑫能源科技有限公司“党工共建”示范点成为北海市工会观摩、学习示范点。

劳模广场建设　2020年，区总工会加强基础建设工作，

2020年7月22日，北海市人大常委会副主任、市总工会主席柳金红（前排左三）带队参观广西新鑫能源科技有限公司党工共建示范点

区总工会　供

2020年9月，北海市铁山港区总工会劳模广场在兴港镇南乐社区市场门口落成

区总工会　供

建设完成位于兴港镇南乐社区市场门口的劳模广场。

【慰问防疫一线劳动者】 2020年，区总工会筹集疫情防控资金11.78万元，用于慰问复产复工企业、区人民医院、新冠肺炎疫情防控办、区总工会挂点村等9个单位，为一线抗疫人员送去工会组织的关怀。

【“送清凉”活动】 2020年夏季，区总工会给高温环境作业的一线劳动者开展“送清凉”活动。先后走访慰问北海市太阳纸业项目征地组、广西天然气和液化气产业及氢能综合利用项目征地组、北海新奥华恒物流有限公司和铁山港公用码头货车司机集中点等，开展“送清凉”活动，为一线工人、农民工等群体送去清凉用品，宣传和普及安全生产和防暑降温知识；共投入工会经费1.98万元，慰问职工439人次。

【“送温暖”活动】 2020年元旦、春节期间，区总工会开展“送温暖”活动。走访慰问南康镇环卫服务有限公司和兴港镇赤江陶器厂，慰问困难职工和一线职工59户，发放慰问金共3万元。年内，积极开展帮扶工作，帮助困难职工解困脱困。

【“送健康”活动】 2020年，区总工会到广西新鑫能源科技有限公司开展“送健康”活动。在该公司一楼会议室和职工活动室开展送健康体检活动，为223名职工或农民工进行免费体检，体检项目包括全血细胞分析、心电图、彩色B超等12项内容。

【“职工小家”建设】 2020年，区总工会针对铁山港(临海)工业区建设中产生的失地农民问题，建设“职工小家”，为失地农民提供就业、困难帮扶、技能培训等多方服务，打造特色服务品牌。

【微型招聘会举办】 2020年3月，区总工会联合区人社局举办重点企业“点对点”微型招聘会，组织区重点企业分别到兴港镇粟山村、营盘镇盐灶村、南康镇夏塘村、黄丽窝村开展招聘活动，把招聘会送到群众身边；4月，联合区人社局、区扶贫移民局等单位，在南康镇文化广场举办民营企业招聘周专场招聘会，共组织15家企业进场招聘，帮助解决疫情防控期间企业招工难、劳动者工作难的问题，助力企业复工复产。

【职工素质提升】 2020年，区总工会继续按照北海市总工会关于开展“十百千万”(组建十支服务小分队、走访慰问百户困难职工家庭、送千场活动进企业、赠送万份暖心礼卡)系列服务活动的工作要求，在全区开展系列服务和建设活动，提升职工队伍综合素质。7月，区总工会联合区人社局，在广西精工海洋(集团)南珠养殖基地、南康镇龙门村委、三塘村委等地点举办全区职工及农民工技能培训班共8期，包括1期鱼虾类简加工培训活动和7期创业培训活动，培训人数326人，其中186人获得劳动部门颁发的职业技能证书。8月，联合区人社局在广西北部湾新材料有限公司冷轧分厂、北部湾港股份有限公司北海港分公司组织开展北海市铁山港区第七届农民工技能大赛，共组织52名农民工分别参加桥式起重机操作、电焊、叉车操作3个项目比赛。开展五一劳动奖和工人先锋号评选活动，其中推选的北海新奥华恒物流有限公司郑小莉、南康镇扫管龙村委会梁成文2人荣获自治区劳动模范称号；推选的团区委班玉玲、区交通运输局李树球2人荣获北海市先进工作者称号；推选的区绿牧农民专业合作社黄平、北海市志辉化工程服务有限公司李乃景2人荣获北海市劳动模范称号；推选的区人民医院谢庆辉荣获广西五一劳动奖章。开展“北海工匠”选树活动。4月，铁山港区“赤江陶制作技艺”“非遗”项目代表性传承人陈家宝获得2019年“北海工匠”荣誉称号。

【职工帮扶】 2020年，区总工会实施生活救助困难职工7户，发放救助金1.82万元；发放疫情期间基本生活补贴1.40万元；继续推进职工医疗互助保障工作，全年完成参保人数2952人，为职工办理理赔70人次，补助金额17.76万元。开展“六一”儿童节关爱慰问活动，走访慰问兴港镇谢家村龙坝尾2名困境儿童，送去书包、铅笔盒等学习用具和牛奶等营养品。派出帮扶工作人员配合自治区总工会委托的第三方机构——广西斯达市场信息咨询有限公司，开展北海市铁山港区城市困难职工解困脱困工作成效第三方评估工作。

【维权机制建设】 2020年，区总工会继续开展工资集体协商，推动全区建有工会企业依法建立工资集体协商制度。通过开展工资集体协商，加大宣传力度，健全职工工资共决机制、支付保障和正常增长机制，努力推动全区建有工会企业依法建立工资集体协商制度，维护职工合法权益，促进劳动关系的和谐稳定。正式启动并持续推进“法院+工会”诉调对接工作机制，整合法院和工会的优势、资源，把化解劳动争议纠纷工作做细、做实，维护劳动者合法权益。积极开展女职工权益保护法律法规宣传。在重点企业“点对点”微型招聘会中，设立法律知识咨询点，向入场招聘的企业和应聘的女职工发放《女职工劳动保护特别规定》《女职工禁忌从事的劳动范围》《进城务工人员劳动权益维护手册》等宣传资料，通过微信群、QQ群发送女职工维权知识竞赛题库，通知各基层工会按要求自行组织女职工进行学习，提高女职工自我维权的意识。（黄　敏）

中国共产主义青年团北海市铁山港区委员会

【共青团机构概况】 2020年，中国共产主义青年团北海市铁山港区委员会（简称团区委）直辖4个团委、1个团工委、9个团支部，共有团员2671名。

【青少年思想教育】 2020年，团区委抓牢抓实青少年思想政治教育，强化意识形态阵地建设。开展红色教育，树立青少年爱国情怀。积极谋划开展《红色传奇》进校园系列活动，全面打造校园“红色文化”。结合中国少年先锋队建队71周年契机，举办铁山港区“致敬抗美援朝　争做时代新人”建队日活动。清明节期间，结合疫情防控主题开展“红领巾在行动　致敬战疫先锋”“清明同祭英烈，线上齐寄哀思”等教育专题。依托南康镇扫管龙红色教育基地建立中国少年先锋队校外活动阵地，丰富青少年红色教育场所。推进青年大学习，引导青少年听党话、跟党走。举办2020年铁山港区基层团组织“青春引擎”暨“青马工程”培训班，强化青年思想认识；举办铁山港区“爱国心·报国情·强国志”主题征文及“决胜脱贫攻坚　携手奋进小康”演讲比赛，坚定青年爱国报国信念。树立先进典型，强化示范带动作用。开展基层团组织“两红两优”（五四红旗团委、五四红旗团（总）支部，优秀共青团员、优秀共青团干部）、少先队“三优”（优秀少先队员、优秀少先队辅导员、优秀少先队集体）评选，召开铁山港区纪念五四运动101周年暨青年助力全区中心工作座谈会，举办铁山港区“凝聚青春热情　接力秀美人生”学习黄文秀先进事迹主题团日活动，全面激励青年、引领青年树立正确人生观。

【基层团组织建设】 2020年，团区委不断加强基层团组织建设，构筑坚强战斗堡垒。制订《广西壮族自治区中长期青年发展规划(2018—2025年)》实施工作北海市铁山港区联席会议制度，召开第一次全体（扩大）会议，印发议事规则和2020—2021年度工作实施要点。贯彻落实北海市共青团基层建设深化年实施方案，持续抓好“智慧团建”录入工作，全年新发展团员335人全部录入系统。严抓团员转接工作，“学社衔接”率97.1%。对81个团（总）支部全部完成对标定级评定。强化基层团组织覆盖，推动广西川化天禾公司成立团组织。全面完成全区村（社区）团组织换届工作。11月28日，全区43个村（社区）团组织全

2020 年 10 月 16 日，2020 年铁山港区村（社区）团组织换届选举工作动员会在区政务服务中心二楼会议室召开　　团区委　供

面完成换届，选举产生 131 名团支部委员，平均年龄 27 岁，其中高中及以上学历 120 人，占 91.6%，充实村（社区）团组织队伍。落实《广西全团带队责任落实年工作方案》，严抓少先队工作。强化少先队员思想教育，组织少先队员开展争优活动。全区学校少先队工作委员会全部完成换届，中小学校全部建立少先队组织。依托铁山港区人民法院、铁山港区青少年之家等建立红领巾校外活动基地，进一步丰富少先队员活动阵地。

【服务重点工作】 2020 年，团区委围绕铁山港区中心工作，带领青少年弘扬志愿服务精神。组织青年投身疫情防控工作，第一时间组建青年疫情防控志愿服务队，筹集资金 1.5 万元、口罩 2000 个，组织青年志愿者 94 人次开展入户宣传、摸排走访等防控工作。团区委主动谋划脱贫攻坚工作，2020 年“同心助学”活动、发动爱心企业人士帮助 21 名贫困家庭子女圆梦大学生涯；聚焦困境农民，开展“青春助农”品牌活动，帮助销售滞销农产品沃柑 26.12 吨、阳桃 8 吨、玉米 23.85 吨、金煌芒 4.92 吨；结合“青春助农”活动引导青少年助力爱心公益，全年共捐款 1.43 万元用于扶危帮困公益事业。关注困难儿童，实施“情暖童心”帮扶项目，全年走访慰问 60 名贫困儿童。团区委深入推进全国文明城市创建工作，多次组织开展“齐聚青春力量　创建文明城市”“文明创城　青年在行动”等志愿服务活动，共组织青年志愿者 200 人次深入村（社区）开展宣传、清扫环境、文明交通劝导等活动。

【服务青少年】 2020 年，团区委拓宽青年学习交流渠道，开辟线上“青年说”栏目。相继开展“抗疫说”“话乡愁”“谈教书育人感悟”等不同的主题，有效加深青年交流，深受青年朋友欢迎。团区委通过购买社工服务。引入社工组织进驻青少年之家及“双零社区”试点单位高田村委，积极开展防溺水、亲情陪护、预防青少年违法犯罪等活动，促进全区未成年人保护事业发展。

2020 年 3 月 5 日，团区委组织青年志愿者到兴港镇粟山村开展“青春助农　沃柑之爱”活动，帮助村民销售滞销农产品　　团区委　供

进驻“解忧超市”“访三事”解难题，帮助解决青少年烦心事2件，解决青年就业问题3个。

（李 璇）

北海市铁山港区妇女联合会

【妇联机构概况】 2020年，北海市铁山港区妇女联合会（简称区妇联）辖乡镇妇联3个，社区妇联6个，村妇联37个。年内，区妇联主席陈丽艳被评为广西“三八红旗手”。

【助力妇女就业创业】 2020年，区妇联深入实施巾帼建功工程，鼓励各行各业妇女创先争优，发挥示范引领作用，助力脱贫攻坚。加大“巾帼脱贫示范基地”创建力度，年内铁山港区嘉晟种养农民合作社提供就业岗位并带动周边贫困妇女脱贫致富，被评为“广西巾帼脱贫示范基地”。主动对接信义玻璃有限公司、旺海珍珠养殖基地等企业，解决13名建档立卡贫困妇女就业。在贫困村南康镇黄丽窝村开展“桂姐姐”宣讲之“培训家政能手·助力巾帼脱贫”活动，在兴港镇石头埠社区举办铁山港区农村妇女海水养殖（石斑鱼、金鲳鱼）技术培训班；联合区就业局举办中式面点师培训班15期，培训妇女595人次，其中建档立卡贫困妇女118人次，提高贫困妇女的就业创业技能。

【服务社会】 2020年，区妇联在营盘镇塘仔村打造“环保妈妈志愿服务”示范点，组建“环保妈妈志愿服务队”，积极参与铁山港区“三清三拆”、卫生整治、垃圾分类知识宣传等志愿服务活动，倡导乡村文明，为“创城”工作助力。强化基层妇女干部素质提升，联合区委组织部举办基层妇女干部“领头雁”素质提升培训班，增强基层妇女干部参与基层治理、引领脱贫攻坚、乡村振兴等工作能力。新冠肺炎疫情期间，区妇联广泛发动各级女能人、爱心人士捐资赠物，凝聚爱心，给一线抗疫人员发放价值1.18万元的酒精、口罩、喷壶、手套等防疫物资，助力疫情防控工作。年内，南康镇中心小学德育组等10个岗组获北海市“巾帼文明岗”称号，这些岗组分别与铁山港区“儿童之家”结对开展志愿服务主题活动，展现文明岗风采，贡献巾帼力量。

2020年12月11日，区妇联联合铁山港区嘉晟种养农民合作社在兴港镇石头埠社区举办铁山港区农村妇女海水养殖（石斑鱼、金鲳鱼）技术培训班 区妇联 供

【服务妇女儿童】 2020年，区妇联以服务妇女儿童为工作主线，倾力为妇女儿童办实事、办好事，做妇女信得过、靠得住的“娘家人”。区妇联在春节、“三八”妇女节、“六一”儿童节等节日期间，组织开展系列慰问活动，慰问留守困境妇女儿童、春蕾女童、建档立卡贫困户及一线防疫妇女义工共58人，发放慰问金及慰问品共3.06万元。开展“爱心帮农 助力扶贫”阳桃认购活动，帮助铁山港区茂叶生态园销售阳桃8吨。区妇联深入推广“两癌”保险工作，全区累计投保“两癌”保险1.4万余份，保费金额70.54万元；全年共有9名“两癌”患病妇女获理赔，赔付金额共75万元；区妇联被评为广西关爱女性健康“两癌”保险工作优秀单位。协调铁山港区嘉晟种养农民合作社、铁山港区茂叶

生态园等爱心企业，为 165 名建档立卡贫困妇女购买总保额 825 万元的关爱家庭健康保险。全区 43 个村（社区）百分百建立“儿童之家”，为农村儿童搭建良好的校外学习娱乐平台，丰富农村儿童校外生活，全年开展主题活动 80 多场，参与活动的儿童及家长 4000 余人。

【家庭文明新风尚建设】 2020 年，区妇联实施家庭文明新风尚建设工程，弘扬家庭新风尚，传递社会正能量。常态化开展寻找“最美家庭”活动，陈雪凤家庭被评为广西“五好家庭”，广西北部湾新材料有限公司石方雪等 5 户家庭被评为北海“最美家庭”。开展“书香八桂 父母同行”亲子阅读活动，中石化北海炼油厂的毕司辰家庭获自治区二等奖、铁山港区第三幼儿园的蓝欣怡家庭获自治区鼓励奖。开展“好爸好妈好家风”家风家教征文活动，面向全区广大家庭征集家风家教故事，共推送 15 篇优秀作品参加市级比赛，获一等奖 1 名、二等奖 2 名、三等奖 2 名、优秀奖 3 名。开展家庭教育大巡讲系列活动，在中小学校组织开展“父母成长计划”家庭教育公益巡讲活动 3 次，在兴港镇南乐社区开展“关注子女成长 争做合格家长”家庭教育宣讲会 1 次，在广西北部湾新材料有限公司开展“家风家教大巡讲”进企业活动 1 次，在全区掀起弘扬社会主义家庭文明新风尚的热潮。

【普法维权工作】 2020 年，区妇联深入开展普法维权工作，切实维护妇女儿童合法权益，获广西妇女儿童维权项目成果评比三等奖。区妇联采取“妇联 + 法官 + 心理咨询师”的多元调解模式，成功调解 5 件离婚、抚养费案件，为营造良好的婚姻家庭氛围提供法律保障。联合区司法局走访慰问全区社区矫正对象，开展普法宣传教育活动，帮助社区矫正对象中的妇女及未成年人正视自我、矫正恶习。组织开展“把爱带回家——家家幸福安康”法制宣传教育活动，从思想和行动上增强儿童和妇女的法制意识。 （黄启莉）

北海市铁山港区科学技术协会

【科协机构及工作概况】 2020 年 7 月 3 日，北海市铁山港区科学技术协会（简称区科协）实现独立建制，是区委领导的独立设置的人民团体。年内，区科协认真做好技术培训、科普活动、青少年科技创新等工作，取得新的成绩。

【技术培训】 2020 年，区科协致力于农村实用技术培训工作，为帮助农户掌握种养技术，提高农业生产的技术含量，促进农民增收，助力脱贫攻坚。年内，区科协分别在营盘镇彬畔村、兴港镇小马头村、南康镇社内村等村委共举办“科普服务乡村振兴 助力精准扶贫工程”种植技术培训班 3 期，培训人数 175 人。

【科普活动】 2020 年，区科协通过组织形式多样的科普宣传教育活动，全力营造全民学科学、用科学的氛围，不断提升全区公民科学素质。区科协将中国科普研究所开发的学习小程序推送给干部群众开展科学知识学习，印制 1.5 万份科普学

2020 年 10 月 27 日，区科协在兴港镇小马头村开展科普服务乡村振兴助力精准扶贫工程——小马头村委豆角种植技术培训 陈翠华 摄

2020 年 10 月 22 日，区科协联合北海市科协在兴港镇小马头小学开展以“弘扬科技精神，助推文明风尚”为主题的“科普大篷车”进校园科普宣传活动　　陈翠华　摄

习资料发送到各村（社区）并逐户宣传讲解，组织全区 1309 名干部职工进行公民科学素质测试，以“弘扬科技精神，践行文明风尚”为主题组织开展 3 期“科普大篷车”进校园活动，提升全区公民科学素质。年内，铁山港区在各类科普竞赛和测评活动中取得可喜成绩，在北海市网络科普知识竞赛活动中，辖区干部职工和群众踊跃参赛，参与人数占全市一半以上，连续 2 年取得该项活动全市最好成绩，区辖 3 镇都进入单位排名前 10 名，10 人获个人名次前 20 名。在中国科协组织的 2020 年公民科学素质合格率随机抽样测评中，铁山港区公民科学素质合格率测评值为 7.89%，超任务指标值 7.32%，比上年 6.7% 的测评值有提升。

【青少年科技创新】 2020 年，为推动机器人科学技术普及，鼓励更多青少年在电子、信息、人工智能等高新科技领域学习、探索和实践，激发青少年对机器人技术的兴趣，提高科学素质，区科协联合区青少年活动中心组织各中（小）学校学生参加北海市第 36 届青少年科技创新大赛，获得北海市第 36 届青少年科技创新大赛（科幻画）一等奖 2 人、二等奖 8 人、三等奖 13 人、优秀奖 15 人的好成绩。（陈翠华）

北海市铁山港区工商业联合会

【工商联机构及工作概况】 2020 年，北海市铁山港区工商业联合会（简称区工商联）贯彻落实民政部、全国工商联《关于加强乡镇、街道商会登记管理工作的通知》文件精神，加强所属乡镇商会的登记管理工作部署，在区委统战部及民政部门的指导支持下，所属南康镇商会、营盘镇商会、兴港镇商会均依法注册登记，成为北海市首个完成乡镇商会注册的县区。年内，区工商联认真做好政治建会、服务企业、社会公益、参政议政等工作，取得新的成绩。

【政治建会】 2020 年，区工商联坚持政治建会，领导班子政治素质持续提升，发挥党组核心引领作用，贯彻执行中共中央路线方针政策，加强非公经济人士的理想信念教育，引导非公经济人士践行社会主义核心价值观，牢固树立“四个意识”，坚定“四个自信”，做到“两个维护”。年内，区工商联以召开党组会议、主席扩大会议、四届四次执委会议等契机，向干部职工、非公经济人士集中传达相关精神 6 次；围绕提升非公经济人士的政治素质、法律素养，促进“两个健康”的工作目标，开展包括区工商联及所属商会领导班子素质能力培训班、商会诚信主题教育等相关活动 3 次，累计培训民营企业家 80 多人次，广泛凝聚非公经济人士思想共识。

【服务企业】 2020 年，区工商联强化平台意识，搭建政企沟通平台，服务企业高质量发展。年内，区工商联与区财政局联合搭建银企沟通平台，缓解民企融资难问题；与区检察院联合开展服务“六稳”“六保”，护航民企发展检察开放日活动，护航民企发展；与区人社局等单位联合组织开展铁山港区民营企业招聘周专场招聘会，服务企业复工复产和解决企业用工难问题；与区市场监管局、区税务局、区发改局、区非公办等单位联合开展非公经济发展宣传月活动，向非公企业、个体工商户宣传国家有关减税降费政策；落实“走企连心”解困行动，及时掌握民营企业发展状况和诉求，加大政策宣传力度，提振发展信心。

2020 年 9 月 25 日，区委统战部、区工商联、区青年企业家联合会到兴港镇富屋村开展“情暖中秋　关爱困难”慰问活动　　唐爱华　摄

【社会公益】 2020 年，区工商联鼓励区内民营企业家弘扬优秀企业家精神，履行社会责任，投身各类光彩事业。引导爱心企业为抗击新冠肺炎疫情捐款捐物价值 30 多万元，助力疫情防控工作；组织 17 家爱心企业为 21 名贫困大学新生捐赠助学金 6.30 万元，助力贫困学子筑梦前行；组织各镇商会及会员企业采取“以购代捐”“以买代帮”等消费扶贫活动 2 次，助力脱贫攻坚；以各类节假日时间节点为契机，分别到南康镇黄丽窝村、兴港镇富屋村、营盘镇盐灶村等贫困村开展多样化的公益慈善活动，累计帮扶贫困户 300 多户，送出慰问物资价值 26 万元。

【参政议政】 2020 年，区工商联积极引导非公经济人士中的人大代表、政协委员参政议政，树立为民履职、为民尽责的情怀。年内，各非公经济人士人大代表、政协委员围绕全区社情民意参政议政，提交《关于严厉打击非法采砂行为的建议》《关于简化办理速生桉“林木采伐许可证”的建议》《关于铁山港（临海）工业区七号路雨污水管道清淤疏浚检修的建议》等近 10 个建议提案，为全区经济社会的发展积极建言献策，发挥民主监督作用。

（李丽菁）

2020 年 7 月 30 日，区工商联组织各镇商会到南康镇参加铁山港区 2020 年农产品产销对接推广现场会活动　　南康镇商会　供

北海市铁山港区残疾人联合会

【残联机构及工作概况】 北海市铁山港区残疾人联合会（简称区残联）为正科级事业群团单位。2020 年，区残联认真开展评残鉴定服务、助力残疾人增收、残疾人文娱活动、残疾儿童康复救助等工作，取得新的成绩。

【评残鉴定服务】 2020年，区残联积极开展上门为建档立卡贫困残疾人办理残疾人证，主动联系相关评残医疗机构，组织评残医生到辖区3镇免费为行动不便的重度肢体、精神、智力残疾人进行评残鉴定。先后组织开展集中或上门评残服务6批次，评残437人，确保贫困残疾人“残疾人证”应办尽办，及时享受有关惠残助残政策。

【助力残疾人增收】 2020年，区残联充分发挥基层党组织的作用，利用村级党组织的力量，对有劳动能力并有创业意愿的贫困残疾人广泛开展“帮、包、带、扶”活动，投入10.5万元，扶持70名建档立卡贫困残疾人发展特色种养，增加收入。

【残疾人文娱活动开展】 2020年，区残联积极开展残疾人形式多样的文娱活动，丰富基层残疾人精神文化生活，引导残疾人通过参与文体活动愉悦心情，增强人际交流，促进残疾人融入社会，增强生活自信和战胜命运的勇气。

【残疾儿童康复救助】 2020年，区残联积极与区财政部门沟通，把儿童康复救助资金纳入年度部门预算，救助资金用于0—17岁视力、听力、言语、肢体、智力等残疾儿童和孤独症儿童基本康复训练补助，并确立7家包括视力、听力、言语、肢体、智力、孤独症五大类别的自治区级及市级的残疾儿童康复机构，满足各类别残疾儿童的康复选择需求，按不高于每人每年2万元的标准，全年救助残疾儿童58名，进一步改善铁山港区残疾儿童康复状况，减轻残疾儿童家庭负担，完善社会保障体系，实现对区内每一名提出康复救助申请并符合条件的儿童“应救尽救”。

（吴伟霞）

2020年11月，区残联组织部分残疾人在南康社区残疾人文体活动中心（南康镇朝阳广场）开展趣味游园活动。图为残疾人在抛圈套鸭子

区残联　供

北海市铁山港区社会科学界联合会

【社科联工作概况】 2020年，北海市铁山港区社会科学界联合会（简称区社科联）扎扎实实做好理论学习引领、社会文化科普、政治思想教育、服务征地搬迁、传统村落调研等工作，取得新的成绩。

【理论学习引领】 2020年，区社科联持续推进学习贯彻习近平新时代中国特色社会主义思想，推动铁山港区高质量发展，协助区委中心组开展学习活动，发挥区委理论学习中心组理论学习引领作用。印发《关于印发〈2020年全区学习宣传习近平新时代中国特色社会主义思想工作安排〉的通知》。共安排4次中心组学习，每次自学和集中学习的时间均为3天，学时累计12天。全年学习按程序增加13方面的内容，涉及各职能部门的各个方面年度工作，在使用北海市理论学习材料的同时，根据增加内容，汇编学习材料6册，约10万字。为区人大、政协，统战（民族宗教）、安全生产、统计等有涉及区委中心组学习内容的部门汇编5个专题资料，为全区以较高的得分通过年度绩效考评发挥作用。

【社会文化科普】 2020年，区社科联以“大喇叭”工程、农

2020 年，北海市铁山港区传统村落调研工作座谈会在区政务服务综合楼二楼会议室召开　　区社科联　供

民书屋、科普板报和电影下村为抓手，为广大群众提供社会文化科普服务。年内，全区共开展“戏曲进校园”55 场、“戏曲进乡村”19 场，送电影下乡 456 场、“我们的节日”15 场。全区共有农家书屋 42 家，藏书 30 万册，农家书屋图书包括文学小说、科普知识、科学种养等书籍，到农村书屋借阅图书观众达 2 万多人次，推动群众提高政治理论觉悟和普及社科知识。

【服务征地搬迁工作】 2020 年，铁山港区通过在征地搬迁重点村（社区）安装远程无线广播喇叭，在规定时段反复播放铁山港区征地搬迁法律法规，宣传征地资金管理办法、审批程序、支付流程等制度，让群众了解征地搬迁资金补偿价格，遵行资金审批程序，实现“阳光征迁”，促进全区顺利完成征地 667 公顷工作。

【传统村落调研】 2020 年，区社科联召集村干部、南珠文化传承人和熟悉村史的长辈等人员，与北海市调研队举行传统村落调研工作座谈会，挖掘传统村落文化内涵，商讨传统村落在促进旅游示范区创建和乡村振兴中的作用；配合北海市社科联、桂林电子科技大学北海校区完成北海市村落文化野外调研（铁山港区部分）工作。调查地点主要集中在营盘镇白龙珍珠城遗址和兴港镇杨屋村委田头屋村明清龙窑遗址。

【其他工作】 2020 年，区社科联协助举办铁山港区理论宣讲比赛，选拔选手参加北海市理论宣讲比赛，区法院选手获得较好名次。协助召开决胜全面小康决战脱贫攻坚宣讲会，全区 100 多名干部到会听讲。陪同自治区社科联专家曾家华及北海市社科联一行 4 人调研铁山港区产城融合及村镇保护工作，主要是工业园区整体建设和南康古镇建设。

（欧作合）

2020 年，区社科联协助相关部门到兴港镇杨屋村委田头屋村调研明清龙窑遗址　　区社科联　供

法　治

政法协调及综合治理

【政法机构及工作概况】 中国共产党北海市铁山港区委员会政法委员会（简称区委政法委）是区委领导管理铁山港区政法工作的职能部门，代管铁山港区法学会。2020年，区委政法委认真做好维护社会稳定、平安铁山港建设、扫黑除恶、疫情防控、从严治警等工作，取得好成绩。

【维护社会稳定】 2020年，铁山港共调处各类矛盾纠纷514件，调解成功499件，调解率100%，调解成功率97%，防止民间纠纷激化36件。提前完成自治区级重大涉稳问题化解1件、市级重大涉稳问题化解2件。

【信访工作】 2020年，铁山港区接待来访群众64批次420人次，比上年批次减少34.7%，人次减少10.4%。年内，全区没有发生影响重大的政治事件及赴京进邕非正常上访事件，重要节庆和敏感时期安全平稳。铁山港区再次被评为2020年全国信访工作“三无”县区。

【平安铁山港建设】 2020年，铁山港区公安机关共立刑事案件370件，破案120件，刑拘367人，提请逮捕121人；检察机关刑事批捕71件120人；审判机关受理刑事案件152件，依法结案123件。群众安全感稳步提升，第三季度群众安全感98.72%，比上年同期上升0.43个百分点，排名广西111个县区第27位、北海市第一位。第三季度执法满意度95.22%，比上年同期上升2.13个百分点，排名广西111个县区第七位、北海市第一位。

【扫黑除恶专项斗争】 2020年，区委政法委重点抓好“一十百千万”和“六清”行动工作。年内，全区收到上级交办线索74条，全部办结清零。审判机关审结涉恶案件1件，涉恶人员全部缉拿归案，无在逃人员。组织海上执法行动110次，出动执法人员830人次，其中联合执法行动1次，出动人员30人次，检查渔船、机动竹（木）排筏930艘次，立案7件；查处电捕鱼等非法捕捞渔船8艘，行政处罚渔船5艘共6万元；拆除销毁电鱼工具5套，没收销毁地笼120条；查办各类

2020年11月7日，铁山港区委常委、政法委书记庞富国（右三）到南康镇调研维稳工作　　区委政法委　供

抽砂船80艘次，立案5件，行政处罚金额29.5万元；查处违法围填海案件2件，立案2件。1月—10月，公安机关立抢劫案6件，比上年同期3件上升100%；立抢夺案7件，比上年0件多7件，破1件比上年0件多1件；立盗窃案111件，比上年36件上升208.3%，破24件比上年22件上升9.1%；立诈骗案135件，比上年49件上升175.5%，破23件比上年17件上升35.3%。各种社会治安乱象得到有效打击，非法采矿、非法捕捞、非法圈占海滩涂、市场经营等涉恶重点行业、重点领域乱象得到整治，基层组织建设得到进一步加强，扫黑除恶成效大幅上升，第三季度扫黑除恶成效98.28%，比上年同期提升3.2个百分点，排名广西111个县区第七位、北海市第一位。

【疫情防控工作】 2020，区委政法委组织政法队伍参与疫情防控工作，强化“大数据+网格化”管理，充分利用四大片区2475个网格和公安大数据技术手段对辖区涉疫情重点人员和线上各种有关人员进行地毯式排查，实行网格化管理，全程跟踪管控，做到“见人、见号码、见体温、见地址”，确保“人在网格走，人在网格控”。坚持每日研判制度和适时调度制度，及时根据疫情政策要求，动态调整防控措施，确保按政策要求精细落实各项防控措施。年内，全区实现新冠肺炎疫情零确诊工作目标。

【从严治警】 2020年，区委政法委持续扎实开展从严治警“五查五整顿”（查思想，着力整顿信念滑坡问题；查纪律，着力整顿有令不行问题；查作风，着力整顿不严不实问题；查担当，着力整顿不作为、乱作为行为；查管理，着力整顿领导责任落实不力问题）活动，敢于正视存在问题，深刻反思上年公安系统出现的腐败违法案件，开展“以案促改”警示教育等活动，大力整顿政法队伍纪律作风建设，不断筑牢反腐倡廉思想防线，全区政法队伍呈现出良好的政治生态，政法队伍的整体素质和战斗力得到明显增强。 （邓彩凤）

2020年12月25日，铁山港区委常委、政法委书记庞富国（左四）到铁山港公用码头调研疫情防控工作 区委政法委 供

法治政府建设

【法治宣传教育】 2020年是“七五”普法的验收年，为做好总结验收工作，区司法局深入开展法治宣传教育。开展“法治三月三”宣传活动。受疫情影响，2020年的“壮族三月三”线下活动全部取消，区司法局联合区委宣传部和区民宗侨务局开展主题为“全民来唱普法歌”的“法治三月三”快板等线上法治宣传活动，普法内容涵盖《中华人民共和国宪法》《中华人民共和国民族区域自治法》等法律法规。以“送法进企业”“送法进机关”为载体，做好《中华人民共和国民法典》《中华人民共和国社区矫正法》等新颁布法律法规的宣传普及。10月，区司法局组织机关干部专场的《中华人民共和国民法典》专题讲座，区辖各镇、区直各部门70多名干部职工参加培训。指导广西熙棣律师事务所担任辖区内法律顾问的律师结合农村疫情防控实际，迅速编写《防控疫情——村民委员会常见问题及纠纷问答（一）》，主动为农村基层抗疫一

2020 年 7 月 17 日，区司法局联合广西熙棣律师事务所到北部湾港股份有限公司北海港分公司举办铁山港区司法局、熙棣律师事务所"送法进企业"《民法典》专题讲座　　区司法局　供

线工作提供精准的法律帮扶，并通过微信群迅速向担任法律顾问的彬定、陂头等 8 个村委推送、宣传。指导村(社区)的法律顾问通过接受电话咨询的方式，向辖区群众解答法律咨询问题。年内，全区共印发宣传资料 5 万份，悬挂宣传横额 30 幅，出版法制专栏 10 期，上法制课 15 次，受教育群众 6 万多人次，公民法治意识得到明显增强。

【依法行政】 2020 年，区司法局坚持依法行政，落实上级有关法治政府建设的各项工作任务，对区政府的重大决策进行合法性审查，推动区政府及区直各部门依法行政，依法决策。继续抓好全区行政执法人员培训考试工作，按照自治区相关文件要求，组织辖区各行政执法部门有关人员参加行政执法人员资格(续职)培训考试，通过学习、考试提高行政执法人员的法律知识和增强行政执法工作能力。加强学习培训，提升领导干部依法行政能力。10 月，区司法局组织举办铁山港区法治政府建设暨司法信访业务培训班，进一步开拓学员视野，丰富理论知识，提高解决问题的能力。突出推进行政执法"三项制度"(执行执法公示制度、行政执法全过程记录制度、重大执法决定法制审核制度)工作，规范行政执法行为。加强行政执法检查监督，推动行政执法规范化建设，对执法中存在的问题，及时督促整改。加强对政府各部门的重大决策进行合法性审查。年内，区司法局共审核修改项目建设合同书 96 份；并对相关行政行为出具 79 份法律意见书，为区政府、铁山港(临海)工业区管委会及区直各部门处理有关法律事务和行政决策提供法律支持。积极化解行政争议，着力维护社会和谐稳定。在涉诉、涉法工作中，高度重视，积极组织律师参与，力求化解、力求成效。

【行政复议体制改革】 2020 年 12 月，铁山港区人民政府行政复议办公室在区司法局挂牌成立，并任命 7 名行政复议员。在辖区各镇司法所设立行政复议代办点，集中统一受理全区行政复议案件。年内，全区共办理行政复议案件 3 件，行政诉讼案件 2 件，区司法局均按时提交答复书、答辩状和相关证据材料，认真履行行政复议和应诉职责，促进法治政府建设。　(欧　萍)

2020 年 12 月 31 日，在区司法局举办铁山港区人民政府行政复议办公室揭牌仪式暨行政复议员任命仪式　　区司法局　供

公 安

【公安机构及工作概况】 2020年，北海市公安局铁山港分局（简称铁山港公安分局）下辖兴港派出所、南康派出所、营盘派出所、石头埠派出所4个派出所。年内，铁山港公安分局扎实开展维稳工作、打击违法犯罪、基层基础建设、“放管服”改革、执法规范化建设、从严治警、疫情防控等工作，取得新的成绩。9月28日，铁山港公安分局荣获北海市新冠肺炎疫情防控工作先进集体奖；铁山港区副区长、铁山港公安分局局长裴强昌荣获北海市新冠肺炎疫情防控工作先进个人奖。

【维稳工作】 2020年，铁山港公安分局把握政治方向，维护国家安全、政治政权安全，加强情报信息收集，严密防范和打击敌对势力和邪教犯罪活动，确保辖区政局稳定。推进反恐工作的开展，对重点企业、单位进行走访排查，同时对石油、天然气等重点单位进行无人机防范建设的核查和探讨，加强辖区内石油、天然气等重点单位的防恐怖袭击的预警防范能力，全年无重大安全事件发生。加大矛盾纠纷排查化解，紧盯影响社会稳定的重点区域、重点问题、重点人群，重点做好矛盾纠纷和风险隐患排查化解工作。

【打击违法犯罪】 2020年，铁山港区立刑事案件469件，比上年234件上升100.4%，破案192件(实际破案200件，其中铁山港公安分局侦破北海市刑侦支队所立的运送他人偷越国边境案7件，侦破合浦县公安局所立的寻衅滋事案1件，共8件案件不填进公安报表)，比上年170件上升12.8%；治安案件发案586件，比上年443件上升32.3%，受理333件，比上年443件下降24.8%；抢劫立案6件，比上年3件上升100%，破0件，比上年下降2件；抢夺立案7件，比上年增加7件，破1件，比上年增加1件；盗窃立案131件，比上年41件上升219.5%，破案31件，比上年24件上升29.2%；诈骗立案164件，比上年69件上升137.7%（其中电信诈骗立案80件，比上年58件上升37.9%)，破案37件比上年21件上升76.2%（其中电信诈骗破案28件，比上年15件上升86.7%)；毒品案件立案35件，比上年22件上升75%，破案35件，比上年20件上升75%。逮捕162人，比上年315人下降48.6%，刑拘622人，比上年296人上升110.1%，抓获641人比上年351人上升82.6%。

【基层基础建设】 2020年，铁山港公安分局加强公安基层基础建设，开展筑基、提质、赋能行动，不断增强基层实力、激发基层活力、提升基层战斗力。5月10日，兴港派出所业务用房建成投入使用，改变1996年成立以来无固定办公办案场所的面貌。铁山港公安分局大院地表翻新改造，平整美化，改善工作环境，面貌焕然一新。入门大石碑上印刻“为人民服务”“忠诚干净担当”红字，时刻告诫民警不要忘记立警为公、执法为民的理想信念。投资约750万元的电子围栏建成，提升辖区科技防控水平。营造平安辖区，落实完善“一村一警”警务机制，推进农村警务室建设，抓好巡逻联防，加大重点地区整治和矛盾纠纷化解力度。

【“放管服”改革】 2020年，铁山港公安分局推进户籍改革，“放管服”改革优化审批。严格落实“马上办”“集中办”“一次办”等措施。先后为企业员工办理居住证305张，核发二代身份证6218张，办理网上审批迁入1039人次，网上流转迁出939人次；上门为企业办证153人次。年内，铁山港公安分局在区政务服务中心及北部湾新材料有限公司各安装1台自助办理户籍业务机器，方便群众实现户籍办理少跑路问题。

【从严治警】 2020年，铁山港公安分局严格落实全面从严管党治警要求，着力锻造过硬公安铁军。健全各项规章制度，执行每周一集中点名点评机制，落实每日签名报到制，有效遏制懒慢散等不良工作作风。

忠诚干净担当树新形象。深刻汲取违纪违法典型案例，围绕“不忘初心、牢记使命”及“以案促改”等主题教育活动，坚持领导带头学习，逐级强化谈心谈话，并将4月定为铁山港公安分局党风廉政集中教育月，全面推进从严管党治警各项工作。整修廉政教育基地，加强警示教育，营造谈清廉、保廉洁的氛围，塑造铁山港公安队伍新形象。年内，铁山港公安分局干警无违纪违法现象。

【疫情防控】 2020年，铁山港公安分局配合政府部门开展对疫情网格化、地毯式排查，实行网格管理。全程跟踪管控涉疫重点人员，做到“见人、见号码、见体温、见地址”。共计组织协助排查人员3万余人，其中涉疫情重点人员1233人，到过重点地区人员1143人，接收换班船员400余人。排查未发现有疑似病例和确诊病例。年内，全区查处涉疫情案件立案7件，其中口罩诈骗刑事案件3件，扰乱秩序案件2件，抗拒疫情防控案件2件；破案6件，其中口罩诈骗刑事案件2件，扰乱秩序案件2件，抗拒疫情防控案件2件；刑事拘留2人，取保候审1人，行政处罚4人；处理精神病人扰乱秩序事件1起，处置精神病人1人（送精神病院治疗）。组织企业35家、学校10所开展复工复产复学和疫情防控工作，排查员工1.2万人，师生5000余人，确保27家上规模企业安全有序复工复产。切实做好中小学、幼儿园复学工作，对全区学校周边开展专项检查行动，为辖区学校、企业复学、复工工作保驾护航。

（欧婷婷）

检　察

【检察工作概况】 2020年，北海市铁山港区人民检察院（简称区检察院）坚持以习近平新时代中国特色社会主义思想为指导，深入贯彻落实中共十九大和十九届二中、三中、四中、五中全会精神，北海市十一届十一次全会，区委五届六次全会精神，讲政治、顾大局、谋发展、重自强，认真履职尽责、主动担当作为，优化“四大检察”“十大业务”法律监督格局，为服务铁山港区经济社会高质量发展提供法律服务和司法保障。年内，区检察院干警获自治区级奖励5人次，获市级奖励2人次。

【刑事犯罪惩治】 2020年，区检察院围绕服务保障“六稳”“六保”精准发力，实现检察工作与经济社会同步发展。

涉疫犯罪　年内，区检察院贯彻落实最高人民检察院关于疫情防控期间案件办理有关问题的指导意见，在抓好自身疫情防控的同时，依托计算机云技术，通过云上法庭、线上询问，开启“隔空”办案模式。全年共办理涉疫案件6件6人，其中办理1件利用网络发布口罩销售虚假信息诈骗案中，在公安机关提请批捕当天便批准逮捕犯罪嫌疑人，依法从严从快打击危害疫情防控犯罪。

扫黑除恶　年内，区检察院按照“清到底、清干净”的要求，深入开展“六清”工作、“一十百千万”行动，全力开展扫黑除恶专项斗争。涉黑恶案件已全数审结，案件线索全部清零。提起公诉的温某富、谢某军等17人涉恶案件被北海市检察院作为典型案例，在广西检察机关扫黑除恶专项斗争推进会上作交流发言。

宽严相济　年内，区检察院共批准逮捕各类刑事犯罪146人，不批准逮捕33人；提起公诉220人，不起诉4人。落实认罪认罚从宽制度，全年适用率86.16%，全市排名第二，比上年上升83.95个百分点。落实“案—件比”（指刑事检察案件的办案节点数与检察机关受理案件数之间的比例）质效评价标准，全年“案—件比”1.17，办案质效大幅提升，推动办案政治效果、法律效果、社会效果的有机统一。

【服务经济社会】

惠民工程监督　2020年，区检察院注重在扶贫工作中结合检察职能，发挥诉前检察建议功能，推动为民办实事取得实效。区检察院跟进监督营盘镇石村沙泥墩河道清淤工程，疏通农田灌溉“最后一公里”。工程竣工后，分别被《广西法治日报》《检察日报》《公诉人》等报纸、杂志和最高人民检察院正义网报道。

破坏生态环境违法犯罪惩治　年内，区检察院深入开展“守护海洋”等公益诉讼专项监督活动，依法惩治破坏生态环境违法犯罪，共办理非法捕捞水产品、非法采矿、非法占用农用地、滥伐林木等案件15件20人。

涉众型经济犯罪惩治　年内，区检察院严惩非法吸收公众存款类集资诈骗，组织、领导传销活动等涉众型经济犯罪，共批准逮捕11件30人，起诉8件33人。

保障企业经营　年内，区检察院狠抓“三号检察建议”落实，配合公安机关深挖案件线索；积极开展“走企护商除乱”行动。区检察院检察长带头，对辖区内7家企业进行走访28人次，调查了解企业在生产经营中遇到的问题和困难，听取企业的意见和建议，主动为企业在化解纠纷、法律咨询、法律援助等方面提供优质服务，为企业发展保驾护航。

未成年人保护　年内，区检察院共受理审查逮捕未成年人案件6件7人，批准逮捕5件6人，不批准逮捕1件1人；受理审查起诉未成年人案件7件9人，提起公诉7件8人，不起诉1件1人。举办“同舟共济　检护明天”主题线上检察开放日活动，邀请区人大代表、政协委员、教育工作者上线观看。持续落实“一号检察建议”，与铁山港公安分局、铁山港区人民医院联合成立未成年被害人“一站式”取证工作室，开展创建未成年人检察工作“一院一品”活动，以“预防性侵”为主题到小学开展法治宣讲，发放宣传资料500余份，扛起未成年人保护的检察责任。

2020年4月10日，区检察院干警在营盘镇沙泥墩河道清淤现场监督河道疏通整治　　潘远镇　摄

【检察监督】

立案、侦查和刑事审判监督　2020年，区检察院监督侦查机关撤案3件5人，发出侦查活动违法纠正通知书3份，提出刑事抗诉2件5人，消除区检察院多年抗诉案件的空白；追加漏捕5人，追诉遗漏犯罪事实3起，追诉遗漏同案犯5人。区检察院办理的林某某涉嫌强奸侦查活动监督案，获评广西检察机关“优秀侦查活动监督案件”。

刑事执行检察监督　2020年，区检察院办理羁押必要性审查21人，提出释放或变更强制措施建议全部被办案部门采纳；对刑事执行活动违法提出书面纠正意见1件。

民事行政检察监督　2020年，区检察院把《中华人民共和国民法典》中“人民至上”理念贯穿始终，共受理民事监督类案件2件，提出检察建议2份；办理铁山港区首例行政监督案件，办理行政非诉执行专项监督案件1件。灵活运用好“双赢多赢共赢”策略，主动加强沟通协调，积极与区自然资源、生态环境、农业农村水利、行政执法等部门建立沟通协调机制，共同维护国家和社会公共利益。

公益诉讼检察　2020年，区检察院受理公益诉讼线索36条，立案31件，比上年上升342.9%，发出检察建议5份，结案27件。大力推进“一院一品”,铁山港区公益诉讼暨生态环境保护教育基地已进入主体工程建设阶段。牢牢把握“公益”这个核心,紧盯热点问题,以“小吃”这一市场上食品安全风险相对集中的领域开展专项行动,对魏某某涉嫌生产、销售不符合卫生标准的食品罪提起刑事附带民事公益诉讼,该案是全区首例关于食品安全刑事附带民事公益诉讼案,办案经验被《广西法治日报》、自治区政法委等多个部门推广。

【检察信访】 2020年,区检察院共受理群众来信、来访共16件,其中来信6件,来访10件。组织开展信访积案清理活动,全面排查信访积案。采取检察开放日、检察长接访和送法进校园等形式,开展“民有所呼、我有所应——群众信访件件有回复”新时代检察宣传周系列活动。邀请区人大代表、政协委员及其他社会各界代表参观“12309”检察服务中心以及远程视频接访室等场所,听取代表、委员对检察工作的意见建议。尽最大努力将司法救助案件办成办好,给2名因案致生活困难的当事人发放救助金3万元,传递检察温度。

【阳光检察】 2020年,区检察院自觉接受人大监督、民主监督和社会监督,确保检察权在阳光下运行。区检察院努力打造一支信念坚定、司法为民、敢于担当、清正廉洁的检察队伍。深化“不忘初心、牢记使命”主题教育,以“三会一课”为载体,不断夯实干警政治思想基础。进一步完善员额制管理,形成能进能出机制。开展每月一星评选活动,号召干警向先进典型看齐,以典型引领强化管理。领导带头办理疑难复杂案件,4名进入员额检察官的院领导共办理案件230件,占案件总数58.82%,发挥领导模范带头和示范引领作用。召开首个拟不起诉案件公开听证会,坚持以公开促公正、用听证赢公信,让公平正义“看得见”“听得到”。发布案件程序性信息282条、重要案件信息33条,公开法律文书156份。请进来与走出去相结合,以“检察开放日”、法治宣传、新媒体检务公开等形式,广泛接受民主监督和社会监督。 (赖小梅)

法　院

【审判工作概况】 2020年,北海市铁山港区人民法院(简称区法院)共受理各类案件1332件,审执结1262件,结案率94.74%,受理和审结案件数量分别比上年上升9.54%和1.24%,员额法官人均审结案126.2件。年内,区法院获评北海市首批“创建模范机关示范单位”,涌现出自治区优秀法官、北海市法院办案标兵等一批先进个人。

【刑事审判】 2020年,区法院共受理刑事案件160件,结案149件,结案率93.13%。纵深推进扫黑除恶专项斗争,向相关部门移交线索8条,发出司法建议5条,依法审结1件自治区党委政法委督办的被告人温某富等17人涉恶案件,有效震慑黑恶势力犯罪;注重打击与宣教并举,在南康镇公开庭审并严惩被告魏某秀制作和销售“笑口枣”“煎堆”等不符合食品安全标准的犯罪,及时审结危险驾驶犯罪案件14件14人;注重防范化解重大风险,依法办理尚某虹、蔡某堂等8件25人组织、领导传销活动犯罪,判处罚金887万元并没收财产136万余元;审结防范电信诈骗、网络诈骗犯罪案件14件17人,挽回经济损失65万余元;注重强化生态司法保护,探索构建“生态修复+绿色矫正”审判工作机制,审结5件非法狩猎生态损害赔偿环境公益诉讼案;注重加大人权司法保障,适用认罪认罚结案105件,为被告人指定辩护律师118人次;帮教未成年罪犯8名并封存犯罪记录。11月30日,区法院对被告人温某富等17名被告人涉嫌犯强迫交易、寻衅滋事等罪一案,依法进行公开宣判。因新冠肺炎疫情防控需要,被取保候审的8名被告人到庭参加庭审宣判,9名在押被告人在看守所通过远程视频方式进行同步宣判。

2020 年 11 月 30 日，区法院对被告人温某富等 17 名被告人涉嫌犯强迫交易、寻衅滋事等罪一案，依法进行公开宣判　　区法院　供

【民（商）事审判】 2020 年，区法院共受理各类民（商）事案件 634 件，当场立案率 97.12%，审结 611 件，结案率 96.37%。审结金融借款、民间借贷等案件 89 件，防范化解各类金融风险；妥善化解涉民生纠纷，审理房屋买卖、承包地征收补偿费用分配等与群众生活密切相关的案件 118 件；深化家事审判改革，打造家事少年审判人文化解平台，实行“一导三调五审”的家事纠纷审理模式，推动家事审判高质量发展；依托婚姻调解委员会平台，运用多元化纠纷调解机制将妇联的柔性调解与法院的刚性审判有机结合，审结婚姻家庭案件 95 件，在促进家庭和睦，引领良好家风方面取得积极成效。

【案件执行】 2020 年，区法院共受理执行案件 538 件，结案 502 件，结案率 93.31%，核心指标任务均已达标，实际执行到位金额 1950 万余元。加强传销犯罪案件罚金刑执行力度，处置涉案车辆 16 辆、房屋 20 套，处置金额 1360 万余元，有效打击传销违法犯罪活动。立案涉黑恶犯罪财产刑执行案 3 件 3 人，执行完毕率 100%。继续加大司法救助力度，共为 19 件 26 名生活困难当事人申请发放救助金 37.94 万元。强化司法网络拍卖工作，挂网拍卖 56 件，网络全程直播强制腾退执行活动 1 次。发出限制消费令 294 人次，纳入失信被执行人名单 123 人次，取得良好的社会效应和法律效果。

【司法便民举措】 2020 年，区法院加快推进“两个一站式”（结合具有中国特色的非诉讼纠纷解决机制和智慧法院下的诉讼服务新模式，共同服务于完善纠纷解决的微观过程，提供有利于当事人一次性解决纠纷的诉讼服务）建设，大力推进网上立案、网上缴费，借助“一号通办”平台和“移动微法院”推动诉讼事项跨区域远程办理，让群众参与诉讼更加便捷。全年共办理网上立案 277 件，在线调解案件 82 件。建立电子送达平台，全年直接送达 560 次，邮政送达 5640 次、电子送达 760 次。不断加大对涉诉信访案件处理力度，收到信访件 3 件，10 人次来访，均及时给予解释和答复。诉讼服务

2020 年 4 月 21 日，北海市中级人民法院副院长廖辉凯（左排左三）一行到区法院调研审判质效等工作　　区法院　供

“两个一站式”建设取得显著成效，考评得分在自治区基层法院排名第三。

【创新管理改革】 2020年，区法院加大案件繁简分流力度，共分流民事案件521件，民事案件繁简分流率86.37%，提高快速审判的质量和效率。坚持把非诉讼纠纷解决机制摆在前面，积极将“两个一站式”融入社会治理大格局，加大多元解纷合力，拓宽解纷渠道。通过“法院＋工会”劳动争议诉调对接工作室开展两级法院联动调解，成功化解32起涉及历史债务共计182万余元的劳动争议系列纠纷。开展“一村一法官”活动，为基层自治组织解决纠纷提供指导，提高解纷能力，提升法院主导下的多元解纷联动机制的效果。正确处理调判关系，充分发挥调判组合优势。特邀2名审判经验丰富的退休法官、委托人民调解、行政调解机构调解员入驻法院，形成优势互补、协作配合的纠纷解决互动机制，促进案件纠纷快速解决。坚持“调解优先、能调则调、当判则判、调判结合、案结事了”的审判原则，全年诉前化解纠纷132件，人民群众司法获得感得到增强。认真贯彻落实最高人民法院《深化人民法院司法警察执法规范化建设规划(2018—2020年)》，坚持问题导向，高质高效推进，如期完成“六专四室”(专用囚车、专用车库、专用卫生间、专用通道、专用桌椅、专用电梯，羁押室、装备室、监控室、枪弹室)建设项目。

【廉洁司法】 2020年，区法院开展“以案释德、以案释纪、以案释法”警示教育、防止干预司法“三个规定”落实情况专项整治等系列活动，巩固落实中央八项规定精神成果，坚决防止“四风”反弹。坚持把纪律挺在前面，强化执纪监督，对履行“一岗双责”不到位和存在纪律作风苗头性问题的干警进行约谈，共谈话提醒15人次。

【社会监督】 2020年，区法院始终坚持重大事项报告制度，主动向区委、区人大常委会报告工作。依法接受人大监督，重视政协民主监督，落实人大代表、政协委员联络制度，主动上门听取意见和建议。专题向区人大常委会报告审判监督工作，就提出的意见和建议认真研究，并制定整改措施。邀请人大代表、政协委员参与旁听庭审、全程监督审判执行活动4人次，得到人大代表、政协委员对法院工作的理解和支持。召开人大代表、政协委员、企业家座谈会3场。支持配合检察机关依法履行法律监督职责，邀请检察长列席审委会1次，接受检察建议3份，共同维护司法公正。充分发挥人民陪审员作用，全年一审普通程序案件陪审率为90%。主动接受各类媒体监督，及时主动回应社会关切。 (劳显亮)

司法行政

【司法行政工作概况】 2020年，北海市铁山港区司法局(简称区司法局)以促进社会和谐稳定，努力化解各种矛盾纠纷，有效监管社区矫正对象，推动区政府各部门依法行政，依法决策，切实维护全区社会稳定。

【人民调解】 2020年，区司法局注重加强重要节日、敏感时期矛盾纠纷化解，在春节、清明节、“两会”期间，开展集中排查化解纠纷专项行动，对春耕、清明节期间的土地、坟山等纠纷，根据疫情防控需要，通过直接和间接接触的方式进行调解，引导群众平息纷争。年内，区司法局发挥村(社区)法律顾问的作用，法律顾问专业性强，或提供法律咨询服务，或亲自参与人民调解。法律顾问在调解过程中，向群众解释相关法律规定，引导群众合法合理解决纷争，得到群众的信任。年内，全区共调处各类矛盾纠纷539件，调解成功523件，调解成功率97%，防止民间纠纷激化36件，有效维护社会稳定。

【社区矫正】 2020年，区司法局有效管理教育社区矫正对象，采取多种社区矫正监管措施。加强疫情期间的排查管教力度，对全区社区矫正对象开展全面排查登记，运用微信、短信、电话不间断开展防控知识宣传教育，要求社区矫正对象以及接触过的人一旦感染、疑似感染新冠肺炎，要立即报告镇司法所，并按规定隔离和就诊。各镇司法所通过走访、电话询问、与乡镇网格化管理进行信息比对等多种排查方式，逐一了解社区矫正对象的实时所在位置、是否到过疫区、是否出现感染等情况，并落实每日值班制度，实行社区矫正安全稳定工作日报告，及时掌握、报告相关工作动态。加强重要节点的人员监管，在春节、清明节、劳动节、“两会”等重要节点，深入一线指导督促各镇司法所切实做好社区矫正安全稳定工作，运用信息化手段“云监管”。利用微信位置共享、视频通话，实时掌握社区矫正对象的活动轨迹，对社区矫正对象加强手机定位管控，确保社区矫正对象不发生脱管和漏管现象。年底，全区在册社区矫正对象 54 人，未发现有人存在安全隐患问题。

【法律援助】 2020 年，区司法局积极开展法律援助，维护弱势群体合法权益。发挥法律专业人士优势，为受助群众释法解疑。充分发挥法律援助专职人员和志愿律师、基层法律工作者的作用，实行工作日律师值班制度，安排志愿律师和法律顾问值班，接访来访群众，耐心解答法律咨询。对符合法律援助条件的，引导群众申请法律援助，解决弱势群体诉讼难的问题。积极开展“发挥公共法律服务职能作用，助力决战决胜脱贫攻坚工作”活动。年内，区司法局联合北海市司法局在南康镇黄丽窝村委开展“法律援助进万村咨询宣传暨法治扶贫活动”助力脱贫攻坚，为贫困村群众解答法律问题，为需要法律援助的贫困户开通“绿色通道”，简化法律援助申请手续，做到能援尽援，为保障贫困户的合法权益提供法律服务。年内，全区共受理 159 件法律援助案件，其中办理贫困户法律援助案件 9 件，切实维护弱势群体的合法权益。

（欧　萍）

军　事

中国人民解放军广西北海市铁山港区人民武装部

【军事机构概况】 2020年，中国人民解放军广西北海市铁山港区人民武装部（简称区人武部）主要职责是负责铁山港区域内的民兵建设、征兵工作和兵役登记工作，组织民兵完成战备执勤任务，配合公安部门维护社会稳定，会同有关部门做好国防动员、国防教育、退役军人保障和拥军优属工作。

【政治建设】 2020年，区人武部坚持把思想政治建设摆在首位，紧跟军队改革步伐，聚焦国动主责主业，狠抓理论学习，筑牢理想信念。认真组织学习中共十九届四中、五中全会和军委党建工作会议、军队基层建设会议精神，持续开展两项主题教育活动；认真抓好巡视巡察反馈问题整改，结合抗疫斗争取得全面胜利，同步开展“五看五增强”教育活动，不断强化思想认同和看齐追随。

【备战练兵】 2020年，区人武部坚决贯彻落实中共中央总书记、国家主席、中央军委主席习近平训令，落实按纲施训，突出练兵备战，不断强化执行任务能力。抓实民兵训练，抓住干部文职和训练骨干这个关键，建立相对固定“四会”教练员队伍；利用首长机关训练、专武干部集训、民兵骨干集训、民兵比武竞赛等时机，组织研究教学、编写教案，试讲试教，以提升教练员组训能力，区人武部党委关于《战时军港码头抢修方法研究》一文，受到上级领导机关好评。区人武部不断改善训练条件，按照《训练大纲》规定的训练科目和基地化训练要求，添置训练器材300余件。狠抓训练“四个落实”，采取基地组训、岗位自训、训勤结合等方式。年内，区人武部组织11支分队进行军事训练，完成年度训练任务的80.7%。根据形势任务变化，组织修订完善日常战备、国防动员、非战争军事行动、南海维权、海防管控方案，确保方案修订及时，管用能用。坚持真打实备，加大投入，提高装备保障效能。在预征预储的基础上，采取争取地方支持、自筹资金等办法，购置防汛救灾、森林灭火、抗震救灾、反恐防暴、应急维稳等24类民兵装备器材，基本满足民兵训练和执行任务需要。突出海上维权备勤装备落实，购置军民通用装备，满足海上维权连执行任务需要。

【后备力量建设】 2020年，区人武部创新管理教育方式，军事科将在册民兵通报到各单位，按照“属地管理”原则，区民兵应急连由区人武部负责，各镇民兵应急排由各镇武装部负责，企业内民兵由各企业负责，按军委国防动员部要求建档立卡，进一步规范民兵编组工作，抓好民兵调整改革工作落实。民兵教育主要是利用点验、训练、方案演练等时机进行集中教育和随机教育。

【征兵工作】 2020年，区人武部高标准任务兵员征集完成。为解决全区兵员征集困难问题，区征兵领导小组陆续制定《2020年度铁山港区征兵宣传

2020年，铁山港区区长龙起云（左二）接见参加海域扫海行动任务的官兵
区人武部 供

工作实施方案》《区征兵工作责任清单》《关于开展征兵工作专项督导检查的通知》等一系列措施、方法，压实各征兵成员单位责任。区政府拨款对上年征兵工作先进单位和个人进行表彰奖励，激励各级提高征兵工作的积极性。通过布置工作在先、宣传发动在先、工作协调在先、问题研究在先，严把“双合格”标准底线，严格落实廉洁征兵和审批定兵规定，圆满完成全年新兵征集任务，大学生和大学毕业生征集率分别达84%和30%。全年无退兵。

【扶贫工作】 2020年，区人武部筹集8.56万元用于组织群众文体活动、走访慰问贫困户，为2户贫困户新建永固住房，对口帮扶的营盘镇能村及22户贫困对象，均达到“八有一超”标准，已全部实现脱贫，圆满完成脱贫攻坚任务。

国防动员工作

【国防动员工作概况】 2020年，北海市铁山港区国防动员委员会（简称区国动委）与区人武部合署办公。区国动委主要职责是维护国防潜力数据调查统计、安全稳定和策应南海军事斗争，平时搞建设，战时动员支前确保形成大规模战争的国防动员能力。

【国防动员潜力调查】 2020年，区国动委按照政府主导、兵役机关牵头、地方各部门落实的工作要求，抓好国防动员的各项工作落实。扎实做好国防潜力调查工作，针对政府体制编制改革实际，按照明确组织领导、健全机构设置、组织成员培训、落实具体调查工作的步骤，有序展开潜力调查工作，定期跟踪督促各办公室工作进展，及时协调解决出现的困难问题，要求各单位呈报的数据必须由本单位主要领导签字确认并加盖单位印章，确保潜力调查数据的真实、准确。通过走访辖区各镇和各机关、企（事）业单位，对装备、人员情况进行摸底，摸准潜力实力，高标准完成编组结构论证工作和民兵编组潜力调查。

【民兵编组调整】 2020年，区国动委紧紧围绕战斗力标准，按照有利于领导管理、有利于提高质量、有利于快速动员、有利于执行任务的要求，坚持在编组模式上下功夫。针对企业生产经营任务重，人员脱岗难度大的实际，确立“大范围，小建制”的编组思路，最大限度确保实编实训率。年内，区人武部较好完成编组调整。坚持在专业化程度上下功夫。针对辖区企业门类多、专业力量强的特点，在专业分队编组上，按照“专业对口、人装合一”的原则进行编组，依据民兵编制表将相关分队编组在工作性质相通、器材装备兼容的单位。

【国防教育】 2020年，区国动委先后组织区委、区政府领导、干部过“军事日”活动，对南康中学、南康一中、营盘中学、区实验中学1700余名学生进行军训。区人武部与区退役军人事务局共同组织开

2020 年 8 月 24 日，南康中学举行 2020 级新生开学典礼暨军训动员大会　　区人武部　供

展庆八一暨参战老兵座谈会、南康烈士陵园公祭、国防教育进校园、为立功官兵家庭送喜报等活动，全区干部群众国防意识和拥军优属氛围得到进一步增强。

【基层基础建设】 2020 年，区国动委依据广西军区《基层武装部建设三年规划》要求，协调区政府拨款对基层武装部基础设施设备和装备器材进行配套完善，基本能满足辖区开展反恐维稳、抢险救灾等任务需求，提升执行任务能力。

（薛建伦　段　航）

人民防空和海防工作

【人防海防工作概况】 2020 年，北海市铁山港人民防空和海防办公室（简称区人防海防办）在区住建局挂牌。年内，区人防海防办配合上级人防海防部门，做好人民防空、沿海防卫工作宣传，加强防空设施、海防公路、海防监控设施的建设和管护等工作，取得新的成绩。

【海防公路建设和管护】 2020 年，区人防海防办筹集资金新建 1 条海防执勤路。对铁山港区管护的海防执勤路进行管护，包括修整路床、疏通排水沟、清除杂草和修补小坑槽等，确保海防执勤路完好畅通。

（符元菊）

工　业

工业综述

【工业概况】 2020年，北海市铁山港区科技商务和工业信息化局（简称区科商工信局）经济运行股具体负责贯彻落实国家和自治区有关工业发展的方针、政策和法规，指导全区工业发展。年内，铁山港区重点推进产业项目54个，总投资5466亿元，其中“双百”项目17个，项目数量、总投资、年度投资额均位列广西第一。全区工业总产值961.65亿元，比上年增长7%；固定资产投资增长117.2%，增长率位居北海市第一、广西第三。

【产业发展】 2020年，铁山港区以招商引资和项目落地建设为抓手，强力推进产业发展。围绕四大主导产业大力推进“三企入桂”各项工作，做到线上线下共同发力，屏对屏面对面无缝对接，确保招商不断、签约不断。全年累计签约项目24个，合同投资额4182亿元，川桂绿色产业园、玖龙纸业、东方希望光伏组件等一批超百亿元级、大体量项目落户铁山港区，为产业结构优化调整、加快全区经济发展，积蓄源源不断的动能。开展产业项目落地建设大会战百日攻坚行动，精细化服务项目建设。推动信义玻璃、凯洋生物、鱼峰水泥、川化硫酸钾等一批重点项目建成投产，太阳纸业、中石化北海炼化结构调整等14个项目加快建设，亚王储能材料、海盛达重油改质、精典化工脲醛树脂等26个项目开展前期工作。

（郑宪安）

制糖工业

【制糖工业概况】 2020年，铁山港区制糖企业有中粮屯河北海糖业有限公司（简称屯河北海糖业有限公司）1家，是中粮糖业的全资子公司，厂区位于铁山港区南康镇富康路166号，占地10公顷，始建于1976年，2010年9月由中粮集团全资收购。主要生产白砂糖、赤砂糖、糖蜜、蔗渣等产品，先后获得广西“守合同重信用”公示企业、广西工业企业质量管理标杆、北海市农业产业化重点龙头企业、北海市纳税增长大户、北海市市长质量奖等荣誉称号。2019/2020年榨季历时111天（2019年11月11日开榨至2020年2月29日收榨），主营业务为甘蔗糖生产加工。年内，屯河北海糖业有限公司日处理甘蔗能力7000吨，2019/2020年榨季生产指标为：甘蔗总榨量70万吨，产糖量8.82万吨，设备运转率为99.14%，甘蔗平均日榨量7252吨，蔗糖分13.71%；白砂糖优一级品率98.80%，吨糖耗标煤量为291千克。

【环保管理】 2019/2020年榨季，屯河北海糖业有限公司没有发生人身安全事故，没有发生环保投诉。环保外排废水COD（化学需氧量）平均含量24.7毫克每升，优于国家一级标准。2020年，屯河北海糖业有限公司的每吨蔗耗新鲜水量为0.10立方米，达到清洁生产一级水平；水重复利用率达到98%，达到国家清洁生产标准一级标准；吨蔗废水产生量为0.45立方米。

【产品质量】 2020年，屯河北海糖业有限公司在产品质量上严格把关，产品质量多次获奖。年内，生产的“中糖”牌白砂糖、“屯河”牌赤砂糖在全国各类质量评比中获全国糖业质量评比产品质量优秀奖，“中糖”牌一级白砂糖获国家食糖及加工食品质量监督检验中心产品质量一等奖等奖项5个。

【原料供应】 2020年，屯河北海糖业有限公司发展糖料蔗面积1.07万公顷，生产原料蔗约90万吨，良种蔗种植面积80%以上，糖料蔗产业已经是当地农业的主要产业，每年为蔗农创收超过4亿元，为政府创税收超过2000万元。年内，屯河北海糖业有限公司大力扶持糖料蔗生产，投入的扶持、预付金额1500多万元，下乡开展各类糖料蔗生产技术培训、观摩会60多场次，惠及蔗农约5000人，真诚服务得到了广大蔗农的信赖。

【糖料蔗购销合同签订】 2019/2020年榨季，屯河北海糖业有限公司严格按照政府相关文件精神，按照政府核定版本与所有蔗农签订糖料蔗购销合同，并在北海市4家糖厂中第一个上报各级人民政府备案；榨季期间，原料蔗收购按照签订的原料蔗收购合同执行，切实维护蔗农利益，促进蔗区管理。

【原料蔗砍运】 2020年，屯河北海糖业有限公司蔗区原料蔗砍运实施签号轮砍进厂的做法，即是将蔗区蔗农按照村队分组，各小组、蔗农按照原料蔗合同签订量确定签数，蔗农在该小组内抽签确定签号，按照蔗农签号顺序安排原料蔗砍运。

2020年4月，区科商工信局领导到屯河北海糖业有限公司指导糖料蔗购销合同签订工作　　屯河北海糖业有限公司　供

【蔗款兑现】 2020年，为保障蔗农利益，促进蔗区原料蔗种植及销售积极性，屯河北海糖业有限公司对蔗农销售的原料蔗，严格按照合同约定，在糖料蔗进厂72小时内兑现蔗款，得到广大蔗农和社会的认可。

【甘蔗生产机械化】 2020年，为了稳定蔗区蔗源面积，增加蔗农种蔗收益，促进原料供应持续发展，屯河北海糖业有限公司继续加大原料蔗机械化发展扶持力度，对原料蔗从机耕、机种、机械中耕培土、机械化土地整合、机械喷药防草、机械剥叶6个项目进行补贴扶持。通过引进机械化，大大减少蔗农种蔗及砍蔗成本，增加蔗农收入，对蔗区原料蔗发展意义重大。（龙小雄）

冶金工业

【冶金工业概况】 广西北部湾新材料有限公司（简称北部湾新材料公司）是广西北部湾国际港务集团有限公司（简称北港集团公司）旗下全资子公司，位于铁山港（临海）工业区，占地240公顷。年内，北部湾新材料公司具备年产340万吨镍铬合金板坯、300万吨热轧板卷、300万吨固溶板卷和120万吨冷轧板卷生产能力，营业收入274亿元，是一家从红土镍矿冶炼到镍铬合金宽板冷轧成品全流程覆盖不锈钢企业。已形成流程复合、产品多元、成本集约、高附加值的镍铬合金产业链，拥有

200系、300系、400系和索氏体等不锈钢系列产品，涵盖工业级和食品级等多领域高端系列不锈钢产品。北部湾新材料公司发挥科技引领作用，成立专业创新团队，在高效利用低品位红土镍矿、节镍型不锈钢开发等方面技术达到国内领先水平，拥有10余项自主知识产权不锈钢生产专利技术。获2018年度中国有色金属工业科技进步一等奖、2018年度广西科技进步二等奖、2020年广西创新争先奖(创新团队)、2020年广西制造业企业50强第七名。年内，北部湾新材料公司以秉承"为员工创造事业，为企业创造财富，为社会创造和谐"的宗旨，坚持"以质量求生存，靠科技谋发展"的经营理念，依托科学的企业发展规划、先进的设备技术、成熟的经营管理模式、畅通的人才引进渠道，努力打造中国不锈钢行业新标杆。

【安全管理】 2020年，北部湾新材料公司发生工伤事故5起。其中：重伤事故2起，重伤2人；轻伤事故3起，轻伤3人。未发生重大生产事故、交通事故，未发现职业病新增病例。年内，北部湾新材料公司通过安全生产"强监管严执法年"专项行动及"反三违"暨200日安全生产无事故活动，全年开展安全大检查12次，节假日专项检查8次，排查安全隐患共889项，完成隐患整改889项。严厉惩处"三违"行为。全年新员工入职培训1110人次；相关方进场施工前安全教育培训2889人次；特种作业人员取证培训563人次；全员安全教育培训3期共1490人次；安全生产操作规程抽考472人次。参加北港集团公司安环部开展线上职业病防治和固体废物污染防治知识培训340人次；组织公司应急救援演练2次。

【环保措施】 2020年，北部湾新材料公司结合上级单位要求及公司实际，制订2020年度环境保护工作目标，各生产单位逐级签订了环境保护责任状，较好地完成了年度目标。各生产单位完善环保管理机构，明确专职环保人员，充实各下属单位专职或兼职环保管理人员。建立全公司环境保护责任网格图，进一步明确各级领导、各个部门以及员工的环境保护职责。全年投入2.30亿元用于环保设施的运行、维护，以保障"三废"达标排放。循环利用工业生产废水161.36万吨，收集雨水利用170.09万吨。年内，北部湾新材料公司通过矿渣微粉生产线、矿渣制砂机、烧结机、回转窑等设施利用废渣，对铁山港码头堆存废渣全部消纳利用完毕。6月5日，自治区工业和信息化厅会同自治区生态环境厅、自治区国资委组成现场核查组，给予通过现场核查，10月完成问题整改销号备案工作。

2020年，北部湾新材料公司冷轧不锈钢产量突破300万吨

北港新材料公司 供

【质量管理】 2020年，北部湾新材料公司检测中心通过中国合格评定国家认可委员会(CNAS)认证，具备国家、国际认可的检测能力。北部湾新材料公司内部严格执行质量管理体系各项要求，继续保持GB/T19001-2016/ISO9001：2015质量体系认证，TUV德国莱茵PED材料制造商认证，TUV德国莱茵CPR材料制造商认证，产品通过食品接触认证，RoSH/REACH认证；公司积极开展QC(质量控制)小组活动，

年内合计 51 个 QC 课题，取得 22 个活动成果，其中《提高金相检测效率》《降低固溶三线固氧残发生率》2 个 QC 成果参加广西 QC 小组评比，获得二类成果和三类成果的成绩。

【装备设施】 2020 年，北部湾新材料公司拥有 180 平方米和 132 平方米 2 台烧结机，3 座 450 立方米高炉，2 座回转窑—矿热炉(RKEF)，9 台精炼 AOD 炉及其配套的熔炼炉、电炉、混铁炉，3 台板坯连铸机，1 台五机五流方坯连铸机、热轧板卷连轧线、固溶酸洗线、冷轧板卷连轧线、冷轧板卷退火酸洗线等不锈钢卷生产设备设施，具有从原料到冷轧宽板成品、装备设施优良的全流程不锈钢生产设备。年内，北部湾新材料公司修订了一系列程序管理文件及作业文件，完善设备管理流程及奖励考核办法，通过对设备、备件的全方位管理，为设备正常运行提供组织保障。年内，北部湾新材料公司完成热轧电阻炉、烧结脱硝脱白、综微直还原窑技改、综微球磨机搬迁、新建钢卷开平、剪切、重卷复合线等多项大型技改项目建设，总投资 1.65 亿元。

【科技创新】 2020 年，北部湾新材料公司加大新产品的研发和培育力度，健全新产品研发和培育机制。开展科研攻关，不断加大“产销研用”合作力度，开展科技创新合作项目，对创新起引领作用。利用平台做项目支撑，研发节镍型/无镍型不锈钢新产品、T4003 不锈钢、3YC73 核用不锈钢、GN1702 铬镍锰氮不锈钢等，开辟新的利润增长点，大大提升企业市场核心竞争力；在技术改革和工艺创新上，持续推进 S 系列不锈钢性能改良、研发和检测，进一步丰富产品品种。优化生产工艺，降低生产成本。成功研发并通过验收项目：中、低品位红土镍矿高效利用的关键技术与应用研究，项目通过工业应用验证，以含镍低于 1.60% 的中、低品位红土镍矿为原料，成功制备出含镍大于 7% 的高镍精粉，得到镍回收率大于 80%，降低冶炼电耗每吨 100 千瓦时以上的良好技术指标。项目成果可以推广到以 RKEF 法或回转窑直接还原—磁选法等火法工艺处理中、低品位红土镍矿的不锈钢企业，具有良好的推广应用前景；200 系及 304 奥氏体不锈钢品质提升集成技术研究，通过开发 200 系和 304 奥氏体不锈钢品质提升集成技术，对提升 200 系和 304 奥氏体不锈钢产品品质，降低生产成本具有重大意义；“冷轧不锈钢带轧退洗一体化柔性生产关键技术研发及应用”项目被中国金属学会评为国际先进水平。

2020 年，北部湾新材料公司精炼 AOD 炉作业现场

北部湾新材料公司　供

【荣誉和专利】 2020 年，北部湾新材料公司已形成流程复合、产品多元、成本集约、高附加值的镍铬合金产业链，生产规模在中国不锈钢企业中排行前三位。年内，北部湾新材料公司被评为广西壮族自治区“高新技术企业”“企业技术中心”“院士专家工作站”“广西博士后创新实践基地”，荣获第二届广西创新争先奖。年内，北部湾新材料公司研发团队和研发人员经过反复试验，成功研发出从不锈钢酸洗废混酸中提取碳酸镍的系统及其方法，并获得专利，全面提升科技创新制造水平和核心竞争力。至

2020年，北部湾新材料公司不锈钢板坯半成品

北部湾新材料公司 供

2020年止，北部湾新材料公司已拥有发明专利26项，实用新型专利10项，登记的计算机软件著作权4项。

【疫情防控工作】 2020年，北部湾新材料公司在疫情期间扎实开展疫情防控工作。组织动员干部职工自愿捐款18.57万元，支持铁山港区新冠肺炎疫情防控工作。组建1支疫情防控宣传队伍，累计印制260张海报和70多幅宣传横幅，编辑《疫情防控简报》7期，发挥党委政治核心作用，教育和引导全体干部职工按要求做好新冠肺炎疫情防控工作。（周湛汉）

浆纸工业

【浆纸工业概况】 斯道拉恩索(Stora Enso)是一家可再生材料公司，是全球领先的包装、生物质材料、木制建材和纸张等可再生解决方案提供商。拥有2.3万名员工，销售网络覆盖全球50多个国家和地区。2016年5月，斯道拉恩索北海工厂开机投产。斯道拉恩索在广西的经营包括桉树人工林原料基地及高档包装纸板厂，是北欧国家在中国的最大单体投资项目。斯道拉恩索北海工厂是国家级绿色工厂、自治区级绿色工厂、广西节水型示范企业及广西工业龙头企业。2020年年底，公司在中国员工总数约3500人，累计在中国投资22亿美元。

【原材料供应】 2020年，斯道拉恩索公司在广西租赁林地8.1万公顷用于人工林种植，其中已种植面积7.4万公顷。所有人工林均已获得Forest Stewardship Council®（森林管理委员会）和CFCC™（中国森林认证委员会）的双重认证，林木产品为斯道拉恩索北海工厂提供可再生原材料保障，确保工厂包装材料的质量和产量得到稳步提升，推动替代化石基原料等不可降解包装产品。

【生产运营】 2020年，斯道拉恩索北海工厂主要纸板产品为餐饮专用卡纸、食品级涂布牛卡、食品级白卡、液体包装纸板。年内，斯道拉恩索北海工厂的实际产量首次超过每年45万吨的设计产能。6月，斯道拉恩索北海工厂取得2016年建厂以来首个150万吨净可销售产量的好成绩。纸板产品质量稳定，广受客户赞誉。斯道拉恩索北海工厂的产品及解决方案包括：用于牛奶、酸奶、果汁、软饮料、水等液态产品的液体包装纸板；用于热饮纸杯、冷饮纸杯、快餐、冰激凌、餐饮外卖等产品的餐饮服务纸板；用于冷冻/冷藏食品、饮料、巧克力和甜食、药品、化妆品、奢侈品、香烟等产品的包装纸板。斯道拉恩索高度重视食品安全，斯道拉恩索北海工厂的每一款纸板产品都同时满足中国、欧盟及美国三大标准，真正做到“食品级”安全。斯道拉恩索北海工厂的环境工作，包括水和能源管理与资源利用率均得到第三方的环境管理体系的认证。

【安全生产】 2020年，斯道拉恩索北海工厂以实现安全管理

2020 年 5 月，斯道拉恩索北海工厂操作员在纸板车间进行复卷作业　　吕丹丹　摄

"零事故"为工作目标，明确安全生产。不断健全职业安全管理体系，提高职业安全管理水平，全年共审查更新签发安全管理制度 31 项。组织开展多种形式安全隐患排查，包括管理层安全巡视、月度安全检查、日常安全检查、员工安全观察等，斯道拉恩索北海工厂各部门积极开展应急演练 34 次，全年报告安全观察 2.27 万个，提出安全改进建议 2591 条，以"零事故"的安全绩效完成 8 月的年度停机工作。11 月 16 日—22 日，斯道拉恩索北海工厂开展主题为"相互关爱"的集团安全周活动。在秋冬季森林火灾防控关键期，斯道拉恩索进一步加大森林火灾防控力度，加强防火知识宣传，大力强化控火救援能力。斯道拉恩索在重点林区共有 300 多人参与防火宣传和火灾扑救工作，其中 80 多名林地资产管护部门员工、119 名斯道拉恩索志愿者、69 名临时外聘人员和 84 名林地安保人员；累计向林区周边居民发放防火传单约 5 万份，投入 50 多辆车辆进行巡防支援。

【新冠肺炎疫情防控】 2020 年，斯道拉恩索北海工厂积极配合当地政府落实各项疫情防控的政策措施。组织制订《新型冠状病毒感染的肺炎防控应急预案》，第一时间组建疫情防控管理小组和工作团队，制订详尽的指导流程和防控方案，每日召开各级小组会议，实时跟踪疫情的发展，跟进各级政府防疫指挥部的政策指令，完善和落实分级防控措施，保障充足的防护用品供应，保障公司的正常生产和运作。在斯道拉恩索广西林业公司营林、采伐、供应链、安全、政府事务等各团队密切配合，在当地各级政府的支持下，克服场地分散、交通隔断、运输不便、劳动力不足等困难，全力恢复营林作业和木材产出量，确保向斯道拉恩索北海工厂供应原材料，保证高品质的液体包装和食品包装纸板正常生产，有效保障市场奶品等液态食品供应。

【节能减排】 2020 年，斯道拉恩索北海工厂继续开展多项节能项目以提高能源利用率，减少浪费和排放。年内，斯道拉恩索北海工厂利用厂内可回收生物质燃料（破损纸、纸管芯、纸边、树皮、木屑等废弃物）替代煤炭发电，减少煤炭燃料消耗约 1 万吨。使用更多的核电力，碳排放量比上年减少 1.56 万吨。年内，斯道拉恩索北海工厂自建的光伏发电站累计发电 3.65 万千瓦时。水循环利用率达 95% 以上，年回收利用蒸汽冷凝水 90 万立方米以上。践行循环经济，一般固体废弃物的综合利用率在 99.5% 以上。全年节约用电 8123 兆瓦时；节省热量 4.73 万吨标煤；较上年减少二氧化碳排放 6.80 万吨。斯道拉恩索北海工厂节能工作进一步提升，纸板综合能耗 201 千克标准煤每吨，纸浆综合能耗 137 千克标准煤每吨，吨产品综合能耗量远远低于国际先进水平和行业水平的指标要求。节能项目推进落实，纸板生产从多方面节能增效，单位产品电耗及单位产品蒸汽耗量比上年降低近10%。开展20万吨化学机械浆节能验收工作获得评审通过，作为广西第一个造纸节能验收项目，整个工厂的节能工作获得评审专家的好评。

【服务社会】 2020年，斯道拉恩索林业公司和斯道拉恩索北海工厂共支持26个社区帮扶项目（林业公司21个，北海工厂5个），4.65万人受益。年内，斯道拉恩索北海工厂向广西的6所盲童学校捐赠由工厂生产的纸板800千克作为盲文练习纸，以支持盲文教育。自2017年起，斯道拉恩索的员工志愿者每年开展铁山港区内的海洋垃圾清理活动。截至2020年年底，志愿者共开展志愿服务时间1246小时，清理海滩面积13.20公顷，清理海滩垃圾15.20吨。

【研发成果及荣誉】 2020年，斯道拉恩索北海工厂在食品及餐饮领域推出多种可再生包装材料，这些产品可再生、可回收，原材料可追溯，达到食品接触级的安全标准。朴玉™是专为餐饮包装设计的高端产品，旨在替代一次性塑料包装，为消费者带来更安全、健康的餐饮包装体验。为应对伴随外卖消费的塑料污染难题，斯道拉恩索在中国市场推出高品质的纸浆模塑餐盒产品。在满足安全、防水、防油等食品包装的基本性能要求外，产品还兼具可再生、可回收和可降解的环保特点。年内，该产品成功入选由美团公司与中华环境保护基金会共同发布的纸质外卖包装推荐名录。斯道拉恩索的可再生产品广泛应用于药品、化妆品、图书、家居、建筑、汽车制造等多个行业，为社会提供绿色环保的包装材料。9月，斯道拉恩索荣获中国欧盟商会发起的"第四届可持续商业大奖"中的"杰出环境与气候表现奖"。12月，斯道拉恩索荣获"2020臻善奖·年度臻善企业"大奖。12月，为表彰对广西经济建设和社会发展做出突出贡献的国（境）外专家及友好人士，自治区人民政府决定授予斯道拉恩索包装材料中国区高级副总裁Pentti Ilmasti（叶万霆）2020年度广西"金绣球友谊奖"。（吕丹丹）

电力工业

南方电网广西北海供电局铁山港供电分局

【铁山港供电分局工作概况】 2020年，南方电网广西北海供电局铁山港供电分局（简称铁山港供电分局）主要承担铁山港区南康镇、营盘镇、兴港镇3个乡镇45个村（社区）434个自然村、街道的电力供应及用电服务任务，供电区域面积394平方千米，用电人口18.45万人，直供用户数6.40万户。辖区内共有变电站6座，容量584.8兆伏安，其中220千伏变电站2座，110千伏变电站1座，35千伏变电站3座；有公变631台，专变590台；有10千伏配电线路40回，线路长度674.2千米。

【电网安全】 2020年，铁山港供电分局深入开展涉电公共安全专项治理，强化政企联动、警企联动工作，与铁山港区人民政府、银海区人民政府建立联动应急机制，制定专项设备运维工作方案，加强对施工现场管控，处置外破事故21起，外破事故处置率100%，外破案件比上年下降50%；完成81个台区隐患整改，安装防撞墩38处、夜间警示灯61套，粘贴防撞标识1225张。持续开展配网树障清理，结合配电线路及台区巡视记录，按线路、台区做好树障清理，完成39条线路2218处隐患点的清理，清理树木1.5万棵。

【农配网建设】 2020年，铁山港供电分局投资220余万元实施完成铁山港区南康镇、营盘镇和银海区福成镇共5项扶贫专项农网改造升级工程，新建配变台区6个，新增配变容量1115千伏安，低压线路11.38千米；完成夏塘村、扫管龙村、龙门村、盐灶村、粟山村、杨屋村6个革命老区公变台区改造，供电覆盖率达100%。加快推进电网建设，投运97个项目，新建（更换）中压线路20.32千米、低压线路158.45千米，供电能力大幅提升。

2020 年 8 月，铁山港供电分局在兴港镇陂头村委大田村进行电网改造

铁山港供电分局　供

【优质服务】 2020 年，铁山港供电分局加强电力供需形势分析，全力做好电力供应。年内，全区用电需求继续保持较快增长态势，供电量 39.85 亿千瓦时，比上年增长 8.08%。落实企业复工复产电费补贴政策，深入 46 家企业开展优惠政策宣传，为企业降低电价 5%。深入走访港区 20 多户小微企业客户，主动了解客户的生产经营情况，解决用电难题，进一步“解放客户”；加快客户业扩报装进度，积极与政府部门沟通协调，建立用电需求前期对接机制；一对一服务好辖区内海洋产业园、凤集蛋鸡、太阳纸业、银基等重大项目，新增 38 户用电容量 4.80 万千伏安。加大互联网 + 及费控宣传推广，与 38 个村委合作共建“电力村委”，推动客户满意度提升。

（梁泽均）

广西投资集团北海发电有限公司

【广投北海发电公司工作概况】 2020 年，广西投资集团北海发电有限公司（简称广投北海发电公司）完成发电量 36.44 亿千瓦时，发电利用时数 5694 小时，机组发电利用小时数在广西统调火电机组中排名第一，2 台机组实现安全生产连续 5589 天，促进北海市经济社会健康、持续、稳定发展，确保广西区电网、南方电网安全稳定，为广西带来显著的经济效益和社会效益。年内，广投北海发电公司获“南方电网系统运行及调度工作先进集体”“广西工人先锋号”等称号；广投北海发电公司总经理助理张旭获 2020 年广西五一劳动奖章，设备管理部副经理李其安获北海市劳动模范称号。

【节能技改】 2020 年，广投北海发电公司共完成技术改造项目 11 项，QC（质量控制）活动成果 25 项，按照项目负责制的要求，全面严格控制各项目实施过程、验收过程，项目实施效果良好。重点完成制氯站廊道加药改造、捞渣机刮板及链条冲洗水改造、热网系统设备全面检修、磨煤机衬板改造、制粉系统动态分离器改造、发电机励磁系统改造等项目，有效提高设备安全性和经济性。全年供电煤耗控制在 319.46 克每千瓦时，比上年降低 0.8 克每千瓦时，达到历年最好效果。年内，广投北海发电公司坚持质量为本，以全面质量管理为抓手，积极开展技术攻关和 QC 活动，完成 2020 年广西工业企业质量管理标杆认定。积极参加广西优秀质量管理成果评审，共有 7 个 QC 小组获得广西优秀质量管理小组。

【燃煤掺烧】 2020 年，广投北海发电公司通过编制下发《燃煤掺烧协同工作方案》《印尼煤掺烧组织技术方案》和《燃煤掺烧运行手册》等方案措施，围绕计划、采购、堆存、燃烧等环节，形成公司燃煤统筹策划、效益出口的系统性工作机制，工作流程更加顺畅，为降低年度标煤单价奠定基础。同时，建立健全各项考核机制，推进安全、经济、精细化掺烧。全年掺烧印尼煤约 50 万吨，节约燃煤成本约 3500 万元。

2020年春节期间，广投北海发电公司到扶贫挂点村——合浦县石康镇瓜山村开展慰问贫困户活动　广投北海发电公司　供

【热电联产】 2020年，广投北海发电公司下属企业——北海市鑫源热电有限公司完成供热蒸汽量34.06万吨，比上年增加14.03万吨，增长70.04%，完成售电7.5亿千瓦时。

【市场营销】 2020年，广投北海发电公司坚持"总结经验、巩固成果，继续加强维护客户关系，深入挖潜，力争取得更大突破"的营销思路，积极开展电力市场营销工作，与西江集团、中能建广西水利电力建设集团、中广核广西新能源公司等企业签订电力营销合作协议，进一步加深合作和联系。

【精准扶贫】 2020年，广投北海发电公司积极开展春节前走访慰问贫困群众送温暖活动，为26户结对帮扶贫困户送去春节慰问品；开展脱贫攻坚"一户一册一卡"专题业务培训会，为高质量完成脱贫攻坚工作奠定基础；积极落实"产业奖补"政策，为贫困户落实"产业奖补"金额12万元；协助落实"雨露计划"政策，协助申请"雨露计划"补助1.05万元；继续以"扶春苗·助扶贫"北电志愿者行动计划为主题到公司定点帮扶贫困村开展爱心支教工作，充分调动公司全体员工的积极性，助力精准扶贫工作。

（陈艺夫）

神华国华广投（北海）发电有限责任公司

【国华北海电厂工作概况】 神华国华广投（北海）发电有限责任公司（简称国华北海电厂）成立于2012年1月31日，由中国神华能源股份有限公司和广西投资集团有限公司按52%∶48%的比例投资组建。2020年年底，国华北海电厂资产总额34亿元。国华北海电厂拥有2×1000兆瓦超超临界二次再热燃煤发电机组、2个10万吨级码头和1座1000万吨级煤炭储运配运中心（含配煤堆场、铁路专用线）。

【项目合法复工】 2020年2月26日，国华北海电厂获得《海域使用权不动产证》，3月4日获批项目开工"三证"（项目用地规划许可证、工程建设规划许可证和工程建设施工许可证）。5月16日，国华北海电厂取得国家发改委、国家国资委、国家能源局联合印发的关于电厂项目移出停建名单的通知，项目得以合法复工。8月19日，国华北海电厂成功取得将原湿法脱硫变更为海水脱硫工艺的环保批复，成为北部湾沿海区域第一个实现海水脱硫工艺流程的电厂，起到良好的示范作用，丰富北部湾区域沿海资源的内涵。

【工程建设】 2020年，国华北海电厂开展项目系统优化工作，先后组织召开设计优化专题会17次、专项调研8次，制订设计优化87项，项目经济性、环保性表现达到同期在建机组一流水平。国华北海电厂从7月开始用两个半月时间，完成施工单位生活区完善建设、五通一平尾工完善、排水箱涵第一段施工（保证进场路）、电除尘基础出零米、烟囱基础出零米、锅炉及主厂房区域地下管道以及部分设备基础施工、锅炉地坪浇筑。10月12日,1号锅炉钢结构开始连续吊装作业;11月23日,2号锅炉钢结构开始连续吊装作业;11月30日,主厂房增补基础出零米;12月30日,1号锅炉第四层钢结构吊装完成20%,2号锅炉第二层钢结构吊装完成,烟囱第二板混凝土浇筑完成、翻模装置平台安装完成75%,循泵房连接段箱涵土方开挖完成100%。

【安全生产】 2020年,国华北海电厂贯彻国家能源集团、上级发电公司安全生产环保1号文件精神,完善安健环体系建设落实主体责任。实现人员"零伤亡"、设备"零事故"、消防"零火险"、环保"零污染"、疫情"零疑似"的安健环目标;应急管理经受住台风、暴雨等极端天气的考验;实现安全生产周期3300天。

【质量管理】 2020年,国华北海电厂质量体系运作正常,质量可控、在控、受控。国华北海电厂印发《质量工作策划》《基建工程质量管控要点执行手册》《质量管理重点控制项目保证措施》等主要纲领性质量制度文件,同时完成编写和审批质量相关制度文件20项;完成首次质量监督检查和地基处理质量监督检查整改问题闭环;完成主厂房施工前质量监督检查工作。全年未发生任何安全、质量事故。

【财务管理】 2020年,国华北海电厂围绕工作部署,资金筹集及创效工作有效开展,税收优惠政策积极落实,会计基础工作扎实推进。大力开展资金筹集工作,项目80亿元信用贷款利率较同期LPR下降60BP,较基准利率4.9%每年节约贷款利息约6800万元,降低存量贷款利率节约贷款利息746万元,资金活动依法合规,资金安全可控受控;防范税务风险,周密开展税务筹划,积极研究西部大开发优惠政策,组织识别可减税1.68亿元的专用设备51项,设备税率降低减少合同造价1.35亿元,增值税退税、土地使用税减免等节税201万元;深入夯实会计基础工作,修订并严格执行财务签批权限等制度,在费用报销系统重塑报销与付款审批流程,依法提供优质报销与付款审核服务。

2020年10月1日,国华北海电厂项目复工仪式在神华国华广投北海能源基地现场举行　　马嘉鸿　摄

【其他工作】 2020年,国华北海电厂以习近平新时代中国特色社会主义思想为指导,全面贯彻中共十九大精神及十九届历次全会精神,开展"四强四有"主题实践活动,成立11个党员先锋队,助力项目移除停建名单、设计优化、项目复工建设等中心工作。针对廉洁新动向,加强对专工履职用权方面的严管严控。　　(杨　帆)

北海市铁山港(临海)工业区

【铁山港(临海)工业区概况】 北海市铁山港(临海)工业区管理委员会[简称铁山港(临海)工业区管委会]是北海市铁山港(临海)工业区[简称铁山港(临海)工业区]的管理机构。2020年,铁山港(临海)工业区实现规模以上工业总产值954.21亿元,比上年增长7.45%;工业增加值226亿元,增速下降7.60%;固定资产投资97.80亿元,比上年增长126.90%;完成

2020 年 12 月 31 日，广西川化天禾钾肥有限责任公司 48 万吨优质钾肥项目（一期）全景　　铁山港（临海）工业区管委会　供

税收 79.97 亿元，比上年下降 40.24%；外贸进出口额 80 亿元，比上年下降 10.26%。重点企业有中石化北海炼化有限责任公司、广西北部湾新材料有限公司、斯道拉恩索（广西）浆纸有限公司、信义玻璃（广西）有限公司、广西渤海农业发展有限公司、中石化北海液化天然气有限责任公司、广西北部湾国际港务集团有限公司、广西投资集团北海发电有限公司等。

【石油化工产业】 年内，铁山港（临海）工业区石化产业实现产值 233.68 亿元，比上年下降 39.66%。龙头企业中石化北海炼化实现产值 214.86 亿元，比上年下降 40.05%；上缴税金 74.04 亿元，比上年下降 40.63%。以税收百亿元企业中石化北海炼化为龙头，带动和源化工等一批下游企业落户投产，川化优质钾肥项目、LNG 二期等项目加快推进，初步形成临港石化产业基地。

【新材料产业】 年内，铁山港（临海）工业区临港新材料产业实现产值 609.99 亿元，比上年增长 50.19%，上缴税收 3.25 亿元。广西北部湾新材料有限公司不锈钢产量跻身全国行业前三名。10 月 28 日，信义玻璃集团 4 条日熔化量 3200 吨的特种浮法玻璃项目第一条生产线点火，铁山港（临海）工业区形成以不锈钢深加工、特种浮法玻璃深加工为主的产业集群。

【林纸一体化产业】 年内，铁山港（临海）工业区林纸一体化产业实现产值 26.02 亿元，比上年增长 26.93%，其中斯道拉恩索（广西）浆纸有限公司完成产值 25.7 亿元，比上年增长 26.91%，上缴税收 0.29 亿元。造纸行业世界 20 强的山东太阳控股集团，投资 228 亿元的 350 万吨林浆纸一体化项目顺利推进，铁山港造纸产业集群加快形成。

【玻璃产业】 年内，铁山港（临海）工业区玻璃产业是铁山港区新增产业，全年实现产值 19.10 亿元。以信义玻璃（广西）有限公司为龙头，大力开发和生产高端玻璃及制品、玻璃纤维、光伏组件、非通信光纤及制品，努力打造国内一流、国际领先的全产业链玻璃产业园。10 月 28 日，信义玻璃（广

2020 年 12 月 31 日，信义玻璃（广西）有限公司 4 条特种超白超厚超薄优质浮法玻璃生产线和 2 条太阳能光伏玻璃生产线建成
铁山港（临海）工业区管委会　供

西）有限公司项目试产，项目全部建成投产后预计新增产值近 90 亿元。

【项目建设】 2020 年，铁山港（临海）工业区实行项目建设“一张表”制度，严格按照“四定”办法高效推进项目建设。年内，铁山港（临海）工业区纳入自治区统筹项目 12 个，纳入自治区“双百双新”项目 19 个。全年共实施重点项目建设 48 个。

【招商引资】 2020 年，铁山港（临海）工业区以“投资促进年”为抓手，按“强龙头、补链条、聚集群”的产业发展要求，全方位、多渠道开展产业树精准招商。全年签约项目 23 个，合同投资额 4177 亿元，其中总投资 100 亿元及以上的项目 8 个，总投资 10 亿元—100 亿元的项目 4 个，总投资 1 亿元—10 亿元的项目 6 个。

【营商环境优化】 2020 年，铁山港（临海）工业区健全招商引资和服务项目落地建设工作机制，成立项目帮办中心，全程跟踪服务企业，将审批窗口的咨询指导工作提前至帮办阶段，为企业节省办理时间成本，大胆创新，为企业办证实行“容缺”机制，营商环境进一步优化。广西太阳纸业纸板有限公司在企业开办时，由于名称核准系统没有“纸板”这个行业，帮办中心通过零见面、零花费、零纸张的方式，多次查找国民经济行业分类内容、沟通市场监督管理局，协助企业完成公司设立表格的填写及企业相关人员实名认证的流程，仅用0.5个工作日完成企业开办。推进“最多跑一次”改革，做足企业开办“减法”文章，从企业登记、印章刻制、发票申领到银行开户整个流程仅需 0.5 个工作日；推进网上办事互联互通，实现网上审批率达 98%。共为 25 家新入园企业提供方便快捷的住所证明、工商营业执照、税务登记等前期手续服务；为 4 家企业进行用电报装、12 家企业用水报装；累计为企业办理减税 4.62 亿元，其中增值税 0.46 亿元，企业所得税 3.28 亿元。

2020 年 12 月 31 日，广西太阳纸业纸板有限公司 350 万吨林浆纸一体化项目施工现场　　铁山港（临海）工业区管委会　供

【港口运行】 2020 年 6 月 10 日，铁山港 1 号—4 号泊位铁路专用线投入使用，打通海铁联运“最后一公里”。年内，北海港铁山港作业区完成货物吞吐量 1948.17 万吨，比上年增长 7.77%。其中：集装箱 32.03 万标箱，增长 31.30%；外贸进口货物吞吐量 780 万吨，比上年增长 5.22%（其中金属矿石和粮食占外贸进口货物总值的 93.6%）。（李承敏）

农业农村·水利

农业综述

【农业概况】 2020年，北海市铁山港区农业农村和水利局（简称区农业农村和水利局）落实上级关于“三农”（农业、农村、农民）工作的战略部署和重大政策，统筹推动发展农村社会事业、农村公共服务、农村文化、农村基础设施建设和乡村治理，协调推进改善农村人居环境，组织实施深化农村经济体制改革，巩固完善农村基本经营制度，负责全区种植业、畜牧业等第一产业的监督管理，负责全区水利设施、水域及其岸线的管理、保护与综合利用、水利工程建设与运行管理，指导全区农村水利工作，组织开展农业和水利行政执法，承担推行河长制、湖长制相关工作。

（蓝新禄）

【农作物种植】 2020年，铁山港区农作物种植面积2.14万公顷。其中：粮食作物（水稻、玉米、豆类、薯类等）种植面积5621.13公顷，产量2.37万吨；花生种植面积2665公顷，产量8184吨；甘蔗种植面积4184.3公顷，产量27.39万吨；木薯种植面积3045.2公顷，产量3.07万吨；蔬菜种植面积5221公顷，产量11.48万吨；水果产量8860.5吨；西（甜）瓜种植面积688公顷，产量1.63万吨。全年农业产值7.81亿元，比上年增长1.35%。农村居民人均可支配收入17581元，比上年增长8.6%。

【现代特色农业】 2020年，铁山港区创建现代特色农业示范园区7个。其中自治区级（核心）示范区1个，是北海市铁山港区设施蔬菜产业（核心）示范区；县级示范区1个，是北海市铁山港区果蔬设施种植示范区；镇级示范园2个，分别是铁山港区营盘镇白东优势水产养殖示范园和南康镇大塘村大棚设施栽培示范园；村级示范点3个，分别是铁山港区南康镇火甲金源种植示范点、营盘镇盐灶村罗非鱼养殖示范点和兴港镇粟山村沃柑种植示范点。

【农产品网上流通体系】 2020年，铁山港区组织农业企业参加铁山港区2020年农产品产销对接推广活动、2020年北海市铁山港区庆祝中国农民丰收节暨消费扶贫产品推介活动及第十九届名特优农产品

2020年9月，铁山港区在营盘镇盐灶村举办庆祝中国农民丰收节暨消费扶贫产品推介活动　　区农业农村和水利局　供

2020 年，在第十九届广西名特优农产品（桂林）交易会举办期间，自治区副主席方春明（前排左二）到北海馆参观了解铁山港区金鲳鱼生产发展情况　　区农业农村和水利局　供

（桂林）交易会。以“信息进村入户工程”项目为依托，完善区域运营中心 1 个，完善村级益农信息社服务站 111 个，涵盖全区行政村，所有站点得到正常运营。年内，铁山港电子商务服务中心销售农（渔）产品 274.3 吨。（梁统模）

【农业产业化建设】 2020 年，铁山港区有自治区级农业龙头企业 1 家、市级农业龙头企业 3 家、家庭农场 33 家，在工商部门注册登记的农民专业合作社 143 家。新型农业经营主体带动农户数 7010 多户，其中贫困户 637 户，促进农民增收，带动贫困户脱贫致富。

【农村综合改革】 2020 年，铁山港区全面推进农村产权制度改革，42 个村（居）委全部成立股份经济合作社并完成登记赋码。

【惠农政策落实】 2020 年，铁山港区抓好强农惠农政策落实，做好耕地地力保护补贴培训、宣传工作，指导乡镇做好补贴面积的申报、录入、审核等工作，核定补贴面积 1.32 万公顷（含农场），每公顷补贴 1568.55 元，发放 2020 年度铁山港区耕地地力保护补贴资金 2079 万元，补贴农户 3.37 万户。（巫媛婷）

农业科技

【技术推广和培训】 2020 年，铁山港区重点推广土壤有机质提升、测土配方施肥、水肥一体化、绿色植保、大棚设施栽培、“互联网 +”等现代农业生产和经营技术。年内共培训高素质农民 4100 人次，其中特色产业技术培训 3100 人次、农村党员专题大培训 470 人次；其他农业科技培训 530 人次。

【农业良种良法推广】 2020 年，铁山港区大力推广“兆丰优 9958”“珍优 9822”等高产优质稻品种，推广“丰田糯 2 号”“新中玉 801”等玉米品种，推广“英哥红”“西瓜红”等红薯品种，推广“桂花 17”“粤油 45 号”等花生品种，提纯复壮“合油 77”花生品种。在蔬

2020 年 12 月，铁山港区 2020 年高素质农民教育培训经营管理型（乡村振兴生态农业）培训班在营盘镇盐灶村举办

区农业农村和水利局　供

菜生产上，辣椒推广“蓝箭一号”“靓红”等指天椒品种；豇豆推广“抗优009”“金船一号”“中南10号”“春宝3号”“金豆1号”等品种；冬瓜推广“墨地龙一号”品种，提纯复壮“本地大冬瓜”品种；南瓜推广“香芋南瓜”新品种。其他经济作物，甘蔗推广“桂糖42号”“桂糖45号”“桂柳05136”等桂糖系列“双高”品种；木薯推广“南植199”“华南5号”等高产、优质品种。在农作物生产上集成创新应用新技术，普及测土配方施肥技术，大力推水肥一体化技术。在粮油、果蔬及其他经济作物生产上大力推广应用测土配方施肥技术，全年推广面积1.4万公顷，其中推广水稻测土配方施肥面积4100公顷，新增产值2269.2万元。在果蔬生产上结合测土配方施肥技术，重点推广水肥一体化技术，通过技术指导和试验示范，辐射带动全区水肥一体化技术应用面积4200公顷。全年深入实施化肥农药使用量零增长行动，在多种粮食或果蔬作物生产上大力推广应用黄板、杀虫灯、性诱剂等物理、生物防治病虫害措施。推广有机肥替代化肥技术，以肥料化实施秸秆还田、饲料化实施秸秆“过腹还田”为重点，加快农作物秸秆综合利用，带动全区主要粮食生产基地改进施肥方式，提高肥料利用率，推进有机肥源利用，促进粮食生产健康发展。

【农作物病虫害防治与检疫】 2020年，铁山港区主要农作物有害生物发生总体属中等偏轻年份。病虫草鼠害发生面积1.55万公顷次，其中发生病害4100公顷次，虫害4300公顷次，农田草害5200公顷次，鼠害1700公顷次。防治面积2.11万公顷次，挽回作物损失3.35万吨，实际损失1410吨。年内，区内草地贪夜蛾得到有效控制，水稻“两迁”害虫中等偏轻发生，甘蔗螟虫中等偏轻发生，蔬菜病虫中等发生，农田草害中等发生。（梁统模）

种植业

【粮食生产】 2020年，铁山港区粮食种植面积5621.19公顷，产量2.37万吨。其中：水稻种植面积2614公顷，产量1.17万吨；玉米种植面积1877公顷，产量9371吨；豆类种植面积59公顷，产量100吨；薯类种植面积1071公顷，产量2509吨。

【油料生产】 2020年，铁山港区种植的油料作物全部是花生，种植面积2665公顷，产量8184吨。

【甘蔗生产】 2020年，铁山港区甘蔗种植面积4184.3公顷，产量27.39万吨，比上年种植面积增长14.86%，产量增长19.81%。

【蔬菜生产】 2020年，铁山港区蔬菜种植面积5221公顷，总产量11.48万吨，比上年种植面积增长1.52%，产量增长2.25%。西（甜）瓜种植面积688公顷，总产量1.63万吨，比上年种植面积减少2.89%，产量减少5.38%。

【水果生产】 2020年，铁山港区水果种植面积7822.2公顷，产量8860.5吨，总产值

2020年，铁山港区种植的红薯长势喜人　区农业农村和水利局　供

6293.2 万元，农民人均水果收入 34.50 元。（梁统模）

畜牧业

【畜牧业概况】 2020 年，铁山港区畜禽肉类总产量 10377.7 吨。其中：生猪出栏 6.72 万头，肉产量 5626.35 吨；肉牛出栏 1550 头，肉产量 171.57 吨；肉羊出栏 3770 头，肉产量 61.51 吨；家禽出栏 267.45 万羽，肉产量 4402.07 吨（其中鸡出栏 159.17 万羽，肉产量 2301.45 吨；鸭出栏 106.77 万羽，肉产量 2015.64 吨；鹅出栏 1.52 万羽，肉产量 84.98 吨）。

【家畜保险购买】 2020 年，铁山港区积极做好生猪保险及生猪生产贷款财政贴息政策的宣传，提高覆盖面，鼓励条件符合的养殖场申报，提高养殖户复产信心。区农业农村和水利局组织各乡镇畜牧兽医站、村级防治员到区内 43 个村委张贴生猪购买保险通知。年内，全区推动肥育猪 1520 头和肉牛 893 头参保，分别落实政策性保费补贴 7.3 万元和 25 万元，落实国家支农惠农政策，提高养殖户积极性，保障和促进养殖业的持续健康发展。

2020 年，铁山港区动物疫病预防控制中心工作人员对区内禽流感进行监测　　区农业农村和水利局　供

【畜禽粪污综合利用】 2020 年，铁山港区 12 家登记在册的畜禽规模养殖场均进行粪污资源利用设施配套，规模养殖场的粪污资源利用设施设备配套率 100%。年内，全区畜禽粪污产生总量 19.85 万吨（其中规模养殖场粪污产生量 1.01 万吨，规模以下养殖场的粪污产生量 18.84 万吨），资源化利用量 17.92 万吨，全区畜禽粪污综合利用率 90.24%。年内，铁山港区根据国家、自治区以及北海市《关于进一步规范畜禽养殖禁养区划定和管理促进生猪生产发展的通知》精神，开展禁养区划定情况排查，在南康江沿岸发放告知书 22 份，到南康江沿岸各村委张贴《北海市铁山港区人民政府通告》，共搬迁撤离养殖场（户）16 个（户），配套粪污处理设施设备 6 个（户）。（罗春媚）

【重大动物疫病防控】 2020 年，铁山港区对高致病性禽流感和口蹄疫等一类动物传

表 3　2020 年铁山港区畜牧业主要生产指标统计

产业名称	出栏数（万头、万羽）	比上年增长（%）	产量（吨）	比上年增长（%）
肉类总产量			10377.70	−1.75
生猪	6.72	2.27	5626.35	−1.85
家禽	267.45	4.19	4402.07	0.37
肉牛	0.16	−21.87	171.57	−33.32
肉羊	0.38	63.78	61.51	41.63

染病实行强制免疫，做到应免尽免不留空档。全区家畜口蹄疫免疫12.07万头次，家禽高致病性禽流感累计免疫101.27万羽次，羊小反刍兽疫免疫0.50万头次，对猪瘟、蓝耳、鸡新城疫、狂犬病开展全面免疫，常年免疫密度90%以上，群体免疫率100%。开展兽疫实验室检测，全年检测样本748份，其中“非洲猪瘟”病毒核酸检测323份，布鲁氏菌病检测159份，经检测未发现阳性样品。通过落实“非洲猪瘟”消毒灭源专项行动，落实免疫、检测、排查、消毒等疫病防控措施，防范疫情风险。全年全区无重大动物疫病，无人畜共患病出现。（郑日维）

【畜牧产品质量安全监管】2020年，铁山港区畜牧主管部门加强畜牧产品质量安全监管，组织开展对饲料、兽药和养殖环节使用违禁品及禽畜产品药物残留监督检查，累计开展专项整治和执法监管行动68次，检查生产、经营企业45家次，禽畜养殖场108个次。全年开展对“瘦肉精”监测110份次，对“磺胺类”药物残留监测22份次，未发现使用违禁药品等违法行为。

【动物卫生监督】2020年，铁山港区畜牧主管部门加大动物卫生监管力度，抓好动物检疫工作，全年实施产地检疫生猪2.57万头，落实养殖环节病死猪无害化处理，全年无害化处理病死猪4946头。加强动物卫生监督执法工作，全年立案查处违法违规案件2件，结案2件。（黄少东）

水　利

【水利工程管理】2020年，铁山港区有海河堤137千米，其中海堤39千米，包括青山头海堤、白龙海堤、火禄港海堤、粟山海堤、雷田海堤、下担海堤等，河堤98千米，包括南康江河堤、火禄江河堤、谢家河河堤等；全区有堤围38个，其中万亩以上堤围1个，千亩以上堤围9个，千亩以下堤围28个；全区有农村饮水工程84处；全区主要灌溉渠系有南康东干渠（37千米）、南康西干渠（12.95千米）、南康西干南康分干渠（15.23千米），南康西干营盘分干渠（20.3千米），4条干渠总长度85.48千米，构成铁山港区相对完备的防洪、防潮减灾体系。全区全年农田有效灌溉利用系数0.504，提高全区农业灌溉用水的利用效率与效益，提高农业抗御自然灾害能力，为促进全区农村经济发展和社会稳定等方面发挥作用。

【水利工程建设】2020年，铁山港区共实施水利工程项目10个，总投资5720.65万元。其中中小河流治理项目1个，饮水安全巩固提升工程8个，水闸工程1个。

饮水安全巩固提升工程建设　年内，铁山港区投资380多万元，建设黄丽窝供水工程关冲村增加水源项目、黄丽窝供水工程戴屋村增加水源项目等7个农村饮水巩固提升工程，进一步巩固提升23个村

2020年5月14日，建设完工的南康镇黄丽窝村委戴屋村增加水源项目工程外景　　区农业农村和水利局　供

1.54 万人的饮水安全，顺利完成全区 2020 年脱贫攻坚饮水安全战役目标任务，为全区饮水安全提供有力保障。

中小河流治理　年内，铁山港区投资 2000 多万元，开展南康江排筏河段综合治理工程，进一步加强防洪防汛减灾体系建设，防洪能力进一步提高，保障沿江群众生命财产安全。

大型供水项目建设　年内，铁山港区投资 2900 多万元，开工建设南康镇供水工程，进一步巩固提升 3.8 万人的饮水安全。

水闸项目建设　年内，铁山港区投资 390 多万元，完成南康糖厂水闸除险加固工程建设，促进当地农业及经济发展。

（黄丽勤）

【水土保持工作】 2020 年，铁山港区切实抓好水资源管理和水土保持工作，共审批水土保持方案 4 个，夯实生产建设项目业主防治水土流失的主体责任。完成水土流失治理面积 4.12 平方千米，征收水土保持补偿费 633.47 万元。采取多种方式对生产建设项目水土保持情况进行检查，累计开展实地监督检查 49 次，召开专题会议检查 8 次，电话询查 22 次，共检查项目 8 个。对未按批复的水土保持方案实施的行为及时制止并限期整改，有效遏制项目建设过程中造成的水土流失。年内全面完成对辖区 46 个扰动图斑现场复核工作。

【河长制工作】 2020 年，铁山港区河长办加强河道执法检查力度。河长切实履职尽责，完成巡河任务，区、镇、村三级河长年度实际巡河总次数均超过年度应巡河总次数，各级河长巡河率超过 100%。区级 4 名河长年度巡河任务数 48 次，实际巡河 63 次，巡河率 131.25%；镇级 12 名河长年度巡河任务数 432 次，实际巡河 470 次，巡河率 108.79%；村级 33 名河长年度巡河任务数 1584 次，实际巡河 1600 次，巡河率 103.09%。

【河湖管理工作】 2020 年，铁山港区完成 4 条区级河流（流域面积 50 平方千米以上）和 10 条镇级河流（流域面积 50 平方千米以下）管理范围划定任务。年内河湖管理范围划定率 100%。全年全区自查摸排发现河湖“四乱”问题共 4 个，已销号 4 个，销号率 100%。

（庞书任）

林　业

【林业概况】 2020 年，铁山港区有林地面积 7382 公顷，完成林业总产值 34.71 亿元（其中第一产业产值 4774 万元，第二产业产值 34.20 亿元，第三产业产值 240 万元），比上年减少 18.54 亿元，下降 34.81%；完成林下经济产值 1015.3 万元，比上年下降 94.66%，其中林下养殖 1000.3 万元、森林旅游 15 万元；完成植树造林总面积 141.8 公顷，完成义务植树 40 万株，完成中幼林抚育 1000 公顷，均完成上级主管部门下达的目标任务。年内，全区森林覆盖率 19.38%。区自然资源局牵头管护公益林总面积 208.23 公顷，其中国家级公益林 145.35 公顷，自治区级公益林 62.88 公顷。

【植树造林】 2020 年，铁山港区山上造林实际完成造林总面积 141.8 公顷，完成义务植树 40 万株，完成中幼林抚育 1000 公顷。该年植树节，区自然资源局组织相关单位在南康中学开展义务植树活动，为美丽铁山港添新绿，掀起义务植树的新高潮。年内，全区完成南康镇三塘村委李屋村、大塘村委下担村村屯绿化景观提升工程，提升乡村生态环境，提升旅游形象，助力全域旅游示范区创建活动。

【林政管理】

涉林违法行为整治　2020 年，根据《中共北海市委机构编制委员会关于印发北海市农林水利综合行政执法支队职能配置、内设机构和人员编制规定的通知》文件精神，林业执法职能由北海市农林水综合行政执法支队行使，单位推动森林督查违法案件的查处，在机构改革过渡期间，区自然资源局牵头开展铁山港区林业行政执法工作。年内，铁山港区开展森林督查暨森林资源管理“一张图”年度更新和森林资源调查项目工作，并上报自治区审核。年内，区自然资源局共查处非法侵占林地行政案件4件，非法养殖野生动物案件1件。

野生动植物管理　2020年，铁山港区积极开展野生动物救助宣传，联合相关单位开展清网行动，全面加强野生动物保护和管理。新冠肺炎疫情期间，成立工作专班，妥善开展人工繁育陆生野生动物处置。制订人工繁育陆生野生动物补偿处置工作方案，对全区44个（户）合法养殖场（户）的存栏野生动物进行处置（其中2户转型药用、1户停产、1户贫困户养殖的荷兰猪不在补偿处置范围）。截至8月21日，全区共收到40个（户）合法养殖场（户）提交的申请补偿处置材料并签订《北海市人工繁育陆生野生动物补偿处置协议书》，共处置竹鼠3025只，补偿处置款54.45万元（每只180元）；滑鼠蛇5.35万条、6.34吨，补偿处置款697.27万元（每500克110元）；到9月21日，已兑现补偿款共751.71万元，全部完成补偿处置工作。年内，区自然资源局加强对古树名木资源管理，为保护全区古树名木，传承古树名木文化，继续完善与村（社区）签订管护协议，加强养护管理，同时继续做好铁山港区古树名木确认工作。

【森林防火】　2020年，铁山港区为做好清明期间森林防火工作，在各村重点路口、重点地段悬挂森林防火宣传横幅230幅，印发防火宣传资料7000份，发送《致全民的一封信》1000份，出动宣传车20余辆次进行全覆盖宣传。全年全区未发生森林火灾，无人员伤亡现象。

2020年，北海市森林病虫害防治检疫站专家到铁山港区检查树林病虫害情况　　区自然资源局　供

【林业有害生物防控】　2020年，铁山港区坚持“预防为主、分类施策、分工负责、区域联防、统筹安排、长期作战”的防治策略，落实区、镇两级政府防治责任，积极开展森林病虫害监测和普查工作。年内，全区未发生松材线虫病疫情，对区内木材加工厂进行检查，未发现松材线虫病流入区内。全区林业有害生物应实施监测面积9.52万公顷，实际监测面积9.52万公顷，监测率100%，未发现病、虫害现象。严格按照自治区林业局规定强化行政执法和管理职能，强化服务意识，严格开展产地检疫、调运检疫和复检工作，强化松木、其他木材及林产品运输检疫管理，严格实行检疫审批制度。全年产地检疫苗木107.98万株，种苗产地检疫率100%；调运检疫木材和木材制品2.49万立方米，调运检疫率100%。

【油茶树种植验收】　2020年，位于铁山港区的北海市营盘林场和广西瑞木农业科技有限公司油茶树种植面积30.01公顷，根据自治区验收标准，区自然资源局设立0.98公顷样地进行调查。经调查统计，全区年内种植油茶树项目造林完成情况是：完成面积30.01公顷，核实面积30.01公顷，面积核实率100%;合格面积30.01公顷,面积合格率100%;任务完成率100%。油茶树人工造林综合指标:造林面积核实率100%,造林面积合格率100%,任务完成率100%。

【林地审批】 2020年,铁山港区完成6个占用林地项目审批工作(其中1个为临时占用项目),使用林地总面积55.36公顷,保障铁山港辖区“双百双新”项目的用地需求。

【林木采伐】 2020年,铁山港区共办理林木采伐许可证1789份,合计树木蓄积量6.32万立方米、树木出材量4.83万立方米。

【森林生态效益补偿】 2020年,铁山港区有国家级公益林145.35公顷,有自治区级公益林60.88公顷,分布在营盘、南康、兴港3镇公益林面积分别为:营盘镇144.45公顷,南康镇53.77公顷,兴港镇9.99公顷。年内,全区森林生态效益补偿金兑付金额5.96万元,区自然资源局按有关规定制订实施方案,并组织技术人员对所有要补偿的生态公益林进行检查验收,按规定拨付资金。

【沿海防护林保护】 2020年,铁山港区通过发放宣传手册、出动宣传车等方式,做好海防林保护宣传工作,增强群众海防林保护意识。为更好管护红树林,铁山港区将林地范围内的红树林纳入公益林管理,落实专项经费,聘请专门护林员对其进行巡查管护,确保实时掌握红树林生长情况。

(李永进)

扶贫开发工作

【扶贫开发工作概况】 2020年,铁山港区有建档立卡贫困户2182户8971人,其中2016年以来精准识别贫困户1876户7659人,2014年和2015年退出户共306户1312人;有贫困村4个,分别是南康镇黄丽窝村、夏塘村,营盘镇盐灶村,兴港镇粟山村。经过精准帮扶,5年内全区4个贫困村已全部脱贫摘帽,贫困户2182户8971人已全部达到国家现行脱贫标准,贫困发生率从2016年的4.77%下降至零。

【两不愁三保障】 2020年,铁山港区稳定实现全部农村贫困人口两不愁(不愁吃、不愁穿)三保障(教育保障、医疗保障、住房安全保障)。教育保障方面,铁山港区全面落实控辍保学“双线四包”责任制,没有辍学学生,实现“双清零”的目标,共资助贫困户学生2811人次,资助金额103.49万元,超额完成全年教育资助目标,如期完成铁山港区实验学校建设工作并于8月31日投入使用。医疗保障方面,铁山港区落实“198”政策,建档立卡贫困人口符合基本医疗保险参保率达100%,符合住院兜底报销90%,门诊特殊慢性病兜底报销80%的贫困人口均达到报销比例。住房安全保障方面,铁山港区严格开展贫困户住房安全核查和住房等级评定工作,对核查存在一定

2020年8月31日,铁山港区实验学校建设完成投入使用。图为校园一角

区扶贫移民局　供

隐患的房屋，根据住房等级及农户情况安排危房改造或整改提升，由各镇组织实施；完成建档立卡贫困户危房改造85户、住房整改提升467户，确保全区建档立卡贫困户住房安全有保障；大力推进农村危旧房拆除，年内全区完成拆除危旧房319户，封门封窗、钉挂“危房不住人、待拆”牌499户，全力做到应拆尽拆应封尽封。

2020年3月2日，区市场监管局开展“送化肥，保春耕”主题党日活动，将2吨“爱心化肥”送给帮扶的31户贫困户，支持生产

区扶贫移民局　供

【精准帮扶】 2020年，铁山港区严格按照干部精准结对帮扶工作原则，落实1565名干部结对帮扶2182户贫困户，确保贫困户“一帮一联”结对帮扶工作全覆盖，及时解决贫困户生活生产困难。以自愿为原则，全区精准选出脱贫攻坚“明白人”2182名，实现每户建档立卡贫困户都有1名懂政策、明事理、会感恩的“明白人”。

【驻村帮扶】 2020年，铁山港区在确保工作队员队伍总体稳定基础上，区级层面按要求对19名工作队员进行调整，向脱贫任务相对较重的村（社区）增派16名工作队员，确保每个贫困村都有5名以上工作队员（含第一书记）驻村工作，其中深度贫困村黄丽窝村和脱贫任务重的兴港镇粟山村各有工作队员7名，全区共有驻村工作队员117人，比上年增加18.18%，全区脱贫攻坚力量得到加强。

2020年，南康镇黄丽窝村富农特色种养农民专业合作社与北海市德智现代农业公司合作建设黄丽窝村梦想创业孵化基地。图为基地正在采收尖椒

区扶贫移民局　供

【产业扶贫】 2020年，铁山港区因地制宜选定“5+2”（糖料蔗、花生大豆、优质稻、根茎薯芋类、豆类5个主导产业，茄果类、鸡2个自选产业）和发展贫困村“3+1”（南康镇黄丽窝村：糖料蔗、花生大豆、优质稻3个主导产业，鸡1个自选产业；南康镇夏塘村：糖料蔗、花生大豆、优质稻3个主导产业，鸡1个自选产业；营盘镇盐灶村：糖料蔗、花生大豆、根茎薯芋类3个主导产业，鸡1个自选产业；兴港镇粟山村：花生大豆、根茎薯芋类、豆类3个主导产业，鸡1个自选产业）特色产业，注重

聚集现代农业生产要素的推广和应用，稳定规模生产，加大产业链的延伸，引导贫困户因地制宜发展高效特色产业。年内，全区“5+2”特色产业覆盖率97.62%，四个贫困村“3+1”特色产业平均覆盖率均超过90%。培育具有带动力的农民专业合作社，通过项目倾斜扶持，全区4个贫困村均培育1个具有带动作用的农民专业合作社，共有社员1081人，带动1385户贫困户发展特色产业。按自治区文件要求落实贫困户产业扶贫以奖代补政策，制订《北海市铁山港区2020年建档立卡贫困户以奖代补到户产业开发项目实施方案》，共计发放奖补资金1146.56万元，惠及贫困户1990户。

【就业扶贫】 2020年，铁山港区通过开发扶贫公益性岗位解决部分建档立卡贫困劳动力就业难题，全年全区新开发扶贫公益性岗位解决就业76人。此外，结合新冠肺炎疫情防控需要，开发巡查员、值守员等村级临时性扶贫岗位33个，安排贫困劳动力上岗33人次，既协助基层做好疫情防控又增加贫困户的收入。年内，区扶贫移民局支持北海市铁山港区现代农业创业孵化基地和北海市铁山港区黄丽窝现代农业创业孵化基地开展创业孵化，为贫困劳动力提供创业扶持服务，共向90户进驻孵化基地创业的建档立卡贫困户发放场地和水电补贴115万元。此外，8户符合条件的建档立卡贫困户（均为创业孵化基地贫困户）还获得每户3000元的农民工创业奖补。

【综合保障】 2020年，区民政局将符合条件的建档立卡贫困户1222户4096人纳入农村低保范围发给低保补助，发放补助标准达到平均每人每月243.22元，提高农村低保对象与贫困人口重合率和低保政策对脱贫攻坚的贡献率，重合率62.5%，发挥民政低保兜底作用，做到应保尽保。发放残疾人“两项补贴”，改善残疾人生活质量。年内，困难残疾人生活补贴与重度残疾人护理补贴提高到每人每月120元。全区享受困难残疾人生活补贴1727人，其中贫困人口723人，重度残疾人护理补贴2398人，其中贫困人口592人，累计发放生活补贴和护理补贴金549.48万元。

2020年，南康镇夏塘村通过入股方式，引进康荣手套厂建成首个“扶贫车间”增加村民就业　　区扶贫移民局　供

【集体经济】 2020年，铁山港区推进农村发展集体经济质量、效率和动力“三变革”，全区43个村（社区）共打造56个富民强村集体经济项目，做到“一村一品”“一村多品”。其中，通过调整农村农业产业结构引进10家非公龙头企业，带动26个村发展村级集体经济项目29个；24个村（社区）通过自主经营、商铺出租等方式发展集体经济，实现资源变资产、创收增收新增长点。年内，全区农村集体经济收入524.38万元，其中有13个村（社区）集体经济收入超过10万元，5个村（社区）集体经济收入超过20万元，分别是南康镇的黄丽窝村68.27万元、南康社区33.75万元、火甲村20.79万元，营盘镇的鹿塘村45.37万元，兴港镇的石头埠社区26万元。（黄业栋）

2020年，铁山港区兴港镇粟山村集体经济项目努比亚山羊养殖场一角　　区扶贫移民局　供

水库移民工作

【水库移民工作概况】 2020年，北海市铁山港区扶贫开发和水库移民工作局（简称区扶贫移民局）管理移民村33个、移民村小组206个、大中型水库移民1259户4472人。水库移民劳动力人数2389人，其中劳动力输出人数736人。年内，全区水库移民人均可支配收入16365元，人均耕地面积0.09公顷，人均住房面积31.6平方米，可支配收入在该区农村居民人均可支配收入线以上有2387人；水库移民参加新型农村合作医疗4472人，参加新型农村养老保险3316人；水库移民后期扶持总人数4472人，全部采取直补到人的方式，发放资金268.32万元。水库移民项目总投资229万元，其中基础设施项目投资221万元，建设生产道路4.01千米；开展对移民劳动力技能培训和职业教育，投入资金8万元，培训劳动力50人次。

【水库移民后期扶持】 2020年，铁山港区做好水库移民后期扶持人口动态管理、管理政策宣传和直补资金发放工作。

后期扶持人口动态管理　年内，铁山港区贯彻落实《关于印发广西壮族自治区大中型水库移民后期扶持人口自然减员管理暂行办法的通知》文件精神，开展对大中型水库移民后期扶持人口自然减员核定登记工作，自然减员人口核定登记成果报区政府审定，审定文件报北海市水库移民工作管理部门备案。区扶贫移民局在第一季度开始实施大中型水库移民后期扶持人口动态管理，开展并完成年度后期扶持人口自然减员核定工作，共减员43人，停止发放自然减员后期扶持人口的后期扶持直补资金。

后期扶持人口管理政策宣传　年内，区扶贫移民局积极宣传《国务院关于完善大中型水库移民后期扶持政策的意见》和《自治区发改委、移民局、财政厅关于印发广西壮族自治区大中型水库移民后期扶持人

2020年6月1日，兴港镇大树岭村委罗屋村水库移民生产道路项目建设现场　　区扶贫移民局　供

口自然减员管理暂行办法的通知》等水库移民后期扶持政策文件精神,宣传水库移民后期扶持资金发放的方式,让移民群众知晓后期扶持资金发放的时间段,了解大中型水库移民后期扶持政策。

后期扶持直补资金发放　年内,区扶贫移民局按照自治区相关文件要求“在每季度收到上级拨付的后期扶持资金20天内或季度终了20天内全部兑现到户或到村民小组”的规定,按时按量发放大中型水库移民后期扶持直补资金268.32万元,惠及移民4472人。

【水库移民后期扶持项目建设】

水库移民后期扶持生产道路建设　2020年,区扶贫移民局积极开展水库移民增收项目。建设大中型水库移民生产道路项目3个,投资221万元,建设生产道路4.01千米,改善水库移民村组农业生产基础设施条件,促进优化农业产业结构,增加水库移民收入,扶持水库移民贫困户脱贫。

水库移民后期扶持脱贫攻坚　截至2020年,经过铁山港区各级政府、各级相关部门的扶持,全区水库移民建档立卡贫困户81户、贫困人口217人均达到或超过“八有一超”标准,全部脱贫。其中2016年脱贫23户67人,2017年脱贫16户45人,2018年脱贫7户23人,2019年脱贫32户76人,2020年脱贫3户6人。经过5年脱贫攻坚工作,全区水库移民贫困户由原来人均年收入低于3000元,提高到人均年收入5000元以上,达到“两不愁三保障”标准。有劳动力的家庭通过产业扶持、就业扶持等帮扶方式得到稳定收入,无劳动力的家庭都享受兜底政策,解决生活难题。

水库移民后期扶持致富技术培训　2020年,区扶贫移民局共举办水库移民技术培训班2期,培训水库移民50人次。培训依托广西钦州农业学校、广西南宁水产畜牧学校等教学有保障的专业院校,教学内容符合安置区移民生产、生活实际。围绕安置区农业产业发展开展实用技术技能培训。采取菜单式教学与现代农业发展、移民增产增效相结合的方式,开发设置农业特色种养、农家乐与观光农业、农村电子商务与农产品营销、农民专业合作社经纪人等精品课程,传授新技术,培育新观念,提供新信息,助力安置区农业产业发展和移民增收;按照移民培训意愿和市场用工需求,对安置区接受能力较强、有外出务工需求的移民,开展厨师、低压电工、电焊工、汽车维修、叉车驾驶等技术含量较高的就业技能培训,帮助参训移民通过考试获得国家职业技能证书,助力移民劳动力就业创业。

【水库移民后期扶持监测评估】　2020年,自治区水库移民工作部门对铁山港区进行水库移民后期扶持监测评估。水库移民后期扶持监测评估主要内容包括后期扶持政策实施情况、后期扶持资金使用管理情况、后期扶持政策实施效果等。经自治区监测评估小组核查评定,铁山港区2019—2020年度评估周期内水库移民政策实施工作情况表现为:领导重视,机构健全;人口动态管理实施常态化,直补资金发放及时足额、程序规范;资金管理规范,使用合理;后期扶持实施效果持续显现。铁山港区委、区政府水库移民后期扶持政策实施效果明显,移民生产生活水平不断提升,基础设施条件明显完善,社会大局总体稳定。　(朱　凯)

渔 业

渔业综述

【渔业概况】 2020年,北海市铁山港区海洋局(简称区海洋局)管理海岸线长82千米,其中人工岸线57.16千米,沿海滩涂自东向西延伸面积2.57万公顷,海水宜养面积1.33万公顷,实有海水养殖面积6400公顷。全区涉渔乡镇3个,涉渔村委(社区)20个,渔业人口4.9万人,渔业从业人员2万人,渔业船只保有量4025艘。

【渔业经济】 2020年,区海洋局贯彻落实习近平考察广西重要讲话精神,紧扣发展现代渔业、建设海洋强区和振兴南珠产业目标,坚持科学发展观,开拓创新,狠抓落实,大力发展向海经济,加快推动渔牧业转型升级,推动全区农村农业经济平稳健康发展。年内,全区水产品总产量19.30万吨,比上年增长0.26%,其中海洋捕捞5.20万吨,海水养殖13.37万吨,淡水养殖7292吨。

水产养殖业

【水产养殖业概况】 2020年,铁山港区水产养殖业持续稳步发展。全区水产养殖面积7821公顷,养殖总产量13.37万吨,比上年增12.74%,产值25.18亿元。水产养殖主要方式有池塘养殖、网箱养殖、浅海滩涂养殖等,主要养殖品种有南珠(珍珠)、南美白对虾、金鲳鱼、象鼻螺、文蛤、方格星虫(沙虫)等。对虾养殖面积1867公顷,象鼻螺养殖面积1533公顷,鱼类养殖面积800公顷,马氏珠母贝养殖面积677公顷。年内,全区有水产苗种场13家,水产养殖农民专业合作社15家。

【传统网箱养殖】 2020年,铁山港区传统网箱养殖分布在兴港镇石头埠海域,年底共有养殖户305户,4600多口网箱,养殖面积32万平方米,年产金鲳鱼、石斑鱼、鲈鱼等超2万吨,年产值超4亿元,铁山港区已发展为广西最大的网箱养殖基地。产品主要销往广东、福建、上海等地,以加工销售为主,占60%,冰鲜鱼销售占30%,活鲜鱼销售占10%。金鲳鱼产品连续3年出口到欧洲,连续18年出口到美国。

【深水抗风浪网箱养殖】 2020年,铁山港区加快发展深水抗风浪网箱养殖,带动传统网箱养殖向离岸养殖的转型升级,引进北海市铁山港区石头埠丰顺养殖有限公司、北海乃志海洋科技有限公司、北海市铁山港区嘉晟农民种养专业合作社、北海市铁山港区翔久农民种养专业合作社、广西海顺水产养殖有限公司等经营主体发展深水抗风浪网箱养殖,发展网箱多层次生态养殖。年内,全区有深水抗风浪养殖网箱305口,金鲳鱼养殖产量超1万吨。

海洋捕捞业

【海洋捕捞业概况】 2020年,铁山港区有持证渔船4025艘,总吨位2.14万吨,总功率4.1万千瓦。全年海洋捕捞产量5.2万吨,比上年减少20%,产值

10.98亿元。铁山港区籍渔船主要从事近海捕捞作业，主要作业区域有北部湾北部海区、北部湾中南部至湾口海区、海南东部近海和粤西近海海区、南海北部大陆架边缘海区及南沙海区，主要的作业类型有拖网、刺网等，主要渔获品种有鱼类、虾蟹类、贝类等。

【渔港码头建设】 2020年，营盘中心渔港配套码头项目已基本完成填海，下一步将引进相关企业入驻，完善配套设施，推动渔港发展。

【远洋渔业】 2020年，铁山港区积极发展远洋渔业，拓宽海洋捕捞空间，缓解近海捕捞压力。年内，辖区渔船赴南沙生产39艘次，捕捞产量1560吨，产值1170万元。

南珠产业

【南珠产业概况】 合浦南珠久享盛名，南珠主产地为铁山港区。近年来由于南珠受珠贝种质退化、技术落后和销售市场混乱等原因，南珠产业逐年衰落。为了加快南珠产业的振兴，2017年，北海市成立由市政协主席李蔚任组长的振兴南珠产业领导小组。市委、市政府印发《关于印发保障南珠养殖用海指导意见的通知》《关于振兴南珠产业扶持和奖励措施的实施意见》《关于金融支持南珠养殖业发展的实施意见》等一系列重振南珠产业政策性文件，以政策措施解决南珠产业发展振兴的瓶颈问题，作为南珠主产地的铁山港区遇到千载难逢的发展良机。2018年，北海市人民政府办公室印发《关于修订振兴南珠产业扶持和奖励措施的实施意见部分条款的通知》，南珠产业振兴走上了快车道，铁山港区积极落实市委、市政府关于振兴南珠产业的部署，采取得力措施，推动南珠产业加快发展，2020年，铁山港区南珠产业发展取得良好的成效。

【南珠专属海域划定】 2020年，铁山港区落实北海市政府《北海市南珠养殖用海规划方案》文件精神，结合铁山港区养殖功能区划，划定1.47万公顷南珠养殖专属海域。年内，累计在专属海域中拟挂牌出让677公顷海域供发展南珠养殖。

【南珠专属海区环境监管】 2020年，铁山港区加大对南珠养殖专属海区海岸生态保护力度，为南珠养殖提供良好的生态环境。加强对海区海岸300米范围的海域滩涂的日常巡查监管，清理整治非法占海设施，打击电鱼、炸鱼、毒鱼等危害南珠养殖行为。年内，共清理拆除围箔50所，清理恢复海域滩涂面积867公顷。

【重点养殖企业培育】 2020年，铁山港区培育以旺海、精工、铭美、祥瑞等为重点的养殖企业26家（户），出让养殖用海677公顷，投放珍珠贝苗3.5亿粒，插核珠贝1255万贝，珍珠贝生长情况良好，全年收获南珠63千克。

【标准化生态养殖基地建设】 2020年，铁山港区利用上年获得的项目补助资金550万元，实施建设南珠标准化生态养殖基地9个，进一步完善陆域基础设施、海上现代化管养平台及海上养殖设施。

【养殖技术培训】 2020年，铁山港区先后举办12期南珠养殖技术培训班，培训插核、切片、管养等技术人员700多人，参与2020年南珠文化旅游周等各项活动，进一步提高南珠养殖技术。

海洋资源管理

【海洋资源管理概况】 2020年，区海洋局严格管控用海审批，严守海洋生态红线，依法依规组织开展海域使用权出让活动，加强海域动态监管，促进海域资源科学合理开发利用，保障海水养殖产业与涉海项目健康可持续发展。

【养殖用海管理】 2020年，铁山港区累计完成64宗海域使用权续期办理，出让深水抗风

2020 年 7 月，区海洋局与第三方工作人员共同开展海滩清洁工作
区海洋局 供

浪网箱养殖用海海域使用权 7 宗，用海面积 267 公顷。年内，区海洋局核发养殖许可证 8 份，确权水域滩涂面积 174.7 公顷。

【海滩清洁】 2020 年，区海洋局组织辖区 3 镇及委托第三方对铁山港区海滩开展清洁工作，共清理卫生死角 232 处，清理垃圾 1354 车 2301.3 吨，清理积沙（淤泥）86 立方米，清理杂草 7087 平方米，保洁海岸线 233.7 千米。

渔业行政管理

【伏季休渔】 2020 年，南海伏季休渔时间为 5 月 1 日 12 时至 8 月 16 日 12 时，除钓业外的所有作业类型渔船及为捕捞渔船配套服务的捕捞辅助船同步休渔。为加强休渔期间的海上执法工作，区海洋局和区海洋与渔业综合执法大队定期不定期出动执法人员开展执法工作。伏季休渔期间，区海洋局加强休渔政策宣传工作，严格执行休渔值班制度，渔港配套宣传广播设备 3 套，发放宣传资料 4100 份，安放灭火器 40 个，确保伏季休渔安全实施。

【渔业用油补贴】 2020 年，区海洋局落实好惠农政策，组织申报及发放 2017—2019 年度渔业用油补贴工作。累计发放 1747 艘渔船油补资金 1922.5 万元，使惠农政策落到实处。

【水产品质量安全监管】 2020 年，铁山港区认真开展水产品质量安全监管工作。对水产品例行监测抽检抽样 8 个，组织实施单位是区海洋局，承检单位是广西渔业检测中心；风险检测配合抽样 8 个，组织实施单位是北海市海洋与渔业综合执法支队，承检单位是广西渔业检测中心；快速检测共组织抽样 12 个，组织实施单位是区海洋局，承检单位是北海市铁山港区海洋与渔业综合执法大队，检测合格率 100%。

（程戈夫）

海洋监察

【非法围占海设施清理】 2020 年，区政府组织辖区乡镇政府、

2020 年 10 月 20 日，区政府组织辖区乡镇政府、相关部门开展营盘社区非法围占海设施清理行动
区海洋局 供

相关部门开展营盘社区非法围占海设施清理行动，共清理网箔25所，拆除木桩1.27万根，拆除围网约30万平方米，清理整治海域范围约480公顷。

【打击海上非法捕捞】 2020年，铁山港区根据掌握的情况和线索，采取定期不定期出动巡查查处渔业违规违法行为。年内，共组织执法人员开展海上执法191次，出动执法人员1130人次；与上级海洋与渔业执法部门开展联合执法1次，出动人员30人次；共检查渔船、机动竹(木)排筏1054艘次，立案9宗，没收涉案船舶10艘，行政处罚9.4万元，拆除销毁电鱼工具5套，没收销毁地笼160条，有效控制非法捕捞行为。

【打击海上非法采砂】 2020年，铁山港区严厉打击海上非法采砂行为，保护海洋生态环境。年内，铁山港区海洋与渔业综合执法大队在打击非法采砂中出动执法人员1350人次，出动执法艇271艘次，出动执法车辆243辆次，查获非法抽砂案件11宗，已办结10宗，罚款55万元。

（程戈夫）

2020年11月，区海洋与渔业综合执法大队执法人员在巡逻时发现1艘非法捕捞渔船，当场没收　　区海洋局　供

交通运输·邮政

交通综述

【交通概况】 北海市铁山港区交通运输局(简称区交通运输局)承担全区3个镇、5个社区、37个行政村,行政区域394平方千米内道路交通运输、水路交通运输、公路建设和养护等职责。

【疫情防控工作】 2020年,区交通运输局落实区新冠肺炎疫情防控指挥部的部署,成立交通检疫领导小组,制订《北海市铁山港区联合交通检疫检测工作实施方案》,由区交通运输局牵头,从公安分局、交警三大队、高速交警、综合执法、卫生健康、农业农村、后勤服务等部门抽调人员组成交通检疫组,从1月25日(农历正月初一)开始,先后在玉铁高速设置铁山港出口、南康出口2个检疫检查点。实行24小时3班轮值制度。同时组建党员先锋队,在疫情防控中起带头、担当、示范作用。全年共出动交通、公安等执法人员1064人次,医务人员218人次,共检查车辆3.25万辆次,检测体温5.22万人次。区交通运输局在疫情防控工作中严格做到"一断三不断";同时落实绿色通道政策,对运输防疫物资和生活用品的车辆做到"三不一优先"。2月下旬开始,区交通运输局组织干部职工对辖区内的交通运输企业开展复工复产大走访服务活动。截至3月月底,区内14家道路货运企业和22个农村公路建设项目,实现100%复工。

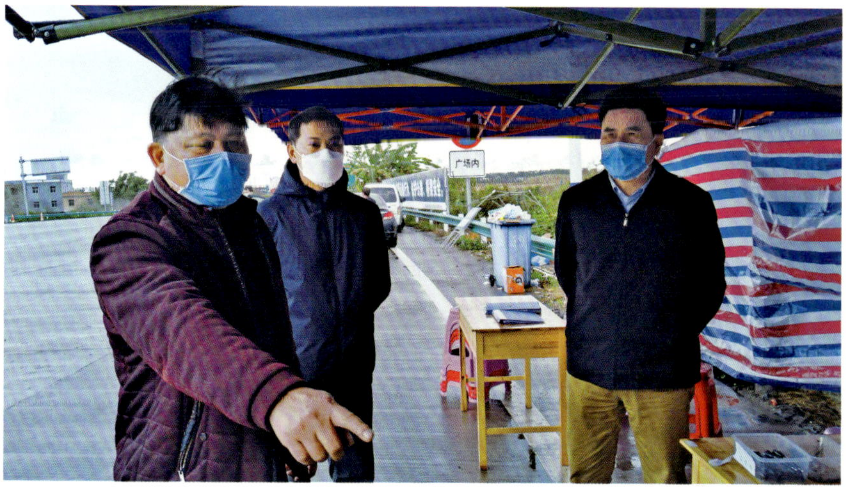

2020年2月16日,北海市交通运输局和区交通运输局领导,在玉铁高速南康出口指导疫情防控工作　　区交通运输局　供

【交通设施建设】 2020年,区交通运输局坚持以习近平新时代中国特色社会主义思想为指导,贯彻区委、区政府的决策部署,将构建综合交通运输体系作为主线任务,稳步推动完成村屯道路硬化项目建设工程22个,全长37.77千米,总投资3276.08万元。实施"四建一通"项目4个,总投资427万元。其中:危桥改造项目1个,陂塘桥34延米,项目投资303万元;村道安防工程项目3个,整治隐患路段4.92千米,项目投资124万元。完成南康—婆围路面大中修项目2.45千米,总投资541万元。完成高德—南康路面改造工程项目7.14千米,总投资2216万元,已建成通车。协助完成投资7560万元,总长10.38千米的向海大道—白龙珍珠城二级公路改建工程,已建成通车。协助推进向海大道铁山港段的项目施工工作,10月月底

全线贯通。修复七号路软基路段600米，投资50万元。

【道路分级管理】2020年，区交通运输局制订《2020年铁山港区农村公路乡道、村道养护和管理工作方案》，做到“建必有养，养必到位”，全区农村公路列养率100%，乡道、村道经常性养护率不低于60%。年内，区交通运输局加强日常养护和小修保养工程相结合，对辖段内的所有路段进行季度路况质量的调查，上报归档。坚持细节养护保安全。对各路线病害进行汇总、上报，按照小修工程工作流程等细则施工，保证小修工程质量合格。坚持对所管辖的公路桥梁23座和高速、铁路桥涵6座进行日常巡查，汛前对所有桥梁进行安全专项检查，及时维修处理，消除隐患，确保各桥涵状况完好。将乡、村道路全部下放到乡镇管理，落实养护资金，分别与各镇签订养护协议，明确养护目标和养护责任，进一步提高农村公路养护工作效率和工作质量，全区基本形成“区为主体，县道区管、乡道乡管、村道村管”的养护模式。

【水运管理】2020年，铁山港区有码头泊位17个，其中26.3万立方米LNG专用泊位1个，10万吨级泊位5个(其中北暮作业区1号—4号泊位水工结构15万吨级)，5万吨级电厂专用煤码头1个，促进辖区的水运业向大型化、专业化、高速化的方向发展。10万吨级港口码头的运营船舶包括国际、国内航线，进出港口货物主要有镍矿、非金属矿物类(煤炭、高岭土)和食品类(大豆、玉米)。LNG专用码头进出港货物以石油、天然气及制品等大宗散货运输为主。全年全区港口货物吞吐量2627.03万吨，比上年增长4%；集装箱货物吞吐量32.18万标箱，比上年增长37%。疫情期间的水路运输业务逆势增长，发展活力不断增强。

【治超工作】2020年，区交通运输局进一步巩固联合治超成效，扎实开展治理“百吨王”专项行动。年内，区交通运输局牵头组织治超各成员单位不定时安排执法人员在辖区主干道、码头出入口等地段检查货运车辆装载情况。11月起，在玉铁高速主线和南康入口设置2个治超执法点，每个执法点安排4组执法人员，每班至少2名交通执法人员和2名公安交警同时在岗，实行24小时严防死守。年内，全区治超行动共出动执法人员3196人次，检查车辆4382辆次；查获违章车辆259辆，其中超限超载车辆139辆、非法改装车辆44辆、未采取必要防护措施车辆66辆；暂扣证件280本，暂扣车辆79辆，其中查到“百吨王”车辆2辆。处罚一批非法改装、超重超限、未采取防护措施车辆。8月，区治超办各成员单位执法人员多次到广西北海北部湾新材料有限公司、北海港务集团分公司铁山港玉铁物流有限公司等货运源头企业开展货运源头监管工作。通过现场查看检查货车装载货物过磅称重出厂、视频监控设备、台账资料等内容，对相关企业进行宣传和贯彻整治超载超限政策，要求企业规范管理，不超载装运，并与企业负责人签订严禁超限超载车辆运输承诺书。

【交通运输安全】2020年，区交通运输局深入开展交通行业“岁末年初安全生产大检查”“安全生产月”“货车超限超载专项整治”等专项行动，有效防范化解安全风险，确保全区交通运输行业安全形势平稳。年内，区交通运输局开展全面道路运输企业安全生产检查行动2次，重点检查“两客一危”和该年发生安全事故企业的安全生产工作，坚决整治个别企业安全生产主体责任落实不到位、隐患排查不全面、不深入的问题。共检查企业38家次，其中驾校4家，维修企业3家，“危货”运输企业30家次、客货运站场1家，发出整改通知书12份；排查出安全隐患60项，并全部落实整改，整改率100%。区交通运输局组织相关部门开展路政宣传月主题宣传活动，出动宣传人员20人次，悬挂宣传横幅5条，向群众和司机发放宣传手册等资料400余份，接受群众现场咨询30余人次。第二季度以后，区交通运输局督促组织和观摩辖区内13家“危货”运输企业进行6场应急演练，提高应急救援水平。制订《北海市铁山港区铁路安全联席会议制度》《北海市铁山港区普速铁路沿线环境综合治理“双段长”责任制实施办法》。根据北海市普速铁路环境综合治理工作要求，经现场确认，铁山港区认领环境隐患问题78处(红线外)，铁路部门认领环境隐患问题10处(红线内)；7月底将现场确认数据反馈给市铁建办。年内，全区已完成隐患整治98处(包括在整治过程中新发现的隐患)，整治玉林—铁山港铁路线上跨铁路立交桥防抛网6处877平方米，提前完成全区普速铁路排查隐患整治任务。

【扶贫工作】 2020年，区交通运输局重点做好贫困村有路通村屯、脱贫攻坚项目库系统信息核对核查和项目信息公示公告、扶贫项目资产管理等工作。年内，继续选派3名干部任工作队员驻村开展帮扶，提升村委扶贫工作能力。筹措资金2万元，为2户贫困户加固房屋和改造危房；筹措资金8226元春节、中秋节慰问贫困户；筹措资金8275元解决驻村干部工作、生活上的难题。

【行政审批】 2020年，区交通运输局按照“两集中、两到位和四个中心”(两集中：审批事项向一个处室集中，行政审批处室向行政审批服务中心集中；两到位：保障进驻行政审批服务中心的审批事项到位，审批权限到位；四个中心：事项进中心，骨干进中心，审批进中心，领导进中心)改革要求，对标调整行政审批时限，将单位的行政审批职能集中到政务服务中心窗口集中办公，对办事流程进行梳理，充分授权窗口，最大限度地减少办理环节、压缩审批时限，在规定时限内完成“两集中、两到位”的工作任务。

【“创城”志愿活动】 2020年，区交通运输局成立“创城”工作领导小组，具体负责工作安排，监督考核。强化宣传，强化客运站运营管理，督促客运企业加强窗口建设和站内管理，不断提高售票窗口员工素质，完善各项服务设施，制订一系列的文明制度，取得较好的成果。组织单位干部职工积极参加“创城”志愿服务活动，工作之余共组织10余次活动，参加人员150余人次，对南康镇街道进行拉网式大扫除，对区内便民候车亭进行清洁打扫，规范候车亭标示牌。组织开展“文明交通，安全出行”志愿服务，开展交通安全宣传进校园活动，引导青少年化身文明交通、安全交通的小天使，促进社会交通秩序好转。

【交通运输领域扫黑除恶斗争】 2020年，区交通运输局配合区公检法部门，深挖案件线索，严厉打击黑恶势力暴力威胁、强揽公路建设工程项目等交通运输领域犯罪行为。强化宣传发动，利用客车、港口码头等场所张贴扫黑除恶宣传标语，发动运输企业提供涉黑涉恶线索，营造扫黑除恶浓厚氛围。

2020年12月27日，区交通运输局到兴港镇大树岭村开展交通法规宣传进农村活动　　区交通运输局　供

道路运输

【道路运输概况】 铁山港区道

路运输工作由区交通运输局下属单位——北海市铁山港区道路运输服务和信息中心负责。2020 年，铁山港区共完成道路货运量 625 万吨，比上年增长 1.79%；货运周转量 5072 万吨公里，比上年增长 0.52%。全年全区有营业性运输汽车 1421 辆 1.03 万吨位，比上年增加 75 辆 1500 吨位。年内，全区共开通国内道路客运班线 17 条，其中跨地市班线 1 条(铁山港区—南宁)，跨县班线 16 条，日均发车 384 班次，与上年持平。铁山港区暂未开通国际道路客运班线、城市公共汽车和出租车营运。全区道路客运站场 3 个，其中北海市铁山港区客货运输站为三级站，北海市铁山港区营盘客运站、北海市铁山港区石头埠客运站为四级站。全年全区"道路运输经营许可证"在册数 1782 张，比上年增加 38 张，"车辆营运证"在册数 1421 张，比上年增加 75 张。全年全区机动车维修业户 72 户，其中一类户 2 户，二类户 4 户，三类户 38 户，摩托车维修业户 28 户。区内有代表性的汽车维修企业是铁山港区沿海修理厂、北海市铁山港区南康恒发汽车修理厂、兴城汽车修配厂、北海市铁山港区浦发汽车修理厂。全年全区普通机动车驾驶员培训业户 2 户(北海市铁山港区海康驾驶员培训有限公司、北海市铁山港区嘉元驾驶员培训有限公司)，均属于 2 级户，有机动车教练场 4 个，专业教练从业人员 78 人，教练车 73 辆。

【农村道路运输管理】 2020 年，铁山港区 3 个乡镇 37 个建制村，全部实现建制村通车率 100% 的工作目标。铁山港区被评为自治区"四好农村路"示范县。全区"村村通"客车以农村客运班车为主，预约响应车为辅的方式，村民可以实现电话预约车辆，真正实现"村"到"村"的通车形式。南康镇雷田村委、黄丽窝村委、大塘村委 3 个村委通预约车，通过开通电话预约车模式来解决群众出行难问题。年内，区道路运输服务和信息中心对农村客运便民亭及周边设施进行维护，更换 20 多块便民亭标志牌、50 多块线路指示牌，提高农村交通运输基础设施和公共服务运营水平，便于群众出行。

【道路运输行业管理】 2020 年，铁山港区加强驾驶员培训市场的管理。北海市铁山港区海康驾驶员培训有限公司、北海市铁山港区嘉元驾驶员培训有限公司通过质量信誉审核。驾驶员培训严格执行计时培训，实行"一人一车一教练"的教学模式。进一步完善驾驶员继续教育制度，全区驾驶员继续教育实现网络平台或手机 App 学习，减轻驾驶员的学习成本和管理成本。督促全区道路运输企业落实生产主体责任，加强对企业落实安全主体责任督导检查力度，辖区内所有"危货"运输企业均建立完善的安全生产责任制度。督促客运站执行"三不进站六不出站"规定，认真履行"三关一监督"职责，落实"四证一牌一单"检查工作，杜绝客运站不按规定售票、乱收费等违规行为。开展危险化学品运输安全专项整治工作，全年督查危险化学品运输企业 13 家，出动检查人

2020 年 4 月 28 日，区交通运输局工作人员到广西狼行天下物流有限公司开展"五一"国际劳动节节前运输企业检查

区道路运输服务和信息中心　供

员 130 人次，检查道路运输企业 37 家次；排除一般安全隐患 59 项，着力解决道路运输安全管理存在的薄弱环节和突出问题，进一步落实企业安全生产、驾驶人员教育管理、车辆维护保养、车辆动态监管主体责任，确保全区道路运输行业安全生产形势稳定好转。

水路运输

【水路运输概况】 2020 年，北海市铁山港区水路发展服务中心（简称区水路发展服务中心）主要负责全区水路运输安全、应急及抢险救灾，负责水运工程建设养护和内河航道规划、建设、养护相关服务工作。区内水路运输属于沿海运输，是利用船舶在中国沿海各地之间的运输。区域内的小型码头进出港的运输船舶基本是省际、省内运营，运营货物主要以煤炭、海砂等散货为主，主要流向是广东、江苏和浙江一带。10 万吨级港口码头的运营船舶包括国际、国内航线，进出港口货物主要有镍矿、非金属矿物类（煤炭、高岭土）和食物类（大豆和玉米）。LNG 专用码头进出港货物以石油、天然气及制品等大宗散货运输为主。

【水运管理】 2020 年，区水路发展服务中心按照《国内水路运输管理条例》规定，着重抓好水路运输市场统计和调查分析工作，每月向区政府报送港口生产情况统计数据，定期向社会公布水路运输市场运力供需状况；加强市场准入事项管理与服务，开展水路运输市场经营行为的日常监督检查，维护水运市场秩序。全年全区港口货物吞吐量 2627.03 万吨，比上年增长 4%；集装箱货物吞吐量 32.18 万标箱，比上年增长 37%。年内，区水路发展服务中心对辖区水路货物运输代理经营者备案、相关证书有效性等进行核查。全区有水路运输辅助性企业 4 家，其中 2 家因环保原因全年停业。

【安全生产检查】 2020 年，区水路发展服务中心落实安全生产监管责任，牢固树立安全发展理念和“红线”意识，坚持“安全第一、预防为主、综合治理”的工作方针，将安全生产工作作为“一把手”工程抓牢抓实，守好安全底线，做到守土有责、守土尽责、守土有效。扎实开展“平安交通”“安全生产月”、安全生产宣传教育“七进”活动、水上安全专项治理、水路运输行业安全生产大检查等，坚持定期对管辖范围内的水路运输辅助业企业进行安全检查，通过查看企业安全生产台账，检查企业安全设施配置，了解企业应急预案及演练情况等排查安全隐患，督促相关企业严格落实安全生产主体责任，及时消除隐患，确保安全生产责任事故“零发生”。年内，区水路发展服务中心组织开展安全生产检查 8 次，检查企业 32 家次。

公路建设和养护

【公路建设】 2020 年，铁山港区交通运输部门实施公路建设项目 28 个，总投资 1.34 亿元。

2020 年，X221 线高德—南康公路（福成—南康段）建成通车

区交通运输局 供

2020 年 1 月 20 日，区交通运输局农村公路养护工作人员在对县道南康—江炅公路作养护　　区交通运输局　供

其中新建项目 5 个，X221 线高德—南康公路（福成—南康段）改造工程 7.15 千米，计划投资 2216 万元，已建成通车，解决周边近 10 万人群众出行困难；“四建一通”工程项目 4 个，计划投资 427 万元。完成续建项目 23 个，协助完成县乡道项目向海大道—白龙珍珠城二级公路改建工程 10.8 千米，项目投资 7640 万元；2019 年村屯道路硬化项目（为民办实事）建设工程 22 个 37.77 千米，总投资 3276.08 万元，惠及 1.87 万人，其中贫困村里程 2.56 千米，项目投资 205.04 万元，连通 3 个自然村，惠及贫困人口 1600 人。

【公路养护】 2020 年，区交通运输局管养农村公路总里程 373.75 千米，其中县道 59.25 千米，乡道 159.76 千米，村道 154.74 千米。年内，县道优良路率 64.4%，乡道优良路率 37%，村道优良路率 58.3%。管养道路晴雨通车率为 100%。养护工程 13 个，共投入资金 936.56 万元，其中农村公路路面大中修工程 1 个 2.45 千米，项目投入资金 541 万元；安防工程项目 3 个，整治隐患道路 4.92 千米，项目投入资金 124 万元；路面维修工程 7 个，投入资金 190.95 万元。全年共完成路面修补 2.44 万平方米，安装交通标志 211 块，安装道口柱 72 根，安装护栏 1334 米，砌建路肩墙 1209 米，施划路面标线 290.56 平方米。（卓家程）

北部湾港股份有限公司北海港分公司铁山港作业区

【北海港铁山港作业区工作概况】 北部湾港股份有限公司北海港分公司铁山港作业区（简称北海港铁山港作业区）是广西北部湾港的重要组成部分，是承接石步岭港区产业转移、发展港口物流、布局重大临海工业、拓展对外贸易的重点区域，有 15 万吨级泊位 6 个，设计年吞吐量 1964 万吨。作为推进广西北部湾经济区发展建设和面向东盟开放合作，打造向海经济，谱写新世纪海上丝绸之路新篇章的重要出海通道，根据广西北部湾港的港口结构布局调整和“一轴两翼”的发展模式，北海港铁山港作业区发挥“右翼”功能，服务华南、中南区域的优势，大力发展散杂货、集装箱等业务。2020 年，北海港铁山港作业区实现吞吐量 1948.16 万吨，比上年增长 7.77%，其中集装箱吞吐量 32.03 万标箱，比上年增长 31.30%。

【港口重要项目】 2020 年 4 月 16 日，北海铁山港进港铁路专用线项目——北海铁山港进港铁路专用线建成通车。该项目是贯彻落实中共中央总书记、国家主席、中央军委主席习近平考察广西重要讲话精神的重点项目，是西部陆海新通道北部湾国际门户港重点建设项目，也是连接铁山港公共码头和玉铁铁路，打通铁山港海铁联运“最后一公里”的破瓶颈项目，由广西北部湾国际港务集团有限公司投资建设。项目于 2018 年 6 月 30 日开工建设，起于铁山港支线的铁山港站，终于铁山港北暮作业区 1 号—

2020 年 4 月 16 日，北海铁山港进港铁路专用线正式通车

北部湾港股份有限公司北海港分公司　供

4 号泊位作业区内，铁路等级为Ⅲ级、双线铁路、电力牵引，近期建设 3.6 千米双线正线以及 1.4 千米长的 2 号、3 号、4 号泊位装卸线各一束，建设港区站场到发线 7 条(其中 2 条为正线)，总铺轨长度 22.1 千米，主要包含站前路基工程、桥涵工程、轨道工程，站后四电及其他运营生产辅助建筑物等工程，总投资 4.99 亿元；远期建设港区站场到发线 10 条、3 座定量装车楼等，预留铁路站线 27.2 千米。

铁山港北暮作业区南 7 号—10 号泊位工程及北暮作业区 7 号—8 号泊位工程　2020 年 12 月 28 日，铁山港北暮作业区南 7 号—10 号泊位工程及北暮作业区 7 号—8 号泊位工程正式开工建设。该项目是贯彻落实习近平考察广西重要讲话精神的重点项目，其中北暮作业区南 7 号—10 号泊位工程是北海石步岭港区货运功能搬迁、退港还城及邮轮母港建设重点关联前置项目，项目业主为北海兴港码头有限公司，属北部湾港股份有限公司全资子公司；项目建设 1 万吨级多用途泊位 3 个和 5 万吨级通用泊位 1 个，设计年通行能力 803 万吨；项目概算总投资 18.21 亿元，12 月开工，计划 2023 年年底建成。北暮作业区 7 号—8 号泊位工程主要为临港工业及腹地货物提供装卸中转服务，项目业主为广西北部湾国际港务集团有限公司，项目建设通用泊位 2 个(其中 7 号泊位为 15 万吨级、8 号泊位为 10 万吨级)，设计年通行能力 770 万吨；项目概算总投资 16.92 亿元，12 月开工，计划 2023 年年底建成。

铁山港 3 号—4 号泊位工程项目　2020 年 5 月 19 日，铁山港 3 号—4 号泊位扩大开放顺利通过预验收，有力推动北海港铁山港作业区临海工业建设，助力北海经济发展。该工程项目是贯彻落实习近平考察广西讲话精神、列入“西部陆海新通道”、落实好广西“三大定位”新使命，推进北海港“四个一流”港口设施建设的自治区重点项目。

铁山港 5 号—6 号泊位工程项目　2020 年 12 月 30 日，

2020 年 12 月 29 日，铁山港北暮作业区南 7 号—10 号泊位工程及北暮作业区 7 号—8 号泊位工程开工仪式在铁山港北暮作业区举行

北部湾港股份有限公司北海港分公司　供

铁山港 5 号—6 号泊位工程项目顺利通过竣工验收。该项目连接铁山港公用码头和玉铁铁路，是进一步提升铁山港区海铁联运能力的重点工程项目。

【港口业务开展】 2020 年，受新冠肺炎疫情形势、国际经贸受限、地方矿类整治等因素的影响，北海港铁山港作业区货源市场面临着考验。铁山港作业区围绕全年的生产经营目标，坚持防疫、生产两手抓，科学合理组织生产，外拓货源、弥补缺口，深挖港口潜力，推进传统临港企业和新兴货源合作取得成效，引进铁精粉等新货源，打出新货源品牌效应，确保港口业务稳步增长。年内，北海港铁山港作业区成立专项服务小组，服务北部湾新材料、斯道拉恩索、中金等临港企业，满足生产需求；安排专人跟踪各区域新进驻项目，重点针对已开工建设的 6 家临港企业，联合物流公司共同营销，优化物流成本，探讨最优物流方案，已取得初步成效，部门新开工建设的临港企业已入箱发运；推动临港企业散改集业务，利用穿巴发运优势，加强与集团公司其他板块联动，引进铁精粉、中粮集团公司大豆等新货源入港；成功争取合浦周边饲料厂玉米入箱并回流到北海港铁山港作业区中转。北海港铁山港作业区利用铁山港进港铁路硬件优势，形成货源增长点，成功争取柳钢集团煤炭专列首发铁山港，年内已成常态发运；成功争取北海电厂到铁山港区开展煤炭业务，同时引导北方矿区煤炭供应商与当地二级煤炭贸易商合作；成功引进佛山石油焦贸易公司在铁山港区开展业务；年内，北海港铁山港作业区优化业务流程，水泥、矿粉装卸出口已形成常态化发运，水泥熟料完成 53.31 万吨，比上年增长 2084%；加大桂东南市场的开发力度，成功争取合浦周边工厂及广东湛江、廉江等地工厂到铁山港码头开展业务。

【港口安全生产】 2020 年，北海港铁山港作业区严抓安全生产，没有发生较大以上生产安全事故，重伤和工亡责任事故为零，没有发生 10 万元以上直接经济损失事故和环境保护事故、职业病危害，没有发生单项直接经济损失 30 万元以上的火灾事故，各项指标控制在北海港分公司下达年度目标管理范围内，有力保障港口安全生产。

安全、环保和疫情防控 2020 年，北海港铁山港作业区开展安全生产专项整治 3 年行动计划、决战百日安全护航行动、危险化学品安全专项检查、环境保护大排查等工作，推进生态沉淀池建设和规范危险废物处理，北海港铁山港作业区 5 号—6 号泊位固体废物环保设施通过验收。年内，北海港铁山港作业区严格贯彻落实“外防输入，内防扩散”疫情防控有关规定，抓好疫情常态防控各项工作，巩固来之不易的疫情防控稳定局面。

生产作业提效 2020 年，北海港铁山港作业区围绕“抗疫情、保生产”的工作目标，灵活做好生产计划，保障抵港船舶正常、顺利作业，港口散货和集装箱吞吐量均创新高；持续开展劳动竞赛，深挖提效。集装箱船舶装卸毛船时量每小时 42.39 自然箱，比上年提高 14.69%，大豆、卷钢、焦炭、煤炭、块煤、高碳铬铁等主要货种平均装卸效率比上年提高 10% 以上；在严峻疫情下，镍矿作业仍比上年提效 10%；优化钾肥装卡工艺，装卡平台顺利投产，大幅提高钾肥装卡效率。

【港口能力建设】 2020 年，北海港铁山港作业区持续推进“四个一流”（一流设施、一流技术、一流管理、一流服务）建设，以精细化管理理念，加大硬件设备采购力度，稳步推进港口能力建设。年内，北海港铁山港区作业区 5 号—6 号泊位后方堆场照明、滑触线、污水处理站、防风抑尘网、视频监控、喷淋系统、供配电及进港大道照明项目完工并投入使用。北海港铁山港作业区 4 台单臂架门机、4 台 ERTG（场桥）、2 台 40 吨门机投入使用，另有 4 台 40 吨—43 米门机已发货起运。年内，北海港铁山港作业区新增大型岸边设备 10 台、轮胎场桥 4 台。推动智能闸口系统建设，借助“北港网”预约和业务受理系统，集装箱业务已实现闸口无人值守；通过散货车辆预约系统和智能理货App，散货业务无人值守闸口顺利通过海关测试，智能闸口即将正式运行。（付秋明）

中国邮政集团有限公司北海市分公司

【邮政机构及工作概况】 2020年，中国邮政集团有限公司北海市分公司(简称邮政北海市分公司)负责铁山港区邮政业务的是南康支局、营盘支局、石头埠邮政所、兴港邮政所。邮政通信服务范围394平方千米，服务人口29万人。承担普遍服务和特殊服务，依法经营邮政基础业务、金融业务、快递物流业务和电子商务业务。铁山港区各邮政网点在邮政北海市分公司的领导下，践行“人民邮政为人民”的服务宗旨，承担铁山港区内信件收寄、报刊订阅、包裹投送、金融储蓄、分销等业务，严格落实通信与信息安全保障措施，保证机要通信、党报党刊发行、义务兵免费信件等特殊通信任务的完成，满足铁山港区人民的基本通信要求和用邮需求。年内，北海市邮政分公司荣获中国邮政广西分公司抗击新冠肺炎疫情先进单位称号。

【邮乐购平台建设】 2020年，铁山港区各邮政网点不断巩固邮乐购平台建设，拓宽渠道，深挖各项业务发展和促进业务协同，将邮政服务延伸到所有行政村，建设完善铁山港大支局，有效整合三大板块(金融、邮务、寄递)资源，努力为全区人民提供更优质、便捷的邮政服务。

【邮政服务】 2020年，铁山港区各邮政网点积极配合做好疫情防控工作，全年无员工感染新冠肺炎。疫情期间，各邮政网点做到“四不中断、四免费办”(网点服务不中断，机要通信不中断，揽投服务不中断，在线服务不中断；救援物资免费送，上门揽收免费办，个人捐助免费寄，捐款转账免费汇)，全力保障邮政寄递服务不停业，积极配合地方政府投入支援抗疫前线工作，组织邮政车辆运送抗疫物资。2月底，铁山港区各邮政网点业务服务、投递作业基本恢复正常。全年未出现触及“两条红线”的违规行为。

【社会活动】 2020年，铁山港区各邮政网点积极参与北海市文明城市创建工作，组织机关干部、青年志愿者开展文明交通、环境卫生整治等学雷锋志愿服务活动和结对帮扶活动，参与的员工700多人次。逢年过节，铁山港区各邮政网点组织慰问基层42次，援助困难员工11人，展示邮政企业良好形象，弘扬中国邮政的“担当”和“使命”。（顾裕金）

2020年2月19日，邮政北海市分公司积极为北海市政府捐赠的防疫物资提供运输服务　　邮政北海市分公司　供

城乡规划建设和管理

城乡规划

【城乡规划概况】 铁山港区实施机构改革后，全区的城乡规划职能由铁山港区住房和城乡建设局划转到北海市铁山港区自然资源局（简称区自然资源局）承担。2020年，区自然资源局主要负责建立全区空间规划体系并组织实施；负责辖区村镇规划管理，组织划定生态保护红线、永久基本农田、城镇开发边界等控制线，构建节约资源和保护环境的生产、生活、生态空间布局；统筹实施建设用地规划许可证、建设工程规划许可证、临时建设规划许可证核发管理等工作。

【国土空间规划编制】 2020年，区自然资源局积极按照国家和自治区及《北海市国土空间总体规划(2020—2035年)编制工作方案》有关要求启动北海市国土空间规划编制工作。区自然资源认真组织，协调各乡镇各相关单位，收集有关编制材料报送到北海市自然资源局完成国土空间规划编制工作。

【村庄规划】 2020年，区自然资源局贯彻落实《广西壮族自治区自然资源厅办公室关于贯彻落实乡村振兴战略做好2020年村庄规划和农房管控工作的通知》文件精神，扎实开展村庄规划编制需求调查摸底核查完善工作，切实摸清3年(2020—2022年)内有条件、有需求编制村庄规划的村庄数量和清单，落实区政府办的工作要求。区自然资源局主动联系辖区3镇镇政府，汇总3镇上报材料，及时上报调查成果，推动全区村庄规划编制工作。年内，完成兴港镇小马头村村庄规划编制及评审工作。

（李永进）

城乡建设

【住建工作概况】 2020年，北海市铁山港区住房和城乡建设局（简称区住建局）是区政府工作部门，挂北海市铁山港区人民防空和海防工作办公室牌子。

【乡村风貌提升】 2020年，区

2020年8月，南康镇在社内村开展“三清三拆”行动。图为组织拆除残破构建物　　陈德欣　摄

住建局牵头组织落实《北海市铁山港区乡村风貌提升三年行动实施方案》文件精神，大力开展乡村风貌提升行动，各有关部门积极行动，认真开展200个村屯“三清三拆”基本整治，乡村面貌得到改善。

2020年8月25日，南康镇车站西里背街小巷改造后现场

彭华清　摄

【人居环境改善】 2020年，铁山港区持续推进乡村人居环境改善行动。投资3100多万元完成13条背街小巷改造建设；投资400万元打造营盘镇白龙社区螃蟹塘村精品示范型村庄；投资500多万元建设南康镇秋风塘村委糖水铺村、社内村委江仄村和兴港镇小马头村委木头田村3个自治区级设施完善型村庄及20个市级设施完善型村庄；投资30万元实施南康镇莲塘村委案塘村、陂塘村委民主塘村、龙门村委龙门村，营盘镇火禄村委符屋村、白龙螃蟹塘村，兴港镇川江村委川江村、彬池村委新屋地村7个自然村的农村公共照明试点项目，进一步改善城乡居住环境。

【新城建设】 2020年，区住建局牵头推进铁山港区南珠新城三塘片区基础设施建设政府和社会资本合作(PPP)项目前期工作。项目包括行政中心片区路网工程、文体中心及中心广场公园、污水处理厂3个子项目，投资估算6.6亿元。12月，该项目纳入财政部PPP项目管理库。“泽沁·海港花园”商住小区开展设计方案报批工作。

2020年8月25日，南康镇富康路背街小巷改造后现场

彭华清　摄

【淘汰落后墙材产能】 2020年，铁山港区全面开展淘汰落后墙材产能工作，依法关停和淘汰落后砖瓦轮窑及立窑、无顶轮窑、马蹄窑等土窑，引导符合条件的砖厂申报技术改造项目，部分砖厂申请升级改造为年产6000万块标砖以上隧道窑。

【住建工程行业监管】 2020年，区住建局加强建筑行业安全监管、农民工工资保障工作。出动检查人员178人次，聘请第三方专业机构，加强辖

2020 年 12 月 22 日，铁山港区组织拆除北海市国营营盘林场林兴砖厂落后的烟囱　　吴胜堂　摄

区在建项目工地安全生产检查，督促建筑企业整改安全生产隐患 488 处。结合“创城”攻坚行动，开展建筑工地围挡公益广告整治行动。加大农民工工资保障宣传及检查力度，确保农民工工资及时支付，维护社会和谐稳定。

2020 年 11 月 5 日，区住建局联合区行政综合执法局人员到川化钾肥项目工地进行安全生产检查　　罗子程　摄

房产管理

【住房保障】 2020 年，区住建局牵头开展铁山港区农村危房改造工作，完成农村危房改造 90 户（其中建档立卡贫困户 85 户）。年内开工 90 户，竣工 90 户，90 户危房改造补助资金全部发放，实现开工率、竣工率、任务完成率均达 100%，完成脱贫攻坚住房有保障目标。年内，铁山港区农村危房改造工作在自治区绩效考评中被评为优秀。

【公租房分配】 2020 年，铁山港区有公共租赁住房 1372 套，累计分配入住 1343 套，入住率 97.89%。区住建局会同有关部门积极采取措施，解决企业、教育、卫生医疗等机构困难职工的住房问题，基本做到应保尽保。

【公租房管理】 2020 年，区住建局完善各公租房小区租赁合同的签订和租金的催收工作，

2020 年，兴港镇大树岭村委新居营村贫困户陈某某危房改造前危房（左图）和改造后新房（右图）对照
陈德欣　摄

完善公租房小区公用设施设备管护，进行小区供水、供电、排水等设施的维护、维修，保证小区居民正常生活。年内，区住建局完成赤江廉租房排污系统的清理及外主排污管的维修工程；完成滨江小区、兴港小区供水系统的维修、维护。

【公租房小区防疫】 2020年，区住建局严格落实公租房小区疫情防控措施，通过张贴海报、悬挂横幅等方式加大公租房小区疫情防控宣传。落实小区24小时值班制度，落实防控负责人，加强人员管控，对进入小区人员做好测温登记。加强小区环境整治，加强清洁消杀工作，确保不发生疫病感染。

城市综合管理

【城市综合管理概况】 2020年，铁山港区一线环卫保洁员共有863名，其中铁山港（临海）工业区道路环卫保洁员169名，镇级保洁员40名，农村保洁员654名（含司机）。铁山港（临海）工业区环卫队伍由区市容市政管理中心管理，镇级保洁员和农村保洁员由辖区镇政府统筹管理。全年投入环卫资金约701万元（含环卫基础设施建设和运行经费）。

【城乡环境卫生综合管理】 2020年，铁山港区扎实做好城乡环境卫生综合管理，开展城乡卫生整治工作。全年投入330万元用于城乡环境杂草清除、绿化种植（移植、补植）、建筑垃圾清运和围栏建设等项目，共清理杂草25万平方米，清洗道路15万平方米，清运建筑垃圾20万立方米，建设围栏1200米。进一步加强保洁员队伍建设和环卫硬件设施建设，配备环卫保洁员170名，负责铁山港（临海）工业区四号路、七号路、八号路、兴港路等主次干道的清洁卫生工作；配备洗扫车3辆、洒水车2辆，每天出动清洁作业车8辆次，清运各类垃圾100余吨。

2020年3月17日，铁山港（临海）工业园绿化队队员在铁山港四号路绿化带开展道路绿化修剪工作　　陈旺　摄

【生活垃圾分类】 2020年，铁山港区积极推进生活垃圾分类工作，印发《北海市铁山港区生活垃圾分类实施方案》。年内，共组织开展垃圾分类示范点主题宣传活动及垃圾分类督导员培训各1次，分发宣传手册、宣传单2万余份。完成兴港镇南乐社区垃圾分类示范点建设，全区共设置垃圾分类收集亭76座（其中公共机构5座、兴港镇南乐社区示范点范围内40座、南康镇背街小巷26座、营盘镇营盘社区5座）；共投入分类垃圾桶1428套（其中简易四分类垃圾桶382套、三分类垃圾桶320套、二分类垃圾桶650套）。设置有害垃圾暂存点和大件垃圾暂存点各1个，配备分类运输车5辆（其中其他垃圾运输车2辆，厨余垃圾、可回收物、有害垃圾运输车各1辆）；成立志愿者队伍，聘请兼职督导员6名。12月，铁山港区将兴港镇彬定村委和彬池村委纳入生活垃圾分类示范点建设范围。示范点所有的公共机构和住宅小区均与北海京

2020 年 6 月 11 日，区住建局在兴港镇南乐社区开展生活垃圾分类示范宣传活动　　袁全燕　摄

环铁山港分公司签订垃圾分类收集合同。年内，全区生活垃圾分类示范点范围内共有楼房 2180 栋，住户 2797 户，居民人数 1.06 万人，示范点居民总户数占全区建成区总户数的 21.63%，生活垃圾处理量 4.14 万吨，无害化处理率 100%。

【非职业性一氧化碳中毒预防】 2020 年，铁山港区继续开展非职业性一氧化碳中毒预防工作。全区召开非职业性一氧化碳中毒预防联席会议 2 次，举办培训会 1 次，印制各类宣传单和宣传画册 5 万多份，悬挂宣传横幅 150 余条；全区入户安全检查 3.65 万户，发现存在安全隐患的 560 户，已整改隐患的 485 户；对各燃气企业开展 12 次安全生产专项检查，组织联合执法检查行动 4 次，共发现隐患问题 38 处，完成整改 38 处；开展打击非法经营行动 15 起，取缔非法供气点 3 个，查扣非法燃气运输车辆 14 辆，查扣液化气钢瓶 1003 个(其中过期报废瓶 586 个)。年内，全区共发生 8 起一氧化碳中毒事件，造成 9 人中毒，其中 1 人入院治疗，8 人轻微中毒门诊治疗，无人在事故中死亡。

【道路扬尘治理】 2020 年，区住建局加大对铁山港(临海)工业区扬尘治理工作力度，每天出动 3 辆大型洗扫车和 2 辆洒水车进行洒水降尘作业 32 辆次。为强化扬尘治理效果，采取增加中午及晚上洒水作业班次、司机轮岗车辆机械持续作业的方式，洒水作业时间由原来每天 7 小时增加至每天 11 小时，洒水量达到每天 260 吨。遇大气污染重度预警、举办重要活动、重大节假日等，则相应提高重要路段的洒水频次，每天洒水量达 350 吨，确保铁山港(临海)工业区道路环境效果宜人。

【污水处理厂监管】 2020 年，区住建局强化污水处理厂动态管理，建立专门档案，采取定时检查与抽查相结合，并利用自动监测和人工监测的方式，加大监测频次，确保污水处理厂设施正常运行。　　(符元菊)

2020 年 5 月 20 日，大型洒水车在铁山港(临海)工业区四号路进行洒水降尘作业　　梁绍毅　摄

环境保护

环境保护综述

【环境保护概况】 2020年，北海市铁山港生态环境局（简称铁山港生态环境局）坚持以改善环境质量为核心，集中力量打好大气、水、土壤三大污染防治攻坚战，着力解决环境突出问题。

【污水管网建设】 2020年，铁山港（临海）工业园区污水处理厂由北海市路港公司建设运营，主要采取以下措施进行整改：一是建设生活污水管网。将滨江生活小区、兴港生活小区两个片区的生活污水收集处理，计划建设污水管7.68千米。截至9月29日，已完成工程量总进度的100%。二是建设港务片区污水管网。新建污水自流管80米、压力管616米及一体化预制泵站1座，日处理污水2.2万立方米。6月21日完成项目建设。三是建设信义玻璃片区污水管网。2019年年底已完成管道及泵站施工，2020年投入使用。3条污水管网建成后，能进一步优化和完善铁山港（临海）工业园区污水管网布局，有效提高园区日常污水处理率和污水收集率。

【排污许可证的登记管理】 2020年3月，铁山港生态环境局启动企业排污许可证的注册登记工作，安排专人负责通知、指导企业进行网上注册登记，第一轮登记工作取得了良好的成效，接下来将开展第二轮注册登记。

环境质量

【大气环境质量】 2020年，铁山港区累计大气环境有效监测356天，优良天数354天，空气优良率为99.4%，$PM_{2.5}$均值为20微克每立方米，PM_{10}均值为36微克每立方米（达标），二氧化氮、二氧化硫、一氧化碳、臭氧等指标均达到《环境空气质量标准》（GB3095–2012）二级标准。

【地表水质量】 2020年，南康江水质已经列入国家“水十条”考核范围。根据北海市生态环境局公开的入海河流监测断面水质监测数据显示，南康江婆围村监测断面年度累计水质均值达到《地表水环境质量标准》Ⅲ类标准。1月、4月、5月、6月、7月、8月、9月、11月，南康江水质一直出现连续超标情况，其中2月、3月、12月水质类别为Ⅲ类，1月、4月、5月、6月、7月、8月、9月、11月水质类别为Ⅳ类。主要超标因子为：氨氮、溶解氧、总磷和高锰酸钾指数等。

【近岸海域水质】 2020年，据广西生态环境厅监测数据统计显示：铁山港区承担的6个近岸海域监测点位的水质为优，海域水质环境功能区达标率100%，环比、同比较上年同期均保持不变。

【土壤环境质量】 2020年，根据北海市生态环境局对铁山港区建设用地土壤污染状况的调查结果，未发现区内存在污染地块。

环境污染治理

【大气污染治理】 2020年，铁山港区开展大量大气污染治理工作。继续严格控制道路运输扬尘，强化建设项目施工现场扬尘管理，全天候做好城市道路清扫去尘。根据情况采取定区域、定人员、定车辆、定标准的方法，做到城区主次干道每天2遍湿扫、1遍吸尘或清洗、4—6遍洒水，做好次干道、非机动车道与路边门店之间区域的湿式保洁。继续督促北部湾新材料有限公司、诚钢等多家企业做好厂区内扬尘管控。加快推进节能减排工作。配合上级部门组织制订2020年度淘汰落后产能工作计划，淘汰落后生产工艺、生产设备和产品，如期完成自治区下达的淘汰任务；继续配合抓好冶金、有色、建材、石化化工、造纸、印染等重点行业中小企业节能技术改造工作。建立网格，对区域内村（社区）实行农作物秸秆禁烧网格化管理，细化工作任务。年内，全区整治焚烧秸秆行为30余起，已责令其现场整改，并验收通过。

【地表水质量治理】 2020年，铁山港生态环境局联合区农业农村和水利局、各镇政府加强对沿岸2家企业——北海市铁山港区康顺淀粉厂和中粮屯河糖业股份有限公司的日常监管，要求企业落实环保措施，对企业产生废水要处理达标后才能排放。铁山港生态环境局加强对沿江洗砂场、选矿厂监管和执法力度。3月，南康江污染源排查中发现位于南康镇扫管龙村委沙塘岭村的铁山港通盛砂场没有环评手续，已立案处罚后关闭砂场。年内，铁山港生态环境局会同区农业农村和水利局及区辖3镇镇政府分别对南康江两岸的22户畜禽养殖户全部发放整改通知书，其中17户已清拆撤离，5户经整改已配套沼气池、化粪池等设施，实现粪污资源化利用。年底，南康江水质达到Ⅲ类水质标准。

【黑臭水体整治】 2020年，铁山港生态环境局组织相关部门排查出黑臭水体现象2处，分别是南康镇水鸭塘村委冲尾村小型河流和水鸭塘村鱼塘。根据有关文件要求进行上报，同时申请对南康镇水鸭塘村委冲尾村小型河流进行治理，项目正在申请中。

【土壤污染治理】 2020年，铁山港区加强涉重金属行业的污染防控，集中力量开展涉镉等重金属重点行业企业排查整治行动，对重点排查区域、重点排查企业以及辖区内的在产工矿企业进行现场排查，对发现存在环境安全隐患的企业下达整改通知书限期整改；同时，加强工业固体废物堆存场所的监管力度，要求企业严格按照“三防”措施做好堆场的环保工作。针对督察“回头看”指出的“北海诚德镍业有限公司冶炼废渣堆填侵占码头、广西瑞德环保科技有限责任公司违规倾倒堆填废渣、所有堆放区域均无‘三防’措施，严重威胁北部湾近岸海域环境安全”等问题，铁山港区采用“切断来源、控制污染、安全处置、修复场地、形成长效机制”的方式开展整改。督促企业完成码头废渣的清运。3月16日，铁山港码头尾渣及受污染土壤已全部清运出码头，累计清运尾渣及受污

2020年11月25日，华南环保督查组成员到铁山港（临海）工业区检查广西北部湾新材料有限公司的废渣处理情况

铁山港生态环境局　供

染土壤257.78万吨，其中北部湾新材料公司（原诚德公司）清运精炼炉渣（含渣土）118.53万吨、矿热炉渣（含渣土）94.11万吨、受污染土壤15.75万吨（含少量渣土），荣德公司（原瑞德公司）清运精炼炉渣29.4万吨，此部分废渣由荣德公司自行处置。消纳处置的措施是对冶炼尾渣综合利用：销售给诚钢矿业有限公司、北海华洪混凝土有限公司等水泥厂作为原料；北部湾新材料公司内部利用，作为微粉、筛选建筑砂等原料；通过鱼峰水泥项目消纳。督促企业综合利用消纳清运的尾渣。年内，存放在北部湾新材料有限公司厂区的废渣全部消纳完毕，并已销号。荣德公司清运码头精炼炉渣29.4万吨，已在荣德公司厂区原料仓库内进行无害化贮存。

【饮用水水源地保护区环境整治】 2020年，铁山港区没有市级、区级饮用水水源保护区。经北海市人民政府批复，划定南康镇、营盘镇各1个乡镇级和7个农村1000人以上集中式饮用水水源保护区。经排查，饮用水水源保护区仍然存在建设不规范、标志不完善及生活垃圾堆放等问题。针对上述问题，铁山港生态环境局积极组织力量整改，已完成饮用水水源地设置护栏、各村集中式饮用水源及南康镇自来水厂安装铁艺大门及设立宣传牌。

【农村环境综合整治】 2020年5月8日，区政府召开农村环境综合整治项目推进会，充分听取镇政府的意见，结合全区水环境治理和村庄整治的情况，初步筛选出3个农村环境综合整治项目（兴港镇小马头村委木头田村和下坎头村各1个、营盘镇白东村委大王岭村1个）进行整治。年内，已编制实施方案上报，待批复后即开展招投标等工作。全区共建有4套农村污水处理设施，分别为营盘镇塘仔村生活污水处理（生化池）项目、营盘镇白东村委的大王岭村生活污水处理设施、兴港镇小马头村委木头田村及下坎头村生活污水处理设施。年内，以上4套农村生活污水处理设施均已建成并投入使用，正常运行率为100%。

【近岸海域污染治理】 2020年3月23日—24日，铁山港区对被列入整治的9个入海排污口［广西北海燃煤电厂排污口、铁山港区污水处理厂排污口、斯道拉恩索浆纸公司排污口、铁山港码头L1排水口（北海LNG生产运行部）、铁山港码头L2排水口（北部湾港股份有限公司北海港分公司）、中石化炼化责任有限公司排水口、北海市南海洋石英砂有限公司排水口、北海诚德不锈钢有限公司排污口、营盘镇污水处理厂排污口］开展复查，9个入海排污口全部完成整改，复查无反弹情况。同时工作组对辖区海滩进行清洁，对禁养区近岸海域养殖进行清海等工作。

【南康镇、营盘镇污水处理厂负荷率低整改】 2020年，铁山港区扩建南康镇污水处理厂配套管网，该项目正在走招投标程序。另外，配套管网项目建设，投资5500多万元新建雨水、污水管17.22千米，实现城镇雨污分流。年内，已完成铺设雨水管3711.07米，污水管3891.68米，建成雨水检查井7个，工程完成总进度的93%，已完成朝阳大道管网建设，累计完成投资5162.15万元。铁山港区扩建营盘镇污水处理厂配套管网及新建中水回用工程，总投资1980多万元，已修建排污管网2600米，建成1个中水回用中间水池，安装污水提升泵、鼓风机、反冲水泵及配电系统等，已修建DN150（公称直径150毫米）排水管600米，新增雨水管400米，年内，路面切割全部完成，埋管3600米，完成工程量80%，预计2021年12月建成。通过以上措施，确保南康镇、营盘镇污水处理厂负荷率年底前达到70%以上。

环境监测与管理

【环境监测】 2020年，铁山港区环境监测工作主要由自治区生态环境厅和北海市生态环境局开展，自治区生态环境厅对铁山港区 6 个近岸海域监测点位的水质开展监测、北海市生态环境局分别对铁山港区大气环境、入海河流断面水质、土壤污染状况作监测,全年有效监测大气环境共 356 天,大气监测项目主要是 $PM_{2.5}$、PM_{10}、二氧化氮、二氧化硫、一氧化碳、臭氧等,对入海河流断面水质监测项目主要有 pH 值(酸碱度)、氨氮含量、溶解氧、总磷和高锰酸钾指数等,对土壤污染状况调查项目主要是重金属元素含量等,监测结果向铁山港区通报。

【大气环境管理】 2020 年,铁山港区深入贯彻落实国务院《打赢蓝天保卫战三年行动计划》《广西大气污染攻坚三年作战方案(2018—2020 年)》和《北海市生态环境局关于加强 2019 年冬季—2020 年春季大气污染综合治理攻坚行动方案的通知》文件精神,迅速开展相关工作。继续加强道路运输扬尘、城市道路清扫去尘、建设项目施工现场扬尘管理及辖区内扬尘治理,同时加快推进节能减排工作。并根据北海市生态环境局《北海市应对气候变化及节能减排工作领导小组办公室关于印发北海市 2020 年降碳工作实施方案的通知》文件要求,加大落后产能淘汰和过剩产能压减力度,配合上级部门组织制订 2020 年度淘汰落后产能工作计划,充分利用法律、经济、技术和行政手段,淘汰落后生产工艺、生产设备和产品。

【地表水环境管理】 2020 年,铁山港区落实最严格水资源管理,完成对 2019 年铁山港区实行最严格水资源管理制度考核工作,并开展 2020 年“世界水日”“中国水周”期间宣传活动。利用广播对《中华人民共和国水法》《中华人民共和国水土保持法》等涉水法律法规进行宣传。做好水资源费征收工作,年度共征收水资源费 9.58 万元。认真落实日常巡查制度,对不落实水土保持法律法规的行为开展监督执法,要求新建项目严格落实水土保持“三同时”制度(指新建、改建、扩建项目和技术改造项目以及区域性开发建设项目的水土流失治理设施,必须同主体工程同时设计、同时施工、同时投产的制度),依法编制水土保持方案并报送审批。年度审批生产建设项目水土保持方案 4 个,开展水土保持监督检查 49 次,依法征收水土保持补偿费 633.47 万元。2020 年遥感监管图斑需核查图斑 46 处,顺利完成图斑核查工作。根据“河长制”工作安排,积极抓好江河湖库清除“四乱”(乱丢垃圾、乱排污水、乱搭建筑物、乱采砂石)工作,截至 2020 年 12 月 1 日,全区自查摸排发现“四乱”问题共 4 个,已销号 4 个,销号率 100%,有效保护河流生态环境。

【土壤环境污染排查】 2020 年,铁山港生态环境局加强涉重行业的污染防控,集中力量开展涉镉等重金属重点行业企业排查整治行动,对重点排查区域、在产工矿企业进行现场排查,对发现存在环境安全隐患的企业下达整改通知书限期整改;同时,加强工业固体废物堆存场所的监管力度,要求企业严格落实“三防”措施,做好堆场的环保工作。 (陈晓慧)

商务·旅游·电信通信

商业综述

【商业概况】 北海市铁山港区科技商务和工业信息化局(简称区科商工信局)是铁山港区主管商业的部门。2020年,区科商工信局进一步完善农村电子商务服务站点,通过与合作社签订产销协议,有效解决农(海)产品滞销难题,指导商贸市场规范经营、诚信经营,加强成品油流通领域的监管。年内,全区社会消费品零售总额25.23亿元,批发业销售额37.27亿元,零售业销售额16.19亿元,住宿业营业额0.11亿元,餐饮业营业额16.30亿元,完成外贸进出口总额80.32亿元。

【电子商务】 2020年,铁山港区进一步完善农村电子商务服务体系,共建立农村电子商务服务站点35个,通过电商平台销售农(海)产品274.30吨,金额45.27万元。物流快递收件7617票,金额9.14万元;物流快递派送15.82万票,金额49.64万元。代缴电费2519笔,金额9.30万元;代收通信费3291笔,金额9.87万元。金融存取款4426笔,金额37.94万元。网上代购695笔,金额20.85万元。对推动当地农(海)产品的销售和发挥电商进农村的示范引领有着很大的促进作用。年内,通过协调农户和北海市铁山港区乡源农民专业合作社签订农产品产销协议,将滞销的农(海)产品通过创惠农电商平台销售到外地,其中海鸭蛋销售5.50吨,香蕉销售80吨。全区建立完善农村电子商务服务中心、镇级服务站、村级服务点三级电子商务服务的一站式服务体系,为区辖3镇43个行政村(社区)的农民提供电商、金融、公共便民、物流配送等服务,对全区农村经济的转型升级和农民群众的致富增收创造平台和机遇,给全区农村经济发展注入新的活力。通过电子商务平台实现农副产品直接从生产者配送给消费者,减少中间环节,解决农业生产者解决增产不增收、农副产品销售市场窄的问题,最大限度地增加农民群众收入。

2020年,北海市铁山港区农村电子商务服务中心为农民群众办理电商业务 区科商工信局 供

石油专营

【石油专营概况】 2020年,铁

山港区共有加油站 10 家，其中中石化加油站 3 家，私营加油点 7 家。年内，全区汽油零售量 9223 吨，柴油零售量 1.60 万吨，销售收入 1.73 亿元。

【石油专营安全生产】 2020 年，区科商工信局严格履行安全生产管理职责，对全区加油站点开展“2020 年石油成品油流通企业安全生产管理交叉检查”专项行动，进行安全生产检查 24 次，出动检查人员 72 人次，检查车辆 24 辆次，并对检查中发现的问题，列出整改时间表，明确落实责任人，逐一整改，确保问题清零，安全生产制度落实，确保全区石油成品油流通领域生产安全。（郑宪安）

2020 年 8 月 17 日，区发改局工作人员到南康粮所检查粮食库存

区发改局　供

粮食商业

【粮食商业概况】 2020 年，北海市铁山港区粮食局（简称区粮食局）和北海市铁山港区发展和改革局一套人马两块牌子。区粮食局坚决贯彻落实国家粮食政策，认真执行自治区粮食流通工作会议的决策部署，坚持统筹兼顾，着力抓好粮食收购、粮食销售、粮食储备、粮食质量等重点工作，加强粮食流通市场监督管理，强化政府宏观调控能力建设。

【粮食仓储管理】 2020 年，区粮食局落实自治区粮食局《关于开展 2020 年全区政策性粮食库存检查工作的通知》文件精神，采取重点检查和例行检查相结合的方式，4 月初开始，开展为期 1 个月的全区粮食库存检查工作。通过检查，全区区级储备粮全年平均库存 1100 吨以上，完成全年任务的 100%；粮食风险基金规模落实到 60 万元，完成全年任务的 100%。切实做到地方储备粮等政策性粮食库存数量真实，账实相符，质量良好，储存安全。

【粮食轮换】 2020 年，区粮食局强化区级储备粮保管安全措施，认真落实地方储备粮的轮换制度，及时将 2017 年 12 月入库的储备粮进行轮换。

【中心粮库建设】 2020 年，铁山港区在建的中心粮库项目占地面积 11.68 公顷，设计总仓容 1.03 万吨（谷容），总建筑面积 6186.61 平方米，一期工程已完工，中心粮库项目的验收工作得到推进。

【粮油价格监管】 2020 年，区粮食局加强对日常生活必需品的监管力度，按要求建立粮油等价格监测指标体系，切实抓好粮油主副食品生产、流通、供应，每周定期对粮油产品进行价格监测，把监测结果在区政府网站公示。

【粮食安全检查】 2020 年，区粮食局落实《北海市粮食和物资储备局〈关于围绕粮食安全进一步强化监督检查的工作方案〉的通知》文件精神，组织全区粮食企业管理人员学习有关安全生产相关文件，重点学习《中华人民共和国安全生产法》以及粮油仓储企业安全生产标准化管理与实践、粉尘防爆露天储粮安全管理、粮食行业安全生产应急管理、储粮药效管理、重点领域和关键环节的风险隐患排查及整治等内容，组织观看全国粮食行业生产事故典型案例警示教育片。开展粮食质量安全专项检查，通过企业自查、区粮食局检查组实地核查的方式，共检查2020年年末库存区级储备粮稻谷1100吨，所有存粮处于安全稳定状态、属于基本无虫粮，质量达到中等及以上等级。在汛期期间，区粮食局认真落实防汛防洪措施，深入基层检查库存粮食安全生产措施和应急预案落实情况，确保仓库和库存粮食安全度汛。

【救灾粮食供应】 2020年，区粮食局积极沟通协调相关部门，组织做好农村群众缺粮情况摸底调查，确保救灾救济粮食及时有效供应，保证缺粮群众每人每天至少得到0.5千克的基本口粮供应，确保社会大局和谐稳定。

【粮食流通监管】 2020年，区粮食局推进粮食依法行政工作。深入贯彻《粮食流通条例》，加强粮食流通、粮油质量监督检查，及时做好辖区内企业粮食收购许可证年检工作。规范粮食流通统计，及时审查、汇总南康粮所、广西渤海农业发展有限公司等报送的粮食流通报表、产品月报、季报并及时上报北海市粮食局。开展年度粮油供需平衡调查，详细调查登记乡村（城镇）居民的家庭人口、耕地面积、播种情况，年内的粮油生产（收入）、消费（支出）和存粮等具体指标。通过科学预测分析，掌握社会粮油产品的产、供、销情况及发展趋势，为国家制定粮食生产和流通的宏观政策提供可靠依据。

（谢子扬）

烟草专卖

【烟草专卖概况】 2020年，北海市城区烟草专卖局（营销部）铁山港专卖管理所（简称铁山港烟草专卖所），管辖铁山港区南康镇、兴港镇、营盘镇和银海区福成镇共1026户持证卷烟零售户，主要负责辖区卷烟市场监管和营销服务工作。全年累计实现卷烟销售8185箱，销售总额2.64亿元。

【卷烟经营指导】 2020年，铁山港烟草专卖所按照北海市城区烟草专卖局（营销部）工作会议的总体部署，全体员工围绕行业高质量发展要求，坚持稳中求进总基调，攻坚克难，砥砺奋进，围绕年度工作目标，着力抓好各项举措落实，扎实推进卷烟营销、专卖管理和精益管理等工作，统筹兼顾，圆满完成北海市城区烟草专卖局（营销部）下达的各项目标任务，保持客户销售卷烟毛利率14%以上，户均年盈利2.2万元。

【卷烟市场营销】 2020年，铁山港烟草专卖所认真贯彻落实北海市城区烟草专卖局（营销部）发展新思路，紧扣重点工作任务，注重终端“产品销售、形象展示、品牌培育、宣传促销、信息采集、消费跟踪”六大功能发挥，以线上指导、线下维护为主，多角度、多渠道提升终端成效，累计建成终端客户105户，示范终端13户，标准终端92户。以绩效考核为标尺，出台激励措施，开展云POS系统培训，进一步优化零售终端使用云POS系统的体验感和获得感，数据的准确性、及时性和扫码主动性进一步提升。市场状态稳中向好，单箱销售额（含税）3.22万元；销售一类、二类卷烟4535箱，其中“真龙”牌卷烟销售占51.2%；零售客户毛利率14%；社会存销比0.5。

【专卖市场监管】 2020年，铁山港烟草专卖所充分发挥“1+7”联合打击烟草走私工作协作机制的作用，坚持“政府领导、部门联合、多方参与、密切协作”的打假打私工作体系。发挥“一线封堵”，有效切断海上运输走私卷烟链条。通过主动出击，横向、纵向分析，提升线索的有效性、及时性，不断深挖，扩大战果。在辖区海岸线、港口码头悬挂横幅、发放传单等方式进行打假打私宣传；安排人员错时错峰进行巡查；将物流快递渠道、互联网非法经营卷烟行为列为监管重点，在物流公司和公安机关配合下，有针对性地组织检查。在节假日、“3·15”、岁末年初等时间节点深入开展以打击“假、非、私”烟为重点的市场清理专项行动，全年共查处各类违法案件36件，其中案值万元以上案件2件，自办案件7件，物流快递案件1件，共查获各类卷烟10.7万支，有效维护辖区卷烟经营秩序。在行政许可方面，积极引导申请人员自行网上申请、开启“政务服务＋邮政快递”模式，打通“最多跑一次”的“最后一公里”。年内共受理网上申请382次，邮寄送达“许可证”298本。

2020年9月23日，北海市、北海市城区烟草专卖管理局领导和安全保卫人员对铁山港烟草专卖所进行安全大检查

铁山港烟草专卖所　供

【综合管理】 2020年，铁山港烟草专卖所通过开展7S现场管理培训、粘贴标识、集中整改等工作，改善办公环境，转变员工的思想认识，提高工作效率。每月开展制度学习，营造“人人学制度”的良好氛围，强化部门员工制度意识，促进规章制度有效落实。认真落实安全生产标准化建设的要求，抓好重大危险源和日常管理，切实加强物料、资金、人员、车辆的安全管理，确保无安全事故发生。

（陈春强）

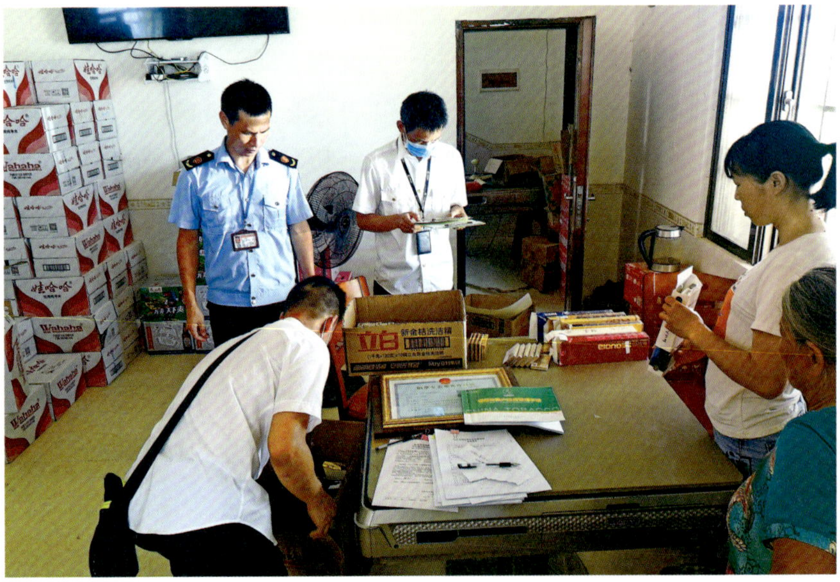

2020年6月5日，铁山港烟草专卖所联合区市场监督管理局在辖区内开展烟草联合执法检查

铁山港烟草专卖所　供

旅游综述

【旅游概况】 2020年，北海市铁山港区文体广电旅游局（简称区文旅局）按照北海市对铁山港区继续推进全域旅游创建，打好基础、打造亮点的总体要求，积极推进全域旅游创建工作。年内，受新冠肺炎疫情影响，全区共接待国内游客88.42万人，旅游消费收入9.83亿元，分别比上年下降24.63%和26.53%。

【旅游环境提升】 2020年，区文旅局积极开展景区整治联合行动，提升旅游软环境。4月28日，区文旅局在白龙珍珠城国家AAA级景区和青山头乡村旅游区组织开展“文明旅游，魅力铁山港”主题党日活动和志愿服务活动。5月27日，区文旅局联合区市场监督管理局、区综合行政执法局等单位开展白龙珍珠城“创城”整治行动。

【全域旅游示范区创建】 2020年10月26日—31日，铁山港区在桂林电子科技大学举办铁山港区首个专题旅游培训班——全域旅游创建工作暨生态乡村建设和乡村旅游发展培训班，全域旅游成员单位共40人参加培训。通过理论学习和现场学习桂林旅游资源开发及规划建设的成功案例，为推进铁山港区全域旅游打好基础。制定《铁山港区创建国家全域旅游示范区任务分工表(2020—2025)》，明确创建目标及各单位的责任要求，积极稳妥开展全域旅游示范区创建活动。

旅游项目规划与建设

【旅游资源开发】 2020年5月，区文旅局邀请专业旅游设计团队，对南珠湾沿海海岸进行深入调研，编制《南珠湾滨海风景道提升规划项目建议书》，为打造全域旅游亮点提供素材。广泛开展旅游资源普查、调研，挖掘潜在旅游资源，组织对南康镇黄丽窝村、夏塘村，营盘镇盐灶村，兴港镇粟山村4个贫困村开展旅游资源普查调研，挖掘潜在旅游资源，聘请设计人员，编制《铁山港区贫困村旅游资源整合规划建议书》，为开展旅游扶贫工作提供新思路。

【旅游项目建设】 2020年，区文旅局推进市级重点项目大王岭、青山头乡村旅游区建设，其中大王岭项目完成投资850万元，完成民宿改建及景观打造等建设。青山头乡村旅游村完成投资400万元，完成音乐吧主体、大门主体、门卫室和厨房等建设。

【旅游项目招商合作】 2020年，区文旅局加大旅游推介工作力度，扩大招商合作。全年接洽广西老木棉投资有限公司董事长陈梦、山西商会会长李常庆等5批次客商对赤江陶瓷小镇、大王岭项目、白龙珍珠城进行项目考察。11月12日，在中国(广西)大健康产业峰会上，区政府与湖北候鸟旅游开发有限公司签订投资5亿元，用地20公顷的旅游康养项目合作框架；在中国(广西)大健康产业峰会北海市云上洽谈会进行文化旅游招商推介。11月23日，在重庆市文化和旅游发展委员会与北海市人民政府文化旅游发展战略合作会上，区政府与重庆市黔江区文化旅游发展委员会签订《推动两地文旅产业发展战略合作协议》，并做旅游资源招商推介。

【开发与建设】 2020年，区文旅局指导高村乡村旅游、大王岭旅游、青山头旅游度假区、珠乡旅游休闲山庄申报旅游质量等级工作，珠乡旅游休闲山庄被评定为二星级农家乐。整合资源，建立精工、旺海南珠旅游体验基地2个。积极推进厕所革命工作，按照AA级标准新建陂塘德智蔬果旅游厕所，改

2020年，铁山港区按AA级旅游厕所标准改建后的南康镇文化广场厕所外景　　谭萍萍　摄

建南康镇文化广场旅游厕所；新增白龙珍珠城、茂叶生态园2座AA级旅游厕所。新增广西旅游直通车线下服务点1个（茂叶生态园），更新南康车站和青山头乡村旅游2个线下服务点，新增涉旅企业入驻6个（北海市东方海岸酒店有限公司、铁山港区春盛商务酒店、丽港酒店、北海茂叶生态农业有限公司、北海市珠乡旅游休闲山庄有限公司、铁山港区天杰种养农民专业合作社）。

【旅游宣传】 2020年1月2日，区委、区政府在区政府会议室举行北海市铁山港区白龙珍珠城获评国家AAA级旅游景区新闻发布会，宣布铁山港区首个国家级景区正式获批，标志着铁山港区旅游业发展取得新突破。在茂叶生态园、高村诗画竹苑、石村旅游山庄等建设规范制度牌、旅游宣传标识等。通过魅力铁山港公众号发布旅游信息20多条。在向海大道与三塘路口交界处设立大型南珠宣传牌1个，配合北海市在全区主要路口、景区景点、服务窗口单位安装17个全域全景图。 （苏　旭）

中国电信股份有限公司北海铁山港区分公司

【电信机构及工作概况】 中国电信股份有限公司北海铁山港区分公司（简称电信铁山港区分公司）下设南康支局、营盘支局、兴港支局3个支局，主要经营固定电话、移动通信、卫星通信、互联网接入及应用等综合信息服务。2020年，电信铁山港区分公司积极履行企业责任，在扶贫攻坚、平安乡村、应急通信保障等方面助力铁山港区网络通信发展，实现企业经营与履行社会责任的统一。

2020年4月15日，电信铁山港区分公司向南康镇黄丽窝村委捐赠信息化扶贫通信物资——电信天翼大喇叭助力新农村建设活动仪式举行 电信铁山港区分公司　供

【疫情防控】 2020年，电信铁山港区分公司为满足疫情防控需求，向南康镇黄丽窝村委捐赠信息化扶贫物资——天翼大喇叭。疫情期间，与黄丽窝村委会、区政府征地办签订天翼大喇叭服务业务，村委通过天翼大喇叭，每天定时向村民宣传防疫知识、传达政府疫情防控部署和通知，向基层群众传递科学防疫知识，筑牢疫情防护网，为打赢疫情防控攻坚战贡献力量。疫情缓和期间，电信铁山港区分公司助力云课堂的整区推进，全力开展“空中课堂”建设，与铁山港区多所中小学校合作开通云课堂教学行动，全区开通云课堂教室上千个，上万学生使用云课堂上课，为当地教育事业、疫情防控贡献力量，体现国企电信担当和使命。

【向海大道电信设施改迁】 2020年，电信铁山港区分公司积极配合向海大道改迁，持续防汛巡检。铁山港区向海大道建设中，电信铁山港区分公司高度重视，安排人员每天巡视1次，重点监测，多方协调沟通，反馈图片及施工情况。其间完成小马头村委光交迁移、兴港镇政府—彬池村委路口主干迁移，三塘路口分—区政府方向和三塘路口分—营盘方向的线路主干、中继杆线建设，白龙路口临时改架空线路布放。同时对南康—营盘、南康—福成、营盘—铁山港（临海）工业区开展防汛中继主干安全巡检，对有光缆掉落、跨路低、电杆爆裂老化等安全隐患进行施工整治。

【平安乡村建设】 2020年7月，为加快铁山港区社会治安立体防控体系项目建设，提升社会治安防控科技化、信息化水平，根据自治区《关于做好2018年、2019年公共安全视频监控建设联网应用重点支持城市执行情况检查准备工作的通知》要求，按照“长期合作、优势互补、共赢发展”的原则，电信铁山港区分公司与区委政法委合作，根据区委政法委印发的《铁山港区推行“平安乡村百姓天网”工程建设试点方案》文件要求，共同打造平安乡村天网工程，完善基础社会治安防控体系，全面提升基础社会治安防控能力和群众安全感满意度。年内，电信铁山港区分公司经过洽谈、投标，中标铁山港区网格化监控项目，该项目建设环节众多，涉及杆线建设、供电接电、监控设备采购安装及调测、PON电路设备采购及开通等，工期紧张。电信铁山港区分公司克服困难，11月25日项目正式进场开工，12月24日完成全部监控调测，25日顺利通过区委政法委验收，施工总历时30天，缩短三分之二的工作时间。

【通信保障】 2020年，电信铁山港区分公司为区政府招商引资提供强有力的网络保障。项目工程实施，梳理工程建设流程，开通绿色通道，缩短工期，为国投北海电厂、斯道拉恩索（广西）公司、LNG登录岛建立物理双上联环路建设。12月，电信铁山港区分公司承接北部湾港2020年集装箱吞吐量突破500万标箱暨重点工程项目开工仪式北海铁山港分会场的应急通信保障。各会场之间需要通过视频全程连线，电信铁山港区分公司为会场提供1条200兆互联网专线、5G网络，并确保网络稳定性，仪式期间不能中断。为做好该开工仪式通信网络的保障和服务工作，电信铁山港区分公司为现场提供有线接入和无线5G接入两种保障，并且两种接入方式分别从不同方向的两个机房接出，确保网络正常运行。通信保障任务圆满完成，体现电信铁山港区分公司通信保障应急能力及技术支撑。

（欧　芳）

中国移动通信集团广西有限公司北海市铁山港分公司

【移动通信机构概况】 中国移动通信集团广西有限公司北海市铁山港分公司（简称移动铁山港分公司）是中国移动广西公司北海分公司下属的县级分公司，全面负责经营铁山港区全境、银海区福成镇、涠洲岛旅游区管委会涠洲镇区域内中国移动通信业务。

【网络建设】 2020年，移动铁山港分公司贯彻落实自治区发改委重点用能单位能耗在线监测系统推广建设政策，针对能耗云商机开展规模化拓展，推动重点用能单位“工业互联网+”建设，加快新建站谈判、协调及建设前期工作，提升运行维护能力，助力市场发展。年内，无线网方面主要针对“阻工站点”，联动第三方铁塔公司设法推进“阻工站点”的建设。积极推进各村委和自然村的宽带建设，通过补盲点、扩端口等方式新增和扩容站点。持续加强无线基站、家用宽带维护管理，关注代维日常基础性的管理工作，注重维护管理工作的时效性，保障用户的网络通畅。

【装维营一体化】 2020年3月11日，移动铁山港分公司召开家庭宽带网格嵌入式管理宣传贯彻会。明确家庭宽带装机维护网格嵌入式运营的重点要求、团队构成、运作机制和绩效考核等重点事项，宣传贯彻“装维营一体”（装机维护营销一体）的网格化管理模式，通过“装维入格、绩效考核、薪酬挂钩、随销业务酬金＋底薪”四大步骤相关工作落实进行部署。明确要求：网格成员服从工作安排，与网格长同心合力；加快网格空缺装维成员招聘，充实装维队伍；做好办公场所支撑，协同建设网格小家，打造和谐氛围。铁山港区家庭宽带网格嵌入式管理正式启动。通过对管理的流程进行优化，以提升家庭宽带装机维护工作效率，推动家庭宽带质量及服务工作迈上新的台阶。

【服务地方经济】 2020 年，移动铁山港分公司秉承“正德厚生，臻于至善”的企业核心价值观，以奋发进取的精神状态，积极应对新冠肺炎疫情挑战，敢于担当责任，通过推广云视讯、八桂彩云等应用及时为当地党政机关、企事业单位的远程办公、疫情上报、健康打卡、复工申请等工作提供新的协同平台，为当地党政机关、企事业单位的复工复产提供通信、交流服务平台。

【客户服务】 2020 年，移动铁山港分公司秉承以人为本的理念，规范营销行为，通过做好方案投诉前置风险预控，加强一线业务及规范营销培训，重点根据对投诉易发点的梳理和分析，对重点营销案例的营销话术，特别对必说要素进行整理，加强电子监控措施，确保一线业务人员严格执行；同时，通过加大通报频次及坚决落实渠道不知情考核，强化渠道的服务意识，规范营销口径，提升客户满意度。7 月 30 日，移动铁山港分公司在南康网格营业厅举行首次中国移动“10 分满意”客户服务日活动，各战线业务骨干为客户答疑解惑，针对客户在资费、宽带、网络等方面疑惑进行现场问诊服务。活动结束后，移动铁山港分公司要求员工在日常工作中，对收到的客户反馈信息点，要以客户体验与需求为导向，持续优化业务流程，提升服务质量。

2020 年 7 月 30 日，移动铁山港分公司开展中国移动“10 分满意”客户服务日活动　　移动铁山港分公司　供

【脱贫攻坚】 2020 年，移动铁山港分公司党支部带领帮扶人多次深入走访困难群众，与贫困户谈心谈话，细致了解贫困户人口身体健康和收入支出情况，倾听贫困户的诉求，尽可能给予关心和帮助，在疫情期间，向贫困户科普疫情防控知识，给贫困户送上酒精和口罩等防护物资，帮助贫困户开展环境消毒和个人清洁卫生。

【疫情防控】 2020 年，新型冠状病毒感染的肺炎疫情发生后，移动铁山港分公司响应政府号召，全力做好疫情防控工作。移动铁山港分公司发动全体员工，通过各种渠道收集、采购体温枪、口罩、消毒液、护目镜、一次性医用手套等防护用品。在春节节后上班前一天，移动铁山港分公司组织人员对分公司办公楼、各网格营业厅、网格办公后台、手机卖场等场所进行全方位的预防消毒。部分员工复工后，移动铁山港分公司综合部每天监控各办公场所、营业网点的消毒情况，按需调配口罩等防护物资，定时下发给员工，确保员工复工后疫情防控物资需求。

（褚俊明）

中国联合网络通信有限公司北海市铁山港区分公司

【联通通信机构及工作概况】 中国联合网络通信有限公司北海市铁山港区分公司（简称联通铁山港区分公司）是中国联合网络通信有限公司在北海市铁山港区的分支机构，属于通信类行业，以铁山港区南康镇、营盘镇、兴港镇和银海区福成镇4个镇为营销中心涵盖周边地区。2020年，联通铁山港区分公司贯彻落实国家降费提速政策，全面实施降本增效营销管理改革，稳步提升公司经营收入的同时也给广大用户带来实质性低费率、优质服务的通信体验。

【网络建设】 2020年，联通铁山港区分公司始终坚持网络是通信运营发展的前提条件，坚持网络优、服务好、用户广的经营理念，继续加大网络基础覆盖，在原有基站的基础上，继续完善网络深度、广度覆盖，全力打造优质的高速移动互联网服务体验。

【基础管理加强】 2020年，联通铁山港区分公司进一步加强基础管理，提高内控管理水平。加强网点运营建设，取消部分没有通信运营执照的网点，所有网点配备二代身份证验证器、相片采集器，确保入网用户百分百为实名用户，切实维护公司的形象和保护公民的信息安全。加强内部团队建设，充实综合管理团队，制定更加完善的岗位职责，充分为一线经营打下坚定的基础。进一步夯实案防基础，促进员工依法、依章工作，全年无员工违规和被处罚事件。（黄　静）

2020年4月21日，联通铁山港区分公司工程人员在四号路进行光缆施工

联通铁山港区分公司　供

2020年8月21日，联通铁山港区分公司在营盘镇黄稍村开展海面网络覆盖专项优化，离岸15海里均已覆盖4G网络　联通铁山港区分公司　供

财政·税务

财　政

【财政概况】 2020年，北海市铁山港区财政局（简称区财政局）贯彻落实《中华人民共和国预算法》及其实施条例，严格压实部门单位预算执行主体责任以及主管部门对所属单位预算执行的监管责任，重点加强预算执行的计划性，强化预算执行跟踪监控，切实提高支出效率。年内，铁山港区一般公共预算财政总收入14.05亿元，其中一般公共预算收入2.80亿元，上级补助收入10.38亿元，债券转贷收入2160万元，上年结余6442万元。一般公共预算总支出13.24亿元，其中一般公共预算支出12.14亿元，上解上级支出8367万元，地方债券还本支出2400万元，安排预算稳定调节基金233万元，收支相抵，年终滚存结余8040万元，扣除结转下年继续使用的专款8040万元，净结余为零。政府性基金预算总收入3.54亿元，其中政府性基金预算收入81万元，上级补助收入3.09亿元，专项债券转贷收入4000万元，上年结余472万元。政府性基金预算总支出3.37亿元，其中当年政府性基金预算支出3.37亿元，收支相抵，年终滚存结余1761万元。

【收支管理】 2020年，区财政局积极应对中石化北海炼化公司停产检修、减税降费及疫情防控造成的减收影响，加强财政收入形势分析研判，联合税务部门强化税收征管定期会商协调工作机制，强化对外来建筑企业纳税的监督检查，挖掘财政增收亮点，堵塞收入漏洞，深挖增收潜力，确保依法应收尽收。全区全年财政收入完成32.45亿元。牢固树立过紧日子思想，各部门一般性支出按10%比例压减，年内全区压减一般性支出716万元，优先安排用于落实“三保”（保基本民生、保工资、保运转）支出，基本民生支出只增不减，重点支持保障脱贫攻坚、生态环保、乡村振兴、重大民生等领域支出。全区一般公共预算支出12.14亿元，比上年增长16.13%。

【资金统筹】 2020年，区财政局充分发挥财政职能作用，多措并举确保财政正常运行下，促进社会经济稳定增长。区财政局落实“疫情就是命令，防控就是责任”要求，强化财政资金和政策保障，支持打赢疫情防控阻击战。统筹疫情防控资金1157万元，保障全区疫情防控相关工作开展。争取抗疫特别国债资金4672万元，用于医疗卫生领域补短板，其中投入2800万元建设铁山港（临海）工业区人民医院，投入1872万元建设铁山港区人民医院核酸检测PCR实验室和发热门诊、铁山港区妇幼保健院核酸检测PCR实验室、营盘卫生院发热门诊、兴港社区卫生服务中心发热门诊，为全区疫情防控、经济发展、社会稳定提供坚实保障。区财政局把握“三保”主基调，统筹全区财政收支和库款管理，合理安排财政支出优先顺序，积极争取上级转移支付补助资金支持，优先用于落实“三保”支出。年内，区财政支持重点企业中石化复工复产补助资金200万元，增强企业信心；为符合条件的中小困难企业提供复工贷款财政贴息资金279.7万元；工业企业基本电费补贴共计26.4万元如期拨付到企业。年内,区财政局围绕区委、区政府重点项目工作任务,加强与上级财政等部门的沟通,多渠道筹措资金8亿元支持辖区重点项目和重点片区征地搬迁工作,有力支持解决企业用地问题,为已签约项目落地建设提供资金保障。

【民生支出】 2020年,区财政局紧扣全面建成小康社会目标任务,统筹财力,保障重点民生领域投入。全年民生支出10.08亿元,比上年增长17.22%,占一般公共预算支出的82.96%。

脱贫资金保障　年内,铁山港区完善与脱贫攻坚任务相适应的投入保障机制,全年投入财政专项扶贫资金5872万元,比上年增长13.64%,用于扶贫基础设施建设、产业开发、雨露计划、健康扶贫等项目,进一步落实产业脱贫、教育脱贫、就业脱贫、社保兜底脱贫、医疗救助脱贫等政策。

教育资金支持　年内,全区投入教育资金3.27亿元,比上年增长18.17%,高于一般公共预算支出增长比例2.04个百分点。其中投入义务教育教师岗位考核津贴426万元,保障义务教育教师工资待遇;投入资金8470万元,新建成铁山港区实验学校,增加1260个学位,解决全区中小学大班额问题;投入746万元建设铁山港区第七幼儿园等,支持扩大学前教育资源。

社会保障和就业资金支持　年内,全区落实社会保障和就业资金支出1.16亿元,保障城乡低保、医疗救助、基础养老金、残疾人补助、就业补助等支出,落实困难群众补助资金2788万元,保障困难群众基本生活,民生事业持续改善。

医疗卫生资金保障　年内,全区基本公共卫生服务及重大公共卫生专项投入1243万元,城乡居民医疗保险投入8255万元,城乡医疗救助投入937万元。

"三农"补助　年内,全区投入耕地地力保护补贴资金2079万元,补贴农户3.38万户;安排各项稻谷补贴、粮食补贴资金139万元,惠及农户8596户,充分调动农民种粮积极性,保障粮食安全;投入农村公益事业财政奖补资金1183万元,建设农村公益事业财政奖补项目64个,农村生产条件和人居环境得到明显改善;投入4716万元用于海洋捕捞渔船油价改革补贴、渔民减船转产及海洋捕捞机动渔船更新改造;投入436万元推进南珠养殖产业示范区建设;投入1081万元建设农田水利等基础设施;投入762万元农村危房改造资金,实施建档立卡贫困户、低保户、五保户、残疾人等重点对象危房改造。

城乡基础设施建设资金支持　年内,全区投入1925万元进行背街小巷改造建设,方便群众出行;投入760万元建设南康镇供水工程,投入农村人畜饮水安全工程建设资金347万元,保障城乡群众用水安全。

基层党组织建设资金支持　年内,全区投入党组织服务群众专项经费460万元,为43个村(社区)建设245个惠民项目,不断完善村级办公场所规范化建设;投入180万元实施10个村(社区)的"三员九有"建设,完善农村公共服务基础设施,美化生活环境;继续提高村(社区)干部待遇,提升农村基层党建基础保障水平。

【资金监管】 2020年,区财政局围绕财政体制改革和财政监督中心工作,不断强化财政资金监督,提高资金使用效益。强化预算执行管理,及时批复、下达预算、加快预算执行力度,进一步加强国库管理,合理调度资金。强化资金使用单位的主体责任,加强对涉及民生领域等重大资金项目进行绩效评价,将预算绩效评价结果作为编制年度预算的重要依据,改善预算执行效益,推动全过程预算绩效管理提质增效。进一步做好"小金库"问题检查工作,督促相关单位积极采取措施落实整改,完善单位财务管理制度,从制度上严明财经纪律,严格规范财经行为;区财政局与北海市财政局上下联动,对全区2020年财政专项扶贫资金、现代特色农业核心示范区专项资金进行监督检查,发现问题及时向各部门反馈,落实整改,确保资金政策落实到

2020 年，区财政局组织相关人员到绿牧农民专业合作社肉牛养殖场调研，实地了解财政补助资金使用情况　　区财政局　供

位；加快中央直达资金分配，做到资金在第一时间直达基层，直接惠企利民，“一竿子插到底”，严格规范优化资金拨付流程，依托直达资金动态监控平台实时监控资金支出进度和流向，确保中央直达资金使用合规合法，安全高效，按时完成年度支出目标任务。

【债务管理】 2020 年，区财政局完善政府债务管理新机制，强化防范化解债务属地责任，规范政府举债融资行为，在批准的债务限额内通过申请政府债券方式举借，并落实偿还责任；制定中长期债务风险化解规划，明确降低债务率的目标和任务，细化时间表和路线图，多渠道筹措偿债资金，降低债务率。

【政府采购】 2020 年，区财政局加快实施“互联网 + 政府采购”行动，优化采购流程，压缩采购时间，降低市场交易成本、规范合同管理，提高支付与交付效率，提升供应商参与政府采购活动的便利程度，促进政府采购领域公平竞争、优化营商环境，构建统一开放、竞争有序的政府采购市场体系，依法保障各类市场主体平等参与政府采购活动的权利。年内，全区完成政府采购预算金额 1.55 亿元，实际采购金额 1.53 亿元，节约资金 198.15 万元，节约率 1.28%。

【财政体制改革】 2020 年，区财政局推进国库集中支付电子化改革工作，3 月全区所有预算单位全部实行国库集中支付电子化，提升了国库资金管理效益。　（宁振辉　李芳宇）

政府采购

【政府采购工作概况】 2020 年，北海市铁山港区政府采购中心（简称区政府采购中心）认真做好减轻供应商负担、采购改革、业务培训、采购监督、采购行为规范化、采购管理制度实施等工作，取得新的成绩。年内，铁山港区采购单位在“政采云”上采购交易金额为 2.81 亿元。其中：网上超市 1101 单，交易金额 1321 万元；项目采购 78 单，交易金额 2.11 亿元；行业主题交易馆 31 单，交易金额 16 万元；反向竞价 9 单，交易金额 389 万元；通用定点 92 单，交易金额 5319 万元。线上采购的模块和金额逐年增加，政府采购整体呈现良好的发展趋势。

单位：万元

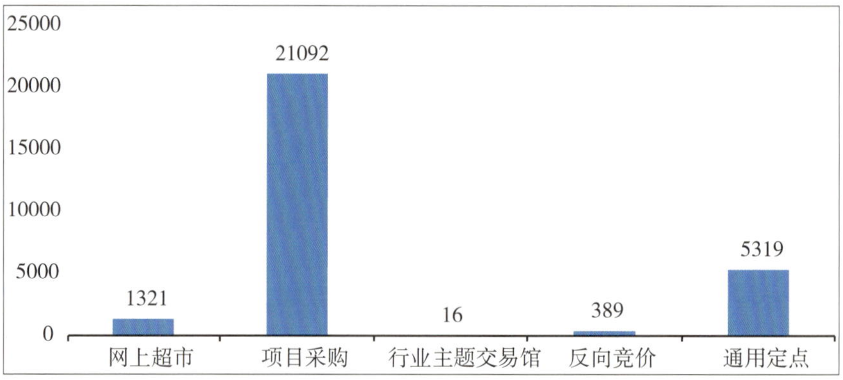

2020 年铁山港区政府采购统计

【减轻供应商负担】 2020年，区政府采购中心联合区财政局发文明确免除供应商投标保证金，为企业大幅减负。不收或小额收取履约保证金，对小微企业的收取比例不超过政府采购合同金额的2%。不以任何形式向供应商收取采购文件制作费用，供应商在线免费下载采购文件。免除不必要的投标报名环节，提升采购效率。取消项目开标前设置供应商信息登记和报名，明确中小企业优惠10%，降低企业参与政府采购的成本，有利于中小企业发展。

【采购改革】 2020年，区政府采购中心落实政府采购管理工作，不断推进“互联网＋政府采购”改革创新，着眼“大数据、云计算”发展大趋势，组织采购单位参加政府采购培训会，启用政府采购电子化交易“政采云”平台，创新推进政府采购交易和管理电子化、一体化，实现信息资源共享共用，政府采购更加透明高效。启动“全市一张网”进一步降低成本、简化程序、提高效率。上线乡村振兴（扶贫）馆平台，开启“互联网＋政府采购＋扶贫”的新模式，促进贫困地区农副产品销售、推动高质量脱贫。启动“政采云”平台服务超市，助力北海扩大招商引资，助力构建“互联网＋创新高端服务业”的现代服务业产业集群。实施“政采云”平台全流程电子招投标项目，供应商不需要提供纸质投标文件，可实现企业参与政府采购“零跑腿”，减少人员聚集。落实疫情防控期间减少人员流动和聚集的要求，在线解密投标文件耗时短，投标人摆脱地域限制，可同日参与跨地市的投标活动，促进市场良性竞争，开标、评标全程线上操作，步步留痕，直播全程公开透明，有效压缩政府采购领域腐败行为生存空间。

【业务培训】 2020年，区政府采购中心有针对性开展集中学习活动，并形成常态化，加强干部队伍思想政治教育，业务能力培训，纪律作风建设。定期组织全体干部集中学习上级文件和采购业务知识，以学习习近平新时代中国特色社会主义思想和党的十九大会议精神为引领，认真贯彻落实中央八项规定，积极开展党风廉政教育，学习政府采购法律法规特别是线上交易平台实施规则。通过学习，不断提高工作的分析判断和解决问题的能力，打造一支“素质高、业务精、纪律严、作风硬”的采购干部队伍。

【采购监督】 2020年，区政府采购中心所实施的项目采购均在北海市采购中心开标、评标室进行，利用其监控设备与市监察局联网的条件，保证全区采购活动开标、评标工作在公开、公平、公正的环境下运行。通过这项改革措施，全面监督项目负责人是否依规程组织开标、评标，是否依法独立公正评标、是否有排斥性和倾向性言行、是否严格遵守评标纪律等，使全区政府采购工作迈上新台阶。

【采购行为规范化】 2020年，区政府采购中心主动与采购单位协调，按照北海市财政局印发的《北海市人民政府关于政府采购负面清单的通知》要求，对项目主要配置及技术需求的合法性和合理性进行审查，排除各类歧视性条款，规范项目主要配置或技术需求，严把采购需求和招标文件的要件内容，防止设置技术壁垒，避免不合法或带有倾向性技术条款写进招标文件。规范资质要求，在明确参加政府采购的供应商必须符合《中华人民共和国采购法》规定的基本资格条件外，对特殊需求项目的特定资质要求的合理性和必要性进行审定，尽量避免设置歧视性和排他性条款，让更多潜在供应商参与投标竞争。规范采购文本，规范采购文书的标准格式，在编制过程中，既遵循文本格式、又结合项目实际，细化文本内容，明确投标要求，使采购文本内容更全面、更规范，做到统一标准、统一格式，既方便投标人制作标书，又有助于公平竞争。

【采购管理制度实施】 2020年，区政府采购中心结合《中华人民共和国政府采购法》和《中华人民共和国招标投标法》，将全区的采购信息及时在“政采云”系统上进行发布，做到公开透明，阳光采购。加强采购资金源头控制，严格执行《广西壮族自治区人民政府办公厅关于发布2020—2021年广西壮族自治区政府集中采购目录及限额标准的通知》。凡是使用财政性资金的项目，各单位各部门可通过政府采购中心集中采购。从源头上防止套取采购资金、规避政府采购的行为，为扩大政府采购规模提供保障。实行政府采购流程办理制度。严格执行自治区政府采购工作有关规则和流程，按照采购审批的流程、组织方式、工作纪律等节点控制原则大幅度提高采购效率和服务水平，达到执行有依据、操作有程序、监督有办法的目标。严把招标文件编制关和审查关，区政府采购中心与项目单位共同参与招标文件的审查，集体把关，杜绝招标文件出现倾向性和歧视性条款。落实合同限时公开制度，督促采购人按照规定的时限在“政采云”上确认采购结果和公示、备案采购合同。（刘小梅）

税　务

【税务机构及工作概况】 国家税务总局北海市铁山港区税务局（简称区税务局）主要负责铁山港区内税费征收管理业务。2020年，区税务局管辖铁山港区个体工商户3840户，企业1161家，国家机关、事业单位等200余家。年内，区税务局弘扬和践行中国税务精神，加强税务文化建设，先后荣获自治区青年文明号、自治区和谐单位、自治区巾帼文明岗、自治区五四红旗团支部等荣誉称号；顺利通过全国文明单位复查，文明单位创建典型经验多次得到北海市委宣传部、市文明办等单位推广。

【减税降费】 2020年，区税务局牢固树立落实减税降费和依法征税收费服务“六稳”“六保”的大局意识，正确把握经济变化形势和组织收入工作方向，全面贯彻落实党中央、国务院减税降费决策部署，做到该减的不折不扣减到位，该收的依法依规征收好，坚决打好减税降费主攻战。盯紧抓好优惠政策落实，将落实减税降费列为“一把手”工程，成立减税降费工作专班，持续完善政策落实、统计核算、风险监控等9项减税降费工作运行机制，对重点税源企业安排人员进行一对一专人重点辅导，不断提高宣传辅导覆盖面，确保政策红利惠及市场主体。年内，区税务局辅导企业2700余家次，发放宣传资料5000余份，开展减税降费培训辅导及座谈会6次，减税降费近1亿元。

【税费收入量稳质优】 2020年，区税务局准确把握经济变化形势和组织收入工作方向，严格落实依法征税原则，严守不收“过头税费”的纪律底线，做到税源监控不放松、征管力度不放松、风险防控不放松，凝聚组织收入工作的合力。强化重点税源监管，精准施策做到应收尽收。掌握四大千亿元产业的投资投产和经营税收情况，实施差异化、专业化管理和服务并及时做好优惠政策效应分析。大力宣传北部湾区域税费优惠政策，主动靠前服务，助推太阳纸业、川化钾肥等一批重点项目加速落地，有效提升纳税人的满意度和获得感。强化挖潜增收，增强收入管理的主动性、前瞻性。加强对增值税纳税申报异常的分析监控，做好项目涉税情况监管，加强纳税人申报风险提醒，对异常原因及时核查，落实堵漏增收各项措施。年内，区税务局完成自治区口径税收收入81亿元，国家总局口径收入78.85亿元，完成社会保险费及非税收入7.28亿元。

【营商环境优化】 2020年，区税务局持续深化“放管服”改革，在不断加大减税降费力度的同时，创新各项服务手段，不断刷新办税缴费新体验，改善涉税营商环境。

聚焦“放管服”改革　年内，区税务局认真落实自治区税务局营商环境突破年行动方案，开展便民办税春风行动。打造集约化营商环境，纳税次数从6次减少到3次，优化流程再造。打造互信式营商环境，进一步落实税收优惠资料留存备查制，执行疫情防控期间办税服务容缺办理制度，简化流程、精简资料，促进减税降费政策落地生根。打造涉税便捷化营商环境，大力推行“最多跑一次”“一次办”“网上办”等便民办税举措；推广电子税务局申报网上更正功能，更正申报平均用时3分钟，办税“堵点”“痛点”“难点”得到解决。

“非接触式”办税缴费 年内，区税务局积极推广网上办税，设立电子税务局体验厅，提升纳税人网上办税服务体验，网上申报率99%以上，单笔办理时间平均缩短60%，等待时间减少一半左右；加强自助终端推广应用，企业开办税务环节最短流程办理时间缩短至6分钟，自动化率超过95%。着力提升退税办理效率，构建“税务、企业、国库”三方协调运行机制，退库时间最快13分钟。联合政务服务中心、行政审批局等相关单位，简并新办企业办税流程，提供“套餐式”服务，实现政务服务窗口企业开办业务“一窗通办”，实现“一日领票、即时办结”。

税企互动 年内，区税务局多形式辅导税收政策、多举措增加税企互动，积极开展大走访活动，增进税企互信。年内，区税务局共走访企业2031户，收集解决问题、意见、建议31条，纳税人获得感、满意感持续增强。

【数据运用】 年内，区税务局按照国家税务总局“四力”（聚焦优惠政策落实要给力，“非接触式”办税要添力，数据服务大局要尽力，疫情防控工作要加力）的工作要求，不断强化发票信息等税收大数据分析运用，动态掌握企业生产经营情况。进一步落实征期大运维工作机制，做好征期运行分析研判，密切监控金三系统和电子税务局运行状态，开展风险预警提示，确保征期平稳运行。

【数据治理】 年内，区税务局严格对照上级规定标准和时间节点完成数据修改任务，全面整改前台录入数据质量不高、操作不规范等问题，完成1561户纳税人，5000余条纳税人联系方式的核实、修改工作，完成缺失数据治理600余条，完成数据一致性核查200余条。强化疑点数据核查，完善内部控制，做好疑点整改，加强执法宣教，“检查一项、规范一块、促进一片”的良性执法效果更加彰显。

【征管质效提升】 年内，区税务局强化征管质量5C监控评价系统的应用，查找薄弱环节，主动提升完善，不断提高税收征管质效。优化注销即办服务事项，简化注销办理资料和流程，缩减办理时间，共为区内办理税务注销328户，采用即办注销和容缺承诺注销308户，占93.90%，注销办理时长平均不超过1小时。 （任永昶）

2020年，区税务局组织干部职工到铁山港区清帆廉政文化园开展党风廉政警示教育活动　　区税务局　供

银　行

中国农业银行股份有限公司北海铁山港支行

【农行铁山港支行概况】　中国农业银行北海铁山港支行(简称农行铁山港支行)是农业银行派驻北海市铁山港区的一个一级支行,统筹负责农行在北海市铁山港区的金融业务,承担对接铁山港区委、区政府,贯彻落实上级农行及政府有关金融政策和服务地方经济发展的使命。农行铁山港支行是铁山港区金融机构中唯一一个实现辖区乡镇人工网点全覆盖的国有大型银行,共有10个服务窗口、自助机具15台。2020年10月,农行铁山港支行因网点拆建需要,办公点临时搬到南康镇朝阳大道北81号。农行铁山港支行业务对象主要服务城乡"三农"发展。主要业务品种有贷款、存款、结算、理财、代理保险等金融业务。

【贷款业务】　2020年,农行铁山港支行有多种贷款业务品种可供客户选择,对公客户的业务品种有固定资产贷款和流动资金贷款等,对个人客户的业务品种有个人住房消费贷款、个人房产抵押贷款、个人助业贷款和农户贷款等。随着网络科技的发展,农行铁山港支行推出网捷贷等网上贷款业务和小微企业纳税e贷业务,方便客户的融资活动。年内,农行铁山港支行发放贷款受到客观因素的制约,发展缓慢,主要问题是区域内适用于抵押的产权较少,具体就是房地产证件不齐全或不合规,没有适合的抵押物,商业贷款受到一定制约。在困难面前,农行铁山港支行积极开拓新市场,开拓工薪公职人员的个人薪资保障贷款和网捷贷,向农户开通"惠农e贷"业务,为当地经济的发展和农户的脱贫提供大力支持。

【信用卡业务】　2020年,农行铁山港支行信用卡发展迅速,新增有效发卡量在广西所有农行网点中名列前茅,在铁山港区的市场份额占比达到60%以上。

【代理支付业务】　2020年,农行铁山港支行独家代理铁山港区国库集中支付业务,全区所有预算单位均在农行铁山港支行开立零余额专户。(程　雯)

中国银行股份有限公司北海市铁山港支行

【中行铁山港支行概况】　2020年,中国银行股份有限公司北海市铁山港支行(简称中行铁山港支行)已成为多功能性综合支行,营业地址在铁山港区四号路临时商业街。年内,中行铁山港支行年末存款余额7.4亿元,贷款余额6.4亿元。

【服务地方经济建设】　2020年,中行铁山港支行依托铁山港(临海)工业园区发展的优势,紧跟国家"一带一路"政策规划,加大对符合国家产业政策和北海市经济结构调整的企业和项目的支持,对重点企业、重点项目加大支持力度。年内,中行铁山港支行为斯道拉恩索(广西)浆纸有限公司、广西投资集团北海发电有限公司、广西北部湾新材料有限公司等大型项目累计发放公司贷款5亿元。中行铁山港支行积极创新服务手段，加大对中小微企业、涉农企业的支持。依托“中银信贷工厂”“普惠金融贷款”新模式，推出结算通宝、税贷通、贷押通、林权通宝、快易贷、跨境贷、中银网络通宝、沃融易、助保贷等信用产品，以及通过减免中小企业评估费、降低收费标准等手段解决中小型企业融资难问题。年内，中行铁山港支行为4家中小企业发放“普惠金融”贷款700万元，年利率仅为4.35%。3月，经中行广西区分行同意，中行铁山港支行为上述企业再降贷款利率到年利率2.35%，切实让利企业，扶持小微企业发展。年内，中行铁山港支行线上贷款全面打开。企业方面，中行铁山港支行通过中银企E贷、银税贷实现线上贷款申请和发放，操作方便效率高，半天内可以完成从申请到放款，担保方式全部为信用。个人方面，中行铁山港支行支持消费金融发展，加强对个人住房贷款、汽车分期业务、消费分期业务、现金分期业务等支持，发展个人经营性贷款，提高小微企业辐射面。全年为铁山港区斯道拉恩索公司、广西北部湾新材料公司、信义玻璃及其上下游客户，为广投电厂、区工商局、区法院、区政府、镇政府、铁山港（临海工业区）管委会等机关、企事业单位提供住房按揭、信用卡分期、中银E贷、中银优客分期等消费金融服务。利用节假日时间，不定期举办网点线上、线下沙龙活动，为个人客户定制专享金融服务套餐。2月初新冠疫情期间，中行铁山港支行在充分做好防疫措施后对外营业，切实做好当地的金融服务。疫情期间，中行铁山港支行针对医护人员推出特殊金融服务措施，确保医护人员金融服务不中断，全心投入抗疫工作。

2020年疫情期间，中行铁山港支行员工和医护人员代表座谈，为抗疫一线的医护人员提供最优质的个人信贷金融服务

中行铁山港支行　供

【智能化服务】 2020年，中行铁山港支行以提升客户体验为目标，不断增加自助设备投入使用。更新并完善北部湾新材料公司自助终端设备，进一步扩大服务辐射范围。升级建设中行铁山港支行网点智能化，增加智能柜台，配套开展支行服务销售流程与工作流程优化工作，提升网点服务效率与客户体验。

【扶贫济困】 2020年，中行铁山港支行认真履行社会责任，积极响应国家乡村建设（扶贫）政策，投入人力、物力开展金融服务下乡存活动，积极给乡村群众宣传银行金融产品及风险防范意识。联合附近村委会开展与贫困老人座谈，了解他们生活上的困难，为他们送上生活用品，鼓励其实现自给自足，早日脱贫。（刘　轩）

中国建设银行股份有限公司北海铁山港支行

【建行铁山港支行概况】 中国建设银行股份有限公司北海铁山港支行（简称建行铁山港支行）位于铁山港（临海）工业区四号路中石化异地改造项目石化生活区大门临街铺面，有服务窗口2个，自助取款机1台，自助存取款一体机2台，智慧柜员机3台。截至2020年年底，建行铁山港支行全口径存款余额5.34亿元,各项贷款余额8.45亿元,裕农通服务点48户。

【业务范围】 2020年,建行铁山港支行可以受理的业务范围包括但不限于资产业务、负债业务、中间业务、外汇业务。资产业务包括抵押担保贷款、质押担保贷款、国内外信用证贷款、保证担保贷款、应收账款质押贷款、固定资产贷款、流动资金贷款、个人消费贷款、其他自然人信用贷款;负债业务包括活期存款、定期存款、转账业务;中间业务包括代理销售保险和理财产品、政府机关企事业单位代收代付业务;外汇业务包括外汇存款、外汇贷款、外汇汇款、国际结算、结售汇和代客外汇买卖(含个人外汇买卖)。

2020年7月11日,建行铁山港支行党支部与区委办党支部等4个支部在南康镇扫管龙村爱国主义教育基地联合开展"不忘初心、牢记使命"主题党日活动 建行铁山港支行 供

【客户服务】 2020年,建行铁山港支行持续推动金融消费者权益保护工作,强化金融服务意识,构建和谐的金融消费环境。着力提升服务环境质量。加强营业网点现场投诉处理能力建设,明确首问负责制,在网点设置《客户意见登记簿》、公布投诉电话等,确保投诉问题及时妥善解决。着力提升客户满意度,通过服务礼仪培训,规范服务行为,提高员工服务意识。着力打造农村金融生态圈,推进金融服务下乡,将助农帮扶与建行铁山港支行裕农通业务相结合,多次走进南康市场免费为150户商户提供金融服务,积极践行普惠金融。着力提升服务实体经济能力,履行大行责任担当,统筹抓好疫情防控和支持经济社会发展,加大力度支持复工复产,持续做好"六稳""六保"工作。在疫情期间共为25户小微企业办理1900万元云义贷,为企业解决燃眉之急,切实解决小微企业融资难的问题。

【企业文化】 2020年,建行铁山港支行坚持党建引领业务发展,落实组织"五关爱"(思想关爱、工作关爱、成长关爱、生活关爱、合规关爱)工作机制。7月11日,建行铁山港支行党支部与区委办党支部等4个支部在南康镇扫管龙村爱国主义教育基地联合开展"不忘初心、牢记使命"主题党日活动,促进业务开展。落实组织"五关爱"工作机制,合理安排网点弹性排班、新老员工师徒制、建立交流微信群、建立定期家访制度等措施,为员工办实事、办好事、解难事,增强员工满意度和归属感。引导员工加强"自我关爱",通过文化讲座、感恩教育等方式引导员工树立正确的人生观、世界观和价值观,塑造优秀个人品格和道德修养。

(许　彪)

北海市区农村信用合作联社南康信用社

【南康信用社概况】 2020年,北海市区农村信用合作联社南康信用社(简称南康信用社)下辖南康镇的营业部和银丰分社、兴港镇的赤江储蓄所和石头埠分社4个营业网点,有3处24小时自助银行。服务区域覆盖南康镇和兴港镇。截至2020年年末,南康信用社各项贷款余额2.4亿元，其中年内发放贷款户数657户，发放贷款金额1.6亿元（面向农户涉农贷款0.4亿元，面向小微企业及个体工商户贷款1.2亿元）。

【扶贫贷款】 开展扶贫工作以来，南康信用社累计发放扶贫小额信用贷款997笔，发放金额约4422万元，累计收回687笔，金额约3360万元，未出现逾期记录。其中2020年发放扶贫小额信用贷款308笔，发放金额1056万元；扶贫贷款余额1062万元、310笔。年内，南康信用社要求建档立卡贫困户借到金融扶贫贷款后必须用于发展当地特色农业包括西瓜种植、辣椒种植、豆角种植、家禽家畜养殖、金鲳鱼养殖、对虾养殖等行业。严格把控贷款用途，根据贫困户实际需要安排贷款的投放，既降低了风险，又避免扶贫贷款多贷少投、贷而不投现象的发生，使金融扶贫资金投入到扶贫事业中去。以金融扶贫带动产业发展，改变贫困户“等、靠、要”的固有思想，使得扶贫工作从输血向造血功能升华。

【金融抗疫】 2020年疫情期间，南康信用社网点休业，人员不休息。对存量的客户进行梳理排序，让职工在家对存量存款大户进行电话回访，主要是了解客户受疫情影响情况，并告知网点开业具体时间，防止客户办理业务时扑空，用温情服务获得客户的认可。在春耕时节，南康信用社组织信贷员密切联系村委，依托村委协调、扶持受疫情影响的种养大户，增强农户投入春耕生产信心。南康信用社发挥人熟地熟的优势，对存量的老客户进行1次全面排查，了解企业及种养大户受疫情影响情况，推出“复工贷”服务，同时按照“企业自救、政府支持、银行帮扶”三同步原则帮助困难企业发展，坚决防止盲目的压贷、抽贷、断贷行为。合理安排还款方案，积极研究有效措施帮助企业渡过难关。对有信贷需求的新客户及时跟进，加快信贷投放速度，助力铁山港区企业全面复工复产。

【营商环境优化】 2020年，南康信用社将营商环境优化作为支持铁山港区工作和自身发展的第一要务。在企业开立结算账户方面，承诺最少4天办结。年内，南康信用社率先安排工作人员驻扎区政务服务中心，设立面向企业金融业务咨询办理岗，让企业在区政务服务中心办理业务时能同时办理银行账户开立、信贷咨询等金融业务。在获得信贷方面，继续严格执行限时办结制，在符合相关制度要求且资料齐全的条件下，单户小微企业1000万元（含）以下抵押贷款自受理之日起至最终发放，原则上不超过8个工作日；继续优化信贷业务流程，将小微企业抵押贷款业务流程由9个环节整合优化为4个环节；继续落实“一次性告知”制度，让客户一次性获知办理信贷需要的资料。

【金融优质服务】 2020年，南康信用社按照小额贷款政策要求及时调整和完善贷款管理办法，加大对妇女、青年、返

2020年5月2日，南康信用社党建小分队到贫困户大棚基地贷后检查，了解农户疫情后生产情况　南康信用社　供

乡农民工、大中专毕业生、零就业家庭、下岗失业等人员就业创业和对小微企业、劳动密集型企业、个体工商户等实体经济的信贷支持力度。建立金融知识宣传教育和消费者权益保护工作的常态化机制，深入开展“送金融知识下乡”和针对性的公众宣传教育活动，切实保护消费者的合法权益。综合运用LED显示屏、展板、宣传单、短信、横幅、咨询台、流动宣传站等方式和渠道，开展金融知识宣传活动，走村入户进社区，积极主动介绍金融政策，促进金融消费者对银行金融产品和服务的了解，让社会公众享受金融产品带来的便利。推荐合法的金融投资理财渠道和理财产品，引导公众理性投资，合法理财，不参与非法集资。指导借款企业不盲目投资，不涉及民间高利贷，不随意提供担保。

（陈　荣　张泰庆）

2020年3月6日，营盘信用社党支部组织员工到营盘镇石村敬老院慰问困难群众　营盘信用社　供

北海市区农村信用合作联社营盘信用社

【营盘信用社概况】 2020年，北海市区农村信用合作联社营盘信用社（简称营盘信用社）下辖营盘信用社营业部、火禄分社、黄稍分社3个网点。营盘信用社营业部位于营盘镇营盘大街还珠路26号营盘边防派出所对面，开设有2个服务窗口，布放存取款一体机2台、自助综合机1台；火禄分社位于营盘镇火禄村委会火禄市场旁，开设有1个服务窗口；黄稍分社位于营盘镇滨江生活小区黄稍中学对面，开设有2个服务窗口，布放自助取款机1台、存取款一体机1台。年末，营盘信用社各项存款余额5.42亿元，各项贷款余额1.12亿元。

【扶贫贷款】 2020年，营盘信用社响应政府的号召，把扶贫贷款作为一项重要工作内容，把关爱贫困户切身利益、促进地区经济发展为己任，为脱贫攻坚贡献力量。年内，营盘信用社积极投身抗疫及复工复产工作，组织员工多次深入贫困户家庭了解贫困户的生产、生活情况，掌握贫困户的资金需求情况，配合当地政府推进扶贫工作。年内，营盘信用社业务区内符合贷款条件的贫困户贷款均发放到位，新投放扶贫贷款168笔，投放金额606万元。年末，扶贫贷款余额622万元，为当地政府完成脱贫攻坚任务提供资金支持。

【惠农支付服务点建设】 惠农支付服务点是依托知名的商铺、居民住宅等，通过广西农村信用社的授权，在桂盛通（类似POS机的设备）上操作，从而实现为客户存取款、查询、转账等功能。2020年，惠农支付服务点的开通给广大农村群众带来很多便利，当地群众可以就近办理大部分金融业务，省去在银行排队等候的时间。年内，营盘信用社在营盘镇各村委共设置14个惠农支付服务点，实现普惠金融服务在当地村（社区）全覆盖。同时，营盘信用社还赋予惠农支付服务点反假币、个人征信、反电信诈骗、存款保险、金融消费者权益等知识宣传功能，促进金融知识进村入户。在新冠疫情期间，各惠农支付服务点积极坚守提供农村金融服务。9月，北海市区农村信用合作联社向各惠农支付服务点发放疫情补贴。同时，营盘信用社为惠农支付服务点提供店面装修、监控设备、保险柜、点钞机、打印机、培训等支持，助力升级创建普惠金融服务示范点。年内，营盘镇能村世举杂货店惠农支付服务点成功升级创建为北海市2020年农村普惠金融服务点五星级示范点。

【便民上门服务】 2020年，营盘信用社提供便民上门服务。营盘信用社员工依托“e挎包”移动终端，走出营业厅进村入户现场为因病或其他原因无法到银行办理业务的群众，办理开卡、激活、挂失、电子银行等非现金业务。年内，营盘信用社利用“e挎包”移动终端上门服务群众180人次，信用社员工的贴心服务获得当地群众的称赞。　（廖崇智）

2020年9月15日，北海市区农村信用合作联社2020年农村普惠金融服务点五星级示范点创建工作会在营盘镇石村召开

营盘信用社　供

2020年10月22日，营盘信用社员工到营盘镇石村为群众提供便民上门服务

营盘信用社　供

经济综合管理

经济管理

【经济管理概况】 北海市铁山港区发展和改革局（简称区发改局）属北海市铁山港区人民政府综合经济管理部门。2020年，区发改局扎扎实实做好规划编制实施、项目和投资管理、营商环境优化、生态文明建设等工作，取得新成绩。

【规划编制实施】 2020年，区发改局在全面评估2019年全区国民经济和社会发展执行情况的基础上，深入调研分析、广泛征求意见，科学编制《北海市铁山港区2019年国民经济和社会发展计划执行情况与2020年国民经济和社会发展计划（草案）》，经区五届人大五次会议审议通过并付诸实施。在规划实施过程中，紧密联系区统计、科商工信、财政、农业农村等部门，抓好重要经济指标、重点项目、重点工作任务的分解，细化分解目标任务，挖掘潜力，落实措施；定期进行经济运行分析，加强计划执行的预测监测，及时发现存在问题并提出对策建议，强化综合协调，确保计划顺利实施，促进全区经济社会健康发展。

2020年3月4日，铁山港区区长龙起云（正面中）主持召开2020年一季度铁山港区经济运行分析会　　区发改局　供

【项目和投资管理】 2020年，铁山港区以促进招商引资项目落地和加快重点项目建设为重点，进一步加强项目服务，及时了解项目动态，及时协调解决项目落地障碍。年内，全区重点推进产业项目共54个，其中竣工投产10个，开工在建15个，前期策划29个。年内，自治区下达铁山港区“双百双新”项目19个，其中“双百”项目17个，“双新”项目2个。区发改局积极配合协调企业复工复产，努力克服疫情影响，挖掘项目配合统计部门做好项目入库工作，做到应统尽统，以确保投资任务的圆满完成。年内，全区固定资产投资比上年增长117.2%，增速位列全市第一，分别高于全市、自治区、全国投资增速100.3个百分点、113个百分点、114.3个百分点。5000万元以上项目完成投资比上年增长126.4%，占全区完成

投资的98.61%，拉动投资增长120.74个百分点，成为全区投资增长的主动力。工业投资保持高位运行、比上年增长198.45%，排列全市第一。民间投资表现活跃，投资总量规模不断扩大，全年民间投资比上年增长667.87%。随着川化硫酸钾、信义玻璃、350万吨林浆纸一体化等“双百双新”项目及自治区统筹推进项目的建设，民间和非公固定资产投资的拉动，全区固定资产投资高增长态势明显。

【营商环境优化】 2020年，区发改局持续规范优化审批事项，压缩行政许可项目承诺时限，提高审批效率。区发改局多次组织干部职工参加自治区、北海市发改委系统举办的项目审批、节能减排、产业规划、物价收费和粮食安全等工作培训，提高干部职工的业务水平。

【生态立区战略实施】 2020年，铁山港区继续实施生态立区战略，全面贯彻落实国家、自治区、北海市和区委、区政府关于生态文明建设有关文件精神，区发改局委托广西大学编制了《北海市铁山港区生态文明体制改革和生态文明建设实施方案编制研究报告》和《铁山港区推进生态文明体制改革和生态文明分解实施方案》，并已通过专家评审。

（谢子扬）

国有资产管理

【国有资产管理概况】 2020年，铁山港区共有192个行政事业单位，其中行政单位33个，事业单位159个。年内，铁山港区各单位资产总额10亿元，其中流动资产2.27亿元，非流动资产7.54亿元，受托代理资产0.19亿元，扣减负债1.38亿元，净资产合计8.62亿元。

【资产处置】 2020年，铁山港区资产处置方式包括无偿调拨（划转）、对外捐赠、出售、出让、转让、置换、报废报损、货币性资产损失核销等。铁山港区行政事业单位资产处置依据《北海市铁山港区行政事业单位国有资产处置管理暂行办法》等相关规定执行。年内，铁山港区处置资产223.99万元，处置资产全部是固定资产，其中无偿调拨（划转）82.83万元，报废报损141.16万元。

（宁振辉　李芳宇）

物价管理

【物价管理概况】 北海市铁山港区物价局（简称区物价局）与区发改局属一套人马两块牌子。2020年，区物价局认真贯彻落实全市物价工作会议精神，狠抓物价管理，加强价格监管，维护市场价格秩序，营造良好的价格环境。

【价格调查监审】 2020年，区物价局切实加强价格监审工作，积极配合地方政府及区农业农村和水利局做好农村供水

2020年1月29日，区发改局工作人员在南康镇嘉和大药房进行药品价格监测　　区发改局　供

工程供水价格制定工作；及时向北海市物价局价格监测和成本监审科申请成本监审，配合北海市物价局价格科开展农村供水工程供水价格成本监审工作，配合北海市物价局商品价格和收费管理科做好农村供水工程供水价格审批工作；监督铁山港区自来水厂按政府规定的价格范围内收取水费，并在收费场所悬挂收费公示牌和用水开户流程，方便群众业务办理，自觉接受群众监督。成立价格认证中心，配合区委、区政府及上级物价部门做好价格调控工作。做好价格公共服务工作，持续深入打造“12358”品牌，严格执行价格举报制度，认真做好“接访”“下访”工作，促进社会和谐稳定。（谢子扬）

国土资源管理

【国土资源管理概况】 北海市铁山港区自然资源局（简称区自然资源局）为区政府常设工作部门。2020年，区自然资源局完成铁山港区全民所有自然资产清查试点的各项工作，核发14宗个人建设用地规划许可证。按时间节点，配合开展第三次全国国土调查。完成全区房地一体农村宅基地和集体建设用地使用权确权登记发证工作方案编制。

【项目用地服务】 2020年，区自然资源局完成2个批次建设用地报批工作（北海市2020年第三批次城市建设用地、北海市2020年第三批次乡镇建设用地），总面积15.59公顷，新增建设用地15.55公顷。保障年产60万吨先进生物液体燃料项目（双百双新项目）和年产20万吨优化柴油项目的用地需求。

2020年4月21日，区自然资源局工作人员到营盘镇火禄村委开展房屋一体确权登记，摸排农村乱占耕地建房现象　　区自然资源局　供

【耕地提质改造】 2020年，铁山港区南康镇三塘村耕地提质改造项目已完成70%的工程量，为推进全区耕地提质改造起示范带头作用；完成南康镇龙门村耕地提质改造（旱改水）等3个项目编制、科研评审及立项批复等工作。

【农村乱占耕地建房调查】 2020年7月22日，区自然资源局印发《关于开展北海市铁山港区农村乱占耕地建房状况调查的通知》，8月组织开展铁山港区农村乱占耕地建房调查工作培训，启动调查摸底工作。截至11月28日，全区共摸排房屋8554宗，其中南康镇1602宗，营盘镇3760宗，兴港镇3192宗，已全部完成外业调查举证和内业分析数据填报工作，并将数据上报自治区。

【地籍资料档案管理】 2020年，区自然资源局加强地籍资料档案管理工作。5月12日，区自然资源局向北海市国土资源信息中心移交地籍档案资料6704宗。

【地质灾害预防】 2020年，区自然资源局积极配合区政府贯彻落实北海市2020年度地质灾害防治方案，通过汛前制订全区地质灾害预防应急预案，严格按要求落实易发地质灾害隐患点排查、隐患信息采集、及时发放避险告知明白卡，编制应急值班表、做好值班记录，完成年度汛期异常气象天气期间防灾应急值守工作，及时报送信息，适时组织群众应急转移，确保群众生命财产安全，完成年度地质灾害防治工作任务。年内，对辖区3个地质灾害易发点加强巡查、排查，共出动巡查人员30人次，巡查、排查15次，向区辖3镇涉及地质灾害的村委发放地质灾害防治宣传资料300多份(本)。

【土地矿产卫片执法】 2020年，区自然资源局依法开展对违法违规用地、用矿的重点巡查30多次。完成2019年度土地矿产卫片执法监督检查外业核查和系统填报，并代拟全区卫片拆除整改方案。指导督促区综合行政执法局立案7宗，拆除6宗，并通过自治区自然资源厅工作组的现场核验。2019年度铁山港区违法建设占用耕地面积占新增建设用地占用耕地面积比例为5.07%，通过市级和自治区级检查验收工作。

【无主矿产品拍卖】 2020年6月9日，根据区政府部署，区自然资源局委托广西东伦拍卖有限公司在区自然资源局四楼会议室举行北海市铁山港区公用码头25堆无主堆放矿产品(堆场)拍卖会。共有6家竞买者参加竞买，最终竞得人为北海顺利矿业有限公司，竞买价为2050万元。此次拍卖会为广西首例成功拍卖无主矿产品案例，是贯彻落实中共中央总书记习近平"绿水青山就是金山银山"生态文明思想的重要举措，创新矿产资源管理方式，震慑非法采矿行为。

【违建别墅清查整治】 2020年1月10日，区政府组织区自然资源局、区综合行政执法局、区住建局、铁山港公安分局、区司法局、营盘镇政府等部门，组成220多人的联合执法队，完成对违建别墅图斑白龙港四合院拆除工作，并通过自治区验收。 (石　敏)

审　计

【审计概况】 2020年，北海市铁山港区审计局(简称区审计局)认真开展财政审计、经济责任审计、专项资金审计(调查)、财务收支审计、政府投资审计等工作，取得新的成绩。年内，区审计局完成审计项目11项。审计涉及金额17.38亿元，查出主要问题金额3.69亿元，其中管理不规范金额3.59亿元，违规金额322.30万元，应上缴财政754.33万元，已上缴财政754.33万元。提交审计报告、信息50份，被批示、采用33份。

【财政审计】 2020年，区审计局完成2019年度区本级财政预算执行情况并延伸区教育局2019年部门预算执行情况审计。查出管理不规范金额2.09亿元，应上缴国库172.62万元。审计采用"三级联动"、AO现场审计系统和查阅账本等方式，发现非税收入未及时足额上缴国库、超预算支出、部分预算单位向本单位实有资金账户拨款、预算单位项目执行率低、会计核算及财务管理不规范等问题。针对发现的问题，提出相应的意见建议，促使财政资金规范管理使用。

【经济责任审计】 2020年，区审计局完成经济责任(含自然

2020年12月28日，区审计局召开铁山港区审计质量工作推进会
区审计局　供

资源资产）审计项目2个，重点审计3个部门。审计运用审阅、抽查、详查、谈话等方式方法，自然资源资产审计巧用外介审计力量，审计发现相关政策落实不到位、财务管理及会计核算不规范、非自然岸线划入大陆自然岸线等问题15个，其中对2个问题应负直接责任涉及领导干部3人，对11个问题应负领导责任涉及领导干部3人。查出管理不规范金额1.11亿元，应上缴财政581.71万元。并将审计发现的普遍性、典型性问题，形成审计结果报告、审计情况反映上报区委、区委审计委员、区政府及相关部门。

【专项资金审计（调查）】 2020年，区审计局完成专项资金审计（调查）项目4个。分别为2019年度脱贫攻坚、应对新冠肺炎疫情防控资金和捐赠款物专项、2019年现代特色农业示范区专项资金、铁山港区2017年—2020年6月党费专项审计（调查），审计采用查阅资料、AO现场审计系统、现场抽查、谈话等方式方法，共查出管理不规范资金360.40万元。提交的1篇脱贫攻坚审计情况反映得到区委、区政府主要领导批示。

【财务收支审计】 2020年，区审计局完成财务收支审计项目3个，为促进农村基层反腐倡廉和村级组织建设发展打下基础，开展铁山港区3镇村集体“三资”和财务收支情况审计。审计发现违规使用专项资金和违规领取坐班补助及误工费、购建资产不作固定资产反映、部分经费白条列支，使用现金数额较大、收取农户保洁费手续不全，在制度执行上不严格或不到位，村务公开流于形式等问题，涉及管理不规范金额3510.83万元，违规金额322.30万元。

2020年7月28日，区审计局志愿者到营盘镇鹿塘村开展创城志愿服务活动　　区审计局　供

【政府投资审计】 2020年，区审计局遵照审计署关于进一步严格规范政府投资审计的工作部署，拟定《关于严格规范政府投资审计工作的管理办法》报区政府办印发，政府投资建设项目工程结算由建设单位委托进入市级工程结算审计中介机构库的中介机构进行审计，实现从单一的工程结算造价审计向全面审计转型，切实纠正“以审代结”问题。区审计局继续履行审计监督职责，为全区投资资金把好关。年内，审计监督项目14个，涉及金额3879.47万元。

【审计整改工作】 2020年，铁山港区有审计发现涉及整改问题83个，涉及金额4.35亿元，整改期限内，已整改问题72个（其中有9个在审计期间已整改），涉及金额4.11亿元。区审计局为推动审计整改工作能得到较好落实，建立健全整改检查跟踪机制，要求被审计单位提高政治站位，扎实开展审计整改“回头看”和部门财务检查工作，杜绝整改问题和问题反复整改；要求被审计单位在规定时间内完成整改工作并提交整改报告，对因整改周期长、历史遗留等短时间内不能全部整改的问题，提出整改措施及限期，提高整改效率。加大审计整改结果公告力度。召开审

2020 年 1 月 14 日，区审计局领导带队到挂点村——营盘镇鹿塘村农贸市场了解市场建设情况　　区审计局　供

计整改工作会议及将审计整改结果上报有关部门领导，确保对审计查出问题落实责任、整改到位。

【精准脱贫工作】 2020 年，区审计局扶贫挂点村——营盘镇鹿塘村共有建档立卡贫困人口 40 户 129 人，已全部脱贫，其中 2020 年脱贫 2 户 5 人。全力推动对鹿塘村精准脱贫工作，按照上级部署，做好脱贫规划，走访慰问工作，走访慰问贫困户，解决贫困户问题，给贫困户送去粮、油等慰问物品，扶持贫困户生产资金 1.27 万元。利用走访、发放宣传材料、赠书等方式，向贫困户宣传习近平新时代中国特色社会主义思想及党的扶贫政策，宣传乡村振兴政策，为群众做好事、办实事。

【配合做好政府中心工作】 2020 年，区审计局积极配合有关单位做好各项中心工作。配合有关单位开展“创城”志愿者服务工作，按时按质完成单位指标任务。6 月，区审计局积极与相关单位沟通，协助挂点村鹿塘村发展集体经济，完成农贸市场升级改造工作。年内，鹿塘村集体经济收入超过 45 万元。　　（蔡冬春）

统　计

【统计概况】 北海市铁山港区统计局（简称区统计局）是铁山港区政府主管统计和国民经济核算的工作部门，负责全区统计执法、综合报表、GDP 核算，负责工交、固定资产投资、农业、社会科技、经济贸易、第三产业调查。2020 年，区统计局认真做好第七次全国人口普查、城乡住户调查、统计管理体制改革、统计规范化等职能工作，取得好成绩。

【国家统计大督察】 2020 年 8 月 23 日，国家统计督察组进驻广西，8 月 31 日对铁山港区统计工作开展统计督察。铁山港区高度重视，8 月 23 日，区委书记余兴国召开铁山港区国家统计督察迎检工作会议，传达中央统计督察精神，研究部署迎检任务、明确工作要求，动员做好迎检各项准备工作。督查期间，区统计局主动对接，落实国家统计督察组的安排和要求，认真对照《防范和惩治统计造假、弄虚作假督察工作规定》，如实提供和及时送达国家统计督察组需要的文件资料；区统计局加强对被督察单位的指导协调，对各部门、各单位报送的材料进行把关。督察期间，区统计局做好国家统计督察组实地走访辖区内 30 个企业和 1 个乡镇的对接工作，在区委、区政府的指导支持和各部门、各单位的配合下，铁山港区圆满完成迎检工作。

【第七次全国人口普查】 第七次全国人口普查是在中国特色社会主义建设进入新时代的社会背景下开展的重大国情国力调查。2020 年，为做好铁山港区第七次全国人口普查，区政府成立北海市铁山港区第七次全国人口普查领导小组负责普查组织实施中重大问题的研究

2020 年 9 月 21 日—22 日，区统计局组织举办铁山港区第七次全国人口普查动员会暨“两员”综合业务培训班　　区统计局　供

和决策，领导小组下设办公室在区统计局，具体负责普查的组织实施。年内，全区按时完成组建各级普查机构，明确职责分工；落实普查经费，保障普查运行基本条件；科学选聘“两员”（普查指导员和普查员），做好“两员”培训，确保“两员”培训合格后再上岗开展普查各项工作，圆满完成全区 3 个乡镇、43 个普查区、693 个普查小区的短表登记、长表登记、比对复查等工作。

【城乡住户调查】 2020 年，区统计局先后组织统计员对记账数据进行检查，确保记账数据源头；做好辅助调查员业务培训，并加强上门访户频率，辅导记账户规范记账，提高数据的真实性。年内，根据国家统计局《关于做好 2020 年住户调查样本轮换工作的通知》要求，区统计局提前谋划，做好宣传引导，摸清新样本住户的基本情况及是否有配合记账的意愿，按时间节点，圆满完成铁山港区 2020 年城乡住户调查样本轮换工作。年内，区统计局荣获广西分市县住户调查业务考评二等奖。

【统计管理体制改革】 2020 年，区统计局积极探索县级统计机构对乡镇统计管理新模式，首次将统计协管员和村级兼职统计员工作补助经费纳入年度预算。5 月 29 日，区财政局分别批复 9.62 万元和 10.32 万元补助经费，各村（社区）村级兼职统计员、3 名统计协管员已选聘完毕并到岗，全区统计队伍得到充实。

【统计规范化】 2020 年，区统计局推进县级统计机构、部门、乡镇和联网直报企业 4 个层面的统计工作规范化建设，示范率有新突破，强有力促进铁山港区统计工作的科学化、信息化和规范化。年内，全区区级统计机构达到示范标准，部门规范化示范率 47.4%，乡镇规范化示范率 100%，联网直报企业规范化示范率 60%。

（李文键）

市场监督管理

【市场监管概况】 2020 年 8 月，铁山港区完成市场监管系统机构改革，北海市铁山港区市场监管局（简称区市场监管局）调整为北海市市场监督管理局派出机构，负责铁山港区市场监督管理工作。年内，区市场监管局深化商事登记领域改革，推行“审核合一、一人通办”制度，实行“当场受理、当场核准、当场发照”登记模式，实行企业开办“一站式”服务，企业开办时间压缩至 0.5 个工作日内完成，取得新的成绩。

【商事登记电子化】 2020 年，区市场监管局持续推进商事登记全程电子化工作，累计有 293 家企业通过人脸身份识别、网上手写签字、手机在线领取电子营业执照等智能化应用实现注册登记。

【市场主体帮扶】 2020 年，铁山港区新增市场主体 1597 家，比上年增长50.9%，包括内资企业279家、个体工商户1303家、农民专业合作社15家；新设外资市场主体7家。年内，全区实有内资市场主体7917家，外资市场主体33家。年内，区市场监管局抓好民生“关键小事”，上门帮扶非公有制经济发展，接受业务咨询100余人次，协助解决疫情复工复产问题80个。

【融资渠道整合】 2020年，区市场监管局持续推行“全国市场监管动产抵押：登记业务系统”，企业可通过系统在线申请、在线审核、在线公示、在线查询，快速完成动产抵押设立、变更和注销登记业务，全年累计办理股权出质5家，出质股权2880万元，被担保债权数额120万元。通过扩大动产抵押登记激活企业存量资产，共办理抵押物登记10份，帮助企业融资4.8亿元。

【事中事后监管】 2020年，区市场监管局共完成2020年度企业年报735家、个体工商户年报4437家、农民专业合作社年报126家；列入并公示异常名录企业71家，正常移出10家；标记并公示异常状态个体工商户1158家，恢复正常个体工商户32家。落实执行《北海市铁山港区“双随机、一公开”监管局际联席会议办公室关于印发北海市铁山港区部门联合“双随机、一公开”监管实施方案（2020—2022年）的通知》精神，建立辖区7646家市场主体名录库和37名执法人员名录库，开展“双随机、一公开”监管检查，累计检查190家，完成率100%。

【市场监管执法】 2020年，区市场监管局共查办案件163件，比上年增长918%，罚没款15.74万元，通过国家企业信用信息公示系统公开行政处罚结果信息160条。年内，区市场监管局加强市场监管法制建设，出台行政处罚案件法制审核等制度，完善案件行政刑事对接机制，提升依法行政水平。

【知识产权保护】 2020年，铁山港区有效注册商标总量267件，比上年增长23.04%；发明专利有效拥有量101件，每万人口发明专利拥有量6.39件，比上年增长11.91%；开展知识产权直通车服务，加强知识产权保护宣传力度，累计走访企业8家。

【物价监管】 2020年，区市场监管局坚持民生为本，创新物价监管举措。营造公平竞争环境，对市场准人、产业发展、招商引资、招标投标、政府采购、经营行为规范、资质标准等涉及市场主体的行政规范性文件和政策进行公平竞争审查，对2019年存量3件文件、2020年增量2件文件进行公平竞争审查。

【消费维权】 2020年3月15日，区市场监管局开展“凝聚你我力量”主题暨纪念“3·15”系列宣传活动，共受理消费咨询案件32件，发放市场监管类宣传资料1200份。开展放心消费示范单位建设，创建并维护放心消费示范单位164家、放心街区2个、新增电子商务经营示范店1家。年内，畅通投诉举报渠道，全年受理投诉举报84件，办结率100%。

【打击传销】 2020年，区市场监管局开展《禁止传销条例》《直销管理条例》等法律法规宣传，积极向群众宣传传销的模式、传销的危害、传销典型案例等知识，提高群众识别和自觉抵制传销的能力，共发放涉传销类宣传材料500余份，巩固“无传销县区”成果。

【质量强区】 2020年，区市场监管局加强质量认证体系建设，深入实施质量强区战略，扎实推进质量提升行动，举办以“建设质量强国　决胜全面小康”为主题的“质量活动月”宣传活动。1月，指导中粮屯河北海糖业有限公司申报白砂糖项目获得“广西优质认证证书”。12月，中国石化北海市炼化有限责任公司获第五届广西壮族自治区主席质量奖。

【计量领域监管】 2020年，区市场监管局开展中小企业精准计量服务和能源计量审查工作，共检查农贸市场4家、商场超市20家次、其他企业2家；组织开展农贸市场计量网络培训、计量服务进企业等活动，发放宣传资料50余份。

【特种设备安全监管】 2020年，铁山港区累计登记注册特种设备3819台(辆)，其中锅炉43台，压力容器2874台，电梯97台，起重机械545台，场(厂)内机动车182辆。区市场监管局推行电梯安全责任保险，在保电梯97台，投保率100%。组织电梯安全宣传活动，开展乘客电梯全覆盖检查，普及安全乘梯常识，提升电梯维保单位的电梯困人应急处置能力。区市场监管局开展特种设备重点使用单位监督检查，共检查特种设备重点使用单位38家次，排查并完成整改隐患84处。11月—12月，抽调业务骨干组建工作专班，开展全区特种设备安全大检查，累计检查特种设备使用单位127家次，发现安全隐患132处，完成整改132处，出具安全监察指令书35份。

【产品商品质量检查】 2020年，区市场监管局开展产品质量监督抽查，检查企业12家，立案2家。开展食品相关产品监督抽查2批次，合格率100%；开展民营加油站监督检查，抽检5批次，合格率100%；加强流通领域电器商品监督检查，抽检2批次，核查处置率100%。

【食品生产安全监管】 2020年，区市场监管局对区内13家正常经营的食品生产企业加大日常监管力度，完成抽检任务17批次，合格率100%，企业风险等级A级3家，B级10家。开展国庆节、中秋节期间食品安全专项行动，加大对月饼、食用油等生产企业监督检查力度，累计检查31家次，排查并整改隐患5处。

【食品流通安全监管】 2020年，区市场监管局推进农贸市场快检规范化建设，全年完成农产品质量安全快速检测4000余批次。开展进口冷链食品专项整治，检查冷库11个，规范冷冻肉制品店经营行为。开展对涉“非洲猪瘟”猪肉、水产品非法添加药物、白酒质量等专项整治，重点检查准入索证、索票和出证、出票等制度落实情况，完成电子化系统监督检查344家，覆盖率70%。全年完成食品流通领域抽检1415批次，食品抽样监测8批次/千人。

【餐饮服务安全监管】 2020年，区市场监管局开展“使用公筷　健康你我”行动，检查餐饮服务单位100余家，发放倡议书3700余份，营造自觉使用公筷的良好社会氛围。继续推进学校食堂明厨亮灶标准化建设，对68家在册学校食堂开展全覆盖督查。针对重大活动期间、民办养老机构食堂、学校食堂及周边餐饮服务单位、火锅店、年夜饭等敏感时间和场所开展专项检查，学校食堂量化A级、B级比例达100%。全年共检查餐饮单位1365家次，排除隐患50余处。年内，全区没有发生重大食物中毒事件。

【药品安全监管】 2020年，区市场监管局共收集上报药品不良反应报告60例，其中新的、严重的药品不良反应报告55例。年内，完成药品监督抽验9批次，合格率100%。对药品流通领域中中药饮片、疫苗、疫情防控物资等开展专项检查行动，共检查零售药店52家次、疫苗接种单位4家次。

【医疗器械安全监管】 2020年，区市场监管局共收集上报医疗器械不良事件报告88例，完成率排名位列北海市第二；开展医疗器械清网行动，对医疗器械领域开展专项检查，共检查医疗器械经营企业13家次、医疗机构4家次，完成医疗器械国家级、自治区级、市级抽检任务共17批次。

【化妆品安全监管】 2020年，区市场监管局共收集上报化妆品不良反应报告98例，完成自治区监督抽检批次任务。开展化妆品线上净网线下清源专项行动，检查化妆品经营企业 33 家次，责令限期改正 11 家次。

2020 年 10 月 19 日，北海市市场监管局副局长夏斌（左四）到铁山港区南康镇南康综合市场检查指导进口冷链食品规范化管理和常态化疫情防控工作

区市场监管局　供

【食品药品安全宣传】 2020 年，区市场监管局组织开展宣传活动 10 余场，定期免费对公众开放市级食品药品安全科普宣传基地 1 个、镇食品药品安全科普宣传站 2 个。组织干部职工、党员志愿者开展食品安全进校园、进社区、进企业等活动 6 场，印发海报 2000 余张，发放《给市民的一封信》5000 余份。

【疫情防控常态化监管】 2020 年，区市场监管局全力做好疫情防控工作，出动执法人员 3708 人次，检查集贸市场 940 家次、市场内经营者 3768 家（个）次，超市 296 家次，药店 627 家次，餐饮单位 1365 家次，食品经营店 586 家次，活禽销售摊点 146 家（个）次。年内，辖区防疫用品和生活必需品供应平稳、经营有序。

【贫困村帮扶】 2020 年，区市场监管局以“机关支部进乡村 商标标准品牌行”党组织结对共建活动为契机，帮助南康镇夏塘村、兴港镇粟山村等贫困村注册申请利河香米、桂丰农、桂谷香等 8 个商标，实施“一村一品”发展村级集体经济。

（卢艺元）

口岸管理

中华人民共和国北海铁山港海事处

【海事概况】 2020年，中华人民共和国北海铁山港海事处（简称铁山港海事处）作为北海向海经济发展的前沿阵地，深刻领会习近平“经济强国必定是海洋强国、航运强国”发展理念，深化广西海事局工作思路，落实北海市政府向海经济决策部署，在交通强国的实践中，以开放促进步、以创新促改革，积厚成势，为北海蓝色经济腾飞注入新动能。年内，铁山港海事处执法行政处罚326起，罚金197万元，行政强制执法37起。全年发生水上交通小事故1起，没有等级以上事故，辖区水上交通安全形势总体稳定。

【港口吞吐量】 2020年，铁山港区进出港船舶7091艘次，货物吞吐量2810.60万吨，其中内贸货物1818.80万吨，外贸货物991.80万吨。进靠泊LNG（液化天然气）船舶36艘次，卸货235万吨。

【海事服务】 2020年，铁山港海事处扎根一线，为地方经济发展提供海事支持。夯实服务基础，维护船舶正常运行。新冠肺炎疫情发生后，“换班难”成为国际航行船员普遍关心的问题。铁山港海事处积极落实属地政府决策部署，全面融入地方疫情防控大局，建立精简高效的船员换班机制。4月1日起，共开展国际航行船舶换班核准712人（其中上船366人，离船346人），涉及换班船舶77艘次，共计开展伤病船员应急救助2艘2人。持续精准发力，保障民生物资供应。铁山港海事处走访了解辖区内国家管网集团北海天然气有限公司、广西投资集团北海发电有限公司、广西渤海农业发展有限公司的生产计划和原料运输情况，确定海事服务和监管方案。为载运LNG、电煤和大豆等民生物资船舶开辟水上“绿色通道”，实现船舶申报、审批、办结一次性通关。年内，铁山港辖区共保障煤船安全进港65艘次，卸电煤329.60万吨；LNG船舶安全靠泊36艘次，卸载LNG241.90万吨。主动高效服务，保障重点工程项目顺利复工。辖区中石化北海炼化、中石化LNG、信义玻璃及铁山港航道三期等重大涉水施工项目，与地方日常生产息息相关。铁山港海事处掌握辖区涉水工程复工需求、进展情况、船舶船员调配计划等信息，优化水工核查顺序。2月，4个水工项目开始复工。其中中铁十六局承建的铁山港进港铁路项目在4

表4 铁山港区2018—2020年港口吞吐量一览

年份	总吞吐量（万吨）	其中		内贸船（艘次）	外贸船（艘次）
		内贸（万吨）	外贸（万吨）		
2018年	3296.20	2280.30	1015.90	7193	474
2019年	3270.50	2120.90	1149.60	6782	446
2020年	2810.60	1818.80	991.80	6661	430

2020年8月6日，1艘中国籍货船在距离铁山港10万吨码头西南方14海里的外锚地内起火，北海海事成功救援　　铁山港海事处　供

月18日实现按时通车零延误，该项目部向铁山港海事处赠送锦旗，感谢海事部门对该项目的指导和支持。

【水上交通安全监管】 2020年，铁山港海事处严把水上交通安全“责任关”，确保辖区水上交通安全形势持续稳定。严格危险品运输安全监管。全面梳理辖区船舶载运危险货物作业分布、危险货物码头作业种类、载运危险货物船舶进出港频次等情况，详细排查涉及船载危险货物安全隐患；依托海事危防管理系统和船舶监督选船系统，对载运危险货物的低标准船舶实施跟踪监管；加强与港航管理部门执法协作，严厉打击危险货物瞒报、谎报、漏报。严肃LNG船舶进靠泊安全管控。制定《广西沿海水域LNG船舶安全监督管理暂行规定》，建立广西标准；维护通航秩序，合理安排船舶进出港计划；开展港口国“云”监督检查，通过信息化手段对船舶载运货物、近期航线和人员防护等方面进行全面“体检”，确保LNG船舶安全适航。年内，铁山港区共安全靠泊LNG船舶36艘次，卸载天然气241.90万吨。铁山港海事处加强与涉水单位联动协作，开展系列“猎狐”行动。通过电子巡航、采取错时、夜间执法、重点海域值守等多种手段，加强内河船舶非法从事海上运输专项治理力度。年内，铁山港区共查处非法涉海运输内河船舶43艘次，行政处罚143.90万元，实施行政强制执法37起，向海警部门移送案件1件。

【助力海洋生态文明建设】 2020年，铁山港海事处全面落实“绿水青山就是金山银山”绿色发展理念，助力铁山港区海洋生态文明建设。铁山港海事处结合交通运输部水上交通安全专项整治三年行动要求，开展“碧海2020”专项行动，实施船舶大气污染物排放控制区监督管理，运用船舶燃油采样、保存及快速检测等装备，对到港船舶开展燃油硫含量快速检测，通过跨部门协作，引导船

2020年4月21日，北海海事局会同市交通运输局、市综合行政执法局、北部湾港口管理局北海分局等单位，对铁山港水域开展海上联合巡航执法，严厉打击非法运输海砂违法行为　　铁山港海事处　供

船使用低硫油、清洁能源或者尾气后处理技术。年内，铁山港海事处共开展船舶燃油快速检测 92 艘次，取样送检 10 艘次，查处使用燃油硫含量超标船舶 2 艘次，处罚金额 5.30 万元。铁山港是北部湾沿海重点水域之一，辖区船舶交通密集、涉污作业频繁。铁山港海事处联合港航企业、航运公司开展防治船舶污染应急演练，推动地方政府在铁山港公共执法码头建成中型溢油应急设备库。

（罗裕雯）

中华人民共和国北海出入境边防检查站执勤一队

【边防检查概况】 中华人民共和国北海出入境边防检查站执勤一队（简称北海边检站执勤一队）主要担负铁山港对外开放码头、LNG 码头、电厂煤码头和石头埠边地贸口岸（北林码头、恒久码头、新奥码头）出入境船舶、人员边防检查和口岸管控工作。2020 年，北海边检站执勤一队进一步深化“放管服”改革，打造“警企共管”品牌，优化口岸通关环境，落实各项安保措施，构筑口岸安全屏障，锻造清正廉洁队伍，助推北海向海经济发展。

【口岸安全管控】 2020 年，北海边检站执勤一队不断完善协警、船舶监管员勤务分工模式，充分发挥协警、船舶监管员管边控边作用。走访兴港镇政府、海关、海事、海警部队，加强口岸联检单位协同排查力度；建立口岸联防联控工作机制，围绕口岸敌情、治安环境、安全防范等社情，研究完善各类安保工作方案，与海关、海事等部门开展联合巡查和情报分享交流。年内，北海边检站执勤一队联合联检部门共开展处突演练 8 次，形成工作合力，圆满完成春节、各级“两会”等重大节日、重大活动期间的安保工作任务，确保口岸安全稳定；成立党员服务队，紧急救助外籍受伤、突发疾病船员，保障广大船员的生命安全，体现北海边检站执勤一队便捷、高效、人性化的服务意识。

【口岸疫情防控】 2020 年，北海边检站执勤一队严格落实上级关于做好境外新冠肺炎疫情防输入管控工作的要求，坚定树立“疫情就是命令、防控就是责任”理念，积极向区委办、区委政法委、铁山港公安分局等部门主要领导汇报口岸疫情防输入管控工作，严格落实上级关于涉疫重点国家（地区）船舶船员核查制度，加大对出入疫区重点国家（地区）船舶和船员的核查力度，实行在港船舶 24 小时梯口监护；疫情防控期间，北海边检站执勤一队积极参加铁山港区新冠肺炎疫情防控应急预案推演，针对铁山港码头、LNG 码头、广投北海发电公司等执勤点在港船舶开展疫情防输入口岸执勤执法安全隐患排查，对梯口监护、视频监控、民警履职、企业自管等情况进行重点检查 50 余次，对一线执勤执法人员行为规范性、口岸执勤执法设施可用性等方面进行重点督导 50 余次。

【边防检查优质服务】 2020 年，北海边检站执勤一队主动跟进铁山港口岸开放发展需求，全面提供“全时制、全天候、

2020 年 2 月 7 日，北海边检站执勤一队对停泊在口岸的船舶和船员进行出入境检查　　赵云龙　摄

2020年12月3日,北海边检站执勤一队民警到铁山港区边检码头开展疫情防控宣传　　赵云龙　摄

零等待”通关的优质服务,实行365天工作、24小时值班、“白加黑”“五加二”的服务机制,做到入出境船舶随到随检;开通边检服务QQ群、边检微信群等多种网络服务方式,实时提供在线咨询、网上预约等便捷服务;继续打造“网上报检、绿色通道”等边检服务品牌,在为服务对象提供便利的同时,加大边检工作宣传力度,提升社会影响力。随着逐步复工形势发展,船员多、船期紧张情况突出,北海边检站执勤一队优化勤务流程,实行24小时船舶随到随检,证件随到随办,实现船舶到港即可作业,作业完即可离港的目标,大大减少船舶滞港时间,保障企业经济利益,提升口岸竞争能力,为广大服务对象创造高效便捷的通关环境,助力铁山港区企业复工复产,保障驻地经济发展。年内,北海边检站执勤一队共开通绿色通道8次,走访船舶代理公司30次,优质高效的通关服务得到中坦联合海运公司赠送“守疆尽责保平安,共克时艰解企忧”锦旗表示感谢。口岸安全稳定,没有潜入潜出违法犯罪行为。

【疫情防控】 2020年,北海边检站执勤一队在疫情防控工作中,党支部将“党小组、战斗小组、三互小组”三组合一,组建“党员先锋岗”,积极报名参加广西出入境边防检查总站百色、崇左、防城港等边境一线疫情防输入封控工作。深入港区积极开展疫情防控宣传活动,配合广西电视台记者拍摄系列电视专题宣传片。　（廖　鹏）

科学技术

科学技术综述

【科学技术概况】 2020年，北海市铁山港区科技商务和工业信息化局（简称区科商工信局）开展高企认定申报、科技计划项目申报、重大科技成果转化、科技种养培训等各项工作。年内，全区有4家企业申报并通过高企认定，推荐4家企业共4个项目申报科技计划项目，完成重大科技成果转化9项，开展科技下乡活动2次，举办科技种养培训班4期。

【科技计划项目申报】 2020年，区科商工信局积极走访辖区企业，筛选并鼓励符合条件的企业申报科技计划项目，推动铁山港区创新驱动发展。年内，全区有4家企业成功申报科技计划项目。

科技成果和奖励

【科技成果转化】 2020年，区科商工信局加强科技成果管理，加快推动科技成果转化，推动企业与高等院校、科研院所加强技术合作交流。全年完成重大科技成果转化项目9项，其中A类4项，B类3项，C类2项。超额完成上级科技部门分配的年度目标任务4项。

【培育高新技术企业】 2020年，区科商工信局加快推进高新技术企业“再倍增”计划，积极开展企业走访摸底调查并鼓励符合条件的企业申报。年内，铁山港区有4家企业申报并通过高企认定。

科学技术普及

【科学技术普及概况】 2020年，区科商工信局积极开展科普宣传、科技示范、农村实用技术培训等有关工作。年内，共开展科技下乡活动2次，举办科技种养培训班4期，培训300余人，发放书籍资料700余份。

【科技“下乡”】 2020年1月4日，区科商工信局围绕“科技进村入户”主题，在南康镇扫

2020年1月4日，区科商工信局在南康镇扫管龙村茂叶生态园开展铁山港区科商工信局2020年科技“三下乡”活动　区科商工信局　供

管龙村茂叶生态园开展2020年科技“下乡”活动。举办沿海地区沃柑高效丰产优质关键技术培训班、开展预防一氧化碳中毒科普宣传、现场诊断分析果树疾病症状。7月23日，区科商工信局在南康镇黄丽窝村粮菜轮作示范点开展2020年“科技种养技术下乡”活动。邀请北海市科技局农业农村科梁文燊、曹志伟及铁山港区科技特派员梁统模等专家，为黄丽窝村粮菜轮作示范点红薯基地的工人讲解红薯选育苗、水肥管理和病虫害防治技术。

2020年11月25日，区科商工信局联合北海市科技局在南康镇扫管龙村委举办2020年扫管龙村辣椒高效栽培技术培训班

区科商工信局　供

【科技培训】 2020年，区科商工信局通过积极组织，协调铁山港区科技特派员对农业良种良法新技术，加强科学技术培训、指导和服务工作力度。科技特派员积极助力打赢脱贫攻坚战，不定期到夏塘村、黄丽窝村、粟山村、盐灶村4个贫困村实地或采取通讯、网络等手段及时做好相关科技服务，根据贫困村产业科技需求提供豇豆、辣椒、蔬菜种植和牛、水产品养殖等科技培训指导并做好相关科技服务。年内，全区8名科技特派员共到村开展科技服务活动176次。

对虾养殖中常见问题的成因分析与解决方案培训班 2020年4月21日，区科商工信局联合北部湾海洋新材料研究院在铁山港区东岸场养殖示范基地共同举办。北部湾海洋新材料研究院科研主管梁坤国现场为养殖户讲解对虾养殖中常见问题的成因分析与解决方案，并为养殖户解惑答疑，帮助养殖户解决在对虾等水产养殖上遇到的技术难题。培训会还邀请到当地的对虾养殖专业户林昌成分享自己的养殖经验，并带领大家到其养殖虾塘参观学习。

拟穴青蟹优质苗种及健康养殖技术推广与扶贫示范培训班 2020年9月18日，区科商工信局联合广西海洋研究所有限责任公司在兴港镇南乐社区共同举办。培训班邀请广西海洋研究所有限责任公司副研究员钟声平（铁山港区科技特派员）、广西中医药大学助理研究员黄亮华传授青蟹优质苗种生产和健康养殖技术以及南美白对虾生态养殖技术。钟声平和黄亮华现场为养殖户分析青蟹、对虾养殖中常见问题的成因与解决方案，并为养殖户解惑答疑，帮助养殖户解决在青蟹、对虾等水产养殖上遇到的技术难题，提高散户养殖的技术含量。

高免疫可溯源海水养殖彩色南珠插核及养护技术培训班 2020年10月15日，北海市科技局、区科商工信局、金不换公司三方联合举办。培训班邀请专家朱名日传授海水养殖彩色南珠插核技术。专家从学员们最感兴趣的、最关注的方面切入，调整讲课内容，用通俗易懂的语言、图文并茂的形式讲述海水养殖彩色南珠插核技术及注意事项。

2020年扫管龙村辣椒高效栽培技术培训班 2020年11月25日，区科商工信局联合北海市科技局在南康镇扫管龙村举办。邀请铁山港区科技特派员梁统模为村民进行辣椒高效栽培技术讲解。　（龙燕萍）

防灾减灾

【应急能力建设】 2020年，铁山港区修订完善《北海市铁山港区安全生产事故灾难、危险化学品、烟花爆竹生产安全事故应急预案》《北海市铁山港区防御台风应急预案》《北海市铁山港区防御洪潮灾害应急预案》等一系列安全生产应急预案和专项方案，建立完善安全生产应急体系。年内，区应急管理局以党政机构改革为契机，区应急管理执法大队通过人才引进、公开招考招聘专业人才，充实执法队伍，解决执法人员不足的问题，并组织开展安全监管执法业务培训2次加强执法人员业务培训，提高执法人员业务水平。加大财政资金投入，强化应急救援建设，全年采购并下拨价值30万元的防汛抗洪抢险物资，发放冬春救助资金15万元。

【防风工作】 2020年，铁山港区经历“森拉克”“海高斯”“浪卡”台风袭击，先后3次启动防御台风Ⅳ级应急响应，及时联系各成员单位加强值班值守，重点做好海上船只回港、近海作业人员上岸及危险区域人员转移工作，将台风造成的损失降到最低。台风带来强降雨有效缓解了全区的旱情。

【森林防灭火】 2020，铁山港区发生的森林火灾都是小林火，没有上卫星热点，无较大森林火灾和人员伤亡。清明节期间，铁山港区召开2020年清明节森林防灭火工作会议，并由区应急管理局下拨工作经费3万元到南康镇、兴港镇、营盘镇3镇的林业站，作为清明期间防火宣传等工作经费。同时采取悬挂横幅、上街设点宣传、宣传车巡回宣传等形式，大力开展森林防灭火宣传。其间共悬挂宣传横幅47幅，发放宣传资料2500份。

2020年4月30日，区消防救援大队领导在营盘镇火禄渔港为有关人员讲解森林灭火知识　　区应急管理局　供

【防汛值班值守】 2020年汛期期间，铁山港区总值班室、区应急管理局、区防汛办以及各有关部门都安排有专人进行节假日值班工作，确保应急响应和处置到位。各单位按照防汛排班表严格落实领导带班和24小时值班值守制度。区防汛指挥部的各成员单位根据《北海市铁山港区防御台风应急预案》和《北海市铁山港区防御洪潮灾害应急预案》精神，加强沟通协作、预报预警和隐患排查整治，根据实时气象预测，早谋划、早动员、早部署、早行动，统筹各类应急力量和应急资源，确保有灾情能及时上报、及时组织处置。

【减灾成绩】 2020年，铁山港区2个自治区综合减灾示范社区创建及铁山港区6个社区减灾准备认证通过自治区验收。

（李祥光）

气　象

【突发灾害性天气预警信号发布】 2020年，铁山港区遭受3次台风袭击，分别为第3号台风“森拉克”、第7号台风“海高斯”、第16号台风“浪卡”。受台风影响，全区普降中到大雨，局部暴雨，并累计启动防御台风Ⅳ级应急响应3次。

【重大天气气候事件】

台风　2020年，影响铁山港区的台风最大风力为11级，是8月2日第3号台风“森拉克”。受“森拉克”影响，全区普降大到暴雨，其中南康镇杨屋降雨量136毫米，营盘镇彬畔村委塘西村降雨量32.5毫米，兴港镇石头埠降雨量23.5毫米，南康江出现了小幅涨水过程。8月3日9时30分将铁山港区防御台风Ⅲ级调整为洪涝灾害Ⅳ级，8月3日18时30分解除铁山港区洪涝灾害Ⅳ级应急响应。

干旱　2020年入夏初期，铁山港区雨水严重不足，降雨较往年同期严重偏低，加上山塘、陂坝、河道等水利设施蓄水不足，导致全区大部分村委和部分田垌出现严重干旱和缺水，对粮食作物尤其是晚稻生产影响较大。旱情期间，全区受旱农作物面积6356.13公顷，其中轻旱3030.60公顷，重旱2411.20公顷，干枯914.33公顷。水田缺水1928.67公顷，旱地缺水3916公顷。

（韩　梅）

2020年8月2日，第3号台风“森拉克”期间，北海市水利局及区农业农村和水利局工作人员巡查白龙河堤　区农业农村和水利局　供

2020年10月12日，第16号台风“浪卡”期间，区农业农村和水利局工作人员在巡查粟山河堤　区农业农村和水利局　供

教　育

教育综述

【教育概况】 2020年，北海市铁山港区教育局（简称区教育局）以落实党组织领导下的校长负责制、义务教育保障战役和普及高中阶段教育攻坚为契机，着力围绕控辍保学、师资配备、教育项目、教育扶贫、办学质量提高、基层党建、疫情防控等重点工作，全面加强党对教育工作的领导，扎实推进全区教育现代化发展，圆满完成全年工作任务，人民群众教育获得感得到增强。

【教师招聘培训】 2020年，铁山港区公开招聘126名教师，其中中小学（幼儿园）教师78名、义教特岗教师39名、原民办代课教师9名，超额完成义务教育保障战役关于师资配备的指标任务，为全区师资队伍注入了新鲜血液。全年共组织教师参加各级培训2019人次；选派25名优秀教师到农村薄弱学校进行支教走教，选派119名教师参加校际交流轮岗，缩小各学校之间教育差距。

【基础设施建设】 2020年，铁山港区中小学、公办幼儿园校园总占地面积149.52公顷，校舍总建筑面积26.30万平方米，小学生均校舍面积10.01平方米，初中生均校舍面积9.41平方米，高中生均校舍面积12.8平方米。年内，全区建成两所学校，分别是总投资1.10亿元的铁山港区实验学校和总投资1341.71万元的铁山港区第七幼儿园；投入1404万元建成南康中学教学楼、学生宿舍楼各1栋，总建筑面积5687平方米；投入1176万元改造完成兴港镇斑鸠埇小学运动场地2300平方米，建成南康镇居塘小学直跑道100米，维修完成兴港镇中心小学、南康镇皂角根小学、营盘镇中心小学、营盘镇彬塘小学和南康中学等5所学校围墙共633米，新建营盘镇塘仔小学教学楼456平方米、营盘中学学生宿舍楼楼梯468平方米；投资3014万元开工建设南康镇第一小学教学综合楼、南康镇第一中学学生食堂、营盘镇中心小学教学综合楼等3个乡村振兴项目；投资2480万元开工建设铁山港区第九幼儿园、铁山港区第十幼儿园、南康镇雷田小学附设幼儿园、营盘镇塘仔小学附设幼儿园等4个学前教育发展专项资金项目；

2020年10月30日，北海市铁山港区实验学校校门　区教育局　供

2020 年，北海市铁山港区第七幼儿园外景　　区教育局　供

投入 253 万元购置多媒体教学设备 85 套，覆盖 18 所中小学校。通过加大对学校基础设施的建设力度，学校校舍安全现状得到全面改善，教育资源配置进一步优化，促进全区教育事业持续健康发展。

【经费收支】 2020 年，北海市铁山港区教育经费总收入 3.44 亿元，比上年增长 17.63%，其中一般公共预算教育经费 3.27 亿元，比上年增长 18.17%。教育经费总支出 3.49 亿元，比上年增长 20.82%，其中一般公共预算教育经费支出 3.34 亿元，比上年增长 22.69%。总支出中，人员经费支出 2.45 亿元，公用经费支出 4158 万元，基建经费支出 6222 万元。

【扶贫工作】 2020 年，区教育局深入贯彻“依法治教，以防为主，防治结合，综合治理”的控辍保学方针，建立健全“双线四包”工作体系，认真贯彻自治区工作指导思想和总体思路，始终坚持“绝不让任何一个学生因家庭贫困而辍学”的宗旨，全面落实教育扶贫的各项资助政策，扎实推进对家庭经济困难学生资助的各项工作。年内，全区有外来务工人员随迁子女 252 人，入学率 100%，留守儿童 224 人，入学率 100%，没有学生因贫、因病而辍学，实现了全国控辍保学工作双清零的目标。全年共资助贫困户学生 1566 人，资助金额 104.89 万元，超额完成指标任务。

【校园防疫】 2020 年，区教育局落实自治区、北海市、铁山港区关于疫情防控工作会议、文件精神，铁山港区成立校园防疫工作领导小组，实行包片管理、校园封闭管理，落实“五个一律”“十个严格”。全年共召开疫情防控专题会议 6 次，印发《铁山港区 2020 年秋季中小学校幼儿园新冠肺炎疫情防控工作方案》《铁山港区教育局关于进一步加强校园常态化疫情防控工作的通知》等文件，全方位指导各中小学幼儿园做好疫情防控工作，把师生生命安全和身体健康放在第一位。

2020 年 3 月 9 日，区教育局在南康中学举办铁山港区学校复学新冠肺炎疫情防控知识培训班　　区教育局　供

学前教育

【学前教育概况】 2020年，铁山港区共有学前教育机构74所，其中公办幼儿园40所（其中独立建制的公办幼儿园5所、小学附设幼儿园24所、有11所学校附设学前班），民办幼儿园34所（其中自治区认定的多元普惠性幼儿园32所）。全区有幼儿园专任教师56人。年内，全区学前教育资源进一步扩大，区第七幼儿园竣工，继续推进区第八幼儿园等4所公办幼儿园建设。全区有3岁—5岁适龄儿童6965人，在园幼儿6282人，其中公办幼儿园在园幼儿1419人，学校附属幼儿园在园幼儿1409人，学校学前班在班幼儿315人，民办幼儿园在园幼儿3139人。

【民办教育监管】 2020年，区教育局加强对自治区多元普惠幼儿园的建设指导，对区内自愿申报自治区多元普惠幼儿园的2所幼儿园进行评估认定。加大对各民办幼儿园办学行为的监管力度，组织开展对民办幼儿园办园行为规范性进行督导评估，对所有民办幼儿园开展“小学化”专项治理，对规范办学防范化解风险专项检查、评估、督导和管理，全面推进辖区民办教育的规范、安全和健康发展。

义务教育

【义务教育概况】 2020年，铁山港区共有义务教育学校55所，其中小学36所、教学点11所、中学8所（九年一贯制学校1所、初级中学7所），在校小学生1.32万人，在校初中生5575人，小学学龄儿童入学率100%，初中毛入学率99.9%；小学辍学率为零，初中辍学率0.08%；小学毕业生升学率100%，初中毕业生升学率96%。全区有小学专任教师773人，小学师生比为1∶17.05；初中专任教师386人，初中师生比为1∶13.34。

【教育管理】 2020年，区教育局强化学校班子建设，落实计划、执行、检查、总结四个环节，促进学校班子团结合作、干净担当。召开学校常规管理工作专题会议，突出重点，持续落实好周文明班评比、学校教育质量目标评价办法、教师例会“五个一”活动、学校坐班制等4个常规管理制度，学校常规管理常抓常新。落实学生上课考勤、作业考勤、住宿查铺3项工作。建立学生台账，因材施教，学校的办学质量得到提高。年内，铁山港区中考成绩“A+”人数47人，“A”人数252人，均为5年来新高。

普通高中教育

【普通高中教育概况】 2020年，区教育局紧紧围绕提高教育教学质量、促进学生全面发展的核心任务，坚持稳中求进，变中突破的方针，推动普通高中多样化、特色化发展。年内，全区有高完中1所，在校高中生1898人，高中阶段毛入学率达到96.3%。全区有普通高中专任教师153人，普通高中师生比为1∶12.34。

【普通高中发展】 2020年秋季学期，铁山港区南康中学新建的教学楼、宿舍楼投入使用，增加高中800个学位。秋季学期南康中学高中部扩招高一学生55名，营盘中学高中部合并到南康中学办学，高中教育资源得到进一步整合。12月，铁山港区普通高中阶段教育达标通过自治区评估验收，全区高中阶段教育办学水平得到全面提升。

中等职业教育

【中等职业教育概况】 2020年，铁山港中等教育机构有北海市铁山港区职业教育中心（简称区职教中心）。区职教中心利用配套的教学设施和师资

2020年12月19日，区职教中心2020级农村经济综合管理专业的学员正在教室上课　　区职教中心　供

力量，整合资源，开展辖区内专项技术培训、农民中等职业教育和社区教育等工作。

【农民中等职业教育】 2020年，区职教中心坚持以“培养新农民，服务新农村”为办学宗旨，坚持从建设社会主义新农村的要求出发，着眼市场需求，立足培养高素质农民。区职教中心作为广西广播电视学校铁山港区教学点，根据2020年农民中等职业教育招生培养计划，积极开展招生宣传工作，共录取2020级秋季农村经济综合管理专业80人，完成第一学期的开班上课工作；组织2019级农村经济综合管理专业51人回区职教中心上课，按照教学计划，聘请相应专业教师授课，学员们按教学要求完成每个科目的作业和试卷，取得良好的教学效果。

【社区教育】 2020年，区教育局根据自治区教育厅、北海市教育局关于举办2020年全民终身学习活动周的要求，组织铁山港区相关部门于11月3日—9日在营盘镇营盘社区文化广场举办以“全民智学，助力‘双战双赢’”为主题的2020年全民终身学习活动周活动。学习活动有书画展、传统艺术、手工艺、科技作品制作、科普知识、政策知识咨询和宣传、卫生健康知识咨询和宣传、健康知识讲座、义诊进社区、文艺演出进社区和书法绘画、曲艺演出进校园等形式。辖区居民通过学习活动提升素质、陶冶情操、提高健康素养，激发广大居民的学习热情。活动周主题鲜明，形式多样，内容丰富，取得良好的社会效果，受到有关部门和社会各界的关注与好评。

（赖铭珠）

2020年11月3日，区职教中心在营盘镇营盘社区文化广场举办2020年铁山港区全民终身学习活动周启动仪式　　区职教中心　供

文　化

社会文化

【文化惠民】 北海市铁山港区文体广电旅游局（简称区文旅局）承担全区文化、广播、电视、体育、旅游、文物管理等职能。2020 年，区文旅局在“七一”、国庆、中秋等重大节庆期间，组织开展系列文化演出活动，为节日营造隆重、喜庆、热烈的氛围。1 月 19 日，北海市群众艺术馆、区委宣传部、区文旅局、南康镇政府在南康社区成功承办 2020 年“暖冬遇见北海——春节大家乐”全国乡村春节晚会；8 月 7 日—8 日，区文旅局在兴港镇南乐社区举办首届农村文艺会演，为全区 50 个文艺团队提供表演交流平台；10 月 2 日—3 日，区文旅局在兴港镇石头埠社区、南康镇滨海社区举办 2020 年喜庆国庆中秋双节文艺晚会。年内，区文旅局综合各种力量，完成文化惠民演出 37 场，全区 37 个行政村文化惠民演出活动覆盖率 100%。其中：区文旅局、区委政法委、区党外知识分子联谊会联合开展文化惠民进万家文艺演出 18 场；区委宣传部、区文旅局、区财政局联合组织开展戏曲进乡村惠民演出 19 场。按照“美丽港区，乡村和美”的要求，每个行政村均开展文体活动 4 次以上，更新宣传栏内容 4 次以上，极大地丰富了基层群众精神文化生活，受益群众达 20 多万人次。

【文艺人才培训】 2020 年，区文旅局加大文艺人才培训力度，组织开展铁山港区 2020 年戏曲人才培训班 19 次，组织铁山港区非物质文化遗产“卖鸡调”传承培训 18 次。北海市群众艺术馆、区文旅局联合举办为期 2 天的铁山港区基层文艺骨干爵士舞培训班 1 次，提升基层业务干部和业余文艺骨干的能力和水平。

【文化项目建设】 2020 年，铁山港区完成南康社区、滨海社区、白龙社区、石头埠社区、高田村委、川江村委 6 个村级公共服务中心建设并验收完毕交付村委使用，铁山港区村委（社区）公共服务中心覆盖率达 100%。

文化产业

【文化产业概况】 2020 年，铁山港区文化产品的经营单位共有 42 家，从业人员 209 人。其中：从事广播电视行业经营单位 1 家，从业人员 6 人；从事文化市场各类文化产品经营单位 35 家，从业人员 150 人；从事珍珠首饰工艺品加工销售的经营单位 4 家，从业人员 15 人；从事业余文艺的团体 1 家，从业人员 35 人；从事陶瓷文化艺术产品生产、制作、销售的企业 1 家，从业人员 3 人。

【非物质文化遗产传承人】 2020 年，铁山港区新增“非物质文化遗产”代表性传承人朱芳、宁定凤、林坚毅，其中朱芳被确定为“赤江陶烧制技艺”“非遗”代表性传承人，宁定凤被确定为“南珠传统养殖技艺”“非遗”代表性传承人，林坚毅被确定为“大王岭点花灯”“非遗”代表性传承人。

【打造文化精品】 2020 年，区

文旅局积极抓好文艺精品创作。抗击疫情期间，组织著名作曲家李勇与区内艺术爱好者陈丽明联合创作，邀请广西著名歌唱家钟丽娟演唱原创歌曲《最美逆行者》，致敬抗疫一线的逆行者，并制作成铁山港区首个音乐MV，登上学习强国平台；组织该区文艺团队创作"卖鸡调"《同舟共济 战"疫"必胜》。以脱贫攻坚为主题创作的舞蹈《大棚撑起脱贫伞》（又名《丹心撑起幸福伞》），8月获自治区第八届基层群众文艺会演三等奖，9月荣获自治区计划生育协会"激励新作为 建功新时代"文艺会演一等奖。9月，"赤江陶烧制技艺""非遗"代表性传承人陈家宝作品《鹤鸣》获"八桂天工奖"，《海角》获广西旅游工艺品银奖。12月21日，大王岭村被北海市非物质文化遗产保护中心批准建立市级非物质文化遗产代表性项目——"大王岭点花灯"传承基地。

文化市场管理

【文化市场日常管理】 2020年，区文旅局加强对文化旅游场所的日常检查，并组织联合检查，确保消防和食品方面安全工作落实到位。区文旅局联合区委政法委、铁山港公安分局、区消防救援大队、区市场监管局、区综合行政执法局和南康镇政府、营盘镇政府、兴港镇政府开展元旦、春节、五一国际劳动节、国庆节专项检查4次，共出动执法人员50多人次，车辆20辆次，发放宣传资料300多份。区文旅局在日常工作中对辖区内网吧、娱乐场所、文物点等文旅场所开展检查24次，出动人员80多人次，车辆24辆次。

【行政审批】 2020年，区文旅局进一步梳理行政审批项目，应承担的行政审批事项21项，其中涉及文化方面的11项、涉及体育方面的3项、涉及广播电视方面的7项。年内，区文旅局受理文艺表演团体延续许可事项1项。

文物管理

【文物概况】 2020年，铁山港区共有文物保护单位和文物保护点36处，其中省级文物保护点1个，市（县）级文物保护单位和文物保护点10处，未定级文物保护单位和文物保护点25处。

【文物保护】 2020年，区文旅局加大对辖区文物建筑开展消防指导和消防安全检查工作，继续保持火灾事故零发生，确保铁山港区的文物安全。区文旅局联合区市场监管、消防、行政执法、相关镇政府等部门对"三婆庙""白龙珍珠城"等文物保护单位进行多次检查，对"三婆庙"存在杂物乱放，使用家用电器、明火煮饭、电动车充电等能引发火灾的安全隐患进行跟踪落实整改，安装烟感器40个、安全出口指示灯2套等。北海市文物保护单位南康中学高中楼经上级政府资金支持得到了修缮，以全新面貌屹立在南康中学内。

广播电视

【"壮美广西 智慧广电"工程建设】 2020年是铁山港区实

2020年7月，铁山港区推进"壮美广西 智慧广电"工程建设。图为工作人员在营盘镇白东村委会参观工程建设效果　　黄昌能　摄

2020 年 12 月，区文旅局组织相关执法人员开展非法卫星电视接收设施整治行动　　黄昌能　摄

施“壮美广西　智慧广电”工程的第二年，铁山港区按照自治区和北海市的部署，建设乡镇服务站 1 个，实现乡镇服务站建设全覆盖；建设行政村广电光缆联网工程 12 个；建设“一村一屏”36 个；建设数字图书馆 10 个；超额完成新增用户 5100 户用户登记任务。铁山港区智慧广电工作经验在自治区督查中获得肯定，并在自治区《“壮美广西　智慧广电”工作简报》(2020 年第 10 期)刊发推广。

【非法卫星电视设施整治】 2020 年，区文旅局联合综治、市场监管、公安分局、行政综合执法、工信等多部门开展季度清理非法销售、安装、使用卫星地面接收设施专项行动 4 次，共出动执法人员 160 多人次，车辆 60 多辆次，发放宣传资料 1800 多份，悬挂横幅 60 多条，张贴通告 160 多份，拆除非法“小锅盖”100 多面，有效地震慑非法销售、安装、使用卫星地面接收设施行为。

【电视宣传工作】 2020 年，区广播电视站积极发挥党委政府和人民群众“喉舌”作用，传递铁山港声音，讲好铁山港故事，围绕党委政府中心工作和重大活动，客观报道全区各行各业所取得的成绩。全年外出拍摄采访近 220 份视频资料，采写形成新闻稿件 110 余篇，其中北海电视台《北海新闻》和《新闻动车》共采用播出 70 余篇，采编内容囊括疫情防控、征地搬迁、扶贫攻坚、科教文卫等经济社会发展的多个领域。

（苏　旭）

档案工作

【档案工作概况】 2020 年，北海市铁山港区档案馆（简称区档案馆）围绕区委、区政府中心工作，把服务民生作为己任，切实加强档案基础业务建设，不断丰富档案资源，着力抓好档案管理，积极完成上级档案主管部门和区委、区政府交办的各项工作任务。

【档案整理、接收】 2020 年，区档案馆认真做好档案整理、接收工作。全年共接收区纪委 3365 件文书档案，区委办 9704 件文书档案、2 件实物档案，区土地确权办 9380 张航拍图等档案资料进馆，进一步丰富馆藏档案。做好农村土地确权档案入馆规范化和精准扶贫档案资料的收集、整理和归档工作。作为牵头部门协调处理原北暮盐场档案整理，已整理归档文书档案 1.07 万件，完成档案数字化 16.72 万页，修复托裱纸质档案约 3 万页，实物档案 3 件，确保原北暮盐场档案的收集完整与安全保管。

【档案业务指导】 2020 年，区档案馆组织档案业务骨干协助区档案局指导第二次全国污染源普查档案验收，协助指导辖区内各立档单位做好档案资料整理归档，有力提升各立档单位档案整理质量和档案管理业务水平。

【档案安全】 2020 年，区档案馆明确单位主要负责人为档案安全工作“第一责任人”，指定专人负责、定期检查、随时察看，切实落实档案库房的防火、防盗、防潮、防虫、防霉等“九防”措施，及时更换安全出口及应急灯一批，对渗漏地方进行修缮，并做好出入库、温湿度登记等工作，确保馆藏档案的完整与安全。

【档案宣传和利用】 2020年6月—8月，区档案局与区档案馆开展为期2个月的档案政策法规和档案知识宣传活动。围绕“档案见证小康路、聚焦扶贫决胜期”的活动主题，开展档案服务进机关、进乡村、进社区、进学校、进企业、进单位等“六进”活动，普及干部群众的档案知识，增强人民的档案法制意识。区档案馆依法依规为区委办、区科商工信局、区教育局、区统计局等有关单位查阅提供档案资料，为铁山港区各项事业的稳定发展提供原始凭证和资料信息。

【档案馆扶贫工作】 2020年，区档案馆扎实开展精准扶贫，按照工作要求，入户做好帮扶工作，使贫困户巩固脱贫成效，实现增收。区档案馆不定期深入挂点村营盘社区开展村情民意调研，针对社区发展提出具体的指导和要求；关心驻村工作队员工作生活，及时为工作队员解决困难，提供工作上的支持。

【档案馆疫情防控工作】 2020年，区档案馆严格落实新冠肺炎疫情防疫防控各项措施，学习有关文件精神和相关防疫知识，对工作场所定期消毒，对干部职工和来办理档案业务的干部群众，要求戴口罩、进行体温测量，登记在册，确保全馆疫情零发生。年内，区档案馆采购价值2060元的疫情防控紧缺物资用于支持挂点联系村营盘社区做好疫情防控工作。 （陈丽萍）

2020年6月8日，区档案局、区档案馆工作人员在南康镇开展档案宣传活动　　区档案馆　供

党史编研与地方志工作

【党史编研与地方志工作概况】 2020年2月29日，中国共产党北海市铁山港区委党史办公室更名为中国共产党北海市铁山港区委党史研究室（简称区委党史研究室），与北海市铁山港区地方志编纂委员会办公室（简称区志办）合署办公。2020年，区委党史研究室、区志办积极开展党史和地方志研究、资料收集和征编工作，完成执政纪事撰写、地方志资料年报收集上报、年鉴编纂等工作，取得较好的成绩。

【撰写《执政纪事》】 2020年，区委党史研究室根据中共北海市委执政纪事编委会《关于做好〈中共北海市委执政纪事（2020）〉编纂工作的通知》，积极收集资料，撰写铁山港区委工作纪事及基层党组织党建工作经验材料1.3万字。圆满完成北海市委下达的编撰任务。

【党史及地方志资料征编】 2020年，区委党史研究室、区志办按计划开展党史和地方志资料征编工作。根据年初制订的铁山港区党史和地方志资料征编工作计划，通过采访当事人、发放文件通知、资料查阅等方式，完成党史和地方志资料征集约51万字，图片100多幅，进一步丰富了党史和地方志工作资料库。为编撰年鉴和地方志年报提供翔实资料和准确依据，并根据收集到的原始资料积极撰写关于铁山港区经济社会发展的党史专题。

【《铁山港年鉴(2020)》编纂】 2020年,区志办根据自治区和北海市的要求,组织专家、学者和年鉴编纂人员设计年鉴篇目、研究制定编纂大纲,印发《铁山港年鉴(2020)》编纂工作方案和年鉴编纂工作计划,向铁山港区各级党政机关、各企事业单位和部门80多个征集稿件,并按计划完成编纂工作,全面、系统地记载铁山港区2019年的自然、经济、政治、文化、社会等方面的历史与现状。按自治区的要求高质量完成《铁山港年鉴(2020)》编纂工作,12月,《铁山港年鉴(2020)》由方志出版社出版发行,实现自治区提出的县(区)年鉴"一年一鉴"工作目标。

【自治区和北海市年鉴撰稿工作】 2020年,区志办根据自治区政府、北海市政府关于做好本级年鉴撰稿工作的文件要求,完成《广西年鉴(2020)》(铁山港区部分)和《北海年鉴(2020)》(铁山港区部分)编撰工作。4月,经区政府审核后分别报送广西年鉴社和北海市志办。

【地方志资料年报工作】 2020年1月,区志办根据北海市政府办公室《关于做好地方志资料年报工作的通知》精神,印发《关于做好2020年铁山港区地方志资料年报工作的通知》,深入铁山港区70多个党政机关、企业、事业单位,收集铁山港区2009—2012年及2019年共5年的地方志资料年报约10万字,并按要求完成整理和编纂工作,10月报送北海市志办,全面完成年内铁山港区地方志资料年报的收集、整理和编纂工作。

【《白龙社区志》编纂】 2020年11月上旬,《白龙社区志》编纂工作正式启动,区志办根据《白龙社区志》编撰工作计划,落实项目经费10万元。12月,区志办向区直有关部门和营盘镇政府印发《关于请求提供营盘镇白龙社区相关资料的函》,并通过向知情者发函或去电、登门走访等渠道向相关人员广泛征集资料,为《白龙社区志》的编纂提供史料。

【资政育人】 2020年12月,区委党史研究室与区委宣传部、区直属机关工委等部门联合组织广大党员干部群众和青少年学生集中观看影片《大会师》。

【精准扶贫工作】 2020年,区委党史研究室、区志办积极参加区委、区政府组织的精准扶贫工作,多次深入兴港镇富屋村和彬池村开展帮扶行动,指导扶贫对象开展种养等农业生产活动。春节前夕,筹资1800元开展走访慰问贫困户活动。积极开展贫困户的思想引导工作,帮助他们克服"等、靠、要"的思想,引导其自力更生,勤劳致富。继续选派干部担任"广西脱贫攻坚(乡村振兴)"驻村工作队员,助力铁山港区脱贫攻坚和乡村振兴工作,并筹资5000元,帮助营盘镇营盘社区贫困户骆和海发展产业;筹资3200元,支持营盘社区为驻村干部配备电动自行车,改善驻村干部的驻村工作条件。

(马瑞银　苏周娟)

2020年9月30日,铁山港区委党史研究室领导到营盘镇营盘社区召开集体办公会
区委党史研究室　供

体　育

体育综述

【体育概况】 2020年，铁山港区文旅局体育工作坚持一手抓疫情防控，一手抓开展各项全民健身赛事活动。年内，区文旅局开展多项创新举措，举办建区以来首届社会足球赛，首次政企联合举办篮球赛，连续3年举办全区健身舞大赛。学校体育工作取得新突破，营盘镇初级中学被教育部认定为2020年全国青少年校园排球传统特色学校。

【体育设施建设】 2020年，区文旅局积极推动公共体育场地设施建设，不断完善全民健身公共服务体系。全年共建成3个村屯级篮球场，安装5条全民健身路径，并对已建成的体育场地设施进行全面修缮，维护公共体育设施功能完整。年内，全区体育场地面积共35.93万平方米，人均2.27平方米。

【基层文化体育活动交流站成立】 2020年8月6日，区文旅局在兴港镇南乐社区挂牌成立铁山港区基层文化体育活动交流站，并向该站赠送1套价值10多万元的专业舞台音响设备。该站成为发挥全区文化体育团队交流学习、培训、演出和举办各项群众性体育赛事的平台。

2020年8月6日，铁山港区基层文化体育活动交流站在兴港镇南乐社区挂牌成立　　欧发增　供

竞技体育

【竞技体育概况】 2020年，铁山港籍运动员代表广西队多次参加全国性体育项目赛事，并获得全国体育比赛大奖，为广西争光，为北海市，为铁山港区添彩。

【参加全国运动会】 2020年10月6日—8日，2020年全国国际式摔跤锦标赛暨奥运会资格选拔赛在温州奥体中心举行，铁山港区籍摔跤运动员刘明瑚代表广西队出战，获得男子57公斤级亚军。11月19日—30日，2020年全国国际式摔跤冠军赛在焦作市太极体育中心体育馆举行，铁山港区籍摔跤运动员刘明瑚代表广西队参赛，再次获得男子57公斤级亚军。

群众体育

【首届社会足球赛】 2020年7月12日—17日，"全民健身

2020 年 7 月 12 日—17 日，铁山港区在南康镇第一小学举办“全民健身　健康中国”首届社会足球赛　　黄昌能　摄

健康中国”2020 年全国县域社会足球赛广西赛区比赛暨广西足球争霸赛北海市铁山港区足球赛在南康镇第一小学举行，该足球赛是铁山港区举办的首届社会足球赛。比赛由区文旅局、区总工会联合主办，采取五人制的形式进行，来自铁山港区企事业单位 8 支球队参赛。经过 5 个比赛日的激烈角逐，东华文化体育队获得冠军，北海港分公司队获得亚军，北海炼化队获得季军。

【国庆篮球赛】 2020 年 10 月 2 日—7 日，区文旅局、兴港镇政府、南乐社区居委会在南乐社区共同主办 2020 年国庆篮球赛，邀请北海市、广东湛江市的 6 支篮球队参赛，为当地群众献上 19 场精彩比赛，现场观众逾 6000 人次。

【“信义杯”篮球赛】 2020 年 10 月 28 日 —11 月 7 日，第十二届广西体育节（铁山港区分会场）暨 2020 年铁山港区“信义杯”篮球赛在位于铁山港（临海）工业区的信义玻璃（广西）有限公司举行，该次赛事由区政府主办，区文旅局、区总工会、铁山港（临海）工业区管委会工会、信义玻璃（广西）有限公司共同承办。该篮球赛是铁山港区首次政企联合举办的篮球赛，赛事有来自机关系统、各镇以及铁山港（临海）工业区企业共 14 支篮球队近 200 名运动员同场竞技，经过 9 天共 46 场比赛的激烈角逐，兴港镇代表队获得冠军，区公安系统代表队获得亚军，营盘镇代表队获得季军。

【第二届“全民健身杯”健身舞大赛】 2020 年 12 月 25 日，铁山港区第二届“全民健身杯”健身舞大赛在南珠会堂举行，该届大赛活动主题为“推动全民健身和全民健康深度融合，助力健康广西建设；携手防疫抗艾，共担健康责任”，由区文旅局、区卫健局主办，区防治艾滋病服务中心承办，各乡镇文化站协办，共有 13 支队伍参赛。营盘镇文化站选送的浪花舞蹈队夺取该届大赛一等奖，南康镇北部湾声乐团、兴港镇南乐舞蹈队获得二等奖，南康

2020 年 10 月 28 日—11 月 7 日，铁山港区在信义玻璃（广西）有限公司举办首次政企联合承办的“信义杯”篮球赛　　黄昌能　摄

2020 年 12 月 25 日，铁山港区第二届“全民健身杯”健身舞大赛在南珠会堂举行　　黄昌能　摄

镇龙门舞蹈队、营盘镇青山头舞蹈队、营盘镇深街口舞蹈队获得三等奖。

【全民健身志愿者培训】 2020 年 11 月 27 日，由区文旅局举办的全民健身志愿者八段锦太极拳广播体操培训班在南康镇南滨广场开班，来自全区各村（社区）的 100 余名志愿者参加培训。该次活动是铁山港区开展第五届广西万名全民健身志愿者服务百县千乡活动的主要内容之一，培训班学员都是来自铁山港区各村（社区）的文体骨干，他们将承担起所在村（社区）八段锦、太极拳和广播体操的推广普及工作，引导当地群众进行练习，辐射全区，引发全民健身热潮。

2020 年 11 月 27 日，全民健身志愿者八段锦太极拳广播体操培训班在南康镇南滨广场开班　　欧发增　供

【体育产业】 2020 年，铁山港区有从事体育产业相关公司 6 家，分别为北海南滨文体有限公司、北海市崇杰健身有限公司、北海市东华文化体育产业有限公司、北海市羽乐体育运动有限公司、北海凯程体育俱乐部有限公司、北海市铁山港区盛冠运动手套加工厂，其中 5 家为体育服务培训类企业，1 家为体育运动产品生产企业。区内拥有多功能体育场馆 1 个，内有羽毛球场 5 个，排球场 3 个，乒乓球场 3 个。年内，各企业克服新冠疫情影响，运行情况正常。　（苏　旭）

医药卫生·计划生育

医药卫生综述

【医药卫生概况】 2020年，北海市铁山港区卫生健康局（简称区卫健局）下辖铁山港区计划生育协会（简称区计生协会）、铁山港区防治艾滋病服务中心；辖4所医疗卫生机构（不含村级和村级以下机构）：铁山港区人民医院、铁山港区妇幼保健院、营盘镇卫生院、兴港社区卫生服务中心；共有卫生技术人员391人，其中乡村卫生技术人员91人，有病床253张；全年诊疗病人18.99万人次，其中住院病人7000人次，治愈率70.82%，抢救成功率64.92%，死亡率0.91%。年内，区财政对卫生健康事业投入4544.14万元（含全区行政事业单位医疗经费）。 （杜有坤）

【中医药服务】 2020年，区卫健局贯彻落实《关于促进中医药壮瑶医药传承创新的实施意见》，发挥中医药优势，持续实施基层中医药服务能力提升工程，提高中医药、壮瑶医药服务能力；推动中药质量提升和产业高质量发展，打造中医药产业的“广西名片”。

（石日花）

【疫情防控】 2020年，铁山港区提升疫情防控和医疗救治能力，及时高效应对新冠肺炎疫情。6月底，铁山港区人民医院按要求完成新冠病毒核酸检测实验室建立并投入使用，实现从“无法检”到“就地检”，再到“应检尽检”的关键转变。9月底，全区启动区妇幼保健院核酸检测PCR实验室建设项目，进一步提升核酸检测能力。在疫情防控常态化阶段，医疗机构作为“主战场”，发挥主力军作用，建立长效机制，扎实做好疫苗接种、发热门诊、预检分诊、核酸检测、院内感染防控等工作，确保早发现、检得准、治得好，建立疫苗接种免疫屏障。

（陈胜丽）

【疫情防控成效】 2020年，区卫健局面对新冠肺炎疫情，按照中央和自治区、北海市以及区委、区政府的决策部署，根据“坚定信心、同舟共济、科学防治、精准施策”的总要求，全区卫生健康系统沉着应对，全力以赴，始终坚持“四早”及“外防输入、内防扩散”，严格落实

2020年1月，区长龙起云（左三）到铁山港区人民医院检查指导疫情防控工作

区卫健局 供

2020年6月18日，铁山港区卫生监督所工作人员到兴港镇兴港社区卫生服务中心检查疫情防控工作　　区卫健局　供

医疗卫生机构疫情防控“十严格”制度，压实责任，科学设计工作措施，抓实抓细工作的每个环节，控制疫情传播，确保全区疫情“零感染”。年内，区卫健局获得北海市新冠肺炎疫情防控工作突出贡献集体奖，局主要领导获得北海市新冠肺炎疫情防控工作先进个人荣誉。（石日花）

医药卫生体制改革

【公立医院改革】 2020年，区卫健局全力推进公立医院薪酬制度和医保支付方式改革。推进公立医院高质量发展，加快推进紧密型县域医共体建设，开展现代医院管理制度建设，理顺医疗服务价格，建立符合行业特点的人事薪酬制度，构建起现代医院管理制度框架，健全和完善相关改革配套措施，巩固改革成效，促进提高全区医疗卫生服务水平。建立双向转诊、优势互补、资源共享的协作机制，形成科学完善、合理有序的县域医疗体系。（杜有坤）

【基层医疗卫生机构综合改革】 2020年，铁山港区积极推进乡村医生“乡聘村用”工作，投入298万元修缮提升政府办村卫生室，进一步改革村卫生室管理模式，规范乡村医生配置和准入，转变乡村医生身份，明确乡村医生职责，提高乡村医生待遇，建立健全在岗乡村医生养老机制。（石日花　吴智勇）

疾病预防与控制

【传染病预防】 2020年，区卫健局建立健全传染病及突发公共卫生事件报告制度，确定专人负责，协助开展传染病及突发公共卫生事件报告和处理。全区及时发现、登记并报告传染病病例838例，传染病报告率100%、及时率100%、准确率100%、突发公共卫生事件及时报告率100%。（陈胜丽）

【免疫规划实施】 2020年，铁山港区加强基础免疫和强化免疫工作，实施国家免疫规划，持续维持无脊髓灰质炎状态，加速消除麻疹进程，实行儿童预防接种信息化管理，强化儿童接种证查验工作，规范流动儿童管理，加强疫苗规范化管理，做好疫苗全程追溯系统实施工作。全年新生儿童建卡1698人，建卡率100%。乙肝疫苗、卡介苗、脊髓灰质炎疫苗、百白破疫苗、麻疹疫苗、流脑疫苗、乙脑疫苗和甲肝疫苗全程接种率分别为99.52%、98.06%、99.54%、99.51%、99.77%、99.36%、98.95%和99.59%。乙肝疫苗首次接种合格率98.07%，控制可免性传染病发生和流行。86所小学（托幼机构）开展新生接种证查验工作，小学（托幼机构）接种证查验率100%。（陈胜丽）

【家庭医生签约服务】 2020年，区卫健局持续开展家庭医生签约服务，签约人数占全区总人口的41.56%；全区重点人群人数5.86万人，签约的重点人群人数4.69万人，重点人群签约率80.09%；全区贫困总人

数8970人，参加签约的贫困人员人数8970人，贫困人员签约率100%。（陈胜丽）

卫生监督

【卫生普法】 2020年，铁山港区开展全面落实“世界艾滋病日”主题宣传、“世界母乳喂养周”“世界无烟日”“妇女普法及健康知识宣传服务活动”、《职业病防治法》宣传周等活动，各单位共制作横幅120条、发放宣传资料2万余份、制作板报300期、解答群众咨询3500人次。全区卫生系统参加“七五”无纸化普法考试294人，合格率100%（吴智勇）

【执法监督】 2020年，区卫健局对铁山港区公共场所、生活饮用水、医疗机构、学校、职业卫生等日常监督全面覆盖，组织开展打击非法医疗美容、非法行医以及消毒品等专项整治活动，对存在违法、违规行为的9个单位（个人）进行立案处罚。

疫情防控监督 年内，区卫健局督促指导4家医疗机构完成发热门诊和预检分诊规范设置工作，配合教育行政部门开展复学应急演练及中小学校、托幼机构复学前验收评估，对辖区行政机关、企（事）业单位，公共场所等重点单位、重点场所落实疫情防控工作进行全面督查，共出动执法人员180人次，执法车辆50辆次，督查单位500多家次。

卫生监督协管机制 年内，全区各医院成立卫生监督协管站，配备专（兼）职人员负责卫生监督协管工作，设置有办公室，配置办公设备，工作人员统一着装上岗，制订有卫生监督协管的八项制度及职责。建立区内生活饮用水卫生、学校卫生、非法行医及非法采（供）血等资料库，并分类存档。年内，区卫健局对全区非法行医和采（供）血现象、学校饮用水安全问题共巡查1050次。（吴智勇）

2020年5月，区卫健局工作人员到广西北港新材料有限公司宣传职业病知识　　区卫健局　供

妇幼保健和干部保健

【妇幼保健】 2020年，铁山港区妇幼健康水平持续提高。辖区户籍产妇活产数2279人，住院分娩率100%；孕产妇死亡率为零，新生儿死亡率1.76‰，婴儿死亡率3.95‰，5岁以下儿童死亡率5.27‰。（陈胜丽）

【干部保健】 2020年，根据区委、区政府的统一部署，为关爱干部职工身心健康，提高干部职工的身体素质和工作效率，区卫健局积极开展区本级机关、事业单位干部健康体检工作，由原来2年1次调整为每年1次，进一步加强离退休人员的服务工作，干部职工的幸福感、获得感、组织归属感得到增强。（杜有坤）

基层卫生

【基层卫生概况】 2020年，铁山港区投入1014万元开展基本公共卫生服务项目，各种疫苗接种率均达95%以上（指标任务为90%以上），儿童健康

得到有效保障。辖区常住人口15.60万人，其中65岁以上老人1.55万人，接受健康管理老人人数1.10万人，老年人健康管理率70.61%（指标任务为70%），建立健康档案的65岁及以上老年人数1.47万人，65岁及以上老年人体检人数1.10万人，不断提高辖区慢病、老年病服务管理水平。（陈胜丽）

2020年11月，区卫健局领导到南康镇莲塘村委指导开展脱贫攻坚工作　区卫健局　供

【健康扶贫】2020年，区卫生健康局主动深入开展健康扶贫工作，在全市率先开展建档立卡贫困户大病兜底“一站式”结算服务，贫困计生家庭扶贫项目覆盖率100%，贫困人口家庭医生签约服务率100%；落实“198”政策并做好政策宣传，加强区域内先诊疗后付费工作。进一步做实做细家庭医生签约随访服务工作，及时掌握辖区签约居民健康状况，根据区扶贫移民局提供的全区建档立卡贫困人口名单逐一核对，重新进行家庭医生签约，确保无遗漏。印制《铁山港区医疗扶贫政策》《健康素养66条》宣传资料各3000份，发放到每户贫困人口家庭，让贫困人口了解医疗扶贫政策的同时接受健康教育。（陈胜丽　吴智勇）

2020年8月30日，铁山港区副区长罗虹（麦克风前）、北海市卫健委副主任李曲（右三）等领导，参加列入自治区健康扶贫项目的铁山港区（临海）工业区人民医院揭牌仪式　区卫健局　供

【基层医疗卫生基础建设】2020年，区卫健局统筹推进北海市铁山港区紧密型县域医共体信息平台建设，加大对公共卫生基础设施投入，补齐公共卫生短板弱项，推进区中医院、区疾病预防控制中心、区人民医院新院区、区妇幼保健院异地搬迁等项目建设工作；投入5433万元建成列入自治区脱贫攻坚基本医疗保障战役项目的铁山港区（临海）工业区人民医院项目，待配备医疗设备及专业技术人员后投入使用。（杜有坤）

医政管理

【医疗联合体系建设】2020年，铁山港区紧密型县（区）医疗卫生共同体列入国家试点县区，由铁山港区人民医院牵

头，与营盘镇卫生院、兴港社区卫生服务中心联合建立1个紧密型县（区）医疗共同体，全区乡镇卫生院参与率达到100%。推进北海市妇幼保健院与铁山港区妇幼保健院签订医联体协议，落实医联体建设工作，实现三二医联体；建立稳定的远程医疗合作关系，进一步推进远程医疗政策试点，推动区域内医疗资源有效共享。（刘　奇）

【国家基本药物制度实施】2020年，铁山港区人民医院、铁山港区妇幼保健院继续开展县级公立医院改革试点工作，以解决群众“看病难、看病贵”问题为出发点，遵循公益性质，减轻群众医疗费用负担，做到病有所医、医有所保。规范药品管理，抓实药品质量，严格规范政府采购工作，制定和完善采购工作制度，各医疗机构药品采购100%在广西药械集中采购网上进行。同时，营盘镇卫生院、兴港社区卫生服务中心、区辖72所村卫生室继续推行国家基本药物制度，实行药品“零差价”销售，降低患者药品负担，规范临床用药行为。（石日花）

【医疗机构监管】2020年，区卫健局强化医疗机构准入和监管相关法律法规落实，加强医疗机构设置审批、执业登记、变更、校验、延续注册管理，规范实施现场校验，组织开展以医疗机构设置审批、校验及依法执业等为主要内容的督导检查。落实医疗机构行政许可项目。年内，新设北海市铁山港区（临海）工业区人民医院门诊部；新设2家个体诊所，其中1家为中医诊所，1家为口腔诊所；新设3间村卫生室，个体诊所和村卫生室校验126家；医师新注册和变更15例；护士注册和变更7例；注销诊所4家及村卫生室6家。（刘　奇）

【医患纠纷调处】2020年，区卫健局继续严厉打击涉医违法犯罪行为，进一步建立健全医疗纠纷第三方调解机制，建立完善医疗机构与公安、医调委、保险机构之间的联动机制。开展医疗纠纷矛盾排查，严厉打击涉医违法犯罪和“医闹”行为，维护正常医疗秩序，保障医患双方合法权益。实施全区二级以上公立医疗机构医疗责任保险，参保全覆盖，基层公立医疗机构100%购买医疗责任保险，并鼓励引导非公立医疗机构参保。（石日花）

【“平安医院”创建】2020年，区卫健局深化“平安医院”创建活动，继续推进二级及以上公立医院警务室建设工作，强化医疗机构安全防范体系，健全保卫队伍，配备防护器材和安全保卫装备，安装安全防护设施，配置入侵报警系统、视频监控系统，实现重点区域、重点科室监控设施全覆盖，构建起人防、物防、技防相结合的“三防”系统，提高医疗机构安全防范能力。（刘　奇）

爱国卫生运动

【卫生城市创建】2020年，根据《广西壮族自治区卫生先进单位考核鉴定和监督管理办法》，自治区爱卫办对铁山港区进入复审程序的卫生先进单位按照相关标准进行复审、公示，复审和抽查结果表明，铁山港区有5所学校及南康镇政府获得自治区卫生先进单位命名，南康镇荣获2017—2019周期国家卫生乡镇命名。推进卫生创建工作的全面深入开展，持续加强卫生长效管理，努力解决影响群众健康的突出问题，巩固提升卫生创建成果，发挥典型示范作用。（吴智勇）

【爱卫月活动】2020年，铁山港区扎实开展全国第33个爱国卫生月宣传活动。全区共召开动员会2次，出动车辆148辆次，悬挂横幅15条，发放宣传资料9800多份。组织全区开展环境卫生大突击集中行动，开展清扫保洁，清除垃圾废物，落实“门前三包”“门内达标”责任。活动期间，全区共出动群众9400人次，清理大街小巷36条，清理垃圾、堆积物235吨，清理卫生死角213处，提高环境卫生质量，

城乡环境卫生面貌得到改观。（吴智勇）

【病媒生物防制】 2020年，铁山港区加强病媒生物防治工作，重点抓好登革热疫情防控。全年累计投入除“四害”工作经费6.47万元。年内，根据《北海市爱卫办关于做好病媒生物防制工作的通知》和《北海市爱卫办关于积极防控新冠肺炎疫情全面开展爱国卫生运动的通知》精神，5月1日—10日，区爱卫办对区政府大院及周边行政单位，营盘镇政府大院、兴港镇政府大院、区人民医院、区妇幼保健院、营盘镇卫生院、兴港社区卫生服务中心等政府机关和医院共14个单位重要公共场所开展一次除“四害”（老鼠、蚊虫、蟑螂、苍蝇）消杀施工。完成铁山港区推进村庄清洁行动“四害”防治工作，清除房前屋后等公共场所“四害”孽生地，从源头上控制“四害”孳生，净化环境，有效降低“四害”密度水平。（吴智勇）

【健康教育】 2020年，区卫健局继续深入开展健康宣传，加强健康教育阵地和健康教育基地建设，充分利用健康教育宣传栏、健康步道等宣传阵地，大力开展健康科普宣传。结合“爱国卫生月”“世界无烟日”“全球洗手日”“全球厕所日”“世界艾滋病防治日”“6·17”食品安全宣传周等时间节点开展健康教育宣传活动。全区共制作33板宣传专栏，发放9700份宣传资料，各级医疗机构相应设立健康咨询点，向广大群众宣传健康理念，倡导健康生活方式，城乡居民卫生意识和身体素质得到进一步提高。

（吴智勇）

【控烟工作】 2020年，铁山港区继续加大控烟宣传力度，利用视频、海报、展板、宣传册等公益广告形式，向各机关单位、医疗卫生机构、学校积极宣传吸烟危害；继续推行公共场所禁烟行动，实行办公室、会议室、影剧院等公共区域禁烟，降低二手烟伤害无辜人群，取得良好社会效果。（吴智勇）

人口和计划生育

【人口政策宣传】 2020年，铁山港区以“四有三落实”（有一个坚强有力的领导班子、有一支素质优良的计生工作队伍、有一套行之有效的管理制度、有一个配套完善的服务阵地，人员落实、责任落实、经费落实），以点带面推进诚信计生和“幸福家园”建设。指导村（社区）做好落实诚信计生“五有”（有活动场地、有服务项目、有活动制度、有宣传队伍、有文体器材）工作。印发宣传单1200多份，悬挂宣传横幅40条，进村入户，宣传二孩政策和开展打击“两非”（非法利用超声技术和其他非法手段进行非医学需要的胎儿鉴定、以选择性别为目的的非法人工终止妊娠）工作等相关知识。

（黄瑞兰）

【人口和计划生育服务】 2020年，区计生协会围绕实施全面二孩政策和卫生计生中心工作，继续深化计划生育协会“三项建设”（基层群众自治组织建设，宣传阵地建设和项目规范化建设），落实宣传教育、生殖健康咨询服务、优生优育指导、计划生育家庭帮扶、权益维护和流动人口服务“六项任务”，取得实效，受到社会好评。

（黄瑞兰）

侨务·台湾事务

侨务工作

【侨务工作概况】 北海市铁山港区民族宗教侨务局(简称区民宗侨务局)在北海市铁山港区委统战部挂牌。2020年,区民宗侨务局扎实做好侨胞侨眷关爱、归侨侨眷服务、助学活动等工作,取得新的成绩。

【侨胞侨眷关爱】 2020年,区民宗侨务局坚持开展"送温暖,献爱心"活动,用好华侨事业费31.81万元,帮助侨胞侨眷安置点改善周边生活设施。春节前夕,区民宗侨务局带着党和政府对侨胞侨眷的关怀,走访慰问侨胞侨眷贫困户8户,送去慰问金和慰问品约2000元。

【归侨侨眷服务】 2020年,区民宗侨务局积极热心服务归侨侨眷,认真解答归侨侨眷在侨务政策方面的问题。全年累计为"三侨考生"(归侨学生、归侨子女、华侨在国内的子女)出具证明材料20人次。

【助学活动】 2020年11月12日,区民宗侨务局以纪念《中华人民共和国归侨侨眷权益保护法》颁发实施30周年为契机,进一步厚植归侨子女爱国情怀,增强归侨侨眷的凝聚力,配合北海市委统战部到兴港镇赤江小学开展"助侨生、暖侨心、护侨益"助学活动。(卢　娜)

2020年11月12日,北海市委统战部、铁山港区委统战部工作人员到兴港镇赤江小学,开展"助侨生、暖侨心、护侨益"助学活动

区委统战部　供

台湾事务

【台湾事务概况】 中共北海市铁山港区委员会台湾工作办公室、北海市铁山港区人民政府台湾事务办公室(简称区台办)在区委统战部挂牌,负责台湾事务日常工作。2020年,区台办认真做好涉台政策宣传、桂台产业合作项目建设、黄埔军校亲属后代走访等工作,取得好成绩。

【涉台政策宣传】 2020年,区台办认真贯彻落实中共中央总书记习近平关于对台工作的重要论述精神和在《告台湾同胞书》发表40周年纪念会上的重要讲话精神,通过LED滚动轮播、发放宣传单、宣传手册等方式,积极向台胞台企宣传解读“31条措施”“26条措施”“11条措施”“广西80条措施”以及北海市《关于进一步促进北海对台经济文化交流合作的若干措施》等涉台政策，着力优化营商环境，营造亲和氛围，让政策措施真正落实，积极为落户铁山港区的2家台资企业解决生产经营存在的困难问题。

【桂台产业合作项目建设】2020年，区台办积极推动桂台产业合作北海示范区铁山港现代农渔业示范园建设工作，制订并印发《桂台产业合作北海示范区铁山港示范园2020年工作方案》，明确各有关单位工作职责，落实专人跟踪协调反馈桂台产业项目建设中遇到的困难问题。主要领导主动联系到台州优口福生物科技有限公司考察拜访。联合区农业农村和水利局积极落实铁山港区营盘大棚特色果蔬产业基地用地33.33公顷，主动争取自治区农业农村厅支持，年内该大棚农业基地已正式投产使用并开展创建为自治区三星级特色农业（核心）示范区。

2021年7月31日，北海市台办、铁山港区台办工作人员到南康镇建设路走访黄埔军校亲属后代　　区台办　供

【黄埔军校亲属后代走访】2020年，区台办在摸底排查铁山港区黄埔军校亲属后代的基础上，积极开展走访黄埔军校亲属后代活动，深入了解黄埔军校亲属后代情况，关心他们的身体健康和生活状况，送去党委、政府的关心和问候，并勉励他们要继承和发扬“爱国革命”的黄埔精神，发挥自身优势，努力为促进祖国统一，为和谐社会建设做力所能及的事情。　　（黄慧英）

社会事务

民族宗教工作

【民族宗教工作概况】 2020年，区民宗侨务局认真开展民族团结宣传、民族团结进步示范单位培育、“三访三通”工程、宗教场所管理、民间信仰场所登记建档、少数民族群众和基督教困难信众关爱、引导宗教界人士助力疫情防控等工作，取得新的成绩。

【民族团结宣传】 2020年，区民宗侨务局配合区委宣传部在铁山港区集中开展以“战疫情、奔小康、奋进新时代”为主题的线上“三月三”系列活动，既有利于宣传壮族“三月三”文化，也普及宪法和民族法律，对促进民族大团结起了积极作用。同时，区民宗侨务局积极开展民族团结宣传月活动，在全区广泛开展民族团结宣传。年内，区民宗侨务局共发放民族团结宣传资料500多份，发放《唱响民族团结旋律，谱写八桂壮美华章》书籍40本，制作悬挂横幅14条。

【民族团结进步示范单位培育】 2020年，区民宗侨务局结合铁山港区实际，以民族团结进步创建为抓手，深化中华民族共同体意识宣传教育，积极做好培育命名民族团结进步示范单位建设。年内，区民宗侨务局将区教育局、南康镇、南康镇滨海社区、营盘镇中心小学培育为区级民族团结进步示范单位，推动区教育局、南康镇滨海社区培育为市级民族团结进步示范单位。

【宗教工作“三访三通”工程实施】 2020年，区民宗侨务局进一步发挥宗教工作“三访三通”（走访宗教场所、走访民间信仰场所、走访信教群众，畅通乡村宗教信息渠道、畅通“三级网络”机制、畅通应急协作机制）工程的联动作用，打牢群众基层。重点组织区、镇、村（社区）三级宗教工作信息员50余人参加民族宗教政策法规培训班，不断提升农村基层宗教工作队伍的综合能力，充分发挥基层工作队伍的作用。开展民族宗教政策法规宣传教育讲座活动，为宗教堂点周边160多名农村妇女详细讲解宗教等方面知识，不断增强对农村妇女

2020年12月18日，铁山港区开展民族团结进步创建活动。图为兴港镇中心小学举办中华民族一家亲同心共筑中国梦文艺会演现场

兴港镇中心小学 供

群众民族宗教政策宣传教育，提高农村妇女群众防范抵御非法宗教的意识和能力。

【宗教场所管理】 2020年新冠肺炎疫情防控期间，区民宗侨务局落实疫情防控工作部署，坚持对宗教场所走访和开展场所骨干教职人员座谈。年内，区民宗侨务局开展“爱国主义进基督教堂”活动，辖区2个基督教堂点悬挂国旗；开展宗教慈善周活动，对辖区信教的贫困残疾人及困难家庭进行走访慰问；开展宗教活动场所消防安全专项整治活动，指导辖区宗教活动场所建立健全消防安全责任制度，以活动为载体，加强对宗教场所依法管理。

【民间信仰场所登记建档】 2020年，区民宗侨务局依托区辖各镇、村（社区）在上年登记建档的基础上对全区符合条件的民间信仰场所甄别和登记建档编号。年内，区民宗侨务局已完成对辖区内符合条件的民间信仰场所作登记、建档编号。

【关爱少数民族群众和基督教困难信众】 2020年春节前夕，区民宗侨务局对少数民族群众、基督教困难信众和归侨侨眷进行慰问，为5户少数民族群众、11户基督教信众和8户贫困归侨侨眷，送去慰问金和慰问品约6000元。

【引导宗教界人士助力疫情防控】 2020年疫情期间，区委统战部第一时间组织动员铁山港区统一战线各界人士参与捐献爱心支持疫情防控阻击战活动，区民宗侨务局积极引导辖区宗教界人士为助力抗击疫情贡献自己的爱心和力量，全区宗教界人士共向湖北疫情灾区捐赠抗疫资金4476元。 （卢 娜）

医疗保障工作

【医疗保障机构概况】 2020年5月27日，北海市铁山港区医疗保障局（简称区医保局）挂牌成立，是铁山港区政府工作部门，下辖副科级事业单位北海市铁山港区医疗保障服务中心。

【医疗保险与救助】 2020年，铁山港区城乡居民医疗保险实际参保人数15.06万人，城乡居民医疗保险报销7.25万人次，报销金额7728.91万元。年内，全区医疗救助5992人次，救助金额405.52万元。

【医保基金监管】 2020年，区医保局以定期或不定期相结合的方式，对辖区定点协议医疗机构进行常态化检查，加强医保基金监管力度，开展打击欺诈骗保行为，切实守好用好百姓的保命钱、救命钱。年内，区医保局组织开展检查10余次，出动医保专干80人次，检查发现辖区4家医疗机构存在违规行为，拒付医保基金23.63万元。

【服务能力提升】 2020年，区医保局提升窗口经办业务人员业务能力，全面落实首问负责制、限时办结制，进一步优化办事流程，持续完善“一事通办”事项清单，辖区定点医疗机构实现“一站式”“一单式”结算，群众办理医保业务的体验感和

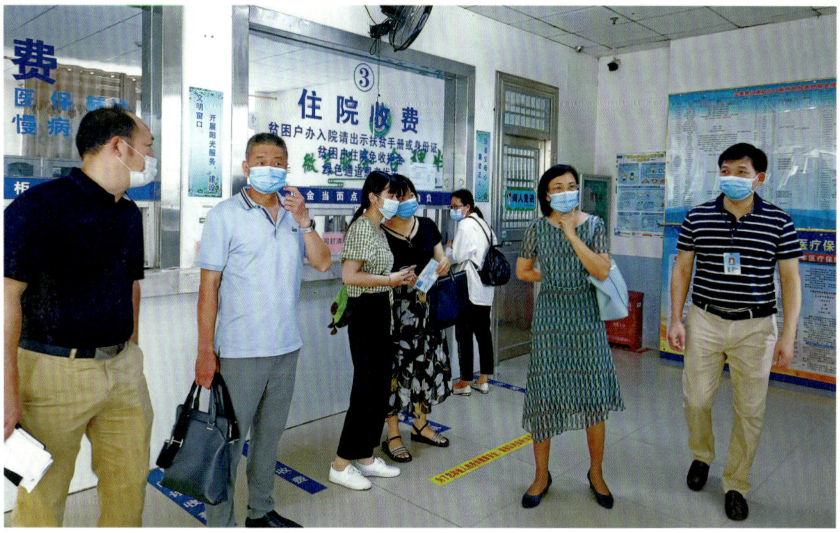

2020年12月8日，北海市医保局副局长张锡凤（右二）到区人民医院开展医保基金检查 区医保局 供

2020 年 9 月 13 日，区委常委、副区长岑明阳(展台后一排左五)到南康镇，参加北海市铁山港区医疗保障服务中心 2021 年度城乡居民医保征缴政策宣传 区医保局 供

满意度不断提升。

【医保政策宣传】 2020 年，铁山港区建立健全区、镇、村(社区)三级联动工作机制，构建全覆盖宣传模式。区医保局制作城乡居民医疗保险统一参保政策知识问答、群众办事清单、宣传册、板报、横幅等，开展医保政策宣传。各镇社保服务中心主动给办理业务的群众发放宣传资料，帮助群众深入了解医保政策；各村(社区)干部和医保协管员结合扶贫工作，深入群众家庭全面宣传医保政策，做到家喻户晓。此外，结合城乡居民医保宣传月活动，利用宣传栏、微信群、微信公众号等载体，多管齐下开展医保政策宣传，提高广大群众的参保积极性。年内，全区共开展广场宣传 17 次，下乡宣传 113 次，发放宣传资料 25 万余份，解答咨询 8400 余人次。

【扶贫工作】 2020 年，区医保局为落实健康扶贫“198”政策，特别是抓好慢病卡办理和落实慢病诊疗报销比例达标等难点工作，组织人员分组、分片区深入一线，宣传医保政策、送慢病卡上门、收集诊疗发票、办理参保业务等，如期完成脱贫攻坚医保扶贫目标任务。年内，全区建档立卡贫困人员符合参加基本医疗保险的 8961 人全部参保，参保代缴率 100%；辖区 4 个贫困村城乡居民医疗保险参保率均达 98% 以上。年内，全区贫困人员二次报销 75.24 万元，政府兜底补助 48.77 万元，符合住院兜底报销 90% 贫困人员共发生住院 905 人次，发生医疗总费用 831 万元，共计报销费用 781.22 万元，报销比例达到 90% 以上；符合门诊特殊慢性病兜底报销 80% 的贫困人员共发生门诊慢性病就诊 1979 人次，发生医疗费用 79.08 万元，共计报销费用 63.77 万元，报销比例达到 80% 以上。 (陈柏薇)

婚姻登记与殡葬管理

【婚姻登记】 2020 年，铁山港区以创建文明窗口为载体，以优质文明服务为目标，进一步提高婚姻登记服务质量。全年共办理结婚登记 1200 对，离婚

2020 年 5 月 21 日，副区长罗虹(右三)参观北海市铁山港区婚姻登记服务中心结婚颁证大厅 区民政局 供

登记319对；补领结婚登记188对，补领离婚登记18对；查询婚姻档案255次。同时开展婚姻相关法律法规知识宣传，提高群众法律素质和维权意识。

【殡葬管理】 2020年，区民政局大力宣传殡葬改革，推广鲜花祭扫、植树祭扫、网络祭扫等文明祭扫方式，培育绿色文明殡葬理念，推行节地生态安葬和绿色殡葬。年内，区民政局制订工作方案保障清明节期间群众祭扫平安有序。在清明节期间，安排人员值班值守、交通疏导等措施确保祭扫平安有序。 （唐文媛）

救助工作与老龄事业

【儿童救助】 2020年，区民政局做好孤儿和事实无人抚养儿童的基本生活保障工作。全区共有在册孤儿6人，事实无人抚养儿童47人，艾滋病感染儿童1人。12月，孤儿和事实无人抚养儿童保障标准由原来的每人每月800元提高到1000元。全年累计发放孤儿和事实无人抚养儿童基本生活补贴31.26万元。

2020年6月1日，区民政局组织人员到南康镇黄丽窝开展“六一”儿童节慰问事实无人抚养儿童 区民政局 供

【残疾人救助】 2020年，区民政局扎实开展残疾人“两项补贴”工作，按时足额发放补助金，全年全区享受困难残疾人生活补贴1727人，重度残疾人护理补贴2398人，累计发放“两项补贴”资金549.48万元，有效改善残疾人生活质量。

【老龄事业】 2020年，区民政局切实加强高龄老人生活保障。积极筹措资金为全区80岁、90岁、100岁以上老人每人每月分别发放50元、80元、200元高龄津贴，全年共发放高龄津贴资金363.32万元。

（唐文媛）

乡 镇

南康镇

【南康镇概况】 北海市铁山港区南康镇(简称南康镇)位于广西北部湾畔、北海市东部,东南与兴港镇接壤,西南与营盘镇相接,东北与合浦县闸口镇毗邻,西北与北海市银海区福成镇相连。玉林—铁山港铁路、玉林—铁山港高速公路、向海大道经过镇境。距北海市区中心41千米,距北海福成机场18千米,距合浦县城36千米。总面积175.4平方千米。2020年,南康镇辖15个村委会和2个社区,总人口7.36万人。全年全镇财政收入6250.12万元;城镇居民人均可支配收入27808元,比上年增长3.9%;农村居民人均可支配收入12436元,比上年增长8%。

【南康镇疫情防控】 2020年,南康镇严格实行疫情防控网格化精细管理。全镇分为17个片区,四级80个网格,网格员450余名,全力开展地毯式排查,共排查1.51万户6.56万人,确保疫情防控“纵向到底、横向到边、不留死角”不漏一人一户。组织党员义务巡防队、青年志愿者、巾帼志愿者等队伍进村入户,利用宣传车、村村通广播、微信公众号等方式宣传防疫,发送防疫宣传资料6万余份,张贴宣传海报1.6万份,悬挂横幅641条,各村(社区)利用村村通循环广播疫情防控知识,在“醉美南康”微信公众号推送防疫文章66篇,营造浓厚防疫宣传氛围。南康镇积极发挥党员先锋模范作用,涌现一批防疫优秀典型,确保镇辖区内实现“三个零”的目标。南康镇秋风塘村支书许子杰、雷田村支书严华等人作为疫情防控先进典型,被《北海日报》、北海电视台采访报道;南康镇镇长劳庆蓉荣获北海市新冠肺炎疫情防控工作先进个人和北海市新冠肺炎疫情防控最美巾帼称号。

【脱贫攻坚】 2020年,南康镇完成832户贫困户产业奖补申请与验收工作,累计发放奖补资金556.26万元;鼓励贫困户申请小额信贷发展生产,共有161户贫困户申请到606万元信贷资金(含边缘户2户6万元)。年内全镇完成危房改造23户,累计进行住房提升191

2020年5月28日,北海市市长蔡锦军(左四)在铁山港区区长龙起云(左五),副区长、南康镇党委书记杨晓峰(左二)的陪同下,到南康镇黄丽窝村梦想创业孵化基地调研　　南康镇政府　供

户，整村有安全住房覆盖率达到100%。全面落实医疗保障政策，建档立卡贫困人口参保率100%，548名建档立卡贫困人口完成特殊门诊慢性病认定。解决40户贫困户饮水困难问题。投入扶贫资金1017.9万元建设16条共计15.66千米的产业基地道路。通过开发及安置公益性岗位，586名建档立卡贫困人口实现就近就地就业。年内，928户3895人实现全面脱贫，深度贫困村黄丽窝村实现贫困村出列。

【服务项目建设】 2020年，南康镇大力开展招商引资、征地搬迁工作。年内共洽谈11个农业项目，已签约3个，落地2个；完成南珠新城行政中心片区项目新征用土地44.40公顷工作，完成铁山港区玻璃原材料深加工产业园项目用地41.87公顷征地任务。

【特色小镇建设】 2020年，南康镇争取建设资金3.88亿元，大力推进特色小镇基础设施建设。投资9000余万元建设的城镇污水处理工程配套管网项目，完成一期工程建设；投资1.88亿元的南康古镇文化旅游产业园项目，完成项目立项和可研批复；投资1.6亿元的南康镇滨海宜居示范小区项目、投资2425.24万元的南康镇污水处理厂扩容项目(一期)及湿地项目均开工建设；投资7892万元的南康江沿岸特色风情景观长廊工程完成项目立项和可行性研究报告；配合完成投资2800万元的13条背街小巷改造提升工程，镇容镇貌得到进一步提升。

【"双创"工作】 2020年，南康镇全面开展"双创"(创建全国文明城市、创建国家卫生城市)工作"十大攻坚"专项行动。重点推进对农贸市场、"三无小区"、占道经营行为等整顿，对街道、市场等进行集中清理，共清理小广告1万余张，清理乱摆乱卖摊点122个，规范摊点经营300余户，清理乱堆乱放300余处、卫生死角200多处，查处占道经营行为360余起，大力推动城镇面貌大变样；整改焚烧秸秆行为30余起，查处烟花乱燃放行为20余起，空气质量得到提升。8月7日，南康镇被全国爱国卫生运动委员会授予国家卫生镇(2020—2022)称号。着力推进农村人居环境整治，全年投入183万元推进45个基本整治型村庄、5个设施完善型村庄的整治工作，成功打造秋风塘村委糖水铺村、社内村委江仄村、扫管龙村委扫管龙村、新村等一批示范村庄。南康镇龙门村、雷田村、三塘村、大塘村荣获市级生态村称号。南康镇副镇长吴少锋荣获北海市创建全国文明城市工作先进个人称号。南康镇秋风塘村被评为第六届全国文明村镇；南康镇和南康镇高田村顺利通过复核，继续保留全国文明村镇荣誉称号。

【"三农"工作】 2020年，南康

2020年8月7日，南康镇被全国爱国卫生运动委员会授予国家卫生镇(2020—2022)称号

南康镇政府　供

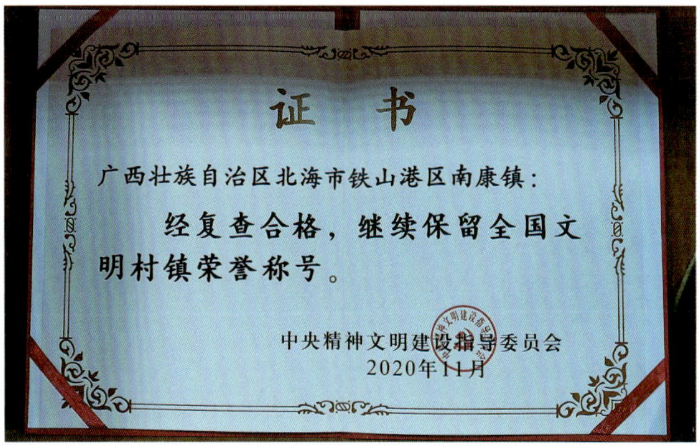

2020年11月，南康镇经中央精神文明建设指导委员会复查合格，继续保留全国文明村镇荣誉称号

南康镇政府　供

镇种植粮食2889.6公顷(其中玉米825.8公顷、红薯454.8公顷、水稻1609公顷)。全镇共投入3992万元完善农田水利设施,完成2.5千米排灌沟修复,打井30口,完成4个水源项目以及南康江筏埠段河道治理工程。全年共洽谈11个农业项目,引进广西华苏投资有限公司在南康镇三塘村开展耕地提质改造项目,支持铁山港区伞塘家园农民专业合作社大力发展果蔬大棚。年内,新增大棚种植86.7公顷,新增流转土地498.4公顷,有效推动农业特色产业发展。积极开展农业技术培训,共开展6期科技培训班,培育新型农民及农业致富带头人43人。

【社会保障】 2020年,南康镇新增就业149人,农村劳动力转移就业新增306人,城镇失业人员再就业8人,城镇登记失业率控制为3.06%。养老保险、医疗保险征缴工作有序推进。10位学子获得“升学奖励”,兑现奖励金3万元。落实农村60周岁独生子女家庭奖励扶助人员59人,兑现奖扶金6.14万元。发放城市低保金132.94万元,发放农村低保金595.92万元,发放特困供养户特困供养金188.53万元。

【社会治理】 2020年,南康镇调解各类矛盾纠纷173件,调解成功率98.8%。大力开展“三事”行动,共受理“三事”368件,办结率98.8%。成功在南康社区、滨海社区创建“解忧超市”,通过“解忧超市”共征集群众“三事”、微心愿128件,认领、解决83件,继续推动解决45件。持续推进扫黑除恶专项斗争,实现法律顾问村村覆盖,利用广西公共法律服务自助终端和“互联网+”智能展示平台,实现群众自助法律咨询和网上申请法律援助。狠抓重点行业领域安全专项治理和隐患排查治理。全年开展安全生产大检查14次,辖区没有发生重大安全事故。

【文体事业】 2020年,南康镇积极开展各类文体活动,组织小品《扶贫路上有你》和舞蹈《鼓舞飞扬》参加2020年北海市基层群众会演线上展演;创作打赢抗疫战诗词《满江红》1篇,开展文化惠民活动巡回乡村演出10场,举办戏曲专场进乡村演出和培训30场次,各村级公共服务中心举办4场文体活动。完成“壮美广西 智慧广电”入户摸底登记2640户和建成1个镇级广播电视综合服务站。总投资185.30万元建成南康社区、滨海社区、高田村委公共文化服务中心办公大楼、戏台和篮球场,村、社区公共文化服务中心覆盖率100%。总造价66.26万元的南康镇文化广场、陂塘德智蔬果旅游厕所建成并投入使用。建设大塘大井口村和社内江仄村篮球场各1个,在镇文化广场和老年人活动中心安装健身路径各1套。

营盘镇

【营盘镇概况】 北海市铁山港区营盘镇(简称营盘镇)位于北海市东端,铁山港区南部,东面、南面濒临北部湾,东北与兴港镇接壤,北与南康镇相连,西与北海市银海区福成镇相邻。全镇总面积99.8平方千米,有耕地面积2609.3公顷(其中水田561.9公顷)。辖区内有LNG码头、渔港码头。东距玉铁高速出口12千米,西距北海福成机场15千米,1条东西走向长27千米的沿海公路贯穿全镇,交通十分便利。2020年,全镇辖10个行政村、2个社区,总人口6.59万人。辖区内有卫生院、信用社、农业银行、派出所、市场监督管理所、自来水厂、渔政渔港监督大队、电信公司等单位;有南珠城遗址、千层珠贝残墙、太监碑和断头龟、珍珠亭等珍贵文物和名胜古迹。该镇沙蟹汁制作技艺入选自治区级非物质文化遗产代表性项目。

【“三农”工作】 2020年,营盘镇农作物种植面积5131.84公顷,比上年增长0.41%。其中:粮食作物种植面积1099.84公顷,比上年增长7.09%,总产量4254.65吨(其中水稻种植面积

214.6公顷,比上年增长3.67%);经济作物种植面积4032公顷,比上年减少1.27%。经济作物中:花生种植面积759公顷,比上年减少6.41%;甘蔗种植面积1155公顷,比上年增长0.96%;木薯种植面积1002公顷,比上年减少2.72%;蔬菜种植面积1019公顷,比上年增长4.84%;西(甜)瓜种植面积97公顷,比上年减少23.6%。年内,该镇组织申报2020年耕地地力保护补贴1.26万户2986.67公顷,发放补贴金额457.86万元;水稻补贴895户169.64公顷,发放补贴资金18.76万元。推进农村土地流转及复耕复种工作,集中流转土地73.33公顷,在北海市各乡镇排第三名,建成A区33.33公顷盐灶现代果蔬大棚种植基地,B区33.33公顷塘仔村薯尖大棚种植基地,6.67公顷红虫养殖基地,带动贫困户和周边群众就业800多人。大力发展壮大龙头企业,培育北海市福星贸易有限公司、广西海创农业发展有限公司、山东寿光菌禾生物科技有限公司等龙头企业。聚力发展乡村特色产业,新增农民专业合作社4家,家庭农场6家,创建自治区三星级示范区——铁山港区设施蔬菜产业(核心)示范区,创建铁山港区营盘镇白东村优势水产养殖示范园、铁山港区营盘镇盐灶村罗非鱼养殖示范点。

【脱贫攻坚】 2020年,营盘镇顺利通过自治区大督查、自治区脱贫攻坚“四合一”核验。年内,实现建档立卡贫困人口35户111人脱贫,全镇建档立卡贫困人口571户2305人全面脱贫,脱贫攻坚工作完满收官。年内,全镇紧扣“3+1保障”要求,扎实开展义务教育、基本医疗、住房安全、饮水安全四大攻坚战役,补齐短板,排查脱贫监测户、边缘户等几类重点人员,防止返贫和新增致贫,确保“不漏一户”。全面开展住房安全问题清零行动,全年整改提升245户,其中重建48户,维修加固197户。为贫困户搭建厨房132户,拆除危旧房123户,砖砌封堵危旧房107户。落实脱贫兜底政策,贫困人员1290人享受低保。扎实做好义务教育资助,落实资金24.4万元资助660人次。落实雨露计划154人次,发放补助金25.32万元。持续开展小额信贷工作,向152户贫困户、边缘户发放小额信贷贷款549.17万元,其中新增贷款140户511.70万元,续贷12户37.47万元。落实产业奖补522户253.52万元。紧盯中央专项巡视“回头看”反馈问题、2019年脱贫攻坚成效考核反馈问题以及其他问题整改工作,把跟踪督查贯穿问题整改全过程,确保整改到位。发展壮大村级集体经济,全镇12个村(社区)村集体经济收入均超过6万元,其中超过10万元的村(社区)有4个,鹿塘村收入超过45万元。

【营盘镇疫情防控】 2020年,营盘镇坚持“人民至上、生命至上”原则,迅速启动疫情防控措施,在铁山港区率先构建网格化管理体系,建立192个网格,参与网格员500余名,设立固定监测点92个、流动岗1个,开展地毯式排查。联合辖区派出所对镇内的民宿、饭店、旅馆等场所进行排查登记。紧盯重点人员,排查登记疫情管控重点人员311人。管控重点区域,

2020年2月5日,营盘镇能村党员先锋队在村中开展疫情防控工作

营盘镇能村村委 供

2020年，向海大道经白龙珍珠城至南珠养殖区海岸公路（白龙路）一角　　李世涌　摄

加强沿街商铺、超市、市场管控力度，对镇内10个农贸市场实行封闭式管理，严把市场出入关口。完成督查整改6次，打击非法传谣1次。全力推进复工复产，指导镇辖企业、学校做好复工复产消杀和准备工作，做到常态化疫情防控与经济社会发展同步进行。

【服务项目建设】 2020年，营盘镇融入铁山港区产业新城建设大会战，加快重点项目、重点片区征地搬迁进度，推进三聚环保年产60万吨先进生物柴油项目、亚王绿色新能源材料制造基地项目、100万吨重油改质和综合利用建设项目、年产50万吨超低甲醛释放脲醛树脂等项目征地搬迁工作，完成征地清场96.87公顷，完成搬迁285户，迁坟364座。其中，亚王绿色新能源材料制造基地项目在2个月内完成征地20.33公顷，为项目顺利落地奠定基础。进一步升级白龙珍珠城AAA景区，建成向海大道经白龙珍珠城至南珠养殖区海岸公路（白龙路）。完成营盘中心渔港西防波堤块石约7000立方米建设，沉箱预制14个，累计完成投资约1300万元。年内，营盘镇进一步推动南珠养殖、深海抗风浪两个自治区级核心示范区建设，发展培育精工有限公司、铭美有限公司和北海市旺海珠宝有限公司等22家企业，比上年多7家企业，引进深海抗风浪养殖企业增至12家。

【城乡环境整治】 2020年，营盘镇持续巩固“美丽广西·清洁乡村”“生态乡村”“宜居乡村”“幸福乡村”系列活动成效，扎实开展推进农村人居环境整治村庄清洁行动。组织发动党员群众1.68万人次，出动挖掘机660辆次，整治49个村庄乡村风貌，清除垃圾1.11万吨，清理乱堆乱放192处，清理池塘沟渠191处，拆除乱搭乱建30处、废弃建筑27处，拆除乱搭建广告牌258块，49个村庄“更容换貌”。开展南康江环境污染整治行动。排查整治禽畜养殖、鱼虾养殖点6处，强化河道两岸畜禽养殖监管；严格执行“河长制”，定期开展巡河，清理河道、河岸垃圾，保持河道清洁畅通，维护好河道环境。

【社会事业】 2020年，营盘镇实现新增城镇就业人员100人，下岗失业人员再就业4人，

2020年，营盘镇白龙社区螃蟹塘村村容村貌整治后　李世涌　摄

就业困难人员再就业3人,农村劳动力转移就业新增253人,城镇登记失业率为3.29%,开发扶贫公益性岗位在岗37人。城乡居民社会养老保险参保人数2.81万人,待遇发放率100%。4.69万人参加城乡居民医疗保险缴费。全年登记被征地农民参保人数3576人,办理领取退休待遇人数20人,完成缴费人数659人,自筹资金完成12人。镇辖村卫生室建设实现全覆盖,并配齐乡村医生。贫困户家庭医生签约全覆盖,贫困户慢性病全部筛查办理。落实诚信计划生育政策,全镇办理诚信计划生育率达80%。落实农村低保政策,发放农村低保金2246人次680万元。全年救助农村特困人员200余人,发放救助金175万元,发放高龄补贴129万元,发放残疾人"两项补贴"177.54万元。

【平安建设】 2020年,营盘镇群众安全感和对政法队伍满意度不断提升。镇一级综治中心进一步完善村级网格化管理,强化矛盾纠纷排查调解,全年共调解矛盾纠纷176起,成功调处161起,调处率100%,调处成功率91.47%。持续推进扫黑除恶专项斗争,进一步加大宣传排查力度,保持扫黑除恶高压态势不减。构建群防群治社会治理体系,加强全镇各村(社区)治理体系建设,打造盐灶综治治理示范点。抓牢安全生产工作,深入贯彻落实中共中央总书记习近平关于安全生产重要论述,牢固树立安全发展理念,按季度召开消防、安全生产工作例会,做好年内各级"两会"期间安全防范工作,重点加强对烟花爆竹、加油站等行业领域的监督管理。共组织安全生产及消防安全检查10次,检查单位41家次,排查隐患17个,整改17个。

【基层党建】 2020年,营盘镇狠抓"三会一课"标准化建设,坚持落实"党务公开日"制度,创新开展主题党日活动。坚持以习近平新时代中国特色社会主义思想为指导,落实全面从严治党,扎实开展村(社区)"两委"换届前期工作,完成1个后进村提升整顿,选优村(社区)"两委"班子候选人。充分发挥党组织服务群众经费作用,共投入党组织服务群众经费126万元,有效实施项目104个。持续推广使用"学习强国",全镇党员上线1011人,上线率66.73%。开展党风廉政教育,持续推进反腐败工作,查处线索14条,立案查处9件,函询了结1件,初核了结2件,党纪处分党员干部10名。

兴港镇

【兴港镇概况】 北海市铁山港区兴港镇(简称兴港镇)位于铁山港区东部,是广西北部湾经济区五大功能组团之一铁山港(龙潭)组团的核心区,也是铁山港(临海)工业区的重点区域。东濒铁山港,南临北部湾,西南与营盘镇接壤,东北至西北与南康镇相邻。距北海市区41千米,距北海机场30千米。辖区内东西走向的向海大道、七号路、营闸路和国防路,南北走向的四号路、兴港路、进港路与玉铁高速构成便利的陆路交通网络。该镇属于亚热带气候地区,土地平整,雨量充足,日照时间长。2020年,全镇总面积111平方千米,下辖12个村委会和2个居委会,共121个自然村,总人口5.8万人。

【服务重大项目建设】 2020年,兴港镇持续深入开展"项目落实年"活动,共开展征地搬迁项目11个,征地任务数522.53公顷,完成征地清场415.8公顷,搬迁710多户,保障一批重大项目落地建设。其中:太阳纸业累计完成清场175.53公顷,搬迁512户,确保项目按计划推进;向海大道兴港镇段完成建成通车;信义玻璃产业园西片区完成清场25.33公顷;铁山港航道三期D区吹填区全部完成征地清场23.13公顷;惠科线路板电子科技产业园,征地清场任务25.53公顷,完成征地清场25.23公顷;川化钾肥生态复合肥项目、川桂绿色化工产业园一期启动区等项目也得到顺利推进。

【“三农”工作】 2020年，兴港镇认真开展耕地地力保护补贴申报工作，共为1.02万户农户2780公顷耕地发放地力保护补贴436.1万元。年内，全镇创新思路举措，强化责任落实，科学谋划，推动村级集体经济多元化发展。全年全镇14个村（社区）集体经济收入132.80万元。其中石头埠社区20万元以上，小马头村和陂头村10万元以上，其余11个村（社区）年收入均达6万元以上。年内，全镇粮食种植面积1519公顷，总产量8763.29吨，粮食生产面积和产量保持稳定。其中：稻谷种植面积791公顷，产量3335吨；玉米种植面积540公顷，产量2957吨；豆类种植面积19公顷，产量36.3吨；薯类种植面积165.87公顷，产量2434.99吨。扎实推进现代特色农业示范园区的建设，全年新申报村级示范点1个。加大农业项目招商力度，增强农业产业综合竞争力，接洽农业项目客商15批次，洽谈项目7个，成功签约项目2个。

【村镇建设】 2020年，兴港镇农村基础设施进一步完善，新建村级道路8条共5.95千米，安装路灯460盏。在斑鸠冲、小马头、川江和杨屋共建设6个球场，在小马头村委下坎头村和大树岭村委下屋塘村各建设1套健身路径。建成川江、石头埠村级服务中心，14个村（社区）均按标准完成村级服务中心投入使用，实现村级服务中心全覆盖。落实住房安全保障，完成建档立卡贫困户住房整改提升119户。积极推进乡村风貌提升行动，对31个村庄开展整治，做到“该清的清、该拆的拆、该整的整”，累计清理垃圾1200吨，清理乱堆乱放158处，清理池塘沟渠109处，拆除危旧房115户，拆除废弃猪牛栏及露天厕所、乱搭乱建、违章建筑115处，拆除违章广告招牌22处，有效地整治“脏乱差”现象。推进村级示范点建设，开展30个基本整治型村庄建设，完成10个自治区级基本整治型村庄的整治，20个市级基本整治型村庄整治行动得到推进，争取500万元资金实施兴港镇小马头村委下坎头精品示范村和下屋塘美丽乡村打造，全镇乡村风貌大幅度提升。积极打造南乐社区垃圾分类示范点，完成垃圾分类收集亭安装。年内，粟山村、杨屋村获得北海市文明村称号，兴港镇获得文明镇称号。

【生态治理】 2020年，兴港镇开展国土资源动态巡查，加大对违法行为打击力度，遏制土地违法行为蔓延势头。成立镇、村两级环境综合治理工作领导小组，落实秸秆禁烧网格化管理职责，实施24小时轮班巡查，大力开展绿色生产生活的环保宣传教育，保护空气环境质量，维护公共安全，增强人民群众的环保意识。开展涉渔“三无”船舶整治，为965艘符合办证条件的船舶进行登记发证，增强浅海涉渔船舶的管控力度，保护海洋渔业资源。

【脱贫攻坚】 2020年，兴港镇围绕“两不愁三保障”全力打好“四大战役”。落实义务教育保障，实现辖区建档立卡贫困户义务教育适龄儿童无一人失学辍学。落实基本医疗保障，2771名建档立卡贫困人员医保参保率100%，“一站式”直接结算功能全覆盖。落实住房安全保障，完成建档立卡贫困户住房整改提升119户。落实饮水安全保障，为饮水有困难的贫困户打井7口，全面解决饮水安全和困难问题。实施产业奖补政策，累计奖补735户次336.04万元。落实金融扶贫，124户贫困户和1户边缘户获批小额信贷417.9万元。“5+2”特色产业覆盖率97.15%，“3+1”特色产业覆盖率98.67%。年内，全镇预脱贫贫困户32户110人全部达到“八有一超”标准，如期决胜脱贫攻坚。

【平安建设】 2020年，兴港镇扎实开展“三事”行动，完成打造石头埠社区、南乐社区解忧超市，积极收集解决民意诉求，为老百姓解决“三事”54件。调解、信访等社会矛盾纠纷多

2020 年 9 月 17 日，兴港镇党委全面依法治理工作会议在镇人大会议室召开　　兴港镇政府　供

元化调解机制进一步完善，促进矛盾纠纷化解在萌芽，解决在基层。全年全镇发生各类纠纷 313 件，调解纠纷 313 件，调解率 100%，成功调解 304 件，调解成功率 97.1%，防止民间纠纷激化 62 件。着力打造阳光信访、责任信访，对各类信访件 100% 按时转送、100% 受理告知、100% 按时办结。全力做好治安联防，深入开展禁毒走访摸排行动，重视社区矫正工作，深化法制宣传教育，确保辖区和谐安全稳定。

【民生事业】 2020 年，兴港镇根据企业的需求及人员的意愿，有针对性地加强对失业人员和贫困户人员进行技能培训，共培训 1059 人次。利用兴港镇工业区落户项目多的优势，引导和介绍群众到信义玻璃、林浆纸、中石化等企业务工，疫情期间开发临时性扶贫岗位 12 个，扶贫公益性岗位 24 个。多措并举转移农村富余劳动力，全镇新增农村富余劳动力转移就业 516 人，农村贫困劳动力转移就业新增人员完成率 114.67%。各项救助资金总额大幅增长，全镇农村低保金、特困供养金、残疾人“两项补贴”金和各类优抚金额达 829.59 万元，比上年增长 8.93%。全年新增享受农村低保人数 65 户 129 人，达到 788 户 2021 人；新增领取残疾人“两项补贴”人数 26 人，达到 230 人；推进阳光家园计划居家托养服务，惠及残疾人 32 名。主动关爱农村留守儿童、困难儿童、孤寡老人等群体，及时提供相应救助，解决他们的实际困难。

【文化宣传工作】 2020 年，兴港镇 14 个村（社区）共开展村（社区）文艺晚会、戏曲进乡村、篮球比赛等文体活动 63 次，弘扬中国传统文化。兴港镇利用“同心广播”“奋进兴港”微信公众号等平台对全镇产业扶贫、移风易俗、扶贫攻坚、环境整治、人口普查、创建文明城等工作的宝贵经验和先进典型进行推介报道，把党的声音同步传送到镇辖 14 个村（社区），通过“同心广播”播放各类信息累计 1506 小时，

2020 年 9 月，兴港镇第三季度安全感满意度双提升工作会在兴港镇大会议室召开　　兴港镇政府　供

2020 年 10 月 13 日，兴港镇大树岭村委举办同创文明城市共建幸福乡村文艺晚会 兴港镇政府 供

“奋进兴港”微信公众号发布推文 110 余篇。

【廉政建设】 2020 年，兴港镇组织全镇党支部召开党员大会学习中共中央总书记习近平在决战决胜脱贫攻坚座谈会上的讲话精神和对毛南族整族脱贫重要指示精神。6 月，组织镇、村两级党员干部学习全国“两会”会议精神，加强廉政建设思想教育。全年开展年节假期间的公款吃喝、公车私用等问题督查 5 次；开展违规使用公务加油卡和“私车公养”专项整治“回头看”工作，自查发现违规使用公务加油卡、私车公养等问题 3 个，全部完成整改。

【兴港镇疫情防控】 2020 年，兴港镇贯彻落实中共中央总书记习近平关于新冠肺炎防控工作重要讲话精神和自治区、北海市、铁山港区的决策部署，坚持人民至上、生命至上总原则，认真落实各项防控措施。加大疫情防控宣传力度，严格网格化管理，对重点区域、重点人员进行地毯式排查。疫情期间，全镇悬挂防疫宣传横幅 400 余条，张贴海报 3800 多张，发放防控资料 4 万多份，排查 1 万多人次，发放稳岗补贴 50.28 万元、一次性交通补贴 2.16 万元、农民工防疫补贴 9.56 万元，收到社会热心人士捐助防控物资、物品累计超 10 万元。通过广泛发动群众参与疫情防控，实现全镇疫情“零发生”，切实保障人民群众的身体健康和生命安全。 （林文卓）

2020 年 2 月 3 日，兴港镇党员先锋岗工作人员在开展防疫排查 兴港镇政府 供

先进人物

自治区劳动模范

郑小莉　1972年8月出生，女，汉族，四川宜宾人，本科学历，北海新奥华恒物流有限公司综合赋能部主任、工会主席。2020年12月，获中共广西壮族自治区党委、自治区人民政府授予广西壮族自治区劳动模范称号。郑小莉在石化行业工作17年，带领公司干部职工认真学习、精心策划、大胆改革、加强管理，以引导员工积极理解、参与、自我提升为目标，为公司的发展和助推公司创新建设做出突出贡献。郑小莉在担任北海新奥华恒物流有限公司工会主席期间，深感工会工作责任重大，以"扎根于基层、服务好一线、做好企业与员工的桥梁"为出发点，加强培训学习和人文关怀，重视安全生产，确保公司安全平稳运营。公司获得2016年度、2017年度广西安康杯竞赛优胜单位荣誉称号，获得2017年全国危险品物流与运输综合服务百强企业荣誉称号，获得2018年全国危险品物流安全管理先进企业荣誉称号，获得2019年全国危险品物流安全管理创新企业荣誉称号。郑小莉2018年获北海市五一劳动奖章，2019年获广西五一劳动奖章。　（黄　敏）

梁成文　1957年3月出生，男，汉族，广西北海人，中共党员，高中学历，中共南康镇扫管龙村总支部书记、村委会主任。2020年12月，获中共广西壮族自治区党委、自治区人民政府授予广西壮族自治区劳动模范称号。梁成文1974年在南康中学毕业，1976年3月任中共南康镇扫管龙村支部副书记，1977年1月在北京空军86537部队服役，1983年1月复员回乡务农，2001年4月至2020年任中共南康镇扫管龙村总支部书记兼村委会主任。梁成文有19年基层工作经验，为扫管龙村的经济和社会事业发展做出较大贡献。所在的扫管龙村党支部连续多年被北海市、铁山港区、南康镇评为先进党支部、五星级党支部。梁成文获2014年北海市五星级优秀党员、2019年北海市先进党务工作者称号。　（黄　敏）

统计资料

2020年北海市铁山港区国民经济和社会发展统计公报

2020年，面对新冠肺炎疫情和中石化北海炼化停产检修等多重困难和挑战，北海市铁山港区全区上下在区委、区政府的领导下，坚持以习近平新时代中国特色社会主义思想为指导，全面贯彻落实中共中央总书记、国家主席、中央军委主席习近平考察广西及北海重要讲话精神，勇于担当，主动作为，全力以赴推进铁山港区高质量发展。

一、综合

2020年，初步核算，铁山港区完成地区生产总值(以下简称GDP)307.11亿元，按可比价计算，同比下降6.2%。其中：第一产业实现增加值31.97亿元，同比增长1.2%；第二产业实现增加值247.20亿元，同比下降7.3%；第三产业实现增加值27.94亿元，同比下降3.2%。

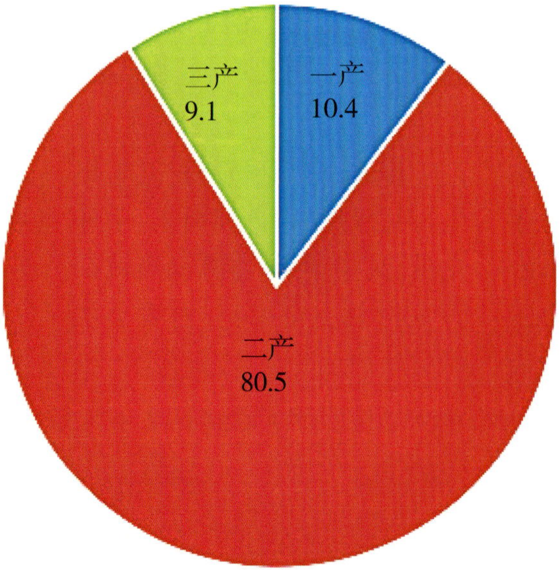

2020年铁山港区三次产业结构

全年全区财政收入324455万元，同比下降34.34%；一般公共预算收入28041万元，同比增长22.28%；一般公共预算支出121449万元，同比增长16.13%。

二、农业

2020年,铁山港区农林牧渔业实现总产值48.36亿元,同比增长0.73%。其中:农业完成总产值7.81亿元,同比增长1.35%;林业完成总产值0.38亿元,同比增长2.58%;牧业完成总产值3.31亿元,同比增长2.31%;渔业完成总产值35.83亿元,同比增长0.45%;农林牧渔服务业完成总产值1.03亿元,同比增长2.84%。

全年全区粮食种植面积5621.19公顷,同比增长9.77%。其中:油料作物种植面积2666.67公顷,同比下降3.06%;甘蔗种植面积4186.66公顷,同比增长1.49%;蔬菜种植面积5220公顷,同比增长1.52%。

全年全区粮食总产量2.37万吨,同比增长5.34%;油料产量0.82万吨,同比下降3.44%;蔬菜产量11.48万吨,同比增长2.25%;园林水果产量0.89万吨,同比增长6%。

全年全区肉类总产量10377.70吨,同比下降1.75%。其中:猪肉产量5626.35吨,同比下降1.85%;牛肉产量171.57吨,同比下降33.32%;羊肉产量61.51吨,同比增长41.63%;禽肉产量4402.07吨,同比增长0.37%。禽蛋产量84.33吨,同比下降29.28%。全年全区生猪出栏6.72万头,同比增长2.27%;年末生猪存栏4.77万头,同比增长19.12%。

全年全区水产品产量19.30万吨,同比增长0.26%,其中海水产品产量18.57万吨,同比下降0.11%。

表5　**2020年铁山港区主要农产品产量及增长速度**

主要农产品	单位	产量	同比增长(%)
一、粮食(合计)	万吨	2.37	5.34
稻谷	万吨	1.17	-9.63
玉米	万吨	0.94	26.95
薯类(折粮)	万吨	0.25	36.53
豆类	万吨	0.01	-67.82
二、经济作物			
油料(合计)	万吨	0.82	-3.44
花生	万吨	0.82	-3.28
甘蔗	万吨	27.39	1.98
木薯	万吨	3.07	-8.27
蔬菜	万吨	11.48	2.25
瓜果类	万吨	1.63	-5.38
三、水果(合计)	万吨	0.89	6.00
香蕉	万吨	0.27	36.90
四、生猪出栏	万头	6.72	2.27
五、牛出栏	万只	0.15	-21.87
六、家禽出栏	万只	267.45	4.19
七、肉类	万吨	1.04	-1.75
八、水产品(合计)	万吨	19.30	0.26
海水产品	万吨	18.57	-0.11

三、工业

2020 年，铁山港区全部工业增加值同比下降 7.7%，其中规模以上工业增加值同比下降 7.8%。在规模以上工业增加值中，轻工业同比下降 10.9%，重工业同比下降 7.6%；国有控股企业同比下降 9%，股份制企业同比下降 7.6%，外商及港澳台商投资企业同比下降 17.7%；非公有工业企业同比增长 12.5%。

从分行业增加值完成情况来看，规模以上工业主要行业中，非金属矿采选业同比下降 21.9%；农副食品加工业同比下降 21.6%；木材加工业同比增长 56.5%；造纸和纸制品业同比增长 32.4%；石油、煤炭及其他燃料加工业同比下降 35.3%；化学原料和化学制品制造业同比下降 27.6%；非金属矿物制品业同比增长 265.2%；黑色金属冶炼和压延加工业同比增长 49.5%；电力、热力生产和供应业同比下降 8.5%；燃气生产和供应业同比增长 24.9%；水的生产和供应业同比增长 284.2%。

表 6　2020 年铁山港区规模以上工业主要产品产量及增长速度

产品名称	单位	产量	同比增长(%)
汽油	万吨	161.60	−27.9
柴油	万吨	183.62	−31.3
液化石油气	万吨	30.33	−25.4
发电量	亿千瓦时	41.41	−10.3
饲料	万吨	123.05	−14.2
精制食用植物油	万吨	30.96	−14.0
成品糖	万吨	8.20	−52.4
人造板	万立方米	11.51	-9.9
粗钢	万吨	313.41	43.1
钢材	万吨	404.47	10.7
商品混凝土	万立方米	58.66	29.7
机制纸及纸板	万吨	46.89	18.2

四、固定资产投资

2020 年，铁山港区完成固定资产投资（不含农户）同比增长 117.17%，其中民间投资同比增长 667.87%，非公投资同比增长 178.09%。按行业看，工业投资同比增长 198.45%，服务业投资同比增长 12.87%，基础设施投资同比增长 13.16%，建安投资同比增长 40.23%。按登记注册类型看，内资企业完成投资同比增长 177.79%，港、澳、台商投资企业完成投资同比增长 19.39%，外商投资企业完成投资同比下降 98.34%。

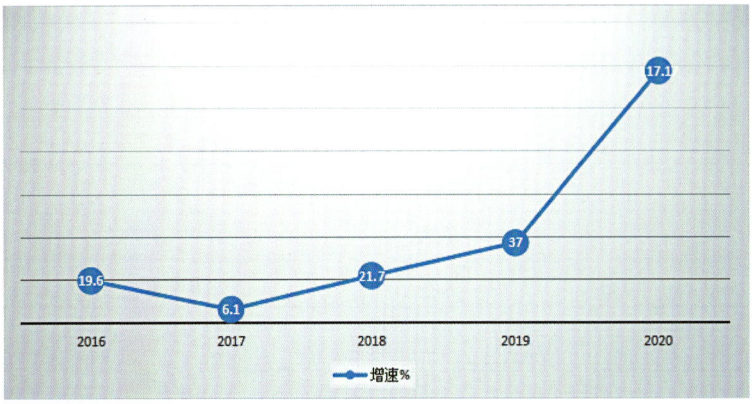

2020 年铁山港区固定资产投资增长速度

五、国内贸易

2020年，铁山港区社会消费品零售总额25.23亿元，同比下降15.1%。按经营地统计，城镇消费品零售额23.11亿元，同比下降14.6%；乡村消费品零售额2.12亿元，同比下降20.1%。按消费类型统计，商品零售额22.3亿元，同比下降13.3%；餐饮收入额2.93亿元，同比下降26.7%。

六、对外经济

2020年，铁山港区外贸进出口总额80.32亿美元，同比下降10.13%。其中：出口2.6亿美元，同比增长24.6%；进口77.7亿美元，同比下降11%。进出口差额（出口减进口）-75.1亿美元。

七、交通

2020年，铁山港区港口吞吐量2627.03万吨，同比增长4%。其中：集装箱吞吐量321783标箱，同比增长37.00%；道路运输货运量625万吨，同比增长1.79%；货物周转量5072万吨公里，同比增长0.52%。

八、教育和卫生

2020年，铁山港区有普通中学8所，专任教师（教职工，下同）539人，在校生5575人；有普通小学47所（含11个教学点），专任教师773人，在校生13239人；有幼儿园74所，在校幼儿6282人。年末全区共有医疗卫生机构（含村卫生室和计生机构）135个。其中：医院1个，乡镇卫生院1个，社区卫生服务中心（站）1个，诊所（卫生所、医务室）131个，妇幼保健院1个；有卫生技术人员489人，有医院卫生院病床219张。

九、人民生活和社会保障

2020年，铁山港区居民人均可支配收入24489元，名义增长7.1%。按常住地分，城镇居民人均可支配收入37317元，名义增长4.3%；农村居民人均可支配收入17581元，名义增长8.6%。

全年全区城镇居民人均生活消费支出20293元，同比下降1.6%；农村居民人均生活消费支出11926元，同比增长4.1%；城镇居民家庭恩格尔系数（居民家庭食品消费支出占生活消费总支出的比重）为38.9%，农村居民家庭恩格尔系数为36.4%。

全年全区参加城乡居民基本养老保险人数61954人，比上年末增加1441人；参加城乡居民基本医疗保险人数150625人，比上年末减少48人。

十、环境

2020年，铁山港区PM2.5浓度平均值20微克/立方米，空气优良率99.4%。

注：

1. 该公报中数据均为初步统计数。

2. 地区生产总值、三次产业增加值、工业增加值、农业产值绝对数按现行价格计算，增长速度按可比价格计算；工业总产值增速按现行价格计算。

3. 规模以上工业企业是指年主营业务收入2000万元及以上的全部法人工业企业，限额以上批发零售企业是指年主营业务收入2000万元及以上批发企业和年主营业务收入500万元及以上零售企业。

4. 部分数据因四舍五入的原因，存在着总项与分项合计不等的情况。

5.2020年开展第七次全国人口普查，相关数据已专门发布，公报中不再单独发布人口和就业人员相关数据。

6. 资料来源：该公报中财政数据来自区财政局，居民收入部分数据来自国家统计局北海调查队，进出口数据来自区科技商务和工信局，交通数据来自区交通运输局，教育数据来自区教育局，卫生数据来自区卫健局，社会保障数据来自区人社局，气象数据来自铁山港生态环境局，其他数据来自区统计局。

（区统计局供）

附　录

文件目录

表 7　　2020 年中国共产党北海市铁山港区委员会部分重要发文

文号	文件标题
北铁发〔2020〕1 号	关于给予 2019 年度平安建设工作目标管理优秀单位奖励的决定
北铁发〔2020〕2 号	关于深入贯彻落实党的十九届四中全会精神全面提升铁山港区治理能力水平的实施意见
北铁发〔2020〕3 号	关于印发《中共北海市铁山港区委员会常委会 2020 年工作要点》的通知
北铁发〔2020〕4 号	关于贯彻落实自治区党委北海市委加强新时代人大工作的实施意见
北铁发〔2020〕6 号	印发《关于新时代加强和改进人民政协工作的实施办法》的通知
北铁发〔2020〕7 号	关于印发《北海市铁山港区加快推进教育现代实施方案(2018—2022 年)》的通知

（区委办供）

表 8　　2020 年中国共产党北海市铁山港区委员会办公室部分重要发文

文号	文件标题
北铁办发〔2020〕1 号	关于成立北海市铁山港区新型冠状病毒感染的肺炎疫情防控工作领导小组的通知
北铁办发〔2020〕2 号	关于调整铁山港区处级领导干部联系点和区直(驻区)单位联系点的通知
北铁办发〔2020〕3 号	关于印发《北海市铁山港区 2020 年重点项目、重点片区征地搬迁工作方案》的通知
北铁办发〔2020〕4 号	关于成立区委宣传思想和意识形态工作领导小组的通知
北铁办发〔2020〕5 号	关于印发《北海市铁山港区关心关爱干部人才系列措施》的通知
北铁办发〔2020〕6 号	关于印发《关于开展全面提升群众安全感满意度专项活动的工作方案》的通知
北铁办发〔2020〕7 号	关于印发《中共北海市铁山港区委员会落实中央脱贫攻坚专项巡视“回头看”和国家脱贫攻坚成效考核反馈广西意见整改方案》的通知
北铁办发〔2020〕8 号	关于成立北海市铁山港区生态环境保护委员会的通知
北铁办发〔2020〕9 号	关于印发《2020 年铁山港区整顿提升软弱涣散(后进)村党组织工作方案》的通知
北铁办发〔2020〕10 号	关于印发《北海市铁山港区 2020 年招商引资工作实施方案》的通知
北铁办发〔2020〕11 号	关于报送 2020 年上半年工作总结和下半年工作计划的通知
北铁办发〔2020〕12 号	关于转发《中共北海市铁山港区委宣传部 2020 年宣传思想工作要点》的通知
北铁办发〔2020〕13 号	关于印发《北海市铁山港区解决老百姓操心事烦心事揪心事行动实施方案》的通知

续表

文号	文件标题
北铁办发〔2020〕16 号	关于印发铁山港区产业项目落地建设大会战实施方案的通知
北铁办发〔2020〕17 号	关于印发《北海市铁山港区 2020 年第一批重点项目分工责任表》的通知
北铁办发〔2020〕18 号	关于印发《北海市铁山港区政协 2020 年度民主协商及民主监督计划》的通知
北铁办发〔2020〕19 号	关于印发《北海市铁山港区彻底解决贫困户住危房问题工作方案》的通知
北铁办发〔2020〕20 号	关于印发《北海市铁山港区推进基层整合审批服务执法力量构建三位一体现代化治理体系的工作方案》的通知
北铁办发〔2020〕21 号	关于做好区领导督办区政协四届五次会议重点提案办理工作的通知
北铁办发〔2020〕22 号	关于调整解决老百姓操心事烦心事揪心事行动组织架构和职责分工的通知
北铁办发〔2020〕23 号	关于调整铁山港区处级领导干部联系点和区直(驻区)单位联系点的通知
北铁办发〔2020〕24 号	关于印发《北海市铁山港区法学会改革实施方案》的通知
北铁办发〔2020〕25 号	关于印发《北海市铁山港区国有企业退休人员社会化管理工作实施方案》的通知
北铁办发〔2020〕26 号	关于做好 2020 年国庆中秋节假日期间有关工作的通知
北铁办发〔2020〕27 号	关于印发《铁山港区处级党员领导、党委(党组、党工委)书记和班子成员建立党支部工作联系点工作方案》的通知
北铁办发〔2020〕28 号	关于印发北海市铁山港区扶贫开发工作奖惩办法补充规定的通知
北铁办发〔2020〕29 号	关于报送 2020 年及“十三五”期间工作总结和 2021 年及“十四五”期间工作计划的通知
北铁办发〔2020〕30 号	关于印发《全面推行“基层党建 + 农村警务 +N”助推农村网格化服务管理实施方案》的通知
北铁办发〔2020〕31 号	关于成立北海市铁山港区革命老区建设促进会筹备领导小组的通知
北铁办发〔2020〕32 号	关于印发北海市铁山港区贯彻落实自治区生态环境保护督察反馈意见整改方案的通知
北铁办发〔2020〕33 号	关于印发《铁山港区深入开展“三有三送”走企连心解困行动”工作方案》的通知
北铁办发〔2020〕34 号	关于印发《关于开展党员干部访“三事”周逛“解忧超市”活动的实施方案》的通知
北铁办发〔2020〕36 号	关于做好 2021 年元旦春节期间有关工作的通知
北铁办发〔2020〕38 号	关于印发《关于进一步加强和改进关心下一代工作的实施意见》的通知
北铁办发〔2020〕39 号	关于印发《2021 年铁山港区村(社区)“两委”换届选举工作实施方案》的通知

(区委办供)

表 9　　**2020 年北海市铁山港区人民政府部分重要发文**

文号	文件标题
北铁政发〔2020〕1 号	北海市铁山港区人民政府关于做好我区第七次全国人口普查工作的通知
北铁政发〔2020〕2 号	北海市铁山港区人民政府关于切实做好全区企业复工复产协调调度有关工作的通知
北铁政发〔2020〕3 号	北海市铁山港区人民政府关于北海市铁山港区兴港镇斑鸠埇村民委员会地罗第一、第二村民小组与陂头村民委员会上陂头村民小组土地权属争议纠纷的处理决定书
北铁政发〔2020〕4 号	北海市铁山港区人民政府关于印发《北海市铁山港区背街小巷提升畅通行动实施方案》的通知
北铁政发〔2020〕5 号	北海市铁山港区人民政府关于领导工作分工调整的通知

(区政府办供)

表 10　　2020 年北海市铁山港区人民政府办公室部分重要发文

文号	文件标题
北铁政办〔2020〕3 号	北海市铁山港区人民政府办公室关于成立北海市铁山港区生态环境保护委员会的通知
北铁政办〔2020〕4 号	北海市铁山港区人民政府办公室关于印发《北海市铁山港区禁燃限放烟花爆竹工作分工调整方案》的通知
北铁政办〔2020〕5 号	北海市铁山港区人民政府办公室关于调整北海市铁山港区全民科学素质工作领导小组成员的通知
北铁政办〔2020〕8 号	北海市铁山港区人民政府办公室关于调整有关工作领导小组成员的通知
北铁政办〔2020〕9 号	北海市铁山港区人民政府办公室关于成立北海市铁山港区中药资源普查试点工作领导小组的通知
北铁政办〔2020〕11 号	北海市铁山港区人民政府办公室关于印发《北海市铁山港湾铁山港区范围海域生态环境治理工作实施方案》的通知
北铁政办〔2020〕12 号	北海市铁山港区人民政府办公室关于印发《北海市铁山港区生活垃圾分类实施方案》的通知
北铁政办〔2020〕13 号	北海市铁山港区人民政府办公室关于印发《北海市铁山港区金鲳鱼广西特色农产品优势区创建项目实施方案》的通知
北铁政办〔2020〕14 号	北海市铁山港区人民政府办公室关于成立铁山港区“土地 +”项目建设工作领导小组的通知
北铁政办〔2020〕15 号	北海市铁山港区人民政府办公室关于印发《2020 年南康江水环境综合整治工作方案》的通知
北铁政办〔2020〕16 号	北海市铁山港区人民政府办公室关于印发《北海市铁山港区农村饮水安全应急预案》的通知
北铁政办〔2020〕17 号	北海市铁山港区人民政府办公室关于印发《北海市铁山港区稳定生猪生产促进转型升级实施方案》的通知
北铁政办〔2020〕18 号	北海市铁山港区人民政府办公室关于印发《北海市铁山港区项目征地搬迁资金成本预算审批暂行办法》的通知
北铁政办〔2020〕19 号	北海市铁山港区人民政府办公室关于开展打击矿产资源违法行为专项行动的通知
北铁政办〔2020〕20 号	北海市铁山港区人民政府办公室关于加快建立健全铁山港区农村饮水安全工程水费收缴制度的指导意见（试行）
北铁政办〔2020〕21 号	北海市铁山港区人民政府办公室关于印发《北海市铁山港区建档立卡贫困户危旧房拆除专项行动方案》的通知
北铁政办〔2020〕22 号	北海市铁山港区人民政府办公室关于成立铁山港区重点工作推进领导小组的通知
北铁政办〔2020〕23 号	北海市铁山港区人民政府办公室关于印发《北海市铁山港区开展违法建筑集中整治行动实施方案》的通知
北铁政办〔2020〕25 号	北海市铁山港区人民政府办公室关于印发《北海市铁山港区防御台风应急预案和北海市铁山港区洪潮灾害应急预案》的通知
北铁政办〔2020〕26 号	北海市铁山港区人民政府办公室关于印发《北海市铁山港区“护苗攻坚行动”实施方案》的通知
北铁政办〔2020〕27 号	北海市铁山港区人民政府办公室关于印发《北海市铁山港区普速铁路安全隐患综合治理实施方案》的通知
北铁政办〔2020〕28 号	北海市铁山港区人民政府办公室关于印发《配合做好国家统计 2020 年第 5 统计督察组督察工作总体方案》的通知
北铁政办〔2020〕29 号	北海市铁山港区人民政府办公室关于印发《北海市铁山港区政府投资项目审计管理办法》的通知

续表

文号	文件标题
北铁政办〔2020〕30号	北海市铁山港区人民政府办公室关于印发《北海市铁山港区房地一体农村宅基地和集体建设用地使用权确权登记发证工作方案》的通知
北铁政办〔2020〕32号	北海市铁山港区人民政府办公室关于印发《北海市铁山港区促进3岁以下婴幼儿照护服务发展工作联席会议制度》的通知
北铁政办〔2020〕34号	北海市铁山港区人民政府办公室关于印发《北海市铁山港区水产养殖废水和池塘淤泥处理整治工作实施方案》的通知
北铁政办〔2020〕35号	北海市铁山港区人民政府办公室关于印发《南康糖厂生活区房屋资产收回管理工作实施方案》的通知
北铁政办〔2020〕38号	北海市铁山港区人民政府办公室关于印发《北海市铁山港区金鲳鱼广西特色农产品优势区建设规划(2019—2020年)》的通知
北铁政办〔2020〕39号	北海市铁山港区人民政府办公室关于印发《北海市铁山港区第17届中国－东盟“两会”期间安全生产大排查大整治实施方案》的通知
北铁政办〔2020〕40号	北海市铁山港区人民政府办公室关于印发《北海市铁山港区设施蔬菜产业核心示范区创建实施方案》的通知
北铁政办〔2020〕42号	北海市铁山港区人民政府办公室关于印发《北海市铁山港区果蔬设施种植示范区创建实施方案》的通知
北铁政办〔2020〕43号	北海市铁山港区人民政府办公室关于印发《北海市铁山港区2020年自然资源卫片执法工作实施方案》的通知
北铁政办〔2020〕44号	北海市铁山港区人民政府办公室关于印发《北海市铁山港区2020年加强南珠湾养殖区安保工作方案》的通知
北铁政办〔2020〕45号	北海市铁山港区人民政府办公室关于区人民政府办公室领导工作分工调整的通知
北铁政办〔2020〕46号	北海市铁山港区人民政府办公室关于印发《北海市铁山港区治理公路货运车辆违法超限超载联合治理实施方案》的通知
北铁政办〔2020〕47号	北海市铁山港区人民政府办公室关于印发《北海市铁山港区开展联合拆除淘汰类砖瓦轮窑行动实施方案》的通知
北铁政办〔2020〕48号	北海市铁山港区人民政府办公室关于印发《北海市铁山港区秸秆禁烧三年工作方案(2020—2022年)》的通知
北铁政办〔2020〕49号	北海市铁山港区人民政府办公室关于成立北海市铁山港区新能源汽车推广应用联席会议办公室的通知
北铁政办〔2020〕50号	北海市铁山港区人民政府办公室关于印发《北海铁山港西港区北暮作业区7至10号泊位和南7至10号泊位工程项目用海范围清海工作实施方案》的通知
北铁政办〔2020〕51号	北海市铁山港区人民政府办公室关于做好我区第一次全国自然灾害综合风险普查工作的通知
北铁政办〔2020〕52号	北海市铁山港区人民政府办公室关于印发《北海市铁山港区人民政府行政复议员任命办法》的通知
北铁政办〔2020〕53号	北海市铁山港区人民政府办公室关于印发《北海市铁山港区“三无”非法矿产品加工厂依法联合拆除行动实施方案》的通知
北铁政办〔2020〕54号	北海市铁山港区人民政府办公室关于调整北海市铁山港区打击和处置非法集资工作领导小组的通知
北铁政办〔2020〕55号	北海市铁山港区人民政府办公室关于印发《北海市铁山港区红树林巡护检查制度》的通知
北铁政办〔2020〕56号	北海市铁山港区人民政府办公室关于成立北海市铁山港区人民政府行政复议委员会的通知

（区政府办供）

文件选登

中共北海市铁山港区委员会 关于深入贯彻落实党的十九届四中全会精神全面提升铁山港区治理能力水平的实施意见

（2020 年 3 月 25 日中国共产党北海市铁山港区第五届委员会第五次全体会议通过）

北铁发〔2020〕2 号

中国共产党北海市铁山港区第五届委员会第五次全体会议，认真学习贯彻党的十九届四中全会、自治区党委十一届七次全会及市委十一届九次全会精神，按照《中共中央关于坚持和完善中国特色社会主义制度、推进国家治理体系和治理能力现代化若干重大问题的决定》（以下简称《决定》）《中共广西壮族自治区委员会关于深入贯彻落实党的十九届四中全会精神、奋力推进广西治理现代化的实施意见》（以下简称自治区党委《实施意见》）及《中共北海市委员会关于深入贯彻落实党的十九届四中全会精神、全面提升北海治理能力水平的实施意见》（以下简称市委《实施意见》）的部署要求，结合铁山港区实际，着重研究了全面提升铁山港区治理能力水平问题，提出如下实施意见。

一、切实提高政治站位，自觉把思想和行动统一到党中央重大决策和自治区党委、市委的部署要求上来

（一）深刻认识中央、自治区党委和市委全会的重大意义。党的十九届四中全会是我们党站在“两个一百年”奋斗目标历史交汇点上召开的一次十分重要的会议，是在新中国成立 70 周年之际、我国处于中华民族伟大复兴关键时期召开的一次具有开创性、里程碑意义的会议，全会审议通过的《决定》，是以习近平同志为核心的党中央从政治上、全局上、战略上全面考量，立足当前、着眼长远作出的重大决策，充分体现了以习近平同志为核心的党中央高瞻远瞩的战略眼光和强烈的历史担当。自治区党委十一届七次全会和市委十一届九次全会各自审议通过的《实施意见》，提出了贯彻中央《决定》的具体路径，为我们贯彻中央《决定》提供了重要遵循。全区各级党组织和广大党员干部要深刻认识党的十九届四中全会、自治区党委十一届七次全会和市委十一届九次全会的重大意义，增强贯彻落实的思想自觉、政治自觉、行动自觉，把思想和行动统一到中央、自治区党委和市委全会精神上来，把智慧和力量凝聚到中央、自治区和北海市确定的各项目标任务上来，推动中央、自治区党委和市委的决策部署在铁山港区落地生根、开花结果。

（二）全面领会和准确把握目标要求。坚持以习近平新时代中国特色社会主义思想为指导，全面贯彻落实党的十九大和十九届二中、三中、四中全会精神，深入贯彻落实习近平总书记关于广西及北海工作的重要指示精神，增强“四个意识”，坚定“四个自信”，做到“两个维护”，紧紧围绕“十三个坚持和完善”，进一步解放思想、改革创新、扩大开放、担当实干，加强制度创新和治理能力建设，着力固根基、扬优势、补短板、强弱项，在系统治理、依法治理、综合治理、源头治理能力上不断实现新提升，推动制度优势更好地转化为治理效能。遵守和执行好支撑中国特色社会主

义制度的根本制度、基本制度、重要制度，在健全铁山港区经济社会发展急需的制度上下功夫，在健全完善满足人民对美好生活新期待必备的制度上下功夫，努力使各方面制度更加完善、更加管用，走出一条符合中央、自治区党委和市委要求、具有时代特征和符合铁山港区实际的治理现代化路子。

二、全面提升铁山港区治理能力水平，为打造四大千亿级临港产业集群，夺取现代化工业新城区建设更大胜利提供坚强保证

（一）贯彻落实党的领导制度体系，提升执行党的路线方针政策和中央、自治区党委和市委决策部署的能力水平

1. 严格落实不忘初心、牢记使命的制度。以制度形式把“不忘初心、牢记使命”主题教育中形成的好做法、好经验坚持好落实好。完善加强理想信念、政治忠诚、革命传统、斗争精神教育制度。发挥主题教育体验基地作用，建立党员、干部经常性政治体检、党性体检、工作体检机制，推动党员、干部特别是领导干部常态化主动对标对表，自觉扫除思想灰尘、及时校正行为偏差。建立健全巩固专项整治成果、联系服务群众等方面的长效机制，密切党群干群关系。建立经常性查找解决各种违背初心使命问题和推进整改落实的制度，推动各级党组织以强烈的自我革命精神，解决党内存在的政治不纯、思想不纯、组织不纯、作风不纯突出问题。

2. 严格落实“两个维护”的制度机制。进一步健全做到“两个维护”的制度，确保党中央政令畅通、令行禁止。建立以政治建设为统领加强领导班子建设、加强政治素质考察的制度，把做到“两个维护”作为检验政治素质的第一标准，教育引导党员、干部自觉在政治立场、政治方向、政治原则、政治道路上同以习近平同志为核心的党中央保持高度一致，忠诚核心、拥戴核心、维护核心。完善落实党的政治建设重点任务的制度，健全落实政治建设重点任务专项督查制度。完善落实党内政治生活制度。健全违反政治纪律和政治规矩问题的查处通报、警示教育机制。

3. 坚决贯彻党的全面领导制度。落实《中国共产党地方委员会工作条例》和《中国共产党党组工作条例》，确保各级党委在本地发挥总揽全局、协调各方的领导作用，推动党组认真履行管党治党政治责任、切实履行领导职责、充分发挥领导作用。贯彻落实党领导人大、政府、政协、监察机关、审判机关、检察机关、武装力量、人民团体、企事业单位、基层群众自治组织、社会组织等制度。落实党领导各项事业的具体制度，健全党领导经济社会各方面重要工作的制度规定，完善党政机构设置和职能配置。健全各级党委（党组）工作制度，确保各级各方面在党的统一领导下，各就其位、各司其职、各尽其责、有序协同。

4. 认真落实为人民执政、靠人民执政的各项制度。坚持完善党员、干部联系群众制度，创新互联网时代群众工作机制，完善各级机关、企事业单位定点扶贫、结对帮扶以及领导干部联系点等联系服务群众工作机制，用好“农事网通”“阳光红页”等服务群众平台，进一步密切党同人民群众的血肉联系。健全开展解决老百姓操心事烦心事揪心事行动的工作机制。完善党建带群建工作机制，健全联系广泛、服务群众的群团工作体系，推动群团组织向“两新”组织等新领域新群体拓展和延伸，把各自联系的群众紧紧团结在党的周围。

5. 健全提高党的执政能力和领导水平制度。严格执行民主集中制，完善发展党内民主和实行正确集中的相关制度，提高党委把方向、管大局、做决策、保落实的水平和各级党组把方向、管大局、保落实的能力。建立健全落实习近平总书记重要讲话、指示精神和党中央决策部署工作机制，认真执行市委、区委出台的落实习近平总书记视察广西及北海重要讲话精神的系列文件。完善贯彻落实党中央决策部署工作任务清单、责任清单、落实清单，完善“回头看”和督查问效机制。完善

区委“1+9”工作规则，健全重大决策的调查研究、科学论证、风险评估相关制度，强化决策执行、评估、监督，提升区委工作科学化、民主化和制度化水平。

（二）贯彻落实人民当家做主制度体系，提升发展社会主义民主政治的能力水平

1. 加强和改进人大工作。认真贯彻落实习近平总书记关于坚持和完善人民代表大会制度的重要思想以及对地方人大及其常委会工作的重要指示精神，认真执行市委《关于贯彻落实自治区党委加强新时代人大工作的实施意见》，落实区委书记联系人大工作制度，建立讨论决定重大事项中党委、人大、政府之间的协调沟通机制，支持和保证人大及其常委会依法履职，健全人大常委会党组向同级党委请示报告制度和人大对“一府一委两院”监督制度。健全“双月专题汇报”会、“一府两院”半年工作报告会制度。完善人大讨论决定重大事项制度，建立政府重大决策出台前向本级人大报告制度，完善人大选举任免工作沟通协调机制。完善和落实人大常委会组成人员与人大代表建立联系、人大代表与选民联系制度，健全人大代表联络机制。建立完善领导领衔督办代表建议机制、承办单位集体会商机制和分级负责制。加快推进“混合编组、多级联动、履职为民”工作，积极推进人大代表履职平台的提升工作。适当增加基层人大代表数量。健全人大组织制度、选举制度和议事规则。

2. 加强和改进人民政协工作。认真学习贯彻中央政协工作会议暨庆祝中国人民政治协商会议成立 70 周年大会精神，贯彻落实《中共中央关于新时代加强和改进人民政协工作的意见》和自治区党委的实施意见，发挥人民政协作为专门协商机构作用，提高政治协商、民主监督、参政议政水平。坚持区委常委会会议定期听取政协党组工作、政协常委会工作情况汇报制度。完善强化政协委员责任担当制度。完善围绕落实区委重点工作开展专项民主监督制度。找准政协工作与重要治理平台的结合点，优化界别设置，完善协商机制，拓展协商渠道，提高协商质量，推动政协协商与各类协商有效衔接。建立协商成果采纳、反馈机制。完善专门委员会工作制度，完善区政协工作制度，强化政协履行职能的制度保障。

3. 加强和改进统一战线工作。完善党委统一领导、统战部牵头协调、有关方面各负其责的大统战工作格局，发挥区委统一战线工作领导小组作用。落实中国特色社会主义参政党制度，完善支持民主党派和无党派人士履行职能制度。健全同党外知识分子的沟通联络机制和联系无党派人士的机制，建立健全党外代表人士队伍建设制度，加强与新的社会阶层人士沟通联系。建立完善民营经济统战工作机制，健全党政领导干部联系服务民营经济人士制度。深入开展民族团结进步创建活动，保障少数民族合法权益，促进各民族交往交流交融。全面贯彻党的宗教工作基本方针，依法依规管理宗教事务，建立完善宗教领域联防联控工作制度，积极引导和推动宗教与社会主义社会发展相适应。坚决贯彻“一国两制”方针，完善以青少年为重点、与港澳台开展双向交流的工作机制，建立健全团结引导广大海外侨胞和归侨侨眷的工作机制，建立完善海外统战工作联席会议机制。深入开展网络统战工作。

4. 健全基层群众自治制度。完善基层党组织领导的基层群众自治机制，完善城乡社区协商机制，推行社区党组织和基层群众性自治组织联席会议、议事协商和社区居民议事会议制度，拓宽人民群众反映意见、提出建议的渠道。加强村（居）民委员会、村（居）务监督委员会规范化建设，规范村（居）民委员会选举程序，完善村（居）务公开制度，健全村级议事规则和决策程序，完善“一组两会”“党支部 + 社区网格”等机制。健全以职工代表大会为基本形式的企事业单位民主管理制度，探索企业职工参与企业管理、社会治理的有效方式，保障职工群众的知情权、参与权、表达权、监督权，维护职工合法权益。

（三）贯彻落实中国特色社会主义法治体系，提升法治铁山港建设的能力水平

1. 落实社会公平正义法治保障制度。全面推行行政执法公示、执法全过程记录、重大执法决定法制审核“三项制度”，健全行政执法自由数量基准制度，加大关系群众切身利益的重点领域执法力度，建立行政执法机关、公共服务部门与司法机关信息共享机制。深化司法体制综合配套改革，完善审判制度、检察制度、律师制度和法律顾问制度，深化公证体制改革。健全案件质量评查、办案流程智能化监管等机制，完善权力运行监督制约机制。全面落实司法责任制，强化对司法活动的监督，深入推进“阳光司法”，确保司法公正高效权威。完善公共法律服务体系，打造一体化公共法律服务平台。充分发挥区镇村三级公共法律服务中心作用，引导和支持群众理性表达诉求、依法维护权益，防范和化解重大矛盾纠纷风险。

2. 推进法治政府和服务型政府建设。贯彻落实中国特色社会主义行政体制，按照构建职责明确、依法行政的政府治理体系要求，完善政府经济调节、市场监管、社会管理、公共服务、生态环境保护等职能，实行政府权责清单制度，厘清政府和市场、政府和社会关系。加强政务诚信建设。健全行政决策、执行、组织、监督权力协调运行机制。优化政府职责体系和组织机构，推进机构、职能、权限、程序、责任法定化。完善重大行政决策程序和责任追究机制。完善机构编制管理机制，健全“一个乡镇两个本”的管理体制和“一部五室执法队”运行机制。深化行政执法体制改革，健全跨领域跨部门综合执法体制。优化行政服务管理的制度规则，推动政务数据资源管理与应用改革，打造全区统一的政务一体化平台，推进数字政府建设。推行“一窗受理，集成服务”，建立“一站式办公，一条龙服务，阳光下运行，规范化管理”的服务模式。加大全民普法工作力度，落实党政主要负责人履行推进法治建设第一责任人职责和党政主要负责人述法制度，领导干部带头尊法学法守法用法，提高运用法治思维和法治方式的能力。

（四）贯彻落实社会主义基本经济制度，提升推动经济高质量发展的能力水平

1. 构建向海经济高质量发展的现代产业体制机制。按照“四三二一”工作思路，建立健全“强龙头、补链条、聚集群”的推进机制，以大产业打造千亿级临港大工业集群。加快建设“产业树大数据平台”，打造“产业树”升级版，完善支持先进制造业、战略性新兴产业和实体经济发展的体制机制，加快培育壮大优势产业集群，打造临港产业园绿色示范园区。建立健全与产业园区融合发展机制，推进产港城融合发展。落实全面推进传统产业“二次创业”，促进传统产业转型升级、优化发展。完善开展重大项目落地建设投产助推行动的机制，健全落实自治区“三大三新”产业发展、“双百双新”重大产业项目建设机制。完善产业园区管理体制，增强园区活力。健全落实发展现代特色农业和振兴南珠产业制度机制，深化台企农渔业项目合作，推动优势特色产业升级发展。

2. 完善开展营商环境优化提升行动的体制机制。建立支持民营经济、外商投资企业等发展制度，健全项目推进服务长效机制，完善领导干部重点企业联系服务、工业项目推进跟踪服务、产业树招商跟踪服务责任制，建立健全“一张表”管理制度，实行招商成功后招商组直接转为项目服务组、完成征地后工作组直接转为项目建设维护组、项目建成投产后项目跟踪服务组直接转为企业联系服务责任领导的工作机制，构建亲清新型政商关系。全面深化“放管服”改革，深入推进行政审批制度改革，建立健全行政审批规范化、标准化、智能化制度机制，大力压减行政许可和整治各类变相审批，积极推进“证照分离”改革全覆盖试点，建立部门联合“双随机、一公开”监管机制，发挥行业协会商会自律作用。推进政务服务“简易办”改革，推动“一窗受理、集成服务”审批和流程再造，尽快实现“一网通办”“一事通办”。深化财税制度改革，落实减税降费各项政策。推进要素市场化改革，积极培育资本、技术、人才、物流“四个要素市场”。开展“护航民企”活动，构建“一对

一”“N+1”服务民营企业长效机制。建立健全有关部门开展“走企连心解困行动”、公安系统开展“走企护商除乱行动”、纪委监委开展“走企问政督效行动”的长效机制，积极为企业发展壮大保驾护航。

3. 完善实施科技创新驱动工程的体制机制。实施创新驱动发展战略，贯彻落实以企业为主体、市场为导向、产学研用深度融合的技术创新体系。激励“双百双新”企业加强产学研用创新平台建设，支持企业自主创新，建设多种形式的技术创新载体平台。加强政企校合作，搭建产学研技术交流平台，建立产业园区、高新技术企业与高等院校、科研院所之间人才开发和培养的合作机制。落实自治区“三百二千”科技创新工程。改革优化科技人才培养使用和评价激励机制，健全向海经济、教育卫生等6类人才培养支持机制，激发广大科技创新人才活力。建立科技投入增长机制，健全科技成果使用、处置、收益制度，保障成果创造和转化。

4. 完善开放合作体制机制。全面落实“三大定位”新使命，积极参与构建“南向、北联、东融、西合”全方位开放新格局，深度融入“一带一路”建设、中国－东盟合作和西部陆海新通道建设，建立与粤港澳大湾区、广西自贸试验区、海南自贸试验区产业对接机制，积极推进北钦防一体化发展部署。加强与西南经济圈、泛珠三角经济圈和东盟经济圈等区域联通协作，深化区域产业合作。建设向海经济国际合作交流平台和机制，构建中国－东盟蓝色经济发展和海洋技术转移合作网络。创新推进桂台产业合作示范区建设的体制机制。提升铁山港口岸通关效率，支持园区企业扩大出口，优化口岸基础设施建设，加快形成面向东盟和西南中南地区的海陆双向开放合作新格局。

5. 健全城乡融合发展体制机制。建立健全开展全面提升规划引领发展水平行动的机制，按照北海市“一岛、两带、三港、四路、五组团”向海空间发展格局，完善工业区综合服务组团建设规划、行政中心片区规划和白龙片区规划等。大力实施产业项目落地建设、园区基础设施和环境提升、南珠新城建设“三大会战”，推动产城融合高质量发展。加快推进南珠新城“七个一”项目、南珠湾新城项目、营盘中心渔港建设，打造“一湾三岛一渔港”。持续推进南康特色小镇建设。加快推进城镇公共厕所、城镇污水处理等基础配套设施建设，建立健全生活垃圾分类管理制度，健全城乡区域协调发展机制，完善推进县域经济快速发展的措施办法，加快做大做强县域经济。坚持农业农村优先发展，把教育、医疗、文化等公共服务资源更多地向区辖镇配置，把更多的项目、资金向农村投放，推进城乡融合发展。

6. 健全征地搬迁工作制度。健全征地搬迁领导体制和工作机制，建立一个项目、一名牵头处级领导、一个工作小组、一抓到底的“四个一”推进机制，全力服务保障重点招商落地项目用地供给。认真执行市辖区集体土地征收及房屋搬迁补偿有关规定，完善安置回建区建设办法，最大限度让利于民，让搬迁户得到更多的利益，实现文明征地、和谐搬迁、幸福安置。完善征地搬迁工作经费管理及使用办法，充分调动一线征地搬迁干部的工作积极性。实行工作组负责制，削减工作层级，赋予工作组更大决策权，提高工作效率。

7. 健全招商引资工作机制。坚持招商引资和招才引智并举，健全项目推进服务长效机制，实行处级领导带队，采取重点客商、重点项目“一对一”对接洽谈模式，大力推进精准招商、以商招商、产业链招商。完善招商引资项目进调评估机制，优先选择优质项目。建立“五个一”（一个产业项目、一名处级领导、一个责任单位、一个责任干部、一抓项目到底）工作机制，推行“该干即办”的工作模式，开展“一周协调、一月通报、一季小结、一年评比”的项目跟踪服务活动，对招商过程和项目建设过程中存在的问题予以及时协调解决，全面提升项目服务效能。

（五）贯彻落实繁荣发展社会主义先进文化制度，提升建设文化铁山港的能力水平

1. 牢牢掌握意识形态工作的领导权。坚持马克思主义在意识形态领域指导地位的根本制度，完善党委（党组）理论学习中心组等学习制度，用好“学习强国”“活力铁山港”等平台作用，持续推动学习宣传贯彻习近平新时代中国特色社会主义思想往深里走、往心里走、往实里走。加强和改进学校思想政治教育，健全未成年人思想道德建设齐抓共管机制。健全落实《中国共产党宣传工作条例》执行情况纳入党建工作责任制、纳入意识形态工作责任制、纳入领导班子和领导干部目标管理、纳入监督执纪问责范围的制度。严格落实意识形态工作责任制，健全意识形态领域重大情况分析研判和定期通报制度。完善舆论监督制度，健全重大舆情和突发事件舆论引导机制。建立健全网络综合治理体系，全面提高网络治理能力，营造清朗网络环境。

2. 健全培育和践行社会主义核心价值观的机制。完善弘扬社会主义核心价值观的制度体系，把社会主义核心价值观融入法治建设和社会治理，体现到国民教育、精神文明创建、文化产品创作生产全过程。健全常态化开展社会主义核心价值观宣传教育机制，加强爱国主义、集体主义、社会主义教育，加强党史、新中国史、改革开放史教育，推动理想信念教育常态化、制度化。深化拓展新时代文明实践中心（站）建设，实施公民道德建设工程，开展道德模范、最美人物、身边好人、孝老爱亲等典型推荐选树和学习宣传。健全志愿服务体系，推动学雷锋志愿服务广泛开展。完善诚信建设长效机制，推进诚信铁山港建设。

3. 建立实施文化铁山港建设工程的机制。加快构建社会主义文化事业和文化产业繁荣发展的机制，健全现代文化产业体系和市场体系。实施文艺创作精品战略，完善优秀作品创作生产机制，健全有利于激发文化创新创造活力的文化管理体制和生产经营机制，加快全域旅游示范区建设，打响白龙珍珠城、“南康卖鸡调”等文化旅游品牌。积极探索“文化 + 休闲”和“文化 + 旅游”产业融合发展新模式，推动文化与其他产业融合互动发展。建立优秀文化产品对外传播、合作制作支持机制，建立健全对外文化交流长效机制，积极开展文化交流、遗产保护、文艺创作、文化旅游等领域的合作。健全历史文化遗产保护管理长效机制，完善非物质文化遗产保护体系和传承机制。

4. 完善覆盖城乡的公共文化服务体系。坚持以人民为中心的发展思想，优化城乡文化资源配置，推动基层文化惠民工程扩大覆盖面、增强实效性，构建政府主导、社会参与、重心下移、共建共享的现代公共文化服务体系。健全支持开展群众性文化活动机制，完善文化科技卫生“三下乡”、戏曲进乡村进校园、全民阅读等群众性文化活动制度。完善公共文化服务财政保障机制、政府购买公共文化服务机制、公共文化设施免费开放保障机制、公共文化服务评价工作机制。建立健全群众文化需求跟踪反馈机制，创新文化产品供给方式，提升公共文化服务供给效能。

（六）贯彻落实统筹城乡的民生保障制度，提升不断增进民生福祉的能力水平

1. 健全巩固提升脱贫攻坚成果的长效机制。完善以“两不愁三保障”为重点的精准脱贫制度，开展脱贫攻坚决战工程，开展脱贫攻坚“回头看”提升行动，集中力量打好贫困歼灭战，如期实现现行标准下农村贫困人口全部脱贫。健全巩固提升脱贫攻坚成果的机制，扶持打造一批特色产业和扶贫车间，健全深化台企农渔项目合作机制，创建一批现代特色农业示范区。落实精准防贫办法，加大脱贫监测户、边缘户监测管理，及时做好返贫人口和新发生贫困人口的监测和帮扶。健全低保制度与精准脱贫政策有效衔接机制。完善巩固脱贫攻坚成果责任制，健全考核监督评估机制。建立完善对贫困村集体经济、贫困户产业扶持机制，构建脱贫攻坚与乡村振兴衔接联动机制。

2. 健全实施乡村振兴战略体制机制。实施乡村振兴战略规划及配套的行动方案，打造一批乡村振兴示范点。建立前端有技术支撑、中间有龙头企业或合作组织带动、后端有市场营销的乡村

产业发展机制，加快构建一二三产融合的现代农业产业体系、生产体系、经营体系。完善农村承包地“三权分置”制度，有序推进农村宅基地制度改革、集体经营性建设用地入市改革、土地征收制度改革，建立城乡统一的建设用地市场。稳步推进农村集体经营性资产确权到户和股份合作制改革，持续深化集体林权制度改革。完善“三农”投入保障机制，建立健全农村产权流转交易服务体系。完善城乡融合发展体制机制，加快推进农村基础设施建设，补齐乡村公共服务短板。健全加强乡镇、乡村带头人队伍建设制度机制。健全农村集体经济发展扶持政策，发展壮大农村集体经济。

3. 健全更充分更高质量就业和更公平分配的体制机制。坚持就业是民生之本，实施就业优先政策，通过发展产业、建设南珠新城创造更多就业岗位，促进就业创业。健全高校毕业生、农民工、退役军人等群体就业创业支持体系，对就业困难人员实行托底帮扶。完善就业监测及失业预警体系。坚决防止和纠正就业歧视，营造公平就业制度环境，完善政府、工会、企业共同参与的劳动关系协调机制，建立劳动关系风险防控机制，构建和谐劳动关系。坚持按劳分配为主体、多种分配方式并存，深化收入分配制度改革，着重保护劳动所得，增加劳动报酬和财产性收入。建立健全保障农民工工资支付长效机制。

4. 构建服务全民终身学习的教育体系。完善立德树人体制机制，建立教育、宣传、考核、监督与奖惩相结合的师德建设长效机制，健全高素质专业化创新型教师教育体系，完善德智体美劳全面发展学生培养体系。健全以政府投入为主、多渠道筹措为辅的教育现代化投入保障机制。深化义务教育学区制管理改革和教育质量综合评价改革，健全学前教育管理、办园和投入体制，推进学前教育普及普惠发展和义务教育优质均衡发展。建立普通高中优质特色发展机制。健全实施教育“三名”工程、中小学校建设的长效机制，健全特殊教育保障和投入机制。加强师德师风建设，完善教师队伍建设政策体系。

5. 完善建设健康铁山港长效机制。实施健康铁山港系列方案和行动计划。健全全方位干预健康影响因素、维护全生命周期健康、防控重大疾病的体制机制，完善覆盖预防、医疗、康复、健康促进等健康服务体系。推进医药卫生体制改革，深化公立医院综合改革，健全“三医联动”机制，完善网格化医联体建设长效机制，推进医疗卫生强基工作。加快现代医院管理制度改革，健全完善分级诊疗制度，完善乡村医生“乡聘村用”措施办法。完善医疗卫生能力建设工作机制，加快引进一批高层次、急需紧缺医疗卫生专业人才，引进高端医疗机构。完善医疗基础设施建设机制，着力解决基层医技人才缺乏，医疗水平不高等突出问题。健全重大疾病医疗保险和救助制度，健全基本医疗卫生制度，完善公共卫生防疫体系和保障机制，加强疾病防治控制能力建设，提升疾病防控水平。开展居家和社区养老医疗服务改革，健全居家社区机构相协调、医养康养相结合的养老医疗服务体系。完善优生优育制度。优化全民健身公共服务体系。

6. 完善覆盖全民的社会保障体系。坚持应保尽保原则，健全统筹城乡可持续的基本养老保障制度、基本医疗保障制度和最低生活保障制度。健全完善社会救助体系，稳步推进社会救助综合改革。完善社会福利、慈善事业、优抚安置等制度，健全退役军人工作体系和保障制度。建立完善城镇困难群众脱困解困工作机制，完善农村“三留守”人员关爱服务体系，建立健全残疾人、失能和半失能老人帮扶制度。落实多主体供给、多渠道保障、租购并举的住房制度。

（七）贯彻落实共建共治共享的社会治理制度，提升建设平安铁山港的能力水平

1. 构建社会治理新格局。完善党委领导、政府负责、民主协商、社会协同、公众参与、法治保障、科技支撑的社会治理体系，落实政治、自治、法治、德治、智治“五治融合”机制，推进社会治理和城乡社区治理创新，推动形成共建共治共享的社会治理格局。创新完善鼓励多方参与社会治理的政

策体系，完善政府购买服务机制，健全市场主体、社会力量广泛参与的网状治理模式。加强区镇两级综治中心和政法单位规范化建设，完善网格化服务管理机制，打造集综合治理、市场监管、综合执法、公共服务等于一体的统一平台。完善推动社会治理和服务重心向基层下移机制，强化区辖镇在基层治理中的重要作用，夯实基层社会治理基础。完善社会、学校、家庭“三位一体”德育教育、校园安全工作网络，推动形成防范校园暴力的长效机制。

2. 完善实施依法治区工程的体制机制。落实社会治安综合治理领导责任制和党政领导干部安全生产责任制。坚持和发展新时代“枫桥经验”，健全矛盾纠纷多元化解机制，构建人民调解、行政调解、司法调解联动工作体系。完善立体化、法治化、专业化、智能化社会治安防控体系，健全扫黑除恶专项斗争、禁毒严打整治长效机制。健全“基层党建 + 农村（社区）警务 +N” 新模式，建立问题联治、工作联动、平安联创的工作格局。健全公共安全体制机制，建立完善突发公共卫生事件应急管理工作机制，构建食品药品安全监管机制，健全防灾减灾救灾和应急管理体制机制。

3. 落实维护国家安全机制。坚持总体国家安全观，加强基层人民防线建设，构建党政军警民“五位一体” 工作新格局。建立健全国家安全风险研判、防控协同、防范化解机制，构建反渗透、反颠覆、反分裂、反间谍、反恐怖、反邪教常治长效机制。健全人防物防技防，加强智慧海防建设，构建布局合理、项目齐全、功能完备、技术先进、资源共享的现代化海防体系。贯彻落实党对人民军队的绝对领导制度，健全双拥共建、国防教育、国防动员机制，健全退役军人工作体系和保障制度，推进军民融合深度发展。

（八）贯彻落实生态文明制度体系，提升建设美丽铁山港的能力水平

1. 完善实施生态立区工程的体制机制。牢固树立 “绿水青山就是金山银山” 的理念，坚持走绿色发展道路。实行最严格的生态环境保护与治理制度，健全源头预防、过程控制、损害赔偿、责任追究的生态环境保护体系。严守生态保护红线，建立山水林田湖海湿地生态一体化保护和修复机制，严格落实河长制、湖长制、林长制，完善森林生态效益补偿机制和海洋资源开发保护制度。构建以排污许可制为核心的固定污染源监管制度体系，完善大气、水、土壤污染综合治理机制。建立打击非法采砂、非法捕捞、非法采矿长效机制，建立整治违法违章建筑长效机制。推行生态环境公益诉讼制度，严厉打击破坏生态环境资源违法犯罪行为。加强生态文明宣传教育，建立生态环境保护警示教育基地，打造开展环境保护教育平台，构建全民参与环境保护社会行动体系。建立生态文明建设目标评价考核制度，实行生态环境损害责任终身追究制。

2. 全面建立资源高效利用制度。构建自然资源统一确权登记制度体系，建立健全自然资源资产所有权管理制度。推进资源有偿使用制度，建立完善统一的自然资源市场交易规则和交易平台，健全自然资源市场调控机制。实行资源总量管理和全面节约制度，健全资源节约集约循环利用政策体系。完善公共机构节能管理体系。实行垃圾分类和资源化处理制度，健全城乡垃圾收运处理体系。构建清洁低碳、安全高效的能源体系。建立完善统一监管综合执法机制，加快建立自然资源统一调查、评价、监测制度，健全自然资源监管体制，完善自然资源执法监管共同责任机制。

3. 建立促进生态经济发展的机制。落实绿色生产和消费的法律制度和政策，加快发展绿色金融，建立促进生态经济提质升级的体制机制。建立生态工业加快发展机制，落实生态产品绿色设计和绿色制造标准体系，加快传统产业和产业园区生态化改造。健全生态农业提质发展机制，推进农产品 “三品一标” 认证，加大对铁山港驰名商标、原产地标志、名优特新产品保护力度。构建生态服务业全面发展机制，创新 “生态 +” 发展模式，建立健全生产性服务业绿色发展、生活性服务业低碳发展新机制。

4. 建立完善美丽铁山港建设长效机制。健全国家文明城市、卫生城市的创建长效机制，完善农村人居环境整治体制机制，建立完善生态村创建工作机制，优化乡村生产生活生态空间。完善乡村风貌提升体制机制，组织编制乡村规划，打造一批绿美乡村、精品示范村和生态村。建立健全农房建设管控长效机制。建立推动新型城镇化建设和绿色发展的体制机制，提升城镇品质和承载能力。

（九）贯彻落实全面从严治党制度，提升营造风清气正政治生态、激励担当实干的能力水平

1. 落实和完善权力制约和监督体制机制。贯彻落实党和国家监督体系，坚持权责法定、透明、统一，完善权力配置和运行制约机制，建立权力运行可查询、可追溯的反馈机制，健全发现问题、纠正偏差、精准问责有效机制。落实各级党组织党内监督责任，重点加强对“一把手”的监督，完善领导班子内部监督制度，保障党员监督权利。深化纪检监察体制改革，健全强化政治监督具体化常态化机制，完善纪检监察机关日常监督细化实化机制，健全执纪执法贯通、监察衔接司法制度，加强纪检监察信息化建设和大数据监督创新，深化政治巡察，完善派驻监督机制，推动监察职能向区辖镇延伸，构建纪律、监察、派驻、巡察“四位一体”监督机制。充分发挥“两代表一委员”、特约监察员的作用，通过巡查、督查、调研等多种渠道，强化制度执行的监督。

2. 健全增强基层党组织政治功能和组织力的制度机制。完善各领域基层党组织建设“提质聚力”制度，深化实施“三有三送”活动，推动基层党组织全面进步、全面过硬。健全抓党建促脱贫攻坚、促乡村振兴、促基层治理以及推动村级集体经济发展壮大等制度，完善基层党建“一类一品”机制。坚持和完善加强党支部标准化规范化建设、持续整顿软弱涣散党支部、加强基层党组织带头人队伍建设制度。完善发展党员工作机制。健全党员教育管理制度，推进远程教育网络载体平台优化升级、融合发展。健全完善基层党建工作述职评议考核制度，全面落实基层党建工作责任，推动全面从严治党向纵深推进、向基层延伸。

3. 完善激励干部担当实干的制度机制。坚持党管干部原则，坚持好干部标准，健全干部素质培养、知事识人、选拔任用、从严管理、正向激励体系，着力建设忠诚干净担当高素质干部队伍。牢固树立重担当重实干重实绩的鲜明导向，健全体现高质量发展要求的科学考核评价机制，选拔重用勇于担当、敢作善成的“猛将、闯将、干将”和“三敢”干部，坚决调整“昏庸懒散拖”干部。完善和落实“八个担当”系列措施，以考察“三问”（承担了什么风险？破解了什么难题？干成了什么实事？）来识别担当，激励干部担当作为。健全“推动思想大解放”长效机制，深化“三坚持两改变”实干作风建设。完善激励干部担当作为奖励制度，健全完善容错纠错、保护澄清机制，健全关心关爱干部制度体系，完善及时奖励、绩效奖励等制度。教育引导广大党员干部践行新时代好干部标准，营造担当为要、实干为本、发展为重、奋斗为荣的浓厚氛围。

4. 构建一体推进不敢腐、不能腐、不想腐体制机制。建立健全全面从严治党政治责任“书记点题谈”制度，健全党委（党组）履行主体责任配套制度。强化纪委监委监督责任和协助职责，探索建立党内政治生态研判评价、反馈整改机制，推动“两个责任”贯通协同、层层落实。坚定不移推进反腐败斗争，坚决查处政治问题和经济问题交织的腐败案件，严惩民生领域腐败、涉黑涉恶及“保护伞”。加强思想道德和党纪国法教育，持续推进廉洁文化建设。健全作风建设和纠治“四风”长效机制，认真落实中央八项规定精神，完善整治形式主义、官僚主义为基层减负工作制度。坚定不移推进反腐败斗争，严惩扶贫民生领域腐败、涉黑涉恶腐败及“保护伞”。

三、强化制度执行，把制度优势转化为治理效能

（一）加强组织领导。围绕中央、自治区党委和市委的部署要求，建立由区委统一领导，人大、政府、政协各负其责，各党政部门、人民团体、社会各界和广大群众广泛参与的落实推进机制。区

辖各镇、各部门要强化政治责任，制定具体落实举措，确保各项决策部署落地见效，不折不扣完成各项目标任务。

（二）加强宣传教育。把制度自信贯穿宣传工作始终，贯穿党员干部和群众教育全过程，引导广大党员干部和群众深刻认识中国特色社会主义制度的本质特征、无比优越性和强大生命力，始终坚定制度自信，倍加珍惜来之不易的制度成果，坚定不移走中国特色社会主义道路。

（三）加强实践探索。坚持把制度建设贯穿改革始终，贯穿于党的各项建设之中，着力践行以人民为中心完善制度体系，努力实现改革举措与制度建设有机衔接、融会贯通，最大限度提升改革整体效应。增强改革创新意识，认真总结我区改革的好经验、好做法。立足自身优势，加强实践探索，加快构建和发展完善改革发展急需、人民群众期待、符合铁山港区实际的制度体系。

（四）加强治理能力。坚持把提高治理能力作为新时代干部队伍建设的重大任务，把制度运用和基层治理作为干部教育培训的必修课，全面提升基层党员干部制度执行力和治理能力，把制度执行力和治理能力作为干部选拔任用、考核评价的重要依据。完善领导班子和领导干部考核评价机制，健全完善干部学习培训交流制度，健全人才向基层一线流动机制，鼓励并支持各类人才为共同提升铁山港区治理能力水平贡献智慧和力量。

（五）加强制度执行。坚持按制度办事、依法办事，各级领导干部要带头维护制度权威，做制度执行的表率，示范带动广大干部群众尊崇制度、执行制度、维护制度。健全权威高效的制度执行机制，加强对制度执行的监督和责任追究，增强制度执行的权威性和严肃性，坚决杜绝做选择、搞变通、打折扣的现象。

全区各级党组织和广大党员干部群众要更加紧密地团结在以习近平同志为核心的党中央周围，坚持以习近平新时代中国特色社会主义思想为指导，全面贯彻落实党中央决策部署和自治区党委、市委具体要求，勇毅笃行、攻坚克难、实干担当、奋勇争先，为实现高水平全面建成小康社会目标，全力谋划打造四大千亿级临港产业集群，奋力夺取现代化工业新城区建设更大胜利而努力奋斗！

［此件发至区辖镇党委，区委各部门，区直各党（工）委、党组，各人民团体党组织，各有关单位党组织］

中共北海市铁山港区委员会办公室　北海市铁山港区人民政府办公室
关于印发《北海市铁山港区解决老百姓操心事烦心事揪心事行动实施方案》的通知

北铁办发〔2020〕13号

区辖镇党委和人民政府，区直各部、委、办、局，区人民法院、人民检察院，各人民团体，驻区各单位，各有关单位：

《北海市铁山港区解决老百姓操心事烦心事揪心事行动实施方案》已经区委、区政府同意，现印发给你们，请认真贯彻落实执行。

中共北海市铁山港区委员会办公室

北海市铁山港区人民政府办公室

2020年6月28日

北海市铁山港区解决老百姓操心事烦心事揪心事行动实施方案

为深入学习贯彻习近平总书记以人民为中心的发展思想，认真落实市委十一届九次全会和区委五届五次全会部署，扎实开展解决老百姓操心事烦心事揪心事（以下简称“三事”）行动，不断增强群众获得感幸福感安全感，特制定本实施方案。

一、总体目标

认真践行习近平总书记“要把老百姓放在心中，及时感知社区居民的操心事、烦心事、揪心事”的嘱托，推动全区各部门各单位充分发挥职能作用，不断巩固拓展“不忘初心、牢记使命”主题教育“我为群众解难题”活动成果，持续解决好老百姓最关心最直接最现实的利益问题，让党员干部经常受教育、人民群众长期得实惠，把主题教育变成一种自觉、一种常态。

二、组织领导

为切实加强对本次行动的组织领导，成立北海市铁山港区解决“三事”行动工作领导小组（以下简称领导小组）。

组　长：叶　艳　区委常委、纪委书记、区监委主任
　　　　沈志平　区委常委、组织部部长
副组长：徐水宗　区纪委副书记、区监委副主任
　　　　吴丽华　区委组织部分管日常工作副部长（正科长级）、老干部局局长
　　　　陈远成　区委办副主任（兼）、区委区政府信访局局长
　　　　劳成兴　区委区政府督查绩效考评办公室主任
成　员：黄　洪　区纪委副书记、区监委副主任
　　　　陈　锋　区委组织部副部长、区“两新”工委书记（兼）
　　　　郑光平　区政府办副主任、党组成员
　　　　甘焕远　区委区政府信访局副局长、四级调研员
　　　　李瑞云　区纪委常委、区纪委监委党风政风监督室主任、区纪委监委驻区人民政府办公室检监察组组长
　　　　陈远会　区政务服务中心副主任、区营商办副主任（兼）

根据工作需要，领导小组下设接收转办、统筹督办、监督问效 3 个工作组，承担领导小组的日常工作。各工作组分别由以下人员组成：

接收转办组

组　长：陈远成　区委办副主任（兼）、区委区政府信访局局长
副组长：甘焕远　区委区政府信访局副局长、四级调研员
成　员：岳琳茵　区党员教育中心四级主任科员、区委组织部组织股股长
　　　　邓彰群　区委区政府信访局工作人员

接收转办组设在区委区政府信访局，主要职责：直接接收群众来电、来信、来访，及时转办批办群众反馈的“三事”，对转办批办事项做好跟踪处理。

统筹督办组

组　长：劳成兴　区委区政府督查绩效考评办公室主任
副组长：郑光平　区政府办党副主任、党组成员

成　员：苏桓绩　区党员教育中心四级主任科员、区基层办常务副主任

卢虹杏　区委区政府督查绩效考评办公室工作人员

统筹督办组设在区委区政府督查绩效考评办公室，主要职责：对各部门各单位开展督查和具体指导，掌握全区解决“三事”行动进展情况，向领导小组提出意见建议。

监督问效组

组　长：黄　洪　区纪委副书记、区监委副主任

副组长：陈　锋　区委组织部副部长、区“两新”工委书记（兼）

李瑞云　区纪委常委、区纪委监委党风政风监督室主任、区纪委监委驻区人民政府办公室纪检监察组组长

成　员：马　娴　区党员教育中心四级主任科员、区委组织部干部股股长

刘倾宇　区纪委监委干部

监督问效组分别设在区纪委党风政风监督室、区委组织部干部股，主要职责：对各部门各单位开展监督执纪问责，查处领导班子和领导干部不担当不作为问题。

三、参与对象

（一）主要参与单位。区辖镇和区政府工作部门、区政府部分直属事业单位、部分市直驻区单位、区有关直属事业单位、群团组织等共41个单位（详见附件1）。

（二）鼓励参与单位。区委各部门、区直事业单位、其他中直和市直驻区单位。

四、行动任务

结合贯彻落实市政府和区政府为民办实事活动部署，在每年办好若干重大民生实事的基础上，以更小切口、更大力度，从实处细处精准发力，深入了解和掌握老百姓的迫切需求和切实困难，推动各部门各单位持续解决老百姓在就业创业、教育医疗、生态环境保护、食品药品安全、住房保障、脱贫攻坚、社会保障等民生问题，让“三事”变成身边的贴心事、舒心事、暖心事。涉及行政争议、民事纠纷及涉法涉诉的事项不纳入行动任务范围。

（一）操心事。一般指尚未发生，但存在一定的发生概率和风险，让老百姓不放心、不安心的事情。比如某些餐饮行业的饮食卫生问题、某些小区的住房安全问题、某些培训机构的教学安全问题等。

（二）烦心事。一般指频繁发生，但一直得不到有效解决，让老百姓不省心、不顺心的事情。比如办理某些业务流程繁杂问题、某些门诊排队等候时间过长问题、某些地方经常停水停电问题、某些路段停车难问题等。

（三）揪心事。一般指长期存在，且涉及群众切身利益，让老百姓很窝心、很痛心的事情。比如某些社区的治安较乱问题、某些工厂违规排放废水废气问题、某些群体的工资被长期拖欠问题等。

五、实施措施

本实施方案自印发之日起实施，每季度为一周期，常态化开展。

（一）畅通渠道。接收转办组在区委区政府信访局开设专门服务窗口，开通专门服务热线（0779-8610661），直接接受群众来电、来信、来访，倾听群众意见建议，指定专人收集群众反映的“三事”，建立登记台账。各部门各单位采取开通群众服务热线、开通民意沟通电子邮箱、开展主题党日活动、召开服务对象座谈会、网络征求意见等方式，多渠道、常态化倾听群众呼声。主要参与单位于6月30日前将热线电话、电子邮箱报送统筹督办组（纸质版径送区委区政府督查绩效考评办公室，电子版发至tsgjxb@126.com，联系电话：0779-8610923），由统筹督办组统一对外公开。进一步畅通公共政府网、阳光红页等群众反映诉求渠道，相关职能部门要及时回应并限期办结。

（二）即收即办。各部门各单位接到职责权限内的“三事”，能即刻解决和答复的，要立即办理、答复；不具备现场办理条件的，填写相关登记表，限时办理，及时将办理结果反馈当事人；不具备自行办理条件的，提出拟办意见，呈报领导小组，再按领导小组组长或副组长批示意见办理，并抄送统筹督办组。对于不属于职责权限内的“三事”，要主动建议当事人向具体职能部门或接收转办组反映。

（三）转办批办。接收转办组根据事件初步核查情况，对于事实清楚、责任明确，仅涉及单个职能部门职责的“三事”，转给相关职能部门办理。对于事件重大、情况复杂，需要区领导出面协调解决或多部门联动解决的“三事”，提出拟办意见，呈报领导小组，按领导小组的批办意见办理。接收转办组每周一将上周批办转办的事项列表汇总抄送统筹督办组。

（四）跟踪落实。对于接收转办组转办和领导小组批办的“三事”，接收转办组或具体经办单位应当在办理时限到期前 3 个工作日内，主动联系牵头责任人或牵头责任单位进行跟办，并做好跟踪记录；在接到办理完结报备后 3 个工作日内，主动联系当事人进行回访，核实办理情况，并做好回访记录，做到事事有回音、件件有落实。

（五）督查指导。统筹督办组采取灵活机动的方式对全区开展解决“三事”行动进行常态化、全过程督促检查，确保“三事”得到有效解决，力戒形式主义、官僚主义。坚持面上督导和重点督导相结合、日常督导与集中督导相结合，重点督导接收转办组转办和领导小组批办的“三事”，每季度开展 1 次以上集中督导。

（六）定期总结。主要参与单位和接收转办组每季度对行动开展情况进行一次收集汇总，于下季度前 3 个工作日内将本季度的行动开展情况报送统筹督办组。主要参与单位每季度须推送 1 件以上已办结且具有代表性的“三事”，鼓励类参与单位视情况报送。

（七）通报公示。统筹督办组及时收集汇总各方面有关情况，提请领导小组研究同意后，于下季度前 10 个工作日内通报本季度行动开展情况，对开展得好的单位和个人进行通报表扬，对开展不力、作风不实、敷衍应付、搞形式、走过场的情况进行通报批评，对行动中涌现出来的典型经验和成功模式进行总结推广。同时，每季度从各部门各单位推送的“三事”中，择优选取出 10 件左右最具代表性的“三事”，提请领导小组研究同意后，在活力铁山港、区政府网站等媒体上进行公示，老百姓反映好的，可给予相关职能部门 0.3—0.5 分的绩效加分。

（八）监督问效。在区纪委党风政风监督室、区委组织部干部股开通监督举报平台（区纪委监委 0779-8610749，区委组织部 0779-8610070），接受群众的投诉举报。对群众反映强烈的形式主义、官僚主义突出问题，比如对群众反映强烈的“三事”无动于衷，不作为慢作为；对群众合理诉求推诿扯皮，“踢皮球”“打太极”；对群众态度简单粗暴，“耍威风”“摆脸色”等，除按照“首问负责制、限时办结制、责任追究制”严肃追究当事人责任外，还将按照一岗双责、一案双查原则，严肃追究单位“一把手”领导责任、分管领导主要责任和纪委书记（派驻纪检监察组组长）监督责任。

六、工作要求

（一）加强组织领导。各部门各单位要加强组织领导，结合各自工作实际，迅速研究制定切实可行的工作措施，形成上下联动、齐抓共管的工作格局，真刀真枪、实实在在解决“三事”。

（二）落实工作责任。把各部门各单位解决“三事”行动的成效列入绩效，进行专项考评，体现奖优罚劣。党委（党组、党工委）书记是第一责任人，要对各环节工作亲自研究部署，亲自督促指导，确保行动抓深抓细抓实。纪委书记（派驻纪检监察组组长）要带头履行“一岗双责”，按照“首问负责制、限时办结制、责任追究制”，切实抓好监督执纪问责工作。

（三）加强宣传引导。充分利用各种媒体大力宣传报道“三事”行动，提升老百姓的知晓度和关注度；及时发布推送各部门各单位解决问题的好做法、好典型，形成良好的舆论氛围。

附件：1. 主要参与单位名单（略）

2. 解决老百姓操心事烦心事揪心事统计表（略）

3. 解决老百姓操心事烦心事揪心事流程图（略）

北海市铁山港区人民政府
关于切实做好全区企业复工复产协调调度有关工作的通知

北铁政发〔2020〕2号

各镇人民政府，区政府各部门，区直各事业单位，各有关单位：

为贯彻落实党中央、国务院的决策部署，贯彻落实《广西壮族自治区人民政府关于切实做好全区企业复工复产协调调度有关工作的紧急通知》（桂政电〔2020〕7号）、《北海市新型冠状病毒肺炎疫情防控工作领导小组指挥部令（第2号）》《北海市人民政府关于切实做好全市企业复工复产协调调度有关工作的通知》（北政发〔2020〕4号）等精神，在确保严格落实疫情防控措施、风险可控的前提下，切实做好全区企业复工复产协调调度，确保经济平稳运行。经研究，成立北海市铁山港区企业复工复产协调调度领导小组（以下简称领导小组），现就做好相关工作通知如下：

一、领导小组机构

组　长：龙起云　区长，铁山港（临海）工业区管委会主任

副组长：吴志全　区委常委、常务副区长

（领导小组下设5个复工小组，由分工对口副区长担任组长）

第一复工小组（重大项目、建筑工程业）组长：吴志全

第二复工小组（文体旅游业）组长：林昌斌　区委常委、宣传部部长、副区长

第三复工小组（政法领域项目）组长：裴强昌　副区长、市公安局铁山港分局局长

第四复工小组（工业、服务业、商贸和交通运输业）组长：卢道云　副区长

第五复工小组（农业）组长：杨晓峰　副区长

第六复工小组（铁山港（临海）工业区70家重点项目）组长：吴华强　铁山港（临海）工业区管委会副主任

成员单位由区发展和改革局、科技商务和工业信息化局、教育局、公安分局、财政局、人力资源和社会保障局、住房和城乡建设局、交通运输局、农业农村和水利局、卫生健康局、文体广电旅游局、市场监督管理局、统计局和各镇政府主要领导组成。

各复工小组分别由对应部门牵头负责：第一复工小组（重大项目、建筑工程业）由区发展和改革局、住房和城乡建设局牵头；第二复工小组（文体旅游业）由区文体广电旅游局牵头；第三复工小组（政法领域项目）由市公安局铁山港分局牵头；第四复工小组（工业、服务业、商贸和交通运输业）由区科技商务和工业信息化局、发展和改革局、交通运输局牵头；第五复工小组（农业）由区农业农村和水利局牵头；第六复工小组（铁山港（临海）工业区70家重点项目）由铁管委建设开发局牵头。

领导小组下设办公室在区发展和改革局，办公室主任由区发展和改革局局长陆国忠兼任，办

公室副主任由区发展和改革局副局长李洋、区科技商务和工业信息化局副局长王厚明、区住房和城乡建设局副局长叶龙、区交通运输局副局长黄聪、区农业农村和水利局副局长张正勇、区文体广电旅游局副局长邓有亮、区统计局副局长宁万东同志、铁管委建设开发局副局长韦功华兼任。

铁山港（临海）工业区管委会、各镇人民政府负责本区域企业复工复产的统筹调度，收集和分析本辖区企业复工复产情况及主要问题、对策建议。

二、工作职责

领导小组负责全区企业复工复产的统筹协调，研究解决遇到的困难和问题。龙起云区长负责全区企业复工复产全面协调调度工作；吴志全同志协助区长负责总体协调调度，并具体负责建筑工程项目企业复工复产及重大项目建设协调调度；林昌斌同志负责文体旅游业等领域项目复工复产协调调度；裴强昌同志负责政法领域项目复工复产协调调度；卢道云同志负责工业、服务业、商贸、交通运输领域企业复工复产协调调度；杨晓峰同志负责大农口、海洋领域企业复工复产协调调度；吴华强同志负责铁山港（临海）工业区重点项目的复工复产协调调度。

各分管领导和牵头部门主要负责人要到企业和项目一线指导和帮助开展复工复产工作，及时协调解决复工复产过程中存在的问题和困难。加强疫情防控宣传，落实复工复产疫情防控“十严格”。遇到跨领域、跨行业的重大事项及问题，可由领导小组组长或副组长主持研究协调。

复工小组牵头部门分别负责指导本领域行业企业复工复产工作，收集和分析本领域行业企业复工复产情况及主要问题、对策建议。

各镇人民政府要落实属地主体责任，加强对本辖区内复工复产企业的排查、协调、调度，对于本地区与抗疫直接相关的、影响力大、经济贡献较大的企业要重点服务。

三、主要工作任务

（一）协调解决企业突出问题。各复工小组、各镇人民政府要对企业复工复产的问题进行收集整理，研究解决企业复工复产遇到的困难和问题，包括：1. 解决企业员工紧缺问题；2. 解决企业防疫物资短缺问题；3. 解决企业原材料供应问题；4. 解决交通运输物流问题；5. 解决企业资金周转困难问题；6. 解决企业复工复产其他问题。

（二）加强复工企业数据采集。各复工小组、各镇人民政府、要加强对本辖区、本行业复工的情况掌握，了解企业复工的动态和走势、人员到岗情况、企业产能、复工企业员工健康信息情况，特别要及时分析疫情对企业生产经营造成的影响，为有针对性地帮扶企业提供基础数据支撑。

（三）强化对复工企业指导检查。在强化属地责任的同时，各行业主管部门要强化对各类复工后企业的指导检查，结合疫情防控实际，紧盯重点行业领域，创新监管检查方式，综合运用信息化、大数据、远程监管、群防群治等方式组织开展相关行业领域企业复工复产指导检查工作。

四、工作要求

（一）明确专人负责。各复工小组、各镇人民政府要高度重视，主要领导亲自抓，分管领导具体抓，明确专人落实收集、分析及报送工作，于 2020 年 2 月 25 日前通过电子邮件向领导小组办公室报送主要领导、分管领导及联络员名单及联系方式。

（二）迅速开展调查、协调、调度工作。各复工小组、各镇人民政府立即组织到企业、项目工地进行全面调查、协调、调度，一周内把负责领域的企业、项目调查到位。

（三）建立日报制度。报告内容：包括企业清单及基本信息，恢复生产企业清单、复产企业的生产情况、未复产企业未复产原因等情况，分析企业复工复产存在的问题，提出应对措施；在建重大项目清单及基本情况，停工的在建项目复工情况，存在问题、应对措施等，形成每日要情简报。报送时间:7 个复工小组牵头单位、各镇人民政府务必每日一报,于每日 10 :00 前将前一天企业复工复产情况相关材料向领导小组各副组长汇报后,以电子邮件的形式报领导小组办公室(区发展和改革局:庞华东,电话:8610198、13877997854,电子邮箱:tsg220@163.com),需按自治区要求上报的,由各复工小组自行按时上报。

(四)建立会商制度。领导小组办公室要组织区科技商务和工业信息化局、人力资源和社会保障局、住房和城乡建设局、交通运输局、农业农村和水利局、文体广电旅游局、卫生健康局、统计局、铁管委建设开发局等单位,采取合适途径对全区各行业企业复工复产情况进行综合分析、会商会诊,密切跟踪对经济运行的影响,形成周报。

(五)其他事项。因工作需要,领导小组及其办公室由区发展和改革局代章。此项工作完成后,领导小组及其办公室自行撤销,不另行发文。

2020 年 2 月 27 日

北海市铁山港区人民政府关于印发《北海市铁山港区背街小巷提升畅通行动实施方案》的通知

北铁政发〔2020〕4 号

各镇人民政府,区政府各部门,各有关单位:

现将《北海市铁山港区背街小巷提升畅通行动实施方案》印发给你们,请认真组织实施。

2020 年 4 月 24 日

北海市铁山港区背街小巷提升畅通行动实施方案

为全面改善铁山港区城市面貌,推进城市建设管理工作向背街小巷延伸,根据《北海市人民政府关于印发北海市背街小巷提升畅通行动实施方案的通知》(北政发〔2020〕7 号)的部署要求,结合我区实际,制定本方案。

一、行动目标

结合创建全国文明城市、国家卫生城市,对辖区范围内背街小巷开展提升畅通行动,通过完善基础设施,改善居住面貌,着力营造“设施齐全、环境优美、交通顺畅、管理有序、安全文明”的街巷环境,不断提升城镇品质,切实增强居民的获得感、幸福感,实现人民群众对美好生活向往。

二、提升内容及标准

(一)市政设施:道路硬化平整,路面无破损、沉降、断裂,无明显坑洼积水,路面原则上铺设沥青;路缘石整齐,有人行道的要铺平整牢固便于通行;坡道、盲道等无障碍设施完善完好。窨井盖齐全,无破损、移动、跳动;排水管道畅通,无污水跑冒、满溢、横流,无露天排水沟渠,具备条件的应实行雨污分流。有条件的应建设地下电力管缆和通讯管缆。供水管道和燃气管道同步配套建设或改造。

(二)亮化设施:背街小巷均有路灯照明装置,夜景照明和路灯照明无损坏、断亮现象,装灯率达 100%,路灯亮化率达到 95% 以上。

（三）园林绿化：对有条件的街巷栽植行道树、绿化带，规格、品种、树穴要统一，无缺株少株，无死树枯枝，树穴、绿化区域无黄土裸露。

（四）公共配套：设置便民引导标识，街巷名称、公共图形标识规范，标志标牌多杆合一。有条件的增设生活配套、康体娱乐、便民服务、慢行系统等公共设施，对街巷进行景观美化。鼓励打造精品街巷、文化街巷、特色街巷。

（五）架空线缆：沿街巷架设的各类供电、通讯、网络、广播电视线路等管线，有地下管缆的要迁改入地，暂时不能入地的各种管线进行序化梳理，整齐有序，捆扎整齐，无散乱、掉落现象，清理废旧、私拉线缆、线杆；对无权属单位确认的线缆，按照废弃线缆进行处理。

（六）违章建筑：背街小巷无乱堆物料、杂物，无乱搭乱建，无违章构筑物。

（七）环境卫生：各类环卫设施布局规范，位置合理，排列有序，并保持设施的整洁、美观和完好；垃圾箱分类收集垃圾，箱体上要有可识别标识；垃圾收集容器密闭，无敞口垃圾池。环境卫生干净整治，无脏乱差现象，垃圾箱干净整洁，日产日清，无垃圾外溢；地面无暴露垃圾，无卫生死角；绿化带无暴露垃圾，无围挡垃圾。

（八）街巷秩序：街巷畅通，无出店经营、占道经营，流动商贩在规定区域内规范经营。规范交通秩序，合理布置交通标示线，划设停车泊位，设置交通指示牌；清除在公共区域私自设置的停车地锁，禁止在公共区域划线围挡私用；严格查处车辆乱停乱放、堵塞应急通道等行为。

（九）建筑立面：整洁美观，无乱牵乱挂，无乱贴乱画，无乱贴小广告和城市“牛皮癣”，无墙面破损。

（十）广告招牌：规范统一美观，内容健康向上，无缺字错字破损，无一店多招，无乱设移动灯箱广告。无悬挂经营性条幅、横幅。营造创城宣传氛围，运用手绘、固定广告牌、宣传栏等形式展示精神文明创建内容，刊播公益广告。

三、工作任务

（一）改造任务。经前阶段排查，对照提升内容和标准，结合街巷现状和存在问题，计划改造街巷共 27 条。其中一期计划实施 13 条，二期计划实施 15 条（见铁山港区背街小巷改造提升项目表）。

（二）资金筹措：根据《北海市人民政府关于印发北海市背街小巷提升畅通行动实施方案的通知》（北政发〔2020〕7 号）文件精神，由市财政拨付 80%、区财政配套 20%。

四、组织领导及责任分工

（一）成立领导小组

为了加强组织领导，确保行动顺利推进，成立北海市铁山港区背街小巷提升畅通行动领导小组，领导小组名单如下：

总指挥：龙起云　区委副书记、区长、铁管委主任（兼）

常务副总指挥：吴志全　区委常委、常务副区长

副总指挥：林昌斌　区委常委、宣传部部长，副区长

成员单位：由区督考办、创城办，区发改局、科商工信局、公安分局、交警大队、财政局、民政局、自然资源局、住建局、综合行政执法局、市场监管局，南康镇政府、营盘镇政府，铁山港供电分局等单位主要领导组成。

领导小组办公室设在区住建局，办公室主任由区政务服务中心陈远会、区住建局陈绪贤同志担任，副主任由区住建局李子忠同志担任。办公室负责具体协调推进背街小巷提升畅通行动及日常各项工作。

（二）领导小组下设8个专项工作组

1. 道路工程实施工作组

责任单位：区住建局

配合单位：南康镇政府、营盘镇政府

工作任务：负责推进背街小巷道路及照明、绿化等道路附属设施建设改造工程的实施。

2. 违章建筑清理工作组

牵头单位：区综合行政执法局

责任单位：南康镇政府、营盘镇政府

工作任务：区综合行政执法局会同南康镇政府、营盘镇政府、各相关部门拆除侵占道路的违章建筑，清除背街小巷内的乱搭乱建、乱堆乱放，为背街小巷畅通扫除障碍。

3. 地下管道配建工作组

牵头单位：区住建局

责任单位：镇辖区供水企业、燃气企业

工作任务：区住房和城乡建设局负责协调供水企业、有关燃气企业同步实施背街小巷供水管道、燃气管道建设改造工作。

4. 架空线缆梳理工作组

牵头单位：区科商工信局

责任单位：区综合行政执法局、铁山港供电分局、各管线单位

工作任务：区科商工信局负责牵头组织供电、弱电（通信、网络、有线电视等）管线整治提升，同步实施架空线缆"上改下"或序化梳理等工作。区综合行政执法局负责梳理、清除无人认领的管线。

5. 街容巷貌整治工作组

牵头单位：区住建局

责任单位：区综合行政执法局、自然资源局、市场监管局、民政局、文明办，南康镇政府、营盘镇政府

工作任务：区住建局负责按规范标准实施背街小巷道路、排水、照明、绿化等市政设施的维修改造，并牵头组织开展环境卫生、建筑立面、店名招牌、户外广告、标识标牌、占道经营等市容环境综合整治工作。区市场监管局负责查处背街小巷违章广告。区民政局负责街巷名称命名和统一设置道路标识牌。区文明办负责对背街小巷规范设置文明标识进行业务指导。

6. 交通畅通工作组

牵头单位：区公安分局、市交警支队第三大队

责任单位：南康镇政府、营盘镇政府

工作任务：区公安分局、市交警支队第三大队负责指导背街小巷交通标识标线、停车泊位标线、交通指示牌等交通设施的设置，负责查处机动车辆乱停乱放、堵塞应急通道等违法行为，负责组织实施街巷建设改造工程施工期间交通疏导工作。

7. 资金保障工作组

牵头单位：区财政局

配合单位：区住建局、综合行政执法局，南康镇政府、营盘镇政府

工作任务：区财政局负责统筹安排、监督、考评区本级背街小巷提升专项资金使用情况。

所有项目工程资金（含前期经费）、违章建筑拆除费用和占道房屋征收费用由市本级和区本

级两级财政按照 8∶2 比例分别承担。市本级资金由市财政局在项目开工后预拨 30% 至我区，后期根据工程进度拨付至 60%，区级配套的 20% 资金在项目建设过程中根据进度与市级资金一起拨付。所有项目完成后，根据审计定额按比例申请市级财政结算余下资金。线缆整治、供水管道建设改造、燃气管道建设改造（含已改造但改造不符合相关规范的）资金由各管线单位自筹解决。

8、督办考核工作组

牵头单位：区创城办

责任单位：区督考办、财政局、住建局

工作任务：区创城办负责结合创城行动，监督指导背街小巷改造提升符合创城要求。区督考办按照工作任务和时间节点，对各专项工作组落实行动情况进行督办、检查，实施不定期督查，不定期通报，督促相关单位履职尽责；组织各有关单位对各专项工作组开展背街小巷提升畅通行动进行考核。

五、实施步骤

（一）组织实施阶段（2020 年 4 月—2020 年 9 月）

本工作方案报经市背街小巷提升畅通行动领导小组批准后实施，各工作组及有关单位协同配合，严格按照提升内容和标准，集中人员、集中财力、集中时间，合力攻坚，确保 9 月底前按时完成背街小巷提升任务。

（二）验收考核阶段（2020 年 9 月底前）

由督办考核工作组组织各有关单位，按照提升内容和标准对背街小巷进行逐一验收考核，对未完成任务或未按提升内容标准实施的，提出整改意见并责令限期完成。

六、工作要求

（一）尊重民意，群众参与。尊重社情民意，注重群众的意见，针对群众最关心、最期待解决的问题制定整治措施。社区干部带动群众，发动群众参与背街小巷提升畅通行动，增强群众过程参与和成果维护的主人翁精神。通过群众力量，化解拆除违章建筑、占道房屋征收、施工改造、整治交通、清理广告招牌等工作中的矛盾纠纷。

（二）科学设计，打造精品。制定一街一巷提升方案，科学规划设计，注重完善街巷功能，对临街围墙立体绿化或美化，落实海绵城市设计要求。设计方案既要统一基本要素，又要各有特色，充分挖掘每条街巷特有的文化内涵，结合历史底蕴和人文气息，打造一批特色精致街巷和一个示范片区。

（三）精细施工，保质保量。按照先易后难、以点带线，以线带片、有序推进的原则开展背街小巷提升畅通行动。科学统筹安排施工，遵循先地下后地上施工程序，避免反复开挖。规范工程建设行为，严格工程监管，确保工程质量和进度。坚持安全文明施工，做好降尘降噪，做好交通疏导，降低施工对居民生活、出行的影响。坚持精细施工，实现道路与居民家门口的无缝对接。

（四）立行立改，常态管理。各镇、各相关单位对辖区范围内背街小巷按照提升内容标准持续进行常态化排查，对于排查的问题要列清单，定措施，迅速整改，销号管理。以此次背街小巷提升畅通行动为契机，总结经验做法，建立背街小巷精细化管理长效机制，实现常态化管理，全面提升背街小巷整体形象。

七、保障措施

（一）统一思想，共同推进。背街小巷提升畅通行动是城市治理工作重中之重，各相关单位要高度重视，认真履行职责，树立“一盘棋”思想，相互配合，齐抓共管，形成合力，通过综合改造提升让市民群众得到实实在在的幸福感和获得感。

（二）分类管理，简化审批。根据《北海市人民政府办公室关于印发优化城乡建设管理大会战项目审批程序的通知》（北政办〔2017〕104号）要求，开辟绿色通道，简化背街小巷道路工程实施程序。

开挖性背街小巷改造工程按道路综合整治程序实施：立项→测量、勘探→设计→施工图审查→编制预算造价→区财政评审→施工、监理采购→委托检测→工程验收→审计结算。

非开挖性背街小巷维修改造工程按一般市政设施维护程序实施。

（三）严格考核，严肃问责。督办考核工作组按照背街小巷改造提升标准，进行全面督查检查，跟踪督办，严格考核。对不按期整改的或整改效果不明显的，进行通报批评并报区背街小巷提升畅通行动工作领导小组严肃问责。验收考核结果纳入绩效目标考评。

附件：1. 北海市铁山港区背街小巷改造提升项目表（一期、二期）（略）

2. 铁山港区背街小巷改造提升项目示意图（一期、二期）（略）

北海市铁山港区人民政府办公室
关于印发《2020年南康江水环境综合整治工作方案》的通知

北铁政办〔2020〕15号

各镇人民政府，区政府各部门，区直各事业、企业单位，各有关单位：

《2020年南康江水环境综合整治工作方案》已经区人民政府同意，现印发给你们，请认真组织实施。

2020年3月31日

2020年南康江水环境综合整治工作方案

2020年是《水污染防治行动计划》和《广西水污染防治行动计划工作方案》终期考核年，南康江水质已经列入国家“水十条”2020年考核范围。为推进整治影响南康江水质的污染源，结合我区实际，特制定如下工作方案。

一、指导思想

以习近平新时代中国特色社会主义思想为指导，深入贯彻习近平生态文明思想和习近平总书记视察广西及北海重要讲话精神。牢固树立和践行“绿水青山就是金山银山”新发展理念，以改善水环境质量、保障群众健康为根本出发点，做好南康江水污染风险防控，持续维护和改善南康江水环境质量，确保实现南康江水环境近期“洁”、中期“清”、长期“净”的目标，为加快建设现代化生态型铁山港提供坚实的环境保障。

二、整治目标

通过综合整治，南康江水环境有明显改善，氨氮、溶解氧、总磷和高锰酸钾指数指标降低，到2020年底，南康江婆围断面水质稳定达到地表水Ⅲ类标准，水质稳定向好，水质优良率达到上级考核要求；近岸海域水质保持稳定不降。

三、整治任务

（一）开展生活面源污染整治。

1. 落实河长治污职责，定期开展巡河，清理河道河岸垃圾，完善垃圾收集转运体系，消除向水体随意倾倒垃圾现象。

牵头单位：区农业农村和水利局（河长办）。

配合单位：区住房和城乡建设局、铁山港生态环境局、各镇人民政府。

完成时限：2020 年 5 月前底完成。

2. 加快推进南康江流域污水管网建设，提高生活污水收集处理率，加强污水厂运营管理，减少生活污水直排。在南康镇污水处理厂一厂、二厂尾水排放口各建设一公里生态湿地。

牵头单位：区住房和城乡建设局。

配合单位：铁山港生态环境局，南康镇人民政府。

完成时限：2020 年 12 月底前完成。

3. 聘请有资质第三方环保公司，每月在南康江与合浦县交界断面、兴港镇婆围村国控点开展抽样监测，设立微型自动水站检测点，及时了解水污染源。

牵头单位：铁山港生态环境局。

配合单位：区财政局，各镇人民政府。

完成时限：2020 年 12 月底前完成。

（二）开展农业面源污染治理。

着力加强种植业污染防治，大力发展生态循环农业。加快测土配方施肥技术的推广应用，鼓励推广施用有机肥，减少农田化肥氮磷流失，引导农民使用生物农药化肥或高效、低毒、低残留农药，切实降低对环境的影响。

牵头单位：区农业农村和水利局。

配合单位：各镇人民政府。

完成时限：2020 年 12 月底前完成。

（三）开展工业面源污染治理。

1. 加强南康江集雨面积范围内和流入南康江沟渠等水体沿岸的企业日常监管，确保工业企业生产废水经处理后达标排放，加强沿江排污口整治，协调有权部门依法查处，严厉打击偷排、漏排、乱排行为。

牵头单位：铁山港生态环境局

配合单位：铁管委建开局、各镇人民政府。

完成时限：2020 年 12 月底前完成。

2. 加强对沿江洗沙场、选矿厂监管和执法，明确整改措施和期限，协调有权部门依法查处，消除环境安全隐患。

牵头单位：区自然资源局、铁山港生态环境局。

配合单位：区综合行政执法局、区市场监督管理局、区公安分局，各镇人民政府。

完成时限：2020 年 6 月底前完成。

（四）开展畜禽养殖面污染

督促养殖户建设与粪污产生量相匹配的粪污处理设施和贮存利用设施，实现畜禽粪便无害化处理和综合利用，畜禽养殖造成的面源污染得到有效控制，养殖产生的废水经处理达标后用于农灌，不得往南康江排放。

牵头单位：区农业农村和水利局。

配合单位：铁山港生态环境局、各镇人民政府。

完成时限：2020 年 6 月底前完成。

（五）开展水产养殖面污染

加强南康江水产养殖整治，清理南康江内非法水产养殖点，养殖水产养殖污染水体流入南康江。

牵头单位：区海洋局。

配合单位：铁山港生态环境局、各镇人民政府。

完成时限：2020 年 6 月底前完成。

四、组织保障

（一）成立领导小组。

为了加强对南康江环境综合整治工作的组织领导和协调工作，成立南康江环境综合整治工作领导小组。成员名单如下：

组　长：龙起云　区长、铁管委主任（兼）

副组长：吴志全　区委常委、副区长

卢道云　副区长

吴华强　铁管委副主任

成　员：吴子乐　铁山港生态环境局局长

张祖钊　区财政局局长

郑国忠　区自然资局负责人

陈绪贤　区住房和城乡建设局局长

黄家琳　区农业农村和水利局局长

陈传栋　区委宣传部副部长、区社科联主任（兼）、文体广电旅游局局长

叶晓文　区市场监督管理局局长

杨　杏　区综合行政执法局局长

韩有才　区海洋局局长

郑　锐　公安分局副局长

韦功华　铁管委建设开发局局长

劳庆蓉　南康镇镇长

朱　超　营盘镇镇长

刘远航　兴港镇镇长

领导小组下设办公室在铁山港生态环境局，负责统筹协调、督促推进南康江环境综合整治工作。办公室主任由卢道云同志兼任，常务副主任由吴子乐同志兼任，各成员单位指定 1 名业务负责人参与领导小组办公室日常工作。因工作需要，领导小组及其办公室可由铁山港生态环境局代章。

五、工作要求

（一）提高站位，压实责任。各镇政府、各相关部门要高度重视南康江水环境问题，切实提高站位，坚持管地方必须管环保、管行业必须管环保、管业务必须管环保、管生产经营必须管环保的要求，压紧压实责任，层层抓好落实。各单位一把手要亲自挂帅，细化方案，压实责任，落实措施，把各项具体工作落实落细。

（二）加大投入，确保效果。区财政要将南康江水环境综合整治经费纳入年度财政预算，确保整治经费得到有效保障。各成员单位要积极与上级部门对接，争取国家、自治区和北海市资金支持，加大投入，加快治理，确保达到预期效果。

（三）协调联动，加强监管。各镇政府、各部门要按分工要求，认真履职，协调形成清理整治执法联动机制，形成工作合力。各镇政府要落实属地管理责任，加大对辖区的巡查频次，发现问题要及时上报处理。各行业主管部门要加大南康江流域涉水企业执法监管力度，保持查处和重罚环境违法行为的高压态势。对涉及市级环境保护执法权限的，由区相关主管部门报区政府，以区政府名义移送市级相关部门查处。

（四）加强调度，强化督查。南康江水环境综合整治工作领导小组办公室要加强调度，对整治推进中出现的新情况新问题报请领导小组研究解决，对整治工作进度和质量予以督查督办，对工作推进不力、严重滞后单位予以通报，提请问责。

（五）加强宣传，发动群众。各任务责任单位要充分利用宣传手册、横幅、墙报，以及网络、微博、微信等宣传媒介，有针对性开展宣传，营造良好舆论氛围，助力推动南康江水环境综合整治工作。发动、鼓励群众举报投诉，充分发挥群众对推进南康江环境综合整治工作的监督推动作用。

附件：南康江水环境综合整治工作整改任务表（略）

北海市铁山港区人民政府办公室
关于印发《北海市铁山港区设施蔬菜产业核心示范区创建实施方案》的通知

北铁政办〔2020〕40 号

各镇人民政府，区政府各部门，区直各事业、企业单位，各有关单位：

《北海市铁山港区设施蔬菜产业核心示范区创建实施方案》已经区人民政府同意，现印发给你们，请认真组织实施。

2020 年 11 月 6 日

北海市铁山港区设施蔬菜产业核心示范区创建实施方案

为进一步推进广西现代特色农业示范区建设，推动铁山港区优势特色产业提档升级，实现农业增效、农民增收，让产业助力脱贫攻坚和乡村振兴，根据自治区党委办公厅、自治区人民政府办公厅关于印发《广西现代特色农业示范区建设增点扩面提质升级（2018—2020 年）三年行动方案》（厅发〔2018〕24 号）和《北海市现代特色农业示范区建设增点扩面提质升级（2018—2020 年）三年行动实施方案》（北办发〔2018〕68 号）及《中共北海市铁山港区委会办公室北海市铁山港区人民政府办公室关于印发〈北海市铁山港区现代特色农业示范区建设增点扩面提质升级（2018—2020 年）三年行动实施方案〉的通知》（北铁办发〔2018〕58 号）等文件精神和要求，结合铁山港区具体实际，特制定本方案。

一、指导思想

以习近平新时代中国特色社会主义思想为指导，深入贯彻党的十九大和习近平总书记视察广西及北海时重要讲话精神，大力实施乡村振兴战略，以推进农业供给侧结构性改革为主线，以培育壮大新型农业经营主体、推进适度规模经营为重点，坚持质量兴农、科技强农，坚持绿色发展、品牌引领，坚持农村一二三产业融合发展，构建现代农业产业体系、生产体系、经营体系，全面实施示范区建设增点扩面提质升级行动，着力打造乡村振兴示范样板，加快铁山港区农业农村现代化建设步伐。

二、创建目标

遵循“政府引导、市场运作、企业参与、农民受益”的原则，经过两年的投入和建设，把北海市铁山港区设施蔬菜产业核心示范区打造成为产业链较完整、品牌带动力强、市场竞争优势明显的自治区级现代特色农业示范区，打造全国设施果蔬高质量发展示范基地，树立“一企一业”典范。

三、创建主体

（一）广西北海椿丰农业科技有限公司

（二）北海市铁山港区南营兴种植专业合作社联合社

四、创建地点、规模和内容

（一）创建地点和规模

北海市铁山港区设施蔬菜产业核心示范区分为核心区、拓展区、辐射区，面积合计 18000 亩。其中核心区位于铁山港区营盘镇盐灶村禾镰塘一带，规划面积共 3000 亩（其中大棚设施种植 500 亩）；拓展区位于铁山港区营盘镇盐灶村、塘仔村、石村、彬畔村，南康镇三塘村、兴港镇小马头村等，规划面积 5000 亩；辐射区位于铁山港区南康镇、营盘镇、兴港镇等乡镇及周边其他县区，面积共 10000 亩。

主导产业：设施蔬菜产业。

（二）主要建设内容

依托北海市土壤肥沃、光热资源充沛等自然地理气候条件，采用山东寿光大棚蔬菜生产技术和物联网数控系统管理模式，建设可抗 10—12 级台风钢架大棚蔬菜生产基地。

1. 工厂育苗区：建设设施蔬菜工厂化育苗基地、品种试验展示基地，配备育苗大棚、营养杯、育苗盘、水肥一体化等设备，开展蔬菜工厂化、机械化育苗技术示范，打造全国现代蔬菜产业示范基地、广西蔬菜工厂化育苗基地、广西科普教育示范基地。

2. 设施种植区：建设蔬菜绿色标准化种植基地 3000 亩，其中钢架大棚种植区 500 亩，配套完善水电路、水肥一体化、病虫害绿色防控、农机化等设施设备，开展蔬菜设施化、绿色标准化种植及产业化扶贫种植技术示范，打造全国蔬菜绿色高产高效示范基地、广西蔬菜设施化种植示范基地、广西蔬菜绿色标准化种植示范基地。

3. 冷链物流区：建设蔬菜冷链物流基地，配套完善蔬菜分拣、清洁、冷链、仓储、包装等设施设备，配备冷链物流专用车，建设北海、南宁、长沙、贵阳、成都产品体验店 5 个，开展蔬菜绿色加工物流技术示范，创建全国扶贫农产品知名品牌、广西十大蔬菜品牌，实行区域全程物流配送、线上线下销售。

4. 综合服务区：建设技术服务中心、产品检测中心、产品追溯中心、综合培训中心、扶贫开发中心、电商中心、产品实体店、产业文化展厅、综合服务区、生产资料仓库、员工生活区等，开展设施蔬菜全程产业化综合服务示范，争创区域知名品牌、行业龙头和扶贫龙头企业称号。

五、时间安排

（一）2020 年 1 月—7 月　宣传发动制定方案阶段

（二）2020 年 7 月—8 月　组织项目实施阶段

（三）2020 年 8 月—9 月　申报迎检阶段

（四）2020 年 9 月—10 月　验收认定阶段

（五）2020 年 10 月—11 月　材料归档总结阶段

六、保障措施

（一）成立组织机构

成立北海市铁山港区设施蔬菜产业核心示范区建设工作领导小组，其成员名单如下：

组　长：杨晓峰　副区长、南康镇党委书记

副组长：邓昭文　区信息中心主任

　　　　黄家琳　区农业农村和水利局局长

成　员：劳成兴　区委区政府督查绩效考评办公室主任

　　　　刘忠华　区扶贫开发和水库移民工作局局长

　　　　张祖钊　区财政局局长

　　　　陆国忠　区发展和改革局局长

　　　　郑国忠　区自然资源局负责人

　　　　黄元贵　区科技商务和工信局局长

　　　　陈绪贤　区住房和城乡建设局局长

　　　　陈传栋　区文体广电旅游局局长

　　　　梁旺有　区统计局党组书记

　　　　陈家瑶　区交通运输局局长

　　　　陈凯华　区人力资源和社会保障局局长

　　　　陈剑平　“美丽港区”乡村建设领导小组办常务副主任、市容市政管理中心主任

　　　　朱　超　营盘镇人民政府党委副书记、镇长

　　　　郑喜芝　广西北海椿丰农业科技有限公司董事长

　　　　黄　平　北海市铁山港区南营兴种植专业合作社联合社负责人

领导小组下设办公室在区农业农村和水利局，办公室主任由黄家琳同志兼任，副主任由区农业农村和水利局副局长张正勇同志担任，成员从区农业农村和水利局抽调人员组成，具体负责示范区创建工作。

（二）加强部门协作

各部门要通力协作，密切配合，切实把核心示范区创建工作抓紧抓好抓出成效，确保通过自治区级示范区验收。各部门职责分工如下：

区农业农村和水利局牵头负责标准化生产和创建工作，并提供相关证明材料；

区发改局负责项目申报及资金扶持；

区财政局负责整合项目资金、提供市、区本级财政投入资金保证以及农业保险及信贷提保方面材料；

区自然资源局负责指导农业设施用地合规合法化；

区住建局负责指导农业设施建设及农村住房建设；

区水利电力部门负责整合项目资金投入水电设施建设；

区统计局负责提供核心示范区与周边群众人均可支配收入证明；

区乡村办负责指导并整合项目资金投入乡村建设；

区交通运输局负责指导道路规划并整合项目资金投入示范区道路建设；

区扶贫移民局负责指导产业开发并整合项目资金扶持产业开发；

区绩效办负责提供绩效考评相关文件材料，督促完成绩效考评任务；

营盘镇人民政府配合区农水局做好示范区创建各项工作；

广西北海椿丰农业科技有限公司、北海市铁山港区南营兴种植专业合作社联合社具体承担示范区建设工作。

（三）强化责任落实

各成员单位要提高认识，从脱贫攻坚和乡村振兴大局出发，主动服务，加强联动，根据方案涉及的职责和分工，细化各自工作方案，把各项目标任务落到实处。要不定期对示范区创建工作进行检查，及时协调解决项目推进过程中遇到的各种问题，确保各项工作顺利推进。

表 11

机构全称与简称对照

（排名按文稿刊出先后为序）

全称	简称
中国共产党北海市铁山港区委员会办公室	区委办
北海市铁山港区人民代表大会常务委员会办公室	区人大办
北海市铁山港区人民政府办公室	区政府办
中国人民政治协商会议北海市铁山港区委员会办公室	区政协办
北海市铁山港区发展和改革局	区发改局
北海市铁山港区财政局	区财政局
中国共产党北海市铁山港区委党史研究室	区委党史研究室
北海市铁山港区地方志编纂委员会办公室	区志办
北海市铁山港区农业农村和水利局	区农业农村和水利局
北海市铁山港区统计局	区统计局
北海市铁山港区民族宗教侨务局	区民宗侨务局
北海市铁山港区投资促进中心	区投资促进中心
北海市铁山港区精神文明建设委员会办公室	区文明办
北海市铁山港生态环境局	铁山港生态环境局
北海市铁山港区自然资源局	区自然资源局
北海市铁山港区海洋局	区海洋局
北海市铁山港区科技商务和工业信息化局	区科商工信局
中国共产党北海市铁山港区委员会全面深化改革委员会办公室	区委深改办
中国共产党北海市铁山港区委员会组织部	区委组织部
中国共产党北海市铁山港区委员会宣传部	区委宣传部
中国共产党北海市铁山港区委员会统一战线工作部	区委统战部
中国共产党北海市铁山港区委员会老干部局	区委老干部局
中国共产党北海市铁山港区直属机关工作委员会	区直属机关工委
中国共产党北海市铁山港区委员会机构编制委员会办公室	区委编办
中国共产党北海市铁山港区委员会北海市铁山港区人民政府督查绩效考评办公室	区委区政府督查绩效办

续表

全称	简称
中国共产党北海市铁山港区委员会北海市铁山港区人民政府信访局	区信访局
中国共产党北海市委党校铁山港区分校	市委党校铁山港区分校
北海市铁山港区机关后勤服务中心	区机关后勤服务中心
北海市铁山港区政务服务中心	区政务服务中心
北海市铁山港区人民政府土地房屋征收中心	区征收中心
北海市铁山港区退役军人事务局	区退役军人事务局
北海市铁山港区应急管理局	区应急管理局
北海市铁山港区消防救援大队	区消防救援大队
北海市铁山港区人力资源和社会保障局	区人社局
北海市铁山港区综合行政执法局	区综合行政执法局
中国共产党北海市铁山港区纪律检查委员会北海市铁山港区监察委员会	区纪委监委
中国共产党北海市铁山港区委员会巡察工作领导小组办公室	区委巡察办
北海市铁山港区总工会	区总工会
中国共产主义青年团北海市铁山港区委员会	团区委
北海市铁山港区妇女联合会	区妇联
北海市铁山港区科学技术协会	区科协
北海市铁山港区残疾人联合会	区残联
北海市铁山港区社会科学界联合会	区社科联
北海市铁山港区工商业联合会	区工商联
中国共产党北海市铁山港区委员会政法委员会	区委政法委
北海市公安局铁山港分局	铁山港公安分局
北海市铁山港区人民检察院	区检察院
北海市铁山港区人民法院	区法院
北海市铁山港区司法局	区司法局
中国人民解放军北海市铁山港区人民武装部	区人武部
北海市铁山港区人民防空和海防工作办公室	区人防海防办
中粮屯河北海糖业有限公司	屯河北海糖业有限公司
广西北部湾新材料有限公司	北部湾新材料公司
斯道拉恩索（广西）浆纸有限公司	斯道拉恩索公司
广西电网有限责任公司北海供电局铁山港供电分局	铁山港供电分局
广西投资集团北海发电有限公司	广投北海发电公司
神华国华广投（北海）发电有限责任公司	国华北海电厂
北海市铁山港（临海）工业区管理委员会	铁山港（临海）工业区管委会
北海市铁山港区扶贫开发和水库移民工作局	区扶贫移民局
北海市铁山港区交通运输局	区交通运输局
北部湾港股份有限公司北海港分公司铁山港作业区	铁山港作业区
中国邮政集团有限公司北海市分公司	邮政北海市分公司
北海市铁山港区住房和城乡建设局	区住建局
北海市铁山港区粮食局	区粮食局

续表

全称	简称
广西壮族自治区北海市城区烟草专卖局铁山港专卖所	铁山港烟草专卖所
中国电信股份有限公司北海铁山港区分公司	电信铁山港区分公司
中国移动通信集团广西有限公司北海市铁山港分公司	移动铁山港分公司
中国联合网络通信有限公司铁山港区分公司	联通铁山港区分公司
北海市铁山港区政府采购中心	区政府采购中心
国家税务总局北海市铁山港区税务局	区税务局
中国农业银行股份有限公司北海铁山港支行	农行铁山港支行
中国银行股份有限公司北海市铁山港支行	中行铁山港支行
中国建设银行股份有限公司北海铁山港支行	建行铁山港支行
北海市区农村信用合作联社南康信用社	南康信用社
北海市区农村信用合作联社营盘信用社	营盘信用社
北海市铁山港区物价局	区物价局
北海市铁山港区审计局	区审计局
北海市铁山港区市场监督管理局	区市场监管局
中华人民共和国北海铁山港海事处	铁山港海事处
中华人民共和国北海出入境边防检查站执勤一队	北海边检站执勤一队
北海市铁山港区教育局	区教育局
北海市铁山港区文体广电旅游局	区文旅局
北海市铁山港区档案馆	区档案馆
北海市铁山港区卫生健康局	区卫健局
中国共产党北海市铁山港区委员会台湾工作办公室 北海市铁山港区人民政府台湾事务办公室	区台办
北海市铁山港区医疗保障局	区医保局
北海市铁山港区南康镇人民政府	南康镇政府
北海市铁山港区营盘镇人民政府	营盘镇政府
北海市铁山港区兴港镇人民政府	兴港镇政府

索　引

说　明

一、本索引采用主题分析索引方法。正文(包括条码、文献、资料、图片和表格)中凡具有独立检索意义的完整资料,均可通过本索引进行检索。少数条目名因语言环境需要,在名称前或者名称后酌加修饰词;有的条目名称动词置后;有的条目名称重复的动词作省略;有的条目名称作简化。为突出图片主题,有的图片文字说明作简略处理。

二、索引按汉语拼音字母(同声字按声调)升序排列。类目、分目、次分目作索引款目用黑体字排印,其余均用宋体字排印。表格、图片在其款目后分别注明“表”“图”。

三、索引款目后的阿拉伯数字和拉丁字母(a, b, c)分别表示内容所在的页码和栏别(即左、中、右栏)。

四、索引空两字位起排的款目为上一主题的“附见”。同一主题的“参见”只标页码。为便于读者检索,内容有交叉的款目,在本索引中重复出现。

五、“编辑说明”“大事记”等栏目不作索引,阿拉伯数字和拉丁字母开头的款目排在索引的前面。

E

F

G

H

J

K

L

M

N

R

S

T

W

X

Y

Z